会计入门一点通

亦玲 编著

北京工业大学出版社

图书在版编目（CIP）数据

会计入门一点通 / 亦玲编著 .—北京：北京工业大学出版社，2012.3
ISBN 978-7-5639-3001-2
I.①会… II.①亦… III.①会计学—基本知识 IV.① F230
中国版本图书馆 CIP 数据核字（2012）第 022974 号

会计入门一点通

编　　著：亦　玲
责任编辑：杜曼丽
封面设计：汝俊杰
出版发行：北京工业大学出版社
　　　　　（北京市朝阳区平乐园 100 号　100124）
　　　　　010-67391722（传真）bgdcbs@sina.com
出 版 人：郝　勇
经销单位：全国各地新华书店
承印单位：三河市元兴印务有限公司
开　　本：1/16
印　　张：26
字　　数：657 千字
版　　次：2012 年 3 月第 1 版
印　　次：2021 年 1 月第 2 次印刷
标准书号：ISBN 978-7-5639-3001-2
定　　价：46.00 元

版权所有　翻印必究
（如发现印装质量问题，请寄本社发行部调换 010-67391106）

前　　言

相关部门的调查显示，目前我国的大小企业数量庞大，而且每年都有很多新企业涌向市场。由于每个企业都要进行账务处理，因此每年也有许多人走上会计工作岗位。而随着会计行业的发展和国家对原有会计相关法律法规、《企业会计准则》等的调整，会计业务的具体内容和操作流程也随之调整。会计岗位作为实用型岗位，企业在招聘会计人员时，一般都要求其一上岗就能胜任。但是，对于许多新入职的会计人员来说，这并不是一件容易的事。

人们常说：会计难学。这是因为其抽象的理论、枯燥的术语、复杂的数据，往往让初学者茫然无头绪，以致望而生畏。

那么，会计入门究竟有没有捷径？捷径又在哪里呢？

这就是本书所要回答的问题。

一位作家说过："书要读厚，更要读薄；要读得进去，更要读得出来。"一本好书，就是积极引导读者完成这个撷精取粹的过程。

本书就是据此理念为会计新手量身打造的入门书。本书根据会计新手的实际需要，对他们在入门时所需要的相关信息进行汇总和分类，以简单明了、贴近实际工作的语言和方式讲解出来，以帮助会计新手迅速入门，尽快上手。

由于水平有限，加之时间仓促，本书缺陷和错漏之处自是难免，诚望批评指正。

目 录

第一章 会计基础知识 ... 1

第一节 会计的定义与职能 ... 1
第二节 会计的基本假设 ... 2
第三节 会计信息质量要求 ... 4
第四节 会计要素与会计恒等式 ... 8
第五节 会计职场必备知识 ... 12

第二章 会计科目、账户与借贷记账法 ... 24

第一节 会计科目 ... 24
第二节 会计账户 ... 26
第三节 借贷记账法 ... 35

第三章 会计凭证 ... 40

第一节 会计凭证概述 ... 40
第二节 原始凭证 ... 41
第三节 记账凭证 ... 48
第四节 会计凭证的传递与保管 ... 53

第四章 会计账簿 ... 57

第一节 会计账簿的定义与作用 ... 57
第二节 会计账簿的类别 ... 58
第三节 会计账簿的建立 ... 61

第四节　会计账簿的登记方法……………………………………63

　　第五节　对账、结账与错账更正…………………………………68

　　第六节　会计账簿的更换与保管…………………………………76

第五章　资产的核算………………………………………………79

　　第一节　现金的核算………………………………………………79

　　第二节　银行存款的核算…………………………………………82

　　第三节　支付结算业务的办理……………………………………89

　　第四节　应收账款的核算…………………………………………99

　　第五节　应收票据与贴现的核算…………………………………102

　　第六节　预付账款的核算…………………………………………104

　　第七节　存货的核算………………………………………………105

　　第八节　投资的核算………………………………………………116

　　第九节　固定资产的核算…………………………………………123

　　第十节　无形资产的核算…………………………………………136

第六章　负债的核算………………………………………………143

　　第一节　短期借款的核算…………………………………………143

　　第二节　应付票据的核算…………………………………………143

　　第三节　应付和预收账款的核算…………………………………144

　　第四节　应付职工薪酬的核算……………………………………146

　　第五节　应交税费的核算…………………………………………149

　　第六节　应付利息的核算…………………………………………159

　　第七节　其他应付款的核算………………………………………161

　　第八节　长期应付款的核算………………………………………162

第七章　所有者权益的核算………………………………………165

　　第一节　所有者权益概述…………………………………………165

　　第二节　实收资本的核算…………………………………………167

第三节　资本公积的核算 …………………………………………… 171

第八章　收入、费用和利润的核算 ………………………………… 180

　　第一节　收入的核算 ………………………………………………… 180
　　第二节　费用的核算 ………………………………………………… 192
　　第三节　利润的核算 ………………………………………………… 195

第九章　会计报表 …………………………………………………… 203

　　第一节　会计报表的作用与分类 …………………………………… 203
　　第二节　会计报表的结构与编制要求 ……………………………… 204
　　第三节　会计报表的编制与分析 …………………………………… 206

第十章　会计电算化知识 …………………………………………… 224

　　第一节　会计电算化的含义与内容 ………………………………… 224
　　第二节　一般要求软件的选择与核算流程 ………………………… 226

附录1　中华人民共和国会计法 …………………………………… 231

附录2　中华人民共和国注册会计师法 …………………………… 239

附录3　中华人民共和国发票管理办法 …………………………… 245

附录4　会计基础工作规范 ………………………………………… 251

附录5　现金管理暂行条例 ………………………………………… 266

附录6　现金管理暂行条例实施细则 ……………………………… 270

附录7　会计从业资格管理办法 …………………………………… 275

附录8　企业财务通则 …………………………………… 281

附录9　企业会计准则——基本准则（2006年）…………… 293

附录10　企业会计准则——应用指南（会计科目和主要账务处理）…299

附录11　人民币银行结算账户管理办法 ……………………… 395

第一章 会计基础知识

第一节 会计的定义与职能

一、什么是会计

什么是会计？根据多年来通俗的说法，会计就是记账、算账。我国最早的会计产生于西周，主要用于对收支活动的记录、计算、考察和监督。清代学者焦循在《孟子正义》一书中，对"会"和"计"做过概括性的解释："零星算为之计，总合算为之会"，说明会计既要进行个别核算，又要把个别核算加以综合，进行系统、综合、全面的核算。

但是，以上这些说法都只是指出会计的基本特征而已，并不能代表会计的全部含义。那么，现代意义的"会计"是指什么呢？

一般认为，现代会计是指以货币为主要计量单位，以会计凭证为依据，并运用专门的程序和方法，对企业和行政、事业等单位的经济活动进行全面、综合、连续、系统的核算和监督，并向有关方面提供会计信息的一种经济管理活动。

由此可见，对于企业而言会计是一项经济管理活动，这种管理活动主要是以货币为计量单位，并利用专门的方法和程序对各个单位的经济活动进行完整、连续、系统的反映和监督，它的宗旨就是提供经济信息和提高经济效益，因而它是企业经济管理的重要组成部分。

二、会计的职能

会计职能是指会计工作应该具有的作用。会计的基本职能是核算和监督。会计机构和会计人员必须遵守各项法律、法规，依法办理会计事务，进行会计核算，实行会计监督。

(一) 会计的核算职能

会计核算主要是通过确认、计量、记录、报告，从数量方面反映企业已经发生或已经完成的各项经济活动，具有为经营管理提供信息的功能。它是会计最为基础的工作，即事后核算。做账、算账、报账是会计执行事后核算职能的主要形式。

随着管理要求的提高，会计核算的职能不仅仅是对经济活动进行事后反映，为了在经营管理上加强计划性和预见性，会计还要利用信息反馈，对经济活动进行事前核算和事中核算。事前核算的主要形式是进行预测，参与决策；事中核算的主要形式是在计划执行过程中，通过核算和监督相结合的方法，对经济活动进行控制，使过程按计划或预期的目标进行。

(二) 会计的监督职能

会计监督是单位内部的一种自我约束机制，主要是利用会计资料对经济活动加以控制和指导，它要求各项经济业务必须遵守国家的财政、财务制度及其他财经纪律，同时还应遵守单位的经营方针、政策。其内容包括合法性监督和合理性监督两个方面。会计监督按其与经济活动过程的关系，分为事前、事中和事后监督。事前监督就是在过程之初，对原始凭证、计划、合同的合法性、合理性所作的核查；事中监督就是在过程之中对计划、预算执行等所作的控制；事后监督就是在过程之后，对会计资料所作的分析。监督的依据是各种法规、制度、计划、预算、定额和合同，等等。

第二节 会计的基本假设

组织会计核算工作，需要具备一定的前提条件，即在组织核算工作之前，首先要解决与确立核算主体有关的一系列重要问题。这是全部会计工作的基础，具有非常重要的作用。国内外会计界多数人公认的会计核算基本假设有以下四个。

一、会计主体

会计主体指的是会计核算服务的对象或者说是会计人员进行核算采取的立场及空间活动范围界定。组织核算工作首先应明确为谁核算的问题，这是因为会计的各种要素，如资产、负债、收入、费用等，都是同特定的经济实体——会计主体相联系的，一切核算工作都是站在特定会计主体立场上进行的。如果会计主体不明确，资产和负债就难以界定，收入和费用便无法衡量，以划清经济责任为准绳而建立的各种会计核算方法的应用便无从谈起。因此，在会计核算中必须将该主体所有者的财务活动、其他经济实体的财务活动与该主体自身的财务活动严格区分开，会计核算的对象是该主体自身的财务活动。

这里应该指出的是，会计主体与经济上的法人不是一个概念。作为一个法人，其经济上必然是独立的，因而法人一般应该是会计主体，但是构成会计主体的并不一定都是法人。比如，从法律上看，独资及合伙企业所有的财产和债务，在法律上应视为所有者个人财产延伸的一部分，独资及合伙企业在业务上的种种行为仍视其为个人行为，企业的利益与行为和个人的利益与行为是一致的，独资与合伙企业都因此而不具备法人资格。但是，独资、合伙企业都是经济实体、会计主体，在会计处理上都要把企业的财务活动与所有者个人的财务活动截然分开。例如，企业在经营中得到的收入不应计为其所有者的收入，发生的支出和损失，也不应计为其所有者的支出和损失，只有按照规定的账务处理程序转到所有者名下，才能算其收益或损失。

二、持续经营

持续经营是指在可以预见的将来，企业将会按当前的规模和状态继续经营下去，不会停业，也不会大规模削减业务。

企业是否持续经营对于会计政策的选择影响很大，只有设定企业是持续经营的，才能进行下一步的会计处理。比如，采用历史成本计价，是设定企业在正常的情况下运用它所拥有的各种经济资源和依照原来的偿还条件偿付其所负担的各种债务，否则，就不能继续采用历史成本计价，只能采用可变现净值法进行计价。由于持续经营是根据企业发展的一般情况所作的设定，企业在生产经营过程中缩减经营规模乃至停业的可能性总是存在的，为此，往往要求定期对企业持续经营这一前提作出分析和判断。一旦判定企业不符合持续经营前提，就应当改变会计核算的方法，并在企业财务报告中作相应披露。

三、会计分期

会计分期是指将一个企业持续经营的生产经营活动划分成连续、相等的期间，又称会计期间。

会计分期的目的是将持续经营的生产活动划分为连续、相等的期间，据以结算盈亏，按期编报财务报告，从而及时地向各方面提供有关企业财务状况、经营成果和现金流量信息。

根据持续经营前提，一个企业将要按当前的规模和状况继续经营下去。要最终确定企业的经营成果，只能等到一个企业在若干年后歇业时核算一次盈亏。但是，经营活动和财务经营决策要求及时得到有关信息，不能等到歇业时一次性地核算盈亏。为此，就要将持续不断的经营活动划分成一个个相等的期间，分期核算和反映。会计分期对会计原则和会计政策的选择有着重要影响。由于会计分期，产生了当期与其他期间的差别，从而出现权责发生制和收付实现制的区别，进而出现了应收、应付、递延、预提、待摊这样的会计方法。

最常见的会计期间是1年，以1年确定的会计期间称为会计年度，按年度编制的财务报表又称为年报。在我国，会计年度自公历每年的1月1日起至12月31日止。为满足人们对会计信息的需要，也要求企业按短于1年的期间编制财务报告，如要求股份有限公司每半年提供中期报告。

四、货币计量

货币计量是指采用货币作为计量单位，记录和反映企业的生产经营活动。会计是对企业财务状况和经营成果全面系统的反映，为此，需要货币这样一个统一的量度。在市场经济条件下，货币充当了一般等价物，企业的经济活动都最终体现为货币量，所以采用货币这个统一尺度进行会计核算。当然，统一采用货币尺度，也有不利之处，许多影响企业财务状况和经营成果的一些因素，并不是都能用货币来计量的，如企业经营战略、在消费者当中的信誉度、企业的地理位置、企业的技术开发能力，等等。为了弥补货币量度的局限性，要求企业采用一些非货币指标作为财务报表的补充。

我国《会计法》明确规定，会计核算以人民币为记账本位币。这是对货币计量这一会计前提的具体化。考虑到一些企业的经营活动更多地涉及外币，因此规定业务收支以人民币以外的货币为主的单位，可以选定其中一种货币作为记账本位币，但是编制的财务会计报告应当折算为人民币。

第三节 会计信息质量要求

1992年11月财政部发布的《企业会计准则——基本准则》中，规定了会计核算的12项一般原则，它是会计核算必须遵循的基本规则和要求。2006年修订后的《企业会计准则——基本准则》中，将原有的"一般原则"改称"会计信息质量要求"，共规定了8项要求：可靠性、相关性、可理解性、可比性、实质重于形式、重要性、谨慎性和及时性。它们同样是会计核算必须遵循的，对保证会计信息质量意义重大。

一、可靠性

企业应当以实际发生的交易或者事项为依据进行会计确认、计量和报告,如实反映符合确认和计量要求的各项会计要素及其他相关信息,保证会计信息真实可靠、内容完整。会计必须根据审核无误的原始凭证,采用特定的专门方法进行记账、算账、报账,保证会计核算的真实可靠性。

可靠性是对会计工作的基本要求。会计工作提供信息的目的是为了满足会计信息使用者的决策需要,因此,就应该做到内容真实、数字准确、资料可靠。在会计核算中坚持可靠性,就应当在会计核算时客观地反映企业的财务状况、经营成果和现金流量,保证会计信息的真实可靠;会计工作应当正确运用会计原则和方法,准确反映企业的实际情况;会计信息应当能够经受验证,以核实其是否真实。

如果企业的会计核算工作不是以实际发生的交易或事项为依据,没有如实地反映企业的财务状况、经营成果和现金流量,会计工作就失去了存在的意义,甚至会误导会计信息使用者,导致决策的失误。

二、相关性

企业提供的会计信息应当与财务会计报告使用者的经济决策需要相关,有助于财务会计报告使用者对企业过去、现在或者未来的情况作出评价或者预测。会计的主要目标就是向有关各方提供对其决策有用的信息。如果提供的信息对会计信息使用者的决策没有什么作用,不能满足会计信息使用者的需要,就不具有相关性。

信息的价值在于其与决策相关,有助于决策。相关的会计信息能够有助于会计信息使用者评价过去的决策,证实或修正某些预测,从而具有反馈价值;有助于会计信息使用者作出预测,作出决策,从而具有预测价值。在会计核算工作中坚持相关性原则,就要求在收集、加工、处理和提供会计信息过程中,充分考虑会计信息使用者的信息需求。对于特定用途的会计信息,不一定都能通过财务会计报告来提供,也可以采用其他形式加以提供。

三、可理解性

企业提供的会计信息应当清晰明了,便于财务会计报告使用者理解和使用。

在会计核算工作中坚持可理解性原则,会计记录应当准确、清晰,填制会计凭证、登记会计账簿必须做到依据合法、账户对应关系清楚、文字摘要完整;在编制财务报表时，项目钩稽关系清楚、项目完整、数字准确。如果企业的会计核算和编制的财务会计报告不能做到清晰明了、便于理解和使用，就不符合可理解性的要求，不能满足会计信息使用者的决策需求。

四、可比性

企业提供的会计信息应当具有可比性。同一企业不同时期发生的相同或者相似的交易或者事项，应当采用一致的会计政策，不得随意变更。确需变更的，应当在附注中说明。不同企业发生的相同或者相似的交易或者事项，应当采用规定的会计政策，确保会计信息口径一致、相互可比。也就是说，同一企业不同时期可比，不同企业相同会计期间可比。

可比性要求企业的会计核算应当按照国家统一会计制度的规定进行，使所有企业的会计核算都建立在相互可比的基础上。只要是相同的交易或事项，就应当采用相同的会计处理方法。会计处理方法的统一是保证会计信息相互可比的基础。不同的企业可能处于不同行业、不同地区，经济业务发生于不同时点，为了保证会计信息能够满足决策需要，便于比较不同企业的财务状况、经营成果和现金流量，企业应当遵循可比性的要求。

五、实质重于形式

企业应当按照交易或者事项的经济实质进行会计确认、计量和报告，不应仅以交易或者事项的法律形式为依据。在某些情况下，经济业务的实质与其法律形式会出现不一致。

在实际工作中，交易或事项的外在法律形式或人为形式并不总能完全反映其实质内容。所以，会计信息要想反映其所拟反映的交易或事项，就必须根据交易或事项的实质和经济现实，而不能仅仅根据它们的法律形式进行核算和反映。例如，以融资租赁方式租入的资产，虽然从法律形式来讲承租企业并不拥有其所有权，但是由于租赁合同中规定的租赁期相当长，接近于该资产的使用寿命；租赁期结束时承租企业有优先购买该资产的选择权；在租赁期内承租企业有权支配资产并从中受益，所以，从其经济实质来看，企业能够控制其创造的未来经济利益，因而，会计核算上将以融资租赁方式租入的资产视为承租企业的资产。

六、重要性

企业提供的会计信息应当反映与企业财务状况、经营成果和现金流量等有关的所有重要交易或者事项。对于重要的交易或事项，应当单独、详细反映；对于不具重要性、不会导致投资者等有关各方决策失误或误解的交易或事项，可以合并、粗略反映，以节省提供会计信息的成本。

对资产、负债、损益等有较大影响，并进而影响财务会计报告使用者据以作出合理判断的重要会计事项，必须按照规定的会计方法和程序进行处理，并在财务会计报告中予以充分、准确地披露；对于次要的会计事项，在不影响会计信息真实性和不至于误导财务会计报告使用者作出正确判断的前提下，可以适当简化处理。

重要性与会计信息成本效益直接相关。坚持重要性原则，就能够使提供会计信息的收益大于成本。对于那些不重要的项目，如果也采用严格的会计程序，分别核算、分项反映，就会导致会计信息的成本大于收益。

在评价某些项目的重要性时，很大程度上取决于会计人员的职业判断。一般来说，企业应当根据其所处环境和实际情况，应当从项目的性质和全额大小两个方面综合进行分析。从性质方面来说，当某一项事项有可能对决策产生一定影响时，就属于重要性项目；从全额方面来说，当某一项目的全额达到一定规模时，就可能对决策产生影响。

七、谨慎性

企业对交易或者事项进行会计确认、计量和报告应当保持应有的谨慎，不应高估资产或者收益、低估负债或者费用。也就是说，在资产计价及损益确定时，如果有两种或两种以上的方法或金额可供选择时，应选择使本期净资产和利润较低的方法或金额。

需要注意的是，谨慎性并不意味着企业可以任意设置各种准备金，否则就属于滥用谨慎性，将视为重大会计差错，需要进行相应的会计处理。

企业的经营活动充满着风险和不确定性，在会计核算工作中坚持谨慎性，因此在面临不确定因素的情况下作职业判断时，应当保持必要的谨慎，充分估计到各种风险和损失，既不高估资产或收益，也不低估负债或费用。例如，要求企业定期或者每年年度终了，对可能发生的各项资产损失计提减值准备，就充分体现了谨慎性。

八、及时性

企业对于已经发生的交易或者事项，应当及时进行会计确认、计量和报告，不得提前或者延后。

会计信息的价值在于帮助所有者或其他方面作出经营决策，具有时效性。即使是客观、可比、相关的会计信息,如果不及时提供,对于会计信息使用者也没有任何意义,甚至可能误导会计信息使用者。在会计核算过程中坚持及时性,一是要求及时收集会计信息,即在经济业务发生后,及时收集整理各种原始单据、进行账务处理;二是及时处理会计信息,即在国家统一的会计制度规定的时限内,及时编制出财务会计报告;三是及时传递会计信息,即在国家统一的会计制度规定的时限内,及时将编制出的财务会计报告传递给财务会计报告使用者。

如果企业的会计核算不能及时进行,会计信息不能及时提供,就无助于经营决策,就不符合及时性的要求。

第四节 会计要素与会计恒等式

一、会计要素

会计要素是为实现会计目标,以会计基本前提为基础,对会计对象的基本分类。从会计的角度来说,其核算的对象是企事业单位的资金运动状况,核算实质是反映资金的来龙去脉和占用情况。为此,要表明资金状况的具体内容,便于决策者理解和利用财务信息,就必须对会计要素进行界定和分类。

会计要素是确定会计科目、设置会计账户的依据,表明了会计核算内容和构成财务报表的框架。我国《企业会计准则》分别列示了资产、负债、所有者权益、收入、费用和利润六个会计要素。这六个会计要素又可以划分为两大类,即反映财务状况的会计要素和反映经营成果的会计要素。反映财务状况的会计要素包括资产、负债和所有者权益;反映经营成果的会计要素包括收入、费用和利润。

(一)资产

资产是指企业过去的交易或者事项形成的、由企业拥有或控制的、预期会给企业带来经济利益资源。其包括各种财产、债权和其他权利。以企业固定资产中的厂房为例,它具有如下特点:是由过去的投资或其他事项形成的;企业对其拥有房屋所有权和土地使用权,有权对厂房进行处置或使用;通过账簿记录或资产评估可以确定其价值;该厂房能够为企业的生产经营带来经济效益。

在会计核算时,为更好地反映企业的财务状况,准确评价资产的流动性,通常把资产分为流动资产和非流动资产两类。

1. 流动资产

流动资产是指能在1年或者超过1年的一个营业周期内变现或耗用的资产,

包括库存现金、银行存款、交易性金融资产、应收及预付款、存货,等等。

2. 非流动资产

非流动资产是指不符合流动资产定义的资产,通常包括长期股权投资、固定资产、在建工程、无形资产、递延资产和其他财产,等等。

(二)负债

负债是指企业过去的交易或事项形成的预期会导致经济利益流出企业的现时义务。表现为债权人对企业资产所拥有的权益。

负债按照流动性的大小可分为流动负债和非流动性负债。

(1)流动负债是指将在1年(含1年)或超过1年的一个营业周期内偿还债务,包括短期借款、应付票据、应收账款、应付职工薪酬、应交税费、应付利息,其他应付款,等等。

(2)非流动性负债是指流动负债以外的负债,包括长期借款、长期应付款,等等。

在会计核算中,以下情况不能确认为负债:

(1)企业预期在将来要发生的交易或事项可能产生的债务,不能作为会计上的负债处理。如企业与供货单位签订的供货合同尚未履行,对此企业不能将其作为一项负债。

(2)企业能够回避的义务,不能作为会计上的负债处理。如企业承担的一般保证责任。

(3)负债金额不能用货币确切计量的。

(三)所有者权益

所有者权益是指企业资产扣除负债后由所有者享有剩余权益。也就是投资人对企业净资产的所有权,包括企业投资者对企业的投入资本以及形成的资本公积金、盈余公积金和未分配利润等。所有者权益表明企业的产权关系,即企业归谁所有。按照所有者权益的稳定程度,可分为:

1. 实收资本

实收资本是企业收到的投资者投入企业的资本金。

2. 资本公积

资本公积是指企业因资本引起的积累,包括接受捐赠,股票发行溢价、法定财产重估增值等。

3. 盈余公积

盈余公积是指企业按照国家法律规定从税后利润中提取的公积金,包括法定盈余公积和任意盈余公积。

4. 未分配利润

未分配利润是指企业尚未分配的税后利润,包括上年度累积节余的未分配利润和本年利润中扣除各种分配以后的结余。

(四)收入

收入是企业在日常活动中形成的、会导致所有者权益增加的、与所有者投入资本无关的经济利益的总流入。这种总流入表现为企业资产的增加或债务的清偿,包括主营业务收入、其他业务收入和投资净收益等。主营业务收入是企业的主营营业活动所取得的收入,如工业企业的产品销售收入、商业企业的商品销售收入、施工企业的建筑安装收入,等等。其他业务收入是指除主营业务活动以外的其他业务和活动所取得的收入。

(五)费用

费用是指企业在日常活动中发生的、会导致所有者权益减少的、与向所有者分配利润无关的经济利益的总流出。企业要进行生产经营活动取得收入必须相应地发生一定的费用,如工业企业在生产过程中要耗费原材料、燃料和动力;要发生机器设备的折旧费用和修理费用;要支付职工的工资和其他各项生产费用。费用中能予以对象化、确定具体费用对象的,即制造成本,如制造一件产品的直接材料费;费用中不能予以对象化的,就是期间费用,如企业管理人员的工资。

(六)利润

利润是指企业在一定会计期间的经营成果,是反映经营成果的最终要素。利润包括收入减去费用后的净额、直接计入利润的利得和损失等。当收入大于费用,其差额为利润,费用大于收入的差额则为亏损。

二、会计等式

会计等式是表明各个会计要素之间基本关系的恒等式,它是会计核算中设置账户、复式记账和编制会计报表的基本依据。会计要素反映了资金运动的静态和动态两个方面,具有紧密的内部相关性。

(一)资产 = 负债 + 所有者权益

这是最基本的会计等式。我们知道,资产能为企业带来未来经济利益。资产来源于所有者的投入资本和债权人的借入资金及其在生产经营中所产生的效益,分别归属于所有者和债权人。归属于所有者的部分形成所有者权益，归属于债权人的部分形成债权人权益，即企业的负债。

资产和权益（包括所有者权益和债权人权益）实际是企业所拥有的经济资源在同一时点上所表现的不同形式。资产表明的是资源在企业存在、分布的形态，而权益则表明了资源取得和形成的渠道。资产来源于权益，资产与权益必然相等。

企业在生产经营过程中，每天都会发生多种多样、错综复杂的经济业务，从而引起各会计要素的增减变动，但并不影响资产与权益的恒等关系。下面通过分析兴旺公司 2007 年 1 月份发生的几项经济业务，来说明资产与权益的恒等关系。

（1）2007 年 1 月 2 日，兴旺公司收到所有者追加的投资 500 000 元，款项存入银行。

分析：这项经济业务使银行存款增加了 500 000 元，即等式左边的资产增加了 500 000 元，同时等式右边的所有者权益也增加 500 000 元，因此并没有改变等式的平衡关系。

（2）2007 年 1 月 10 日，兴旺公司用银行存款归还所欠 B 企业的货款 20 000 元。

分析：这项经济业务使兴旺公司的银行存款即资产减少了 20 000 元，同时应付账款即负债也减少了 20 000 元，也就是说等式两边同时减少 20 000 元，等式依然成立。

（3）2007 年 1 月 15 日，兴旺公司用银行存款 80 000 元购买一台生产设备，设备已交付使用。

分析：这项经济业务使兴旺公司的固定资产增加了 80 000 元，但同时银行存款减少了 80 000 元，也就是说企业的资产一项增加一项减少，增减金额相同，因此资产的总额不变，会计等式依然保持平衡。

（4）2007 年 1 月 28 日，兴旺公司用从银行借入的 100 000 元归还拖欠的货款。

分析：这项经济业务使企业的应付账款减少了 100 000 元，同时短期借款增加了 100 000 元，即企业的负债一项减少一项增加，增减金额相同，负债总额不变，等式仍然成立。

在实际工作中，企业每天发生的经济业务要复杂得多，但无论其引起会计要素如何变动，都不会破坏资产与权益的恒等关系（会计等式的平衡）。经济业务的发生引起等式两边会计要素变动的方式可以总结归纳为以下四种类型：

第一种，经济业务的发生引起等式两边金额同时增加，增加金额相等，变动后等式仍保持平衡。

第二种，经济业务的发生引起等式两边金额同时减少，减少金额相等，变动后等式仍保持平衡。

第三种，经济业务的发生引起等式左边即资产内部的项目此增彼减，增减的金额相同，变动后资产的总额不变，等式仍保持平衡。

第四种，经济业务的发生引起等式右边负债内部项目此增彼减，或所有者权益内部项目此增彼减，或负债与所有者权益项目之间的此增彼减，增减的金额相同，变动后等式右边总额不变，等式仍保持平衡。

资产与权益的恒等关系，是复式记账法的理论基础，也是编制资产负债表的依据。

（二）收入－费用＝利润

企业经营的目的是为了获取收入，实现盈利。企业在取得收入的同时，也必然要发生相应的费用。通过收入与费用的比较，才能确定企业一定时期的盈利水平。

广义而言，企业一定时期所获得的收入扣除所发生的各项费用后的余额，即表现为利润。在实际工作中，由于收入不包括处置固定资产净收益、固定资产盘盈、出售无形资产收益等，费用也不包括处置固定资产净损失、自然灾害损失等，所以，收入减去费用，并经过调整后，才等于利润。收入、费用和利润之间的上述关系，是编制利润表的基础。

第五节　会计职场必备知识

一、会计与你的职业规划

或许你刚刚进入会计这个行当，或许你已是"资深"会计人，但不管你属于哪一类人，想一下你平时对整个会计行业的了解或者自身的工作经验、环境，此时你可能在心里琢磨着："我适合会计行业吗？我要在会计岗位上做到什么样的职位呢？"

每个人都会对自己的职业有个定位，对自己的未来有份职业规划，但会计岗位不是说你会计专业学得好就可以做得好，或者是你没有会计经验就不能做好。到底你属于哪一类人？到底你能在会计这条路上走多远？

下面给你提供几点参考意见，你自己在心里"掂量"一下吧！

（一）具备会计专业知识

也许我们无法评定什么样的人天生就是"干会计的料"，但一个适合当会计的人肯定要具备会计方面的能力，也就是说对我国相关的法律法规了如指掌，将会计专业知识在自己的岗位上运用自如。

（二）具备相应的能力

很多刚刚入职会计的人都会认为做会计是一项枯燥无味的工作，每天有一大堆的琐事缠身，稍有遗漏就会出大问题。这是大多数人对当会计的理解，你如果一直这样对会计理解下去，那么很快就会厌烦这个工作。

实际上，会计业务都是从现金的计算、交易、记录、整理等事务性工作起步，刚开始会单调乏味，但这些都要求会计人员有耐心，做事谨慎小心。同时，会计工作大多数是计算、统计数据、报告、监督等业务，要求会计人员对数字敏感，具有很强的记忆力和逻辑能力，这样才会把会计工作做得顺畅。

在很多人眼中，会计部门是一个很难沟通的部门，但事实上会计部门更需要与人沟通打交道，需要统计日常业务状况、产品库存状况、资产情况等内容，这些都需要与人沟通协作，但往往你所需要的数字与他人提供的数字有出入，容易造成同事关系紧张，势必产生隔阂。这就要求会计人员多与人沟通交流，才会给工作提供便利。

随着经济全球化以及网络技术和科技进步的不断发展，会计工作从内容到形式都发生着深刻的变化。企业财务软件税务处理网络化不断推出和应用，都对会计人员的学习和适应能力提出了更高的要求。

（三）做好职业规划

"思路决定出路，眼界决定境界"。你的思路是什么？你有怎样的眼界？从事会计行业的你能做到怎样的岗位？或许你在职业规划里已经有了定位。相信很多人的目标是成为公司财务总监（经理），或者拥有一家属于自己的会计师事务所。但两者共同的要求是你能够独立地负责公司的财务管理，对公司的财务工作有策划能力和长远的规划。

"独当一面"——未来的你能做到吗？

那就需要多学，多看，多做，多用，多想，相信不久后的你一定能够做到。

二、选择适合自己的会计考试

下面罗列了几种会计专业基本考试供你选择。其基本要求如下：

1. 会计从业资格考试报名条件

《中华人民共和国会计法》（以下简称《会计法》）规定：从事会记工作人员，必须取得会计从业资格证书。凡有志于从事会计工作，并符合下列基本条件的人员，均可报名参加会计从业资格证考试。基本条件为：

（1）遵守会计和其他财经法律、法规；

(2) 具备良好的道德品质；

(3) 具备会计专业基础知识和技能。

因有《会计法》第四十二条、第四十三条、第四十四条所列违法情形，被依法吊销会计从业资格证书的人员，自被吊销之日起5年内（含5年）不得参加会计从业资格证考试，不得重新取得会计从业资格证书。

如有提供虚假财务会计报告，做假账，隐匿或者故意销毁会计凭证、会计账簿、财务会计报告，贪污、挪用公款，职务侵占等与会计职务有关的违法行为，被依法追究刑事责任的人员，不得参加会计从业资格考试，不得取得或者重新取得会计从业资格证书。

2. 初级会计专业技术职称报名条件（助理会计师）

报名参加会计专业技术资格考试的人员，应具备下列基本条件：

(1) 坚持原则，具备良好的职业道德品质；

(2) 认真执行《会计法》和国家统一的会计制度，以及有关财经法律、法规、规章制度，无严重违反财经纪律的行为；

(3) 履行岗位职责，热爱本职工作；

(4) 具备会计从业资格，持有会计从业资格证书。

(5) 具备教育部门认可的高中毕业以上学历。

3. 中级会计专业技术职称报名条件（会计师）

(1) 报名参加会计专业技术中级资格考试的人员，应具备下列基本条件：

① 坚持原则，具备良好的职业道德品质；

② 认真执行《会计法》和国家统一的会计制度，以及有关财经法律、法规、规章制度，无严重违反财经纪律的行为；

③ 履行岗位职责，热爱本职工作；

④ 具备会计从业资格，持有会计从业资格证书。

(2) 报名参加会计专业技术中级资格考试的人员，除具备以上基本条件外，还必须具备下列条件之一：

① 取得大学专科学历，从事会计工作满五年。

② 取得大学本科学历，从事会计工作满四年。

③ 取得双学士学位或研究生班毕业，从事会计工作满两年。

④ 取得硕士学位，从事会计工作满一年。

⑤ 取得博士学位。

(3) 对通过全国统一的考试，取得经济、统计、审计专业技术中、初级资格的人员，并具备以上基本条件，均可报名参加相应级别的会计专业技术资格考试。

(4) 报名条件中所规定的从事会计工作年限是指取得规定学历前、后从事会计工作的合计年限，其截止日期为考试报名年度当年年底前。

4. 高级会计专业技术职务报名条件（高级会计师）

（1）报名参加考试人员必须是机关、企业事业单位及社会团体在职会计专业技术人员，持有有效的会计从业资格证书，且具备以下条件之一：

①取得会计师、经济师（财税方面）、审计师等财会类中级专业技术资格后，从事会计专业技术工作三年以上。

②取得财会类专业博士学位后，从事会计专业技术工作。

（2）拟参加高级会计师评审但不具备注册会计师资格的人员必须通过本项考试。报名需取得高级会计师、高级经济师、高级审计师等资格后，从事会计专业技术工作三年以上。

（3）具体报名条件视各省（市、自治区）而异。

三、熟知我国会计法律制度

会计法律制度，是指国家权力机关和行政机关制定的各种有关会计工作的规范性文件的总称。会计法律制度是调整会计关系的法律规范。会计关系是会计机构和会计人员在办理会计事务过程中以及国家在管理会计工作过程中发生的经济关系。为了保证会计工作的有序进行，国家通过制定一系列会计法律制度，调整和规范各种会计关系。

1985年1月21日，第六届全国人民代表大会常务委员会第九次会议通过了《中华人民共和国会计法》，自1985年5月1日起施行。1993年12月29日，第八届全国人民代表大会常务委员会第五次会议通过了《关于修改〈中华人民共和国会计法〉的决定》，自公布之日起施行。1999年10月31日，第九届全国人民代表大会常务委员会第十二次会议再次对《中华人民共和国会计法》进行了修订，自2000年7月1日起施行。

（一）会计法律制度的构成内容

会计法规体系是指由国家权力机关或其他授权机构制定的，用来规范会计核算实务、会计基础工作、会计主体和相关会计人员职责，以便及时调整经济活动中各种会计关系的规范性文件的总和。它们构成了我国会计从业人员必须遵守的职业纪律和规范。目前，我国的会计法规体系基本形成了以《会计法》为主体的比较完整的会计法规体系，主要包括四个层次。

1. 会计法律

会计法律，是指由全国人民代表大会及其常委会经过一定立法程序制定的有关会计工作的法律，是调整我国经济生活中会计关系的法律总规范。我国现行的会计法律是1999年10月31日第九届全国人民代表大会常务委员会第十二次会议修订通过的《中华人民共和国会计法》，它是会计法律制度中层次最高的法律规范，是制定其他会计法规的依据，是指导会计工作的最高准则。

（1）《会计法》的立法宗旨是规范会计行为，保证会计资料真实、完整，加强经济管理和财务管理，提高经济效益，维护社会主义市场经济秩序。会计行为是指对单位的经济业务进行确认、计量、记录、报告的行为，以及保证单位会计信息质量的管理行为和监督行为。会计资料是指在会计核算过程中所形成和提供的书面文件，包括会计凭证、会计账簿、财务会计报告、其他会计核算载体中记录、提供的信息。

（2）《会计法》主要规定了会计工作的基本目的、会计管理权限、会计责任主体、会计核算和会计监督的基本要求、会计人员和会计机构的职责权限，并对会计法律责任作出了详细规定。该法要求企业根据实际发生的经济业务事项，按照规定确认、计量和记录资产、负债、所有者权益、收入、费用、成本和利润。其中，《会计法》第三条对各单位提出了依法建账的基本要求，即各单位必须依法设置会计账簿，并保证其真实和完整。同时，还对企业发生的会计信息失真作了禁止性规定。

2. 会计行政法规

会计行政法规，是指国务院制定发布或者国务院有关部门拟定、经国务院批准发布，调整经济生活中某些方面会计关系的法律规范。它的制定依据是《会计法》。如1990年12月31日国务院发布的《总会计师条例》，1992年11月16日国务院批准、同月30日财政部发布的《企业会计准则》，2000年6月21日国务院发布的《企业财务会计报告条例》，等等。

（1）《总会计师条例》是对《会计法》中有关规定的细化和补充，共分五章二十三条，主要规定了单位总会计师的职责、权限、任免、奖惩等。

（2）《企业会计准则》（基本准则）是规范企业会计确认、计量、报告行为，食品店会计信息质量的会计准则，是进行会计核算工作必须共同遵守的基本要求，体现了会计核算的基本规律。

（3）《企业财务会计报告条例》自2001年1月1日起施行，共分六章四十六条，主要规定了企业财务会计报告的构成、编制和对外提供的要求、法律责任，等等。

3. 国家统一的会计制度

国家统一的会计制度，是指国务院财政部门根据《会计法》制度制定的关于会计核算、会计监督、会计机构和会计人员以及会计工作管理的制度，包括规章和规范性文件。

(1) 会计规章是根据我国《立法法》规定的程序，由财政部制定、公布的制度办法，如 2001 年 2 月 20 日以财政部 10 号令形式公布的《财政部门实施会计监督办法》。

(2) 会计规范性文件是指主管全国会计工作的行政部门，即国务院财政部门制定发布的《企业会计制度》、《会计基础工作规范》、《会计从业资格管理办法》以及财政部门与国家档案局联合发布的《会计档案管理办法》，等等。

4. 地方性会计法规

地方性会计法规，是指省、自治区、直辖市的人民代表大会及其常务委员会在与宪法、法律和行政法规不相抵触的前提下，根据本地区情况制定、发布的会计规范性文件。根据规定，实行计划单列市、经济特区的人民代表大会及其常务委员会在宪法、法律和行政法规允许范围内制定的会计规范性文件，也应当属于地方性会计法规。

(二) 会计工作管理体制

会计工作管理体制是划分会计管理工作职责权限关系的制度，包括会计工作管理组织形式、管理权限划分、管理机构设置等内容。我国的会计工作管理体制主要包括以下内容：

1. 会计工作的主管部门

会计工作的主管部门，是指代表国家对会计工作行使管理职能的政府部门。《会计法》第七条规定："国务院财政部门主管全国的会计工作。县级以上地方各级人民政府财政部门管理本行政区域的会计工作。"由各级人民政府财政部门管理本行政区域内的会计工作，体现了"统一领导，分级管理"的原则。

2. 会计制度的制定权限

会计法律制度是调整会计关系的法律规范。会计关系是会计机构和会计人员在办理会计事务过程中以及国家在管理会计工作中发生的经济关系。为了保证会计工作的有序进行，国家制定了一系列会计法律制度，包括对会计工作、会计核算、会计监督、会计人员、会计档案等管理所制定的规范性文件。

《会计法》规定，国家实行统一的会计制度，国家统一的会计制度由国务院财政部门根据《会计法》制定并公布。国务院有关部门对会计核算和会计监督有特殊要求的行业，可以依照《会计法》和国家统一的会计制度，制定实施国家统一的会计制度的具体办法或者补充规定，报国务院财政部门审核批准。中国人民解放军总后勤部可以依照《会计法》和国家统一的会计制度，制定军队实施国家统一的会计制度的具体办法，报国务院财政部门备案。国家统一的会计制度，是指国务院财政部门根据《会计法》制定的关于会计核算、会计监督、会计机构和会计人员以及会计工作管理的制度,包括制度、准则、办法,等等。

3. 会计人员的管理

在有关的会计法规中,要求会计从业人员必须具有会计从业资格证书,总会计师、会计机构负责人或会计主管人员必须具有符合要求的专业技术职务资格或工作经历。

(1) 从事会计工作的人员,必须取得会计从业资格证书。

《会计法》第三十八条规定:"从事会计工作的人员,必须取得会计从业资格证书。担任单位会计机构负责人(会计主管人员)的,除取得会计从业资格证书外,还应当具备会计师以上专业技术职务资格或从事会计工作三年以上经历。"

(2) 会计人员的管理主要包括对会计人员的业务管理和专业资格管理。根据《会计法》和有关法规的规定,财政部门负责会计人员的业务管理,包括会计从业资格管理、会计专业技术职务资格管理、会计人员评优表彰奖惩以及会计人员继续教育等。

4. 单位内部的会计工作管理

(1) 单位负责人的会计责任。单位负责人负责单位内部的会计工作管理,应当保证会计机构、会计人员依法履行职责,不得授意、指使、强令会计机构、会计人员违法办理会计事项。由于单位负责人是单位的最高管理者,必须对本单位的一切经营管理和业务活动负有责任,当然也必须对会计工作和会计资料的真实性、完整性负有责任。

《会计法》第四条规定:"单位负责人对本单位的会计工作和会计资料的真实性、完整性负责。"这一规定明确了单位负责人是本单位会计行为的责任主体。

(2) 会计机构、会计人员的基本职责。《会计法》第五条第一款规定:"会计机构、会计人员依照本法规定进行会计核算,实行会计监督。"它明确规定了会计机构、会计人员的基本职责是进行会计核算、实行会计监督。但是,会计机构、会计人员依法进行会计核算和会计监督,还需要单位负责人、单位的其他人员和其他单位的有关人员的支持和配合。他们也有责任和义务保证会计机构、会计人员能够依法行使职权,不能阻碍其行使这一职权,更不能对其依法行使职权进行干预。因此,《会计法》第五条第二款规定:"任何单位或者个人不得以任何方式授意、指使、强令会计机构、会计人员伪造、变造会计凭证、会计账簿和其他会计资料,提供虚假财务会计报告";第三款规定:"任何单位或者个人不得对依法履行职责、抵制违反本法规定行为的会计人员实行打击报复。"

四、企业所青睐的会计

在我国，多数高校都有会计专业，人才市场上大约 1/10 的求职者都是普通会计从业者。会计从业市场似乎已经严重地饱和了，然而，这么庞大的会计队伍依然不能满足当前企业对会计人才的需求，问题就在于在众多的会计从业者中，真正符合企业用人标准的会计人员并不多。那么，企业喜欢什么样的会计人员呢？结合中国社会的实际情况，在当前形势下，具备以下素质的会计人员比较受企业的欢迎：

（一）有丰富的从业经验

会计是一项操作性很强的技术性工作，会计人员既要掌握财税、金融以及计算机方面的理论知识，又要具备一定的实际工作经验。比如国家规定注册会计师必须有两年以上实际工作经验才可单独受理业务。在实际中，具有几年的会计工作经验，并取得一定会计职称的中高级会计人才较受欢迎。

（二）有较好的学习能力和适应能力

随着网络技术的发展和科学技术的进步，会计工作从内容到形式也在发生着深刻变化，企业会计电算化的推广和应用，对会计人员的学习能力和适应变化的能力提出了更高的要求。适应能力是每个企业都很看重的，会计人员不但要将所学到的理论很快地应用到实际工作上，还要在短时间内快速融入企业，融洽地协调人际关系。

（三）有诚实的品行和踏实的工作态度

诚实是做人的基本素质，尤其对会计行业。会计工作每天与金钱打交道，掌管着企业的财务权力并负责向信息使用者提供企业的重要信息，所有这些都需要会计工作者要有良好的思想品行。此外，会计工作要经常处理一些很烦琐的细节性问题，这就要求会计工作者要有踏实的工作态度，具备一个良好的心态，能够并愿意把一点一滴的小事做好。

（四）有良好的沟通能力

财务会计部门一般是企业的一个综合性管理部门，要和企业内外方方面面的人进行接触，因此必须学会如何与别人沟通协调。良好的语言表达、逻辑思维和待人热情周到也是会计人员的基本素质要求。

对于准备从事会计工作或者刚刚迈进会计行业的从业者来说，应该能够具备以上素质，但并不是说每一个会计人员必须具备以上素质才能从事会计工作。在这里希望企业会计人员在实际工作中向此方向努力，那么离成功就不远了。

五、初涉会计职场应注意的问题

适应新的工作环境通常需要三个月,这也是关键的三个月,因为这段时间给人的印象是非常重要的。若给别人一个坏印象,将来便很难改变,所以在办公室内最好树立一个良好的专业形象。以下是一些成功人士的心得,即如何在三个月内建立良好形象的秘诀。

(一)违反劳动纪律的事绝对不能做

"劳动纪律",听起来这个词像是好几个世纪以前的事,可是,每个单位都有自己的劳动纪律,只不过不一定这么叫罢了。比如,上班不能迟到、不要打私人电话、不要聊与工作无关的事情。

(二)别理会其他杂务

新工作需要高度集中的注意力,尝试多花些时间与同事合作,处理棘手的事件以及安抚要求高的客户,把私人事务暂时搁置。

(三)别害怕说"我不懂"

每个单位有每个单位的特点,有些事情你不知道怎么办也是正常的。重要的是别怕说"我不懂"、"我不太明白",多问问有经验的人:"我想知道这种事通常是怎么处理的?""您看我这样做行不行?"这没有什么丢人的,哪怕你请教的是个没什么学历的人,但人家有宝贵的经验。不耻下问是优点,尤其适合于刚毕业的大学生。遇到不懂的问题要多向别人请教,不要不懂装懂,或把事情放在一边不管。

(四)别将所有责任背上身

要谨记自己并不是"超人",公司并不会要求你解决所有难题,所以最好专注地去做好本职工作,尤其是一些较重要和较紧急的工作,这比每件工作都搞不好要强。

(五)不要给自己找借口

人人都会犯错误,犯了错误不要紧(当然还是不犯为好),重要的是你对自己的错误是个什么态度。如果你是因为业务不熟悉而犯错,除了承认之外,向你的部门领导或是"老员工"多多请教,以免再犯是最好的办法。千万不要犯了错误还给自己找借口,那样别人就该怀疑你做人的原则了。

（六）任劳任怨

单位一般都会将各种的工作交给新手做，让他得到锻炼。因此新人必须任劳任怨，不管工作多单调多复杂，都要努力去做好，不要认为自己大材小用或不能胜任。

（七）别太拿自己当回事

最怕的就是大学刚毕业的新人，做几件小事就认为自己被降了档次似的。太拿自己当回事，就不能虚心向别人学习，以致不能尽快进入角色，影响自己成长。

（八）努力表现，别出风头

谁都想给别人留下好印象，应该努力做好各项工作，不要爱出风头，太过张扬、处处表现自己，要在工作中养成不骄不躁、谦虚谨慎的作风。

（九）多做小事少开口

复印机没有纸了，悄悄地给加上；饮水机快没水了，主动给送水公司打个电话；主动搞环境卫生，准备一块抹布，不指望卫生都由清洁工来搞……这些不起眼的小事最能给人留下好印象。另外，不懂的事不要乱发表意见，以免贻笑大方。

（十）尊重上司

要跟上司建立良好的关系，凡事要克制，懂得婉转表达与拒绝，切勿随意顶撞上司。

（十一）和睦相处

刚到一个新单位，"人和"最重要，只要能与同事和睦相处，任何困难都可找人帮忙，不至于遇到困难孤立无援。

（十二）穿着得体

"人靠衣装"这句话永远是对的，穿得光鲜、整洁一点，自己也会倍觉自信。若经济条件许可的话，每季可添置一些衣服和配饰。但不同行业的人对衣着会有不同的要求，试想，以广告人装束进入银行，岂非格格不入？多观察别人的衣着吧！

六、新会计人员必备意识

（一）合作意识

许多单位在招聘职员的时候都非常关注新人是否具有团队协作精神和合作意识，概括而言即是工作协调性。

在这里所讲的协调主要是指："员工作为组织中的一员，为了组织的整体利益，自觉地与他人合作的意识。"任何工作岗位中都有部门、科、班、组等组织，每一层组织的所有成员都必须共同分担工作、共同合作才能最终达成目标，取得事业上的成功。如果这个团队内部的每一个成员只是完成自己分内的工作，而不善于与他人合作的话，整体的工作绩效是不可能最后顺利得以完成的。

（二）高效意识

工作的开展必须考虑到效率，工作效率的低下将意味着企业利润的低下，这正是任何企业所不愿看到的情形，所以企业要求它的员工必须具有高效意识。

（三）品质意识

品质意识，也就是要求员工以最有效的方式，完成本职工作的一切细节，永远追求更有效率的目标，追求工作的完美。

作为新员工，就必须按照要求，树立品质意识，完成自己的工作任务，努力完成目标。

（四）成就意识

相关实践证明，很多人之所以失败，就在于他们总是缺少自信，从而导致自己对尝试的恐惧。这种人常常这样想："我怎么会成功呢？我不可能在社会上出人头地，我出身卑微，经验也不够，学历也不高。"也就是说，自卑使他们裹足不前。

为了培养成就意识，除了树立自信心外，还要做到以下几点：

（1）不要加入"牢骚会"。

（2）确立人生目标，走自己的路，让别人去说吧。

（3）接打电话时心情要愉快，并且立刻自报姓名。

（4）在工作中受到别人赞许时，切记要说"谢谢"。

（5）面对工作伙伴、上司或部属时，要永远保持微笑。它可以让你重视自己，并传递给别人一种良好的心情。

（6）不断总结工作，看到成绩，修正不足，使成就意识不断增强。

七、会计职场成功秘诀

作为职场新人，首先面临的是职业生涯的起步阶段，这一阶段大约是 3～5 年时间。如果做到了或者说努力去做到上节所述几点，那么就会轻松顺利地走过这一阶段。如果想做得更好，还应该着重注意以下几点：

（一）明确自己的奋斗目标

为了获得美好的前程，职场新人首先要把自己的短期目标和长期目标写在纸上。一旦有了完整的想法，将很容易地知道什么是必须做的，什么是应该避免的，什么是应该克服的。明确了奋斗目标之后，就要远离一些影响你胜出的小事。不要过于注意周围的小事，如果将精力集中在一些琐碎的小事上，就会忘记真正重要的事情，从而影响进步。

（二）集中精力与正派的人发展关系

你应问问自己谁能帮助你，谁会伤害你，集中精力与能帮助你更好地完成任务的人发展关系。远离流言飞语，不要当说闲话的主角，否则你的威信将会下降。

（三）主动积极地表现自己的工作能力

你可以利用一点时间和一些机会来表明，尽管你是一个职场新人，但你有能力胜任交给你的一切工作。为了使别人发现你有能力，你有责任宣传和证明自己。

（四）寻求别人的帮助

寻求别人的帮助，会使你以后的工作更加顺利，你将渐渐地了解有关你的岗位的一切并掌握工作方法。同时这种做法能很快地拉近与同事的距离。

（五）培养和发挥自己的特长

一个人不可能什么都行，但必须有一样能超出众人，这在职场中胜出是很重要的。比如懂得外语的，可以去翻译一些资料；会电脑家电修理的，可以为同事们排忧解难。做出这样的表现，肯定会给用人单位留下好印象。如果你没有特长，就应该尽早地去"充电"。

第二章 会计科目、账户与借贷记账法

第一节 会计科目

一、会计科目的分类

会计科目是指按照经济业务的内容和经济管理的要求,对会计要素的具体内容进行分类的项目或名称。

一个单位的资金运行需要有一个完整的会计科目体系来全面地反映。各会计科目之间既有严格的区别,又有紧密的联系。会计科目按不同的标准可以作不同的分类:

(一)按反映的经济内容分类

借贷记账法下,会计科目按经济内容分类通常可以分为五大类:资产类科目、负债类科目、所有者权益类科目、成本类科目、损益类科目。

(二)按提供核算资料的详细程度分类

会计科目按提供信息的详细程度一般可划分为总分类科目、二级科目和明细分类科目三个层次。

总分类科目,也称一级科目或总账科目,是对会计对象的组成内容进行总括划分的科目。如"原材料"、"固定资产"、"应付账款"等都是总分类科目。它们对资产、负债和所有者权益等内容概括性最强,每个会计科目之间相互区别,各有特性。

二级会计科目是对一级科目的进一步分类,即二级科目处于一级科目之下,在性质上,二级科目从属于一级科目。因而,二级科目反映的资产、负债和所有者权益的经济内容比一级科目具体、明确。

明细分类科目是对二级科目的进一步分类,它处于二级科目之下,一般而言,明细科目是会计科目的最低层次,在性质上,明细分类科目从属于二级科目和一级科目。与二级科目相比，明细分类科目反映的资产、负债和所有者权益的内容更为具体，更有针对性。仍以"原材料"总分类科目为例，在其所属的"原料及主要材料"二级科目下，还可以按材料的品种、规格设置明细科目。

二、会计科目的设置原则

设置会计科目时，一般应当遵循以下几项原则：

（一）全面地反映企业的会计对象

为了全面系统地反映企业各项经济业务引起的资产、负债和所有者权益的增减变动情况，完整地反映企业资金运动状况和结果，必须对会计对象的具体内容进行全面、科学的分类界定，设置相应的会计科目。各科目之间既相互区别、界限分明，又彼此联系，共同构成一个完整的体系。

（二）兼顾宏观调控和微观决策的需要

会计科目的设置，一方面要充分考虑到国家进行宏观调控和综合平衡的要求，另一方面又要满足企业经营管理和决策的需要，做到统一性与灵活性相结合。设置会计科目时，对会计科目名称的确定要做到含义准确、简明扼要、通俗易懂，以便于正确地使用。

（三）便于做账、查账

会计科目的设置应该满足会计核算技术现代化的要求，按照电子计算机的特点，对会计科目实行固定编码。

我国企业目前使用的会计科目是由财政部统一规定的，这样可以使企业提供的会计核算资料口径一致，便于统计和分析。企业在不违反计划、财务、统计制度的规定，不影响会计核算要求和会计报表指标汇总的前提下，可根据具体情况报经主管部门批准后，对会计科目作必要的增加、合并和减少。

三、设置会计科目的注意事项

实行会计电算化的企业，在设置会计科目时应注意以下事项：

（一）增加科目代码

增加科目代码要从一级科目开始，逐级向下顺序输入，输入明细科目时，其上级科目必须已输入过。

（二）科目级数

新增科目的级数和各级科目代码的长度必须符合初始定义的科目结构。

（三）分段代码

分段代码仅用于会计科目的建立过程中，科目的分段代码可以重复。

（四）使用科目

在输入凭证等日常操作中，必须使用科目代码全码。

（五）修改科目

当会计科目输入有误需要修改时，可采用删除后重新输入的方法；但有余额及发生额的科目不能修改与删除。修改已存在科目，主要针对初始设置中设置错了或由于核算要求变化需修改的科目。在进行日常账务处理之前，各科目本期尚未有发生额，此时可对各科目的属性及初始余额进行修改。当初始化结束，系统开始日常账务处理后，只能修改没有发生额和余额的科目，从而避免造成会计数据的丢失或失真。

第二节　会　计　账　户

一、账户的开设

会计科目是对会计对象的组成内容进行科学分类而规定的名称。对会计对象划分类别并规定名称是必要的，但要全面、系统地记录和反映各项经济业务所引起的资产变动情况，还必须在分类的基础上借助于具体的形式和方法，这就是开设和运用账户。

账户是根据会计科目设置的，它是对各种经济业务进行分类和系统、连续的记录，反映资产、负债和所有者权益增减变动的记账实体。会计科目的名称就是账户的名称，会计科目规定的核算内容就是账户应记录反映的经济内容，因而账户应该根据会计科目的分类相应地设置。如企业要开设资产类账户、负债类账户、所有者权益类账户、成本类账户和损益类账户。企业应从自身需要和科目的特点出发，根据总分类科目、二级科目和明细分类科目开设相应的账户，以便于分类、归集、总括和具体、详细地核算数据。

二、账户的格式

账户作为记录和反映经济业务活动的一种形式,其基本功能是便于对各项经济业务所引起的企业资产、负债、所有者权益、成本、损益的变动数额进行分类和归集、汇总。要使账户发挥其功能,不仅要确定其名称和进行分类,还要使其具备相应的结构。所有经济业务的发生所引起的企业资产、负债、所有者权益等的变动,从数量上看,不外乎"增加"和"减少"两种情况。因此,每个账户起码要划分出两个方位:即一方登记增加额,另一方登记减少额,这是一切账户的基本结构。为了便于说明问题,账户的基本结构可简化为左右两方,即"T字形",如表2-1所示:

表2-1 账户的基本结构

借方	账户名称	贷方

三、账户的种类

每一个账户只能记录企业经济活动的某一方面,不可能对企业的全部经济业务加以记录。而企业的经济活动作为一个整体,是需要一个相互联系的账户体系加以反映的。账户分类就是研究这个账户体系中各账户之间存在的共性,寻求其规律,探明每一账户在账户体系中的地位和作用,以便加深对账户的认识,更好地运用账户对企业的经济业务进行反映。

现代管理理论认为,分类是一种基本的管理。科学地进行账户的分类有助于科学地进行管理。按不同的标准对账户分类,可以从不同的角度认识账户,并把全部账户划分为各种类别。其分类标准一般有按会计要素分类,按提供指标的详细程度分类和按用途和结构分类,等等。

(一)账户按会计要素分类

会计的恒等式为

$$资产 = 负债 + 所有者权益$$

这一恒等式表明了会计核算的基本平衡关系,是会计核算的基础,制约和决定着整个会计核算工作。恒等式中的各要素称为会计要素。账户按会计要素分类就是按账户所核算的经济内容与各会计要素的联系分类。企业进行生产经营活动,首先要拥有一定的场地、设备，同时也需要一定的周转资金，这些由企业拥有或控制的，可以用货币计量的经济资源为资产。为反映资产的增减变动及结存情况，需设置一类账户，通过账户的发生额反映资产的增减变动情况；通过账户的余额反映资产的结存情况。

企业资产主要来源于债权人和所有者的投资。债权人提供的，需以企业未来资产或劳务偿付的债务为负债。为反映债权人提供资金及企业偿还等情况，需设置一类账户，通过账户的发生额反映负债的形成和偿付情况；通过账户的余额反映未偿还的债务情况。

所有者权益是企业总资产减去负债后的余额。在企业创建时，它是投资者投入企业的资本；在企业进行生产经营活动取得盈利以后，所有者权益就是投入资本与未分配利润之和。为反映投入资本和未分配利润的增减变动及其结果，设置一类账户，通过账户的余额反映投入资本和未分配利润的增减变动情况；通过账户的余额反映投入资本变动后的结果和未分配利润的实际数额。

企业从不同来源取得各项资产后，就投入生产经营活动。进行生产经营活动必然在销售商品或提供劳务等经营业务中取得各项收入，同时企业要进行生产经营活动必然相应地发生一些耗费。当企业取得的各项收入在补偿生产经营活动中已消耗的各项支出后，便形成了利润。为反映企业收入的取得、费用的发生和利润的形成，需设置两类账户，一类账户发生额反映企业的收益情况，另一类账户的发生额反映生产经营过程中的成本费用情况。通过两类账户发生额的结转，结算出企业的利润。

因此，账户按会计要素分类，一般分为资产类、负债类、共同类、成本类、所有者权益类、损益类等六大类。

反映资产的账户，按照资产的流动性和经营管理核算的需要，又分为反映流动资产、非流动资产等的账户。反映流动资产的账户，按照各项资产的流动性和在生产经营过程中所起的作用，又可分为反映货币资金的账户，如"库存现金"、"银行存款"等账户；反映结算债权的账户，如"应收账款"、"其他应收款"等账户；反映存货的账户，如"原材料"、"库存商品"等账户；反映非流动资产的账户，如"固定资产"、"无形资产"等账户。

反映负债的账户，按照形成负债的原因划分，又分为反映由于生产经营活动形成的负债账户和反映由于经营成果形成的负债账户。反映由于生产经营活动形成的负债账户，如"应付账款"、"预收账款"、"短期借款"等账户；反映由于经营成果形成的负债账户，如"应交税费"、"应付股利"等账户。

按共同类科目余额的方向分为反映资产和负债的科目，当"衍生工具"、"套期工具"、"被套期工具"三个科目的余额在借方时，是企业的资产；当它们的期末余额为贷方时，是企业的负债。该类科目运用于特殊行业的特殊企业。

反映所有者权益的账户，按照权益的来源划分，又分为反映投入资本的账户、反映从利润中提取资金的账户和反映未分配利润的账户。反映投入资本的账户，如"实收资本"账户；反映从利润中提取资金的账户，如"资本公积"账户；反映未分配利润的账户，如"利润分配"、"本年利润"等账户。

反映成本的账户，制造业企业的成本类账户用于归集、计算、结转产品的制造成本。具体包括"生产成本"、"制造费用"、"劳务成本"等账户。

反映损益的账户，按照收益与企业的生产经营活动是否有关，又分为营业性收益账户和非营业性收益账户。反映营业性收益的账户，如"主营业务收入"账户；反映非营业性收益的账户，如"营业外收入"账户。

（二）账户按提供指标详细程度分类

企业经营管理所需要的会计核算资料是多方面的，不仅要求会计核算能够提供一些总括的指标，如通过"原材料"账户核算，提供有关材料增减变动及结构情况的总括资料；利用"应收账款"账户核算提供企业全部应收款项的形成、收回及结果的总括资料，而且要求会计核算能够提供一些详细的指标，如通过对材料的核算，要提供某一类材料、某一种材料的增减变动及结存情况；通过对应收账款的核算，要提供具体应收账款的单位或个人及应收金额。为满足各方面的要求，上述各类账户还需要进一步细分，形成不同层次的账户，提供各类经济活动的详细资料。账户按提供指标的详细程度分类，分为总分类账户和明细分类账户。

1. 总分类账户

总分类账户是对企业经济活动的具体内容进行总括核算的账户，它能够提供某一具体内容的总括核算指标，亦称总账账户、一级账户。在我国，为了保证会计核算指标口径规范一致，并具有可比性，保证会计核算资料能在一个部门、一个行业、一个地区乃至全国范围内综合汇总、分析，为了便于企业编制会计凭证、汇总资料和编制会计报表，总分类账户的名称、核算内容及使用方法是由财政部统一制定的。每一个企业都要根据本企业业务的特点和统一制定的账户名称，设置若干个总分类账户。

2. 明细分类账户

明细分类账户是对企业某一经济业务进行明细核算的账户，它能够提供某一具体经济业务的明细核算指标。在实际工作中，除少数总分类账户，如"累计折旧"账户、"利润"账户不必设置明细分类账户外，大多数总分类账户都需设置明细分类账户。如在"原材料"总分类账户下，按照材料的类别、品种或规格设置明细分类账户；在"应收账款"总分类账户下，按照购买单位的名称设置明细分类账户。

明细分类账户是依据企业经济业务的具体内容设置的，它所提供的明细核算资料主要是满足企业内部经营管理的需要。各个企业、单位的经济业务具体内容不同，经营管理的水平不一致，明细分类账户的名称、核算内容及使用方法也就不能统一规定，只能由各企业、单位根据经营管理的实际需要和经济业务的具体内容自行规定。如企业可以根据其材料供应单位的具体名称设置"应付账款"总分类账户的明细分类账户。

如果某个总分类账户所属的明细分类账户较多，为了便于控制，还可增设二级账户。二级账户是介于总分类账户和明细分类账户之间的账户。它也是由企业根据经营管理的实际需要和经济业务的具体内容自行确定的。如企业的材料类别、品种较多，为便于控制，可在"原材料"总分类账户下，按材料的类别设置"主要原材料"、"燃料"、"辅助材料"等二级账户，在二级账户下再按材料的品种设置"元钢"、"角钢"等明细分类账户。

（三）账户按用途和结构分类

账户是按会计科目设置的，同时，账户又有各自特定的用途和结构。为了更好地记录经济业务，理解和掌握账户提供核算指标的规律性，有必要作进一步了解。

1.账户按用途和结构的分类

在借贷记账法下，账户按用途和结构的不同，可以分为盘存账户、所有者投资账户、结算账户、待处理账户、集合分配账户、跨期摊销账户、成本计算账户、收入类账户、费用类账户、账务成果账户、调整账户。盘存账户、基金账户、结算账户、待处理账户和一部分调整账户是对资产账户的进一步分类；集合分配账户、成本计算账户和跨期摊销账户是对成本、费用账户的进一步分类；财务成果账户和另一部分调整账户是对收入成果账户的进一步分类。

现将各类账户的特点分述如下：

（1）盘存账户。盘存账户是用来核算和监督各种财产物资和货币资金增减变动及结存情况的账户。这类账户可以通过盘点的方法来检查账面结存数是否与实存数额相符。盘存账户借方登记财产物资或货币资金的增加数，贷方登记财产物资或货币资金的减少数，余额在借方，表示期末各项财产物资和货币资金的实存数额。

（2）所有者投资账户。所有者投资账户是用来核算和监督企业所有者权益增减变化及其期末余额的账户。如"实收资本"账户反映投资都投入的资本金，期末余额在贷方，表示期末企业实收资本实有数。

(3) 结算账户。结算账户是用来核算和监督企业同其他单位和个人之间发生结算关系而产生的各种应收、应付账款的账户。这类账户按照用途和具体结构可分三类，即资产结算账户、负债结算账户和资产负债结算账户。资产结算账户是专门来核算同各个债务之间的结算业务的账户。在这类账户中，借方登记各种应收款项的增加和预收款项的减少数，贷方登记应收款项的减少和预收款项的增加数，余额若在借方，表示尚未收回的应收款，若在贷方，表示应退回的预收数额。负债结算账户是专门用来核算和监督同各个债权之间结算业务的账户。这类账户的贷方登记应付款项的增加和预付款项的减少数，借方登记应付款项的减少和预付款项的增加数，余额一般在贷方，表示尚未偿付的债务，或应收回的预付款项。资产负债结算账户既可用来核算债权，又可用来核算债务，借方登记债权的增加或债务的减少数，贷方登记债务的增加或债权的减少数，余额方向不固定，若为借方余额，则为资产结算账户，若为贷方余额，则为负债结算账户。

(4) 待处理账户。待处理账户是用来核算在财产清查中发生的盘盈盘亏情况，以达到账实相符的账户。

(5) 集合分配账户。集合分配账户是用来归集和分配经营过程中某一阶段所发生的某种费用的账户。借方登记费用的发生额，贷方登记费用的分配数额，期末无余额。

(6) 跨期摊销账户。跨期摊销账户是用来核算应付几个时期共同负担的费用，以便正确计算各期成本的账户。在跨期摊销账户中，用来核算本期已经支付，但应计入本期和以后各期产品成本的费用账户，称为"长期待摊费用"账户。

(7) 成本计算账户。成本计算账户是用来核算经营过程中某一阶段所发生的全部费用，并确定各个成本计算对象实际成本的账户。这类账户借方登记直接计提的费用和集合分配账户分配来的费用，贷方登记完工转出的实际成本，期末如有余额在借方，表示在产品成本。

(8) 收入类账户。收入类账户是核算和监督企业在一定会计期间内所取得的各种收入的账户。账户的贷方登记本期收入的增加额，借方登记本期收入的减少额和期末转入"本年利润"账户的收入额，结转后无余额。

(9) 费用类账户。费用类账户是用来核算和监督企业在会计期间内所发生的应记入当期损益的各种费用的账户。账户的借方登记本期费用支出的增加额，贷方登记本期费用支出的减少额和期末转入"本年利润"账户的费用支出额，结转后无余额。

(10) 财务成果账户。财务成果账户是用来确定企业的利润或亏损，以便核算和监督企业最终财务成果的账户。借方汇集各项损失，贷方汇集各项收入，期末余额在贷方表示实现的利润总额，在借方表示发生的亏损总额。

（11）调整账户。调整账户是用来调整其他有关账户的数字而设置的账户。在会计核算中，由于经营管理上的需要和其他原因，对于某些资产、负债或所有者权益，有时需要用两种不同的数字来记录和反映。这种情况下，就需要设置两个账户。一个用来反映资金占用和资金来源的原始数字，称为被调整账户；另一个账户则反映对原始数字进行调整后的数字，称为调整账户。将原始数字同调整数字相加或相减，可以求得实有数字。调整账户由于调整方式的不同，可以分为备抵账户和附加账户两类。

账户除按上述标准进行分类以外，还可以按其他标准分类，如按列入会计报表分类，按有无期末余额分类，等等。

2. 账户按列入会计报表分类

账户按列入会计报表分类，可分为资产负债表账户和利润表账户。资产负债表账户是指账户所提供的资料是编制资产负债表的依据，包括资产类、负债类和所有者权益三类，分别与资产负债表中的这三类项目对应。如果"制造成本"账户期末有余额，也应列入资产负债表。利润表账户是指账户所提供的资料是编制利润表的依据。利润表账户包括收入类和费用类两类，这些账户是根据利润表的项目设置的。

3. 账户按会计主体分类

账户按会计主体分类，可分为表内账户和表外账户。表内账户是指用来核算一个会计主体的资产、负债、所有者权益、收入、费用及经营成果的账户，前面列举的账户均为表内账户。表外账户是指用来核算不属于本会计主体资产的账户，如租入固定资产账户、代管商品物资账户都是表外账户。

4. 账户按期末余额分类

账户按期末余额分类，可分为借方余额账户、贷方余额账户和期末无余额账户。借方余额账户是指账户的借方发生额表示增加，贷方发生额表示减少，期末余额一定在借方的账户。资产类账户一般都是借方余额账户。贷方余额账户是指账户的借方发生额表示减少，贷方发生额表示增加，期末余额一定在贷方的账户。负债类和所有者权益类账户的期末余额一般都在贷方。期末无余额账户是指期末结账时，将本期汇集的借（贷）方发生额分别从贷（借）方转出，结转后期末没有余额的账户。收入类和费用类账户为期末没有余额的账户。通常将期末有余额的账户称为实账户，将期末无余额的账户称为虚账户。实账户的期末余额代表着企业的资产、负债或所有者权益，虚账户的发生额反映企业的损益情况。

四、账户的基本结构

从数量上看,发生经济业务所引起的会计要素变动,无非是增加和减少两个方面,因而账户也分为左方、右方两个方向,一方登记增加,另一方登记减少。至于哪一方登记增加,哪一方登记减少,取决于所记录经济业务和账户的性质。登记本期增加的金额,称为本期增加发生额;登记本期减少的金额,称为本期减少发生额;增减相抵后的差额,称为余额,余额按照表示的时间不同,分为期初余额和期末余额。

1. 资产类账户的结构

资产类账户的记录方法是,资产的增加额记入账户的借方,资产的减少额记入账户的贷方,账户若有余额,一般为借方余额,表示期末资产余额。资产类账户的结构如表2-2所示。

表2-2 资产类账户结构

借方		账户名称	贷方
期初余额	×××		
本期增加发生额	×××	本期减少发生额	×××
	×××		×××
本期发生额合计	×××	本期发生额合计	×××
期末余额	×××		

资产类账户内部关系,如下式

资产类账户期末借方余额＝期初借方余额＋本期借方余额方发生额合计－本期贷方发生额合计

2. 负债类、所有者权益类账户的结构

负债类及权益账户的记录方法是,增加额记入账户的贷方,减少额记入账户的借方,账户若有余额,一般为贷方余额,表示期末负债余额或期末所有者权益余额。负债类、所有者权益类账户的结构如表2-3所示。

表2-3 负债类、所有者权益类账户结构

借方		账户名称	贷方
		期初余额	×××
本期增加发生额	×××	本期减少发生额	×××
	×××		×××
本期发生额合计	×××	本期发生额合计	×××
		期末余额	×××

负债类及所有者权益账户的内部关系,如下式

负债类、所有者权益类账户期末贷方余额＝期初贷方余额＋本期贷方发生额合计－本期借方发生额合计

3. 收入类账户的结构

收入类账户的结构与负债类、所有者权益类账户的结构基本相同，收入的增加额记入账户的贷方，减少额记入账户的借方，会计期末本期收入增加额合计减去本期收入减少额合计后的差额为转销额，转入"本年利润"账户，收入类账户一般没有期末余额。其结构如表2-4所示。

表2-4 收入类账户结构

借方		账户名称	贷方
本期减少发生额	×××	本期增加发生额	×××
本期转销额	×××		×××
本期发生额会计	×××	本期发生额会计	×××

4. 费用类账户的结构

费用账户的结构与资产类账户的结构基本相同，费用的增加额记入账户的借方，减少额记入账户的贷方，会计期末本期费用增加额合计减去本期费用减少额合计后的差额为转销额，转入"本年利润"账户，费用类账户一般没有期末余额。其结构如表2-5所示。

表2-5 费用类账户结构

借方		账户名称	贷方
本期增加发生额	×××	本期减少发生额	×××
	×××		
		本期转销额	×××
本期发生额会计	×××	本期发生额会计	×××

5. 利润类账户的结构

利润类账户是反映利润或亏损的账户，由收入类账户转来的本期收入合计数记入该账户的贷方，由费用类账户转为的本期费用合计数记入该账户的借方，贷方大于借方为利润，贷方小于借方为亏损。年度终了，将利润或亏损从"本年利润"账户转入"利润分配"账户，结转后该账户无期末余额。利润类账户的结构如表2-6所示。

表2-6 利润类账户结构

借方		账户名称	贷方
		期初余额	×××
本期减少发生额	×××	本期增加发生额	×××
	×××		×××
本期发生额会计	×××	本期发生额会计	×××
期末余额	×××（亏损）	期末余额	×××（盈利）

综上所述，"借"、"贷"二字作为记账符号所表示的含义是不同的。"借"字

表示资产的增加、费用成本的增加、负债及所有者权益的减少、收入的转销;"贷"字表示资产的减少、费用成本的转销、负债及所有者权益的增加、收入的增加。用T形账户表示全部账户的结构。如表2-7所示。

表 2-7　全部账户结构

账户名称（会计科目）

资产的增加	资产的减少
费用成本的增加	费用成本的减少转销
负债的减少	负债的增加
所有者权益的减少	所有者权益的增加
收入的减少或转销	收入的增加
期末余额，资产余额	期末余额：负债和所有者权益余额

五、账户与会计科目的联系和区别

1. 账户与会计科目的联系

会计科目与账户都是对会计对象具体内容的科学分类，两者口径一致，性质相同，会计科目是账户的名称，也是设置账户的依据，账户是会计科目的具体运用。没有会计科目，账户便失去了设置的依据；没有账户，就无法发挥会计科目的作用。

2. 账户与会计科目的区别

会计科目仅仅是账户的名称，不存在结构，而账户则具有一定的格式和结构。在实际工作中，对会计科目和账户不加严格区分，而是相互通用。

第三节　借贷记账法

一、记账方法的种类

记账方法，是指根据一定的原理和原则，运用一定的记账符号和记账规则，用价值计量，在账户中记录经济业务的专门方法。简而言之，即指在会计账户中登记经济业务的方法。作为一种记账方法，一般包括记录经济业务的方式、记账原理、记账符号、平衡公式、记账规则和试算平衡方法等要素。

记账方法，按记录经济业务的方式不同，可分为单式记账法和复式记账法。

单式记账法，是比较简单的一种记账方法，账户之间的记录没有直接联系，也没有相互平衡的关系，缺乏科学性，一般不采用。复式记账法，是指对每一笔经济业务，在两个或两个以上相关联的账户中进行记录的一种记账方法。每一笔经济业务的发生，客观上都要引起两方面的变化，如从银行存款提取现金，这笔经济业务的发生，一方面是记录"银行存款"的减少；另一方面是记录"现金"的增加，这样，同时反映两方面的变化，才能表达经济业务的全貌。对发生的各项经济业务，都要至少在两个账户中相互联系地进行分类记录，对一定时期发生的全部经济业务的记录，进行全面的试算平衡，比较科学。复式记账法，由于记账符号、账户分类、记账规则和试算平衡的不同，又可分为借贷记账法、增减记账法、收付记账法。为了使会计的记账方法与国际惯例接轨，我国均采用借贷记账法。

二、借贷记账法的定义

借贷记账法是指以"借"、"贷"为记账符号的一种复式记账法。复式记账法是指对每一笔经济业务，都要在两个或两个以上的相互联系的账户中以借贷方相等的金额进行登记的记账方法。

借贷记账法产生于12世纪的意大利。当时由于海上贸易的不断发展，所使用货币的种类、重量和成色等日益复杂，通过银行进行转账结算便受到人们的普遍欢迎。银行为了办理转账结算业务，设计了"借"、"贷"两个记账方向，将债权记入"借方"，将债务记入"贷方"。到了15世纪初期，人们除增设了"资本"、"损益"账户外，又增设了"余额"账户，进行全部账户的试算平衡。随后借贷记账法传遍欧洲、美洲等世界各地，成为世界通用的记账方法。借贷记账法20世纪初由日本传入我国，目前成为我国法定的记账方法。

三、借贷记账法的主要内容

（一）借贷记账法的记账符号

顾名思义，借贷记账法以"借"、"贷"为记账符号，分别作为账户的左方和右方。这里的"借"、"贷"已失去其原有的含义，变成了纯粹的记账符号。至于"借"表示增加还是"贷"表示增加，则取决于账户的性质及结构。

（二）借贷记账法的账户结构

资产类和负债类会计账户的内部关系，列出式如下

资产类账户期末余额＝期初余额＋本期借方发生额合计－本期贷方发生额合计

权益类账户期末余额＝期初余额＋本期贷方发生额合计－本期借方发生额合计

一般而言，费用（成本）类账户结构与资产类账户相同，收入类账户结构与权益类账户相同。

（三）借贷记账法的记账规则

从上述两类账户中不难分析出，经济业务无论怎样复杂，均可概括为以下四种类型：

(1) 资产与权益同时增加，总额增加；
(2) 资产与权益同时减少，总额减少；
(3) 资产内部有增有减，总额不变；
(4) 权益内部有增有减，总额不变。

以上四种经济业务的记账方法如表2-7所示。

表2-7 各种经济业务的记账规则

经济业务	账务处理
(1) 资产与权益同时增加，总额增加	借：资产类科目 贷：权益类科目
(2) 资产与权益同时减少，总额减少	借：权益类科目 贷：资产类科目
(3) 资产内部有增有减，总额不变	借：资产类科目 贷：资产类科目
(4) 权益内部有增有减，总额不变	借：权益类科目 贷：权益类科目

现举例说明如下：

(1) 企业收到投资人10 000元投资，存入银行。此项业务中，一方面使资产类中的"银行存款"账户增加10 000元，记入该账户借方，另一方面使权益类中的"实收资本"账户增加10 000元，记入该账户贷方，借贷金额相等，总额增加。

(2) 企业用银行存款5 000元偿还短期借款。此项业务中，一方面使资产类中的"银行存款"账户减少5 000元，记入该账户贷方，另一方面使权益类中的"短期借款"账户减少5 000元，记入该账户借方，借贷金额相等，总额减少。

(3) 企业以银行存款3 000元购买材料。此项业务中，一方面使资产类中的"原材料"账户增加3 000元，记入该账户借方，另一方面使资产类中的"银行存款"账户减少3 000元，记入该账户贷方，借贷金额相等，总额不变。

（4）企业从银行借入短期借款6 000元，直接偿还应付账款。此项业务中，一方面使权益类中的"短期借款"账户增加6 000元，记入该账户贷方，另一方面使权益类中的"应付账款"账户减少6 000元，记入该账户借方，借贷金额相等，总额不变。

综上所述，借贷记账法的记账规则为：有借必有贷，借贷必相等。

（四）借贷记账法的试算平衡

为了检验一定时期内所发生经济业务在账户中记录的正确性，在会计期末应进行账户的试算平衡。所谓试算平衡，是指根据资产与权益的恒等关系以及借贷记账法的记账规则，检查所有账户记录是否正确的过程。试算平衡的方法包括发生额试算平衡法和余额试算平衡法两种。

1. 发生额试算平衡法

发生额试算平衡法是根据本期所有账户借方发生额合计与贷方发生额合计的恒等关系，检验本期发生额记录是否正确的方法。公式为

全部账户本期借方发生额合计 = 全部账户本期贷方发生额合计

在借贷记账法中，根据"有借必有贷，借贷必相等"的记账规则，每一笔经济业务都要以相等的金额，分别记入两个或两个以上相关账户的借方和贷方，借贷双方的发生额必然相等。推而广之，将一定时期内的经济业务全部记入有关账户之后，所有账户的借方发生额合计与贷方发生额合计也必然相等。在对业务进行账务处理后，期末编制发生额试算平衡表如表2-8所示。

表2-8 试算平衡表

会计科目	期初余额		本期发生额		期末余额	
	借方	贷方	借方	贷方	借方	贷方
合计						

2. 余额试算平衡法

余额试算平衡法是根据本期所有账户借方余额合计与贷方余额合计的恒等关

系，检验本期账户记录是否正确的方法。根据余额时间不同，又分为期初余额平衡与期末余额平衡两类。期初余额平衡是期初所有账户借方余额合计与贷方余额合计相等，期末余额平衡是期末所有账户借方余额合计与贷方余额合计相等，这是由"资产＝负债＋所有者权益"的恒等关系决定的。公式为

$$全部账户的借方期初余额合计 = 全部账户的贷方期初余额合计$$

$$全部账户的借方期末余额合计 = 全部账户的贷方期末余额合计$$

在实际工作中，试算平衡是通过编制试算平衡表方式进行的。在编制试算平衡表时，应注意以下几点：

第一，必须保证所有账户的余额均已记入试算表。因为会计等式是对六项会计要素整体而言的，缺少任何一个账户的余额，都会造成期初或期末借方余额合计与贷方金额合计不相等。

第二，如果试算表借贷不相等，肯定账户记录有错误，应认真查找，直到实现平衡为止。

第三，即便实现了有关栏目的平衡关系，并不能说明账户记录绝对正确，因为有些错误并不会影响借贷双方的平衡关系。例如：漏记某项经济业务，将使本期借贷双方的发生额发生等额减少，借贷仍然平衡；重记某项经济业务，将使本期借贷双方的发生额发生等额虚增，借贷仍然平衡；某项经济业务错记有关账户，借贷仍然平衡；某项经济业务在账户记录中，颠倒了记账方向，借贷仍然平衡；借方或贷方发生额中，偶然发生多记少记并相互抵销，借贷仍然平衡，等等。

因此在编制试算平衡表之前，应认真核对有关账户记录，以消除上述错误。

第三章 会计凭证

第一节 会计凭证概述

一、什么是会计凭证

会计凭证,是指记录经济业务的发生情况、明确经济责任的书面证明。它是登记账簿的重要依据。任何一项经济业务,如购买商品或物料用品时都要由供货单位开发票;支付款项时要由收款单位开出收据;商品收进或发出时要有收货单、发货单等,都应领取或填制合法的会计凭证,并根据审核无误的会计凭证登记账簿。正确地填制和严格地审核会计凭证,保证会计凭证的合法性,既是会计核算工作的起点,也是会计监督的第一道"关口"。

会计凭证多种多样,但就常用的会计凭证来说,按其填制程序和用途可以分为两类:原始凭证和记账凭证。

二、会计凭证的设计原则

会计凭证设计,就是根据被设计单位的实际情况,对凭证的种类、内容、用途、格式、传递程序作出科学的规划,绘制出科学、规范的格式,以便为完整、及时、真实地记录经济活动提供所需要的信息载体。

会计人员在设计会计凭证时,应遵循以下原则。

(一)统一性原则

统一性原则要求凭证的内容和格式应尽量做到统一和标准化。全国性使用的凭证如车船票、机票、增值税专用发票等,有关部门设计时应做到全国统一,不能大小不一、内容不一。一个单位内部使用的凭证更应做到标准化。贯彻统一性原则不仅使凭证内容更清晰,同时也便于装订和归档保存,还有利于机械化操作和在全国范围内传递及使用。

（二）清晰性原则

清晰性原则要求设计者做到：
(1) 能全面反映经济活动的真实情况。
(2) 凭证要素齐全。
(3) 中心内容或主要内容排列在凭证的重要位置。
(4) 对记账凭证而言，科目对应关系清楚，不仅有总账科目的位置，还要有明细科目的位置。
(5) 颜色鲜明，易于区分不同用途的联次。

（三）有利于加强经济核算和内部控制原则

自制的许多原始凭证是为加强经济核算和企业内部管理服务的，因此，设计时应充分注意贯彻这一原则。

（四）经济性原则

经济性原则要求设计者做到：
(1) 尽量考虑一证两用或多用，以节约纸张和减少数字的转抄。
(2) 凭证面积以能充分反映业务内容为原则，不宜过大或过小。过大浪费纸张；过小则不便于保管。
(3) 专用凭证的常用项目应事先印刷在凭证上，以免手写耽误时间且影响整洁和美观。

第二节 原始凭证

一、原始凭证的种类

原始凭证是在经济业务发生或完成时取得的，用以证明经济业务已经发生或完成的最初书面证明文件，是会计核算的原始资料，编制记账凭证的依据。根据不同的管理目的，可对原始凭证进行如下分类。

（一）按取得来源分类

原始凭证按取得的来源可分为自制原始凭证和外来原始凭证。自制原始凭证是单位内部发生经济业务时，由本单位内部经办业务的单位或个人填制的凭证。外来原始凭证是与外单位发生经济业务时，从外单位取得的凭证。

（二）按填制手续分类

原始凭证按填制手续可分为一次凭证、累计凭证和汇总凭证。一次凭证是指填制手续一次完成，一次记录一项或若干项经济业务的原始凭证。一次凭证是一次有效的凭证，已填列的凭证不能重复使用。外来的原始凭证都是一次凭证，自制原始凭证中的收料单、发货票、银行结算凭证等都是一次凭证。累计凭证是在一定时期内，在一张凭证上，连续多次记录不断重复发生的同类经济业务的原始凭证，随时计算累计数及结余数，以便按计划或限额进行控制。制造业的限额领料单是典型的累计凭证。汇总凭证是将一定时期内记录同类经济业务的若干张原始凭证汇总起来编制的原始凭证。

（三）按所起作用分类

原始凭证按所起作用可分为通知凭证、执行凭证和计算凭证。通知凭证是对某项经济业务起通知或指示作用的凭证，对这类凭证的管理，不能完全等同于其他原始凭证，因为其不能证明经济业务已经完成。执行凭证是对某项经济业务执行后填制的原始凭证，可以证明经济业务已经完成。计算凭证也是某项经济业务完成后填制的原始凭证，可以证明经济业务完成，但是，该凭证上的数字是按照一定的方法计算后形成的。

二、原始凭证的基本内容和格式

（一）原始凭证包括的基本内容

（1）凭证的名称，如收料单、领料单、销货单、出库单、发货票、收据，等等。
（2）填制凭证的日期及编号。
（3）接受凭证单位的名称。
（4）经济业务的具体内容，如发货票包括货品的品种、规格、数量、单价、金额和总额，等等。
（5）填制单位的名称和填制人员姓名，如果是外来原始凭证，还必须有填制单位所盖的公章。
（6）经办人员的签名或盖章。

（二）原始凭证的格式

为了使原始凭证的内容能协调一致，满足有关单位核算和管理上的需要，应由主管部门为同类的经济业务制定统一的格式。

三、原始凭证的设计

外来凭证,不在本企业设计的范围之内,因而原始凭证的设计侧重于自制原始凭证的设计。

在设计自制原始凭证时,应着重考虑每一类经济业务发生时需要记录哪些方面的内容;处理各类经济业务分别需要经由哪些手续;据以编制记账凭证或登记分类账、日记账时各有哪些要求;审核原始凭证应把握哪些要件,等等。应根据这些来规定原始凭证设计的种类、内容、格式和联次,等等。

(一) 原始凭证设计的基本内容

原始凭证设计的基本内容包括:原始凭证的名称;接受凭证单位的名称,填制凭证的日期,经济业务的内容摘要,经济业务所涉及的数量、单价和金额,填制凭证单位、人员的签章,凭证的编号,凭证的联次、附件,等等。在进行原始凭证的设计前,要做好以下工作:

(1) 确定所需原始凭证的种类。
(2) 明确各种原始凭证的用途。
(3) 拟定原始凭证的格式。
(4) 规定原始凭证的传递程序。
(5) 严格原始凭证的保管制度。

(二) 原始凭证设计应遵循的要求

在原始凭证设计过程中,还应注意遵循下列要求。

(1) 要适应企业生产经营的特点,兼顾统计部门、业务部门以及其他有关部门对业务管理的具体要求。

(2) 要适应企业内部机构设置和人员分工情况,贯彻内部控制制度,加强各业务部门和经办人员的责任意识,防止错误及舞弊行为。

(3) 要保证会计凭证的填制简便易行,以使会计信息及时、高效传递。

(4) 要正确处理好借鉴与改进的关系,尤其对于有统一规范格式的原始凭证,如非必要应尽量采用,以简化设计工作,保证会计工作规范统一。

四、怎样填制原始凭证

原始凭证是进行会计核算的重要原始依据,是具有法律效力的证明文件。因此,为了保证原始凭证能够正确、及时、清晰地反映经济业务的真实情况,原始凭证的填制必须符合下列基本要求。

（一）凭证记录要真实

凭证上填制的日期、业务内容、数量、金额等，必须与实际情况完全符合，确保凭证所反映的经济业务真实可靠。从外单位取得的原始凭证的号码、金额和内容等，由经办单位会计机构负责人、会计主管人员和单位领导人批准后，才能作为原始凭证。如果确实无法取得证明的，由当事人写出详细情况，由经办单位会计机构负责人、会计主管人员和单位领导人批准后，代做原始凭证。

（二）凭证填写要齐全

原始凭证必须按规定的格式，将内容逐项填写齐全，不得遗漏，必须符合手续完备的要求，并做到如下几点：

（1）凡填有大写和小写金额的原始凭证，大写与小写必须相符；购买实物的原始凭证，必须有验收证明；支付款项的原始凭证，必须有收款单位和收款人的收款证明。

（2）一式几联的原始凭证，应当注明各联的用途，只能以一联作为报销凭证；一式几联的发票和收据，必须用双面复写纸套写，并连续编号；作废时应当加盖"作废"戳记，连同存根一起保存，不得撕毁。

（3）职工因公出差的借款凭据，必须附在记账凭证之后；收回借款时，应当另开收据或者退还借据副本，不得退还原借款收据。

（4）发生销货退回的，除应填制退货发票外，还必须有退货验收证明；涉及增值税专用发票的，必须按照相关规定办理；退款时，必须取得对方的收款收据或者汇款银行的凭证，不得以退货发票代替收据。

（5）填制的原始凭证必须由经办人员和部门签名盖章。从外单位取得的原始凭证，必须盖有填制单位的公章；从个人取得的原始凭证，必须有填制人员的签名或者盖章。自制原始凭证必须有经办单位领导人或者指定的人员签名或者盖章。对外开出的原始凭证，必须加盖本单位公章。

（6）如果一张原始凭证所列支出需要几个单位共同负担的，应当将其他单位负担的部分，开给对方原始凭证分割单，进行结算；原始凭证分割单必须具备原始凭证的基本内容：凭证名称、填制日期、填制凭证单位名称、经济业务内容、数量、单价、金额和费用分摊情况，等等。

（7）经上级有关部门批准的经济业务，应当将批准文件作为原始凭证附件；如果批准文件需要单独归档的，应当在凭证上注明批准文件名称、日期和文件字号。

（三）凭证的书写要清楚、规范

原始凭证要用蓝色或黑色墨水笔书写（套写可用圆珠笔），文字、数字以及填写的格式要规范，不得随意简化和省略，字迹要工整、清晰，并符合下列要求。

（1）阿拉伯数字应当一个一个地写，不得连笔写。阿拉伯数字金额前面应当书写货币币种符号或者货币名称简写。币种符号与阿拉伯数字金额之间不得留有空白。凡阿拉伯数字前写有币种符号的，数字后面不再写货币单位。

（2）所有以元为单位的阿拉伯数字，除表示单价等情况外，一律填写到角分；无角分的，角位和分位可写"00"，或者符号"－"；有角无分的，分位应当写"0"不得用符号"——"代替。

（3）大写金额数字前未印有货币名称的，应当加填货币名称，货币名称与金额数字之间不得留有空白。

（4）汉字大写数字金额如零、壹、贰、叁、肆、伍、陆、柒、捌、玖、拾、佰、仟、万、亿等，一律用正楷或者行书书写，不得用〇、一、二、三、四、五、六、七、八、九、十等简化字代替，不得任意自造简化字。大写金额数字到元或者角为止的，在"元"或者"角"字之后应当写"整"字或"正"字；大写金额数字有分的，分字后面不写"整"或者"正"字。

（5）阿拉伯金额数字中间有"0"时，汉字大写金额要写"零"字，如204.50，汉字大写金额应写成人民币贰佰零肆元伍角整；阿拉伯数字金额中间连续有几个"0"时，汉字大写金额中可以只写一个"零"字，如￥3 006.78，汉字大写金额应写成人民币叁仟零陆元柒角捌分；阿拉伯金额数字个位是"0"时，汉字大写金额可以只写一个"零"字，也可不写"零"字，如￥9 340.65，汉字大写金额写成人民币玖仟叁佰肆拾元零陆角伍分，或人民币玖仟叁佰肆拾元陆角伍分。

（四）各种凭证不得随意涂改、刮擦、挖补

在凭证填写发生错误需要更改时，应用画线更正法予以更正，即用红墨水笔将错误的文字或数字画红线注销，再将正确的文字或数字用蓝字写在画线部分的上方，并加盖经手人的印章。填写支票必须使用碳素笔，对提交银行的各种结算凭证的大小写金额，一律不准更改，如果填写错误应加盖"作废"戳记重新填写。

（五）各种原始凭证必须连续编号备查

如果凭证已预先印有编号，在写错作废时，应加盖"作废"戳记，妥善保存，不得撕毁。必须及时地填制各种凭证，并应按规定程序及时送交财会部门，由有关人员加以审核，据以填制记账凭证。

五、自制原始凭证的审核

自制原始凭证绝大部分涉及的是物资出入库、费用分配和结转等转账业务，为此，应审核凭证所列的经济业务是否存在如下情况。

（1）未按国家规定和有关计划使用资金。
（2）多计或少计了成本费用，形成了虚假利润。
（3）未按规定的渠道、标准、比例提取费用或摊销费用。
（4）物资核算不实，虚假冒领。
（5）费用的发生不合理。

不符合要求的自制原始凭证均不能接受，具体如下。

（1）没有经办人员的签名或者盖章。
（2）凭证摘要填写不清楚。
（3）凭证的联次不符。
（4）凭证有涂改。
（5）凭证所列的经济业务不符合开支范围、开支标准。
（6）凭证所列的金额、数量计算不正确。

六、外来原始凭证必须具备的内容

根据财政部《会计基础工作规范》第四十八条的规定，外来原始凭证必须具备如下内容：

1. 凭证的名称
外来原始凭证必须有明确的名称，以便于凭证的管理和业务处理。

2. 填制凭证的日期
凭证填制的日期就是经济业务发生的日期，便于对经济业务的审查。

3. 填制凭证单位名称或者填制人姓名
填制的单位或个人是经济业务发生的证明人，有利于了解经济业务的来龙去脉。

4. 经办人员的签名或者盖章
凭证上的签名、盖章人，是经济业务的直接经办人，签名、盖章可以明确经济责任。

5. 接受凭证单位名称

证明经济业务是否确实是本单位发生的,以便于记账和查账。值得注意的是,单位的名称必须是全称,不得省略。例如,"北京市××五金商贸有限公司",不得写为"五商公司"。

6. 经济业务内容

完整地填写经济业务的内容,便于了解经济业务的具体情况,检查其真实性、合理性和合法性。

7. 数量、单价和金额

数量、单价和金额是经济业务发生的量化证明,是保证会计资料真实性的基础。特别是大、小写金额必须按规定完整地填写,防止出现舞弊行为。

七、外来原始凭证的审核

外来原始凭证种类繁多,格式各异,在审核时要重点注意以下几个方面:

1. 凭证真实性的审核

凭证是否真实,例如,是否为税务局的统一发票,防止虚假发票;凭证所记载的经济业务是否真实发生;开出发票的单位是否存在等。

2. 凭证完整性的审核

审核外来原始凭证所应填写的内容是否全部具备,不得有遗漏。

3. 凭证合规性的审核

凭证所记载的经济业务是否符合有关财经法规和会计制度的规定;是否符合开支标准;凭证所填写的文字和金额是否字迹清楚、规范,使用的笔和颜色是否符合要求,等等。

失真、违规或不完整的外来原始凭证均不能接受,具体如下:

(1)应印有税务局发票监制章、填制凭证单位公章,而未加盖。

(2)未填写填制凭证单位名称或者填制人姓名,没有经办人员的签名或者盖章。

(3)填制单位的名称与所盖的公章不符。

(4)未填写接受凭证单位名称或者填写的名称与本单位不符。

(5)凭证的联次不符。

(6)凭证有涂改。

(7)凭证所列的经济业务不符合开支范围、开支标准。

(8)凭证所列的金额、数量计算不正确。

第三节 记账凭证

一、什么是记账凭证

记账凭证是会计人员根据审核后的原始凭证进行归类、整理，并确定会计分录而编制的凭证，是直接凭以登账的依据。记账凭证记载的是会计信息，从原始凭证到记账凭证是经济信息转换成会计信息的过程，是一种质的飞跃。

记账凭证要根据原始凭证所反映的经济业务，按规定的会计科目和复式记账方法，编成会计分录，以确保账簿记录的准确性。这是由于原始凭证只表明经济业务的具体内容，不能反映其归类的会计科目和记账方向，不能凭此直接入账。而且原始凭证多种多样，其格式、大小也不尽一致。为了做到分类反映经济业务的内容，必须按会计核算方法的要求，将其归类、整理为能据以入账的形式，指明应记入的账户名称以及应借、应贷的金额。

二、记账凭证的种类

（一）收款凭证、付款凭证和转账凭证

记账凭证按其反映的经济业务是否与货币资金有关，可以分为收款凭证、付款凭证和转账凭证。

1. 收款凭证

收款凭证是用以反映货币资金收入业务的记账凭证，根据货币资金收入业务的原始凭证填制而成。实际工作中，出纳人员应根据会计管理人员或指定人员审核批准的收款凭证，作为记录货币资金的收入依据。出纳人员根据收款凭证收款（尤其是收入现金）时，要在凭证上加盖"收讫"戳记，以避免差错。收款凭证一般按现金和银行存款分别编制。

2. 付款凭证

付款凭证是用以反映货币资金支出业务的记账凭证，根据货币资金支出业务的原始凭证填制而成。实际工作中，出纳人员应根据会计主管人员或指定人员审核批准的付款凭证，作为记录货币资金支出并付出货币资金的依据。出纳人员根据付款凭证付款时，要在凭证上加盖"付讫"戳记，以免重付。

3. 转账凭证

转账凭证是用以反映与货币资金收付无关的转账业务的凭证，根据有关转账业务的原始凭证或记账凭证编制会计分录填制而成。

收款凭证、付款凭证和转账凭证分别用以记录货币资金收入事项、货币资金支出事项和转账业务（与货币资金收支无关的业务），为便于识别，各种记账凭证一般都印制成不同颜色。

会计实务中，某些经济业务既是货币资金收入业务，又是货币资金支出业务，如现金和银行存款之间的划转业务。为了避免记账重复，对于这类业务一般编制付款凭证，不编制收款凭证。即：将现金存入银行时，编制现金付款凭证；从银行存款提取现金时，编制银行存款付款凭证。

（二）复式记账凭证和单式记账凭证

1. 复式记账凭证

复式记账凭证是把一项经济业务所涉及的会计科目，集中填列在一张凭证上的记账凭证，即一张凭证上登记两个或两个以上的会计科目，既有"借方"，又有"贷方"。如收款凭证、付款凭证、转账凭证和通用凭证都是复式记账凭证。其优点在于集中反映账户的对应关系，了解经济业务的全貌，减少凭证数量，节约纸张。其缺点是不便于汇总计算每一会计科目的发生额。

2. 单式记账凭证

单式记账凭证是把一项经济业务所涉及的会计科目，分别按每个会计科目填制凭证的记账凭证，即把同类经济业务所涉及的会计科目分别记入两张或两张以上的记账凭证中，每张记账凭证只填列一个会计科目。

三、记账凭证须具备的内容

根据财政部《会计基础工作规范》第五十一条的规定，记账凭证必须具备如下内容：

1. 填制凭证的日期

收款凭证和付款凭证的填制日期要按货币资金的实际收入日期、实际付出日期填写；转账凭证的填制日期可以按收到原始凭证的日期填写，也可按编制记账凭证的日期填写。

2. 凭证编号

记账凭证必须编号，以有利于查找。

3. 经济业务摘要

摘要是对经济业务的简要说明。

4. 会计科目

会计科目是账户的名称。正确使用会计科目是进行账务处理的基础环节。

5. 金额

记账凭证所列金额是会计核算的基础，关系到会计账簿、会计报表的正确与否。为此，计算必须准确、书写清楚、符合要求。

6. 所附原始凭证的张数

原始凭证是编制记账凭证的依据，必须在记账凭证上填写所附原始凭证的张数，两者必须相符。

7. 签名与盖章

填制凭证人员、稽核人员、记账人员、会计机构负责人、会计主管人员的签名或盖章，以便于明确经济责任。收款记账凭证和付款记账凭证还应当由出纳人员签名或者盖章。

四、怎样填制和审核记账凭证

（一）记账凭证的基本要素

记账凭证是登记账簿的直接依据，它是在审核无误的原始凭证的基础上系统归类整理编制而成的。记账凭证有很多种类，同一种类的记账凭证又有不同的格式，但所有的记账凭证都必须具备下列基本内容：

（1）记账凭证的名称。

（2）记账凭证的编号。

（3）填制凭证的日期。

（4）有关经济业务内容提要。

（5）有关账户的名称（包括总账、明细分类账）、方向和金额。

（6）有关原始凭证张数和其他有关资料份数。

（7）有关人员的签名或盖章。

（二）记账凭证的填制要求

填制记账凭证，就是由会计人员将各项记账凭证要素按规定方法填写齐全，便于账簿登记。

记账凭证虽有不同格式,但就记账凭证确定会计分录、便于保管和查阅会计资料来看,各种记账凭证除严格按填制要求填制外,还应注意以下几点。

(1)要将经济业务的内容以简练概括的文字填入"摘要"栏内。这样做对于日后查阅凭证十分必要,也是做好记账工作的一个重要方面。

(2)要根据经济业务的性质,按照企业会计准则所规定的会计科目和每一会计科目所核算的内容,正确编制会计分录,从而确保核算口径一致,以便于指标的综合汇总和分析对比,同时,也有助于根据正确的账户对应关系,了解有关经济业务的完成情况。

(3)每张记账凭证只能反映一项经济业务,除少数特殊业务必须将几个会计科目填在一张记账凭证上外,不得将不同类型经济业务的原始凭证合并填制记账凭证,对同一笔经济业务不得填制对应关系不清的多借多贷的记账凭证。

(4)附件数量完整。除结账与更正差错的记账凭证可以不附原始凭证外,其他记账凭证必须附有原始凭证,以便于复核会计分录是否正确,也便于日后查阅原始凭证。

(5)填写内容齐全。记账凭证中的各项内容必须填写齐全,并按规定程序办理签章手续,不得简化。

(6)凭证顺序编号。记账凭证应按业务发生顺序不同种类的记账凭证连续编号,若一笔经济业务需填制多张记账凭证的,可以采用按该项经济业务的记账凭证数量编列分数顺序号的方法,如前面的整数为总顺序号,后面的分数为该项经济业务的分号,分母表示该项经济业务的记账凭证总张数,分子表示该项经济业务的顺序号。

若记账之前发现记账凭证有错误,应重新编制正确的记账凭证,并将错误凭证作废或撕毁。已经登记入账的记账凭证,在当年内发现填写错误时,应用红字填写一张与原内容相同的记账凭证,在摘要栏注明"注销×月×日×号凭证",同时再用蓝字重新填制一张正确的记账凭证,注明"订正×月×日×号凭证"。

如果会计科目没有错误,只是金额错误,也可以将正确数字与错误数字之间的差额,另编一张调整的记账凭证,调增金额用蓝字,调减金额用红字。发现以前年度记账凭证有错误的,应用蓝字填制一张更正的记账凭证。

(三)记账凭证的审核

记账凭证是登记账簿的直接根据,需要严格审核,确保其正确无误。记账凭证的审核,主要包括以下方面:

(1)所附原始凭证是否齐全,是否经过审核,原始凭证所记录的经济业务内容和数额与记账凭证是否一致。

(2)会计科目和核算内容是否与国家相关的规定相符,会计分录和账户对应关系是否正确，金额正确与否。

（3）需要填制的内容是否有遗漏。

审核时发现错误，要查清原因，按规定更正。

五、记账凭证中会计科目的书写

记账凭证的基本功能是根据借贷记账法的记账规则，编制会计分录。编制会计分录时，必须填写会计科目并要符合如下要求：

（1）必须使用企业会计准则统一规定的会计科目，以保证核算口径一致，便于前后期的比较，也便于进行逐级汇总，为宏观经济管理服务。

（2）一级科目、二级科目或明细科目填写齐全，对应关系清楚，金额正确无误。

（3）在书写时，文字不要占满格，一般应占格距高度的1/2，上面留有一定的空格，便于更正差错。

（4）字迹必须清晰、工整。

六、记账凭证中附件的处理

记账凭证中的附件就是所附的原始凭证，填制记账凭证所依据的原始凭证必须附在相应的记账凭证后面，并在记账凭证上标明所附原始凭证的张数。根据财政部《会计基础工作规范》第五十一条的规定，对附件应当区别不同情况进行处理。

（1）可以不附原始凭证的是：结账的记账凭证，更正错误的记账凭证。

（2）一张原始凭证只对应一张记账凭证的，将原始凭证直接附在记账凭证后面。

（3）一张原始凭证涉及几张记账凭证的，有两种方法可以使用：第一，将原始凭证附在一张主要的记账凭证后面，然后在其他记账凭证上注明附有该原始凭证的记账凭证的编号，便于查找；第二，将原始凭证附在一张主要的记账凭证后面，然后在其他记账凭证后面附该原始凭证的复印件。

（4）一张原始凭证所列支的费用需要几个单位共同负担的，应当将其他单位负担的部分开给对方原始凭证分割单，供其结算使用。原始凭证分割单必须具有原始凭证所要求的基本内容，包括：凭证名称、填制凭证日期、填制凭证单位名称或填制人姓名、经办人的签名式盖章、接受凭证单位名称、经济业务的内容、数量、单价、金额和费用分摊情况，等等。

七、记账凭证摘要栏的填写

摘要是对经济业务的简要说明。不论是手工填制凭证还是计算机填制凭证，都要在记账凭证上填写摘要。摘要要符合两个要求：一是能准确地表述经济业务的基本内容；二是简明扼要，容易理解。为此，要清楚表述如下内容：

（1）发生经济业务的单位或个人。
（2）经济业务的主要内容。
（3）其他关键内容。

总之，通过摘要能够清楚地了解经济业务的来龙去脉。

第四节 会计凭证的传递与保管

一、会计凭证的传递

会计凭证的传递，是指各种会计凭证从填制、取得到归档保管为止的全部过程，即在单位内部有关人员和部门之间传送、交接的过程。

（一）传递的作用

为了能够利用会计凭证及时反映各项经济业务，提供会计信息，发挥会计监督的作用，必须正确、及时地进行会计凭证的传递，不得积压。正确组织会计凭证的传递，对于及时处理和登记经济业务，明确经济责任，实行会计监督，具有重要作用。从一定意义上说，会计凭证的传递起着在单位内部经营管理各环节之间协调和组织的作用。会计凭证传递程序是企业管理规章制度重要的组成部分，传递程序的科学与否，说明该企业管理的科学程序。会计凭证传递的作用主要有以下两点：

1. 有利于完善经济责任制度

经济业务的发生或完成及记录，是由若干责任人共同负责，分工完成的。会计凭证作为记录经济业务、明确经济责任的书面证明，体现了经济责任制度的执行情况。企业可以通过会计凭证传递程序和传递时间的规定，进一步完善经济责任制度，使各项业务的处理顺利进行。

2. 有利于及时进行会计记录

从经济业务的发生到账簿登记有一定的时间间隔，通过会计凭证的传递，能使会计部门尽早了解经济业务发生和完成情况,并通过会计部门内部的凭证传递,及时记录经济业务,进行会计核算,实行会计监督。

(二)注意事项

在制定会计凭证的传递程序、规定其传递时间时,应注意两个方面的问题,合理组织会计凭证的传递。

1. 制定传递路线

各单位应根据经济业务的特点,结合内部机构和人员分工情况以及满足经营管理和会计核算的需要,规定会计凭证的传递程序,并据此规定会计凭证的份数,使经办业务的部门和人员能够及时地办理各种凭证手续,既符合内部牵制原则,又能加速业务处理过程,提高工作效率。

2. 规定传递时间

各单位要根据有关部门和人员办理经济业务的情况,恰当地规定凭证在各环节的停留时间和交接时间。

总之,会计凭证的传递既要能够满足内部控制制度的要求,使传递程序合理有效,同时又要尽量节约传递时间,减少传递的工作量。

二、会计凭证的保管

会计凭证的保管是指会计凭证记账后的整理、装订、归档和存查工作。

(一)会计凭证保管的要求

会计凭证的保管主要有下列要求:

(1)会计凭证应定期装订成册,防止散失。从外单位取得的原始凭证遗失时,应取得原签发单位盖有公章的证明,并注明原始凭证的号码、金额、内容等,由经办单位会计机构负责人、会计主管人员和单位负责人批准后,才能代做原始凭证。若确实无法取得证明的,如车票丢失,则应由当事人写明详细情况,由经办单位会计机构负责人、会计主管人员和单位负责人批准后,代做原始凭证。

(2)会计凭证封面应注明单位名称、凭证种类、凭证张数、起止号数、年度、月份、会计主管人员、装订人员等有关事项,会计主管人员和保管人员应在封面上签章。

(3)会计凭证应加贴封条,防止抽换凭证。原始凭证不得外借,其他单位如有特殊原因确实需要使用时,经本单位会计机构负责人、会计主管人员批准,可以复制。向外单位提供的原始凭证复制件,应在专设的登记簿上登记,并由提供人员和收取人员共同签名、盖章。

（4）原始凭证较多时，可单独装订，但应在凭证封面注明所属记账凭证的日期、编号和种类，同时在所属的记账凭证上应注明"附件另订"及原始凭证的名称和编号，以便查阅。

（5）每年装订成册的会计凭证，在年度终了时可暂由单位会计机构保管一年，期满后应当移交本单位档案机构统一保管；未设立档案机构的，应当在会计机构内部指定专人保管。出纳人员不得兼管会计档案。

（6）严格遵守会计凭证的保管期限要求，期满前不得任意销毁。

（二）会计凭证的装订

会计凭证的装订是指把定期整理完毕的会计凭证按照编号顺序，外加封面、封底，装订成册，并在装订线上加贴封签。在封面上，应写明单位名称、年度、月份、记账凭证的种类、起讫日期、起讫号数，以及记账凭证和原始凭证的张数，并在封签处加盖会计主管的骑缝图章。如果采用单式记账凭证，在整理装订凭证时，必须保持会计分录的完整。为此，应按凭证号码顺序还原装订成册，不得按科目归类装订。对各种重要的原始单据，以及各种需要随时查阅和退回的单据，应另编目录，单独登记保管，并在有关的记账凭证和原始凭证上相互注明日期和编号。

1. 会计凭证装订的要求

会计凭证装订的要求是既美观大方又便于翻阅，所以在装订时要先设计好装订册数及每册的厚度。一般来说，一本凭证的厚度以 1.5～2 厘米为宜，太厚了不便于翻阅核查，太薄了又不利于戳立放置。凭证装订册数可根据凭证多少来定，原则上以月份为单位装订，每月订成一册或若干册。有些单位业务量小，凭证不多，把若干个月份的凭证合并订成一册就可以，只要在凭证封面注明本册所含的凭证月份即可。

为了使装订成册的会计凭证外形美观，在装订时要考虑到凭证的整齐均匀，特别是装订线的位置，如果太薄时可用纸折一些三角形纸条，均匀地垫在此处，以保证它的厚度与凭证中间的存度一致。

2. 会计凭证的装订步骤

会计凭证的装订多采用角订法，装订起来较简单易行。它的具体操作步骤如下：

（1）将凭证封面和封底裁开，分别附在凭证前面和后面，再拿一张质地相同的纸（可以再找一张凭证封皮，裁下一半用，另一半为订下一本凭证备用）放在封面上角，做护角线。

（2）在凭证的左上角画一边长为5厘米的等腰三角形，用夹子夹住，用装订机在底线上分布均匀地打两个孔。

（3）用大针引线绳穿过两个孔。如果没有针，可以将曲别针顺直，然后将两端折向同一个方向，将线绳从中间穿过并夹紧，即可把线引过来，一般装订机打出的孔是可以穿过的。

（4）在凭证的背面打线结。线绳最好在凭证两端也系上。

（5）将护角向左上侧折，并将一侧剪开至凭证的左上角，然后抹上胶水。

（6）向后折叠，并将侧面和背面的线绳扣粘住。

（7）待晾干后，在凭证本的脊背上面写上"某年某月第几册共几册的字样。装订人在装订线封签处签名或者盖章。现金凭证、银行凭证和转账凭证最好依次顺序编号，一个月从头编一次序号，如果凭证少，可以全年顺序编号。

（三）会计凭证销毁的规定

根据《会计档案管理办法》的规定，按规定可以销毁的会计凭证，销毁时应办理如下手续：

（1）由本单位档案机构会同会计机构提出销毁意见，编制销毁清册，列明所销毁的会计凭证的名称、卷号、册数、起止年度、档案编号、应保管期限、已保管期限和销毁的时间等内容。

（2）由单位负责人在会计档案销毁清册上签署意见。

（3）销毁会计档案时，应由档案机构和会计机构共同派员监督。

（4）监销人员在销毁会计凭证档案前，应当按照会计档案销毁清册所列的内容清点核对所要销毁的会计档案，销毁后，应当在会计档案销毁清册上签名盖章，并将监销情况报告本单位负责人。

第四章 会计账簿

第一节 会计账簿的定义与作用

一、什么是会计账簿

会计账簿，简称账簿，是指由具有一定格式的账页组成，以会计凭证为依据，全面、系统、连续地记录各项经济业务的簿册。设置和登记账簿，是连接会计凭证和会计报表的中间环节，可以使会计凭证上分散的会计资料系统化、条理化，可以为编制会计报表提供系统的会计核算资料，在会计核算中具有重要意义。

需要指出的是，账簿与账户有着十分密切的联系。账户是根据会计科目开设的，账户存在于账簿之中，账簿中的每一账页就是账户的存在形式和载体；没有账簿，账户就无法存在。然而，账簿只是一个外在形式，账户才是它的真实内容。账簿序时、分类地记载经济业务，是在个别账户中完成的。因此也可以说，账簿是由若干账页组成的一个整体，而开设于账页上的账户则是这个整体中的内在部分，所以，账簿与账户的关系，是形式与内容的关系。

二、会计账簿的作用

登记会计账簿有以下三方面的作用：

（1）可以全面、系统、连续地反映单位的资金运动情况以及资金、负债的变化。监督资金的合理使用，以及财产物资的安全完整。

（2）可以提供各项资金、成本和利润指标，用以考核资金、成本、利润计划的执行情况，评价企业的经营成果。督促企业改善经营管理，提高资金使用效益。

（3）可以为编制财务报表提供主要的资料来源。会计账簿的登记是否正确、完整，直接影响财务报表的质量。经核对无误的账簿资料，是编制财务报表的主要依据。

第二节　会计账簿的类别

会计账簿的种类多样，为更好地认识和运用会计账簿，可按照不同的标准对它们进行适当的分类。

一、按用途不同划分

账簿按其用途不同，分为序时账簿、分类账簿和备查账簿三种。

（一）序时账簿

序时账簿，又称为日记账，它是按照经济业务发生或完成的时间先后顺序，逐日逐笔进行登记的账簿。在实际工作中，它是按照会计部门收到凭证的先后顺序，亦即按照凭证号码的先后顺序进行登记的。序时账簿按其记录的内容不同，可以分为普通日记账和特种日记账。

在实际工作中，目前我国大多数企业一般只设置库存现金日记账和银行存款日记账两种特种日记账。

（二）分类账簿

分类账簿是对全部经济业务按照总分类账户和明细分类账户进行分类登记的账簿。分类账簿可以分别反映和监督企业各项资产、负债、所有者权益、收入、费用和利润的增减变动情况及其结果，全面提供企业的财务状况和经营成果，是编制会计报表的依据。分类账簿按其反映的经济内容详细程度的不同，又分为总分类账和明细分类账。

1. 总分类账

总分类账簿简称总账，是按总分类账户（一级账户）开设的，包括反映和监督各项资产、负债、所有者权益、收入、费用、利润等核算资料的账簿。

2. 明细分类账

明细分类账簿也称明细账，是按明细分类账户（二级或三级账户）开设的，用来提供各会计要素详细核算资料的账簿。

明细账是对总账的补充和进一步说明，并受总账的统驭和控制，总账某个项目的总额应与其有关的明细账的金额之和相等。

某些小企业由于业务简单，总分类账户不多，为简化工作，也可以把序时账簿与分类账簿结合起来，设置联合账簿。

（三）备查账簿

备查账簿，又称辅助账簿，简称备查账，是对某些在日记账和分类账中都不予记录或记录不全的经济业务进行补充登记的账簿。例如，租入固定资产备查账是用来登记那些以经营租赁方式租入、不属于本企业资产、不能记入本企业固定资产账户的机器设备等；应收票据备查账是用来登记本企业已经贴现的应收票据，由于存在或有债务（尚存在着票据付款人到期不能支付票据款项而使本企业产生连带责任的可能性），而这些应收票据已经不能在企业的序时账簿或分类账簿中反映，所以要登记备查。

备查账簿没有固定的格式，各单位可以根据实际需要灵活设置，它只是对账簿记录的一种补充，与其他账簿之间不存在严密的依存和钩稽关系。此外，备查账簿的登记依据可能不需要记账凭证，甚至不需要一般意义上的原始凭证，并且备查账簿的主要栏目不记录金额，而是更注重用文字来表述某项经济业务的发生情况。

比如，租入固定资产备查账，它登记的依据主要就是租赁合同和企业内部使用单位收到设备的证明，这两者在企业一般经济业务的核算中是不能充当正式原始凭证的，只能作为原始凭证的附件（如作为支付租金的依据），并且也不需要编制记账凭证。该备查账簿登记的主要内容包括出租单位、设备名称、规格、编号、设备原值、净值、租用时间、月份或年度租金数额、租金支付方式、租用期间修理或改造的有关规定及损坏赔偿规定、期满退租方式及退租时间，等等。

二、按外表形式不同划分

账簿按其外表形式不同分为订本账、活页账和卡片账三种。

（一）订本账

订本账是在启用前就已将账页装订在一起，并已对账页进行了连续编号的账簿。在实际工作中，总账、库存现金日记账和银行存款日记账一般都采用订本账。

订本账的优点是账页数量及位置固定，不能随意增减账页，可以有效地防止账页散失及随意抽换，有利于保证账簿记录的真实性；缺点是由于账页页数固定，不能根据经济业务多少增减账页，账页过多时造成浪费，账页不足时影响账簿记录的连续性，并且同一账簿只能由一人登记，不便于分工记账。

（二）活页账

活页账是在账簿登记完毕之前并不固定装订成册，而是装在活页账夹中，可根据实际需要随时增减账页的账簿。当账簿登记完毕之后（通常是一个会计年度结束之后），才将账页予以装订，加具封面，并给各账页连续编号。活页账簿主要适用于各种明细分类账。

活页账的优点是便于分工记账，可以根据经济业务实际需要随时增减账页，使用比较灵活；缺点是如果管理不善，账页容易散失或被抽换。

（三）卡片账

卡片账是指以格式固定、装订分散的卡片作为账页所组成的账簿。使用卡片账时，每一张卡片均需要编号，通常装在卡片箱内，以防散失。卡片账使用灵活，可以根据需要随时抽换和增添卡片，也可以跨年度使用。其实，严格地说，卡片账也是一种活页账，只不过它不是装在活页账夹中，而是装在卡片箱内。

在我国，一般只对固定资产的核算采用卡片账形式，这是因为固定资产在长期使用中其实物形态不变，又可能经常转移使用部门，设置卡片账便于随同实物转移。有些企业在低值易耗品和材料的核算中也使用卡片账。

三、按所使用的账页格式不同划分

账簿按所使用的账页格式不同，分为两栏式账簿、三栏式账簿、多栏式账簿、数量金额式账簿四种。

（一）两栏式账簿

两栏式账簿即只有借方和贷方两个基本金额栏目的账簿。普通日记账一般采用两栏式。

（二）三栏式账簿

三栏式账簿即设有借方、贷方和余额三个基本栏目、分别用于反映某项资金的增加、减少和结余情况的账簿。三栏式账页适用于只需要进行金额核算的经济业务。总分类账、库存现金日记账、银行存款日记账以及应收账款、应付账款等资本、债权债务明细账均可采用此形式。

（三）多栏式账簿

多栏式账簿是指由多栏式账页组成的账簿。多栏式账页包括若干金额栏，主要用于需进行分项目反映的经济业务，以详细具体地记载某一小类经济业务的活动情况。收入、费用等明细账一般采用此形式。

(四) 数量金额式账簿

数量金额式账簿是指由数量金额式账页组成的账簿。其基本结构也采用借方（收入）、贷方（发出）、余额（结存）三栏，但在每栏下面再分别设置数量、单价、金额三小栏目，借以反映财产物资的数量和金额。该种账簿适用于既需要进行金额核算又需要进行数量核算的经济业务，如原材料、库存商品等明细账一般采用此形式。

第三节 会计账簿的建立

一、会计账簿建立的原则

会计账簿建立的原则，就是要根据建账单位的实际情况，对账簿的种类、内容、格式等作出科学的规定，从而做到总分类账与明细分类账紧密结合、序时账与分类账紧密结合；同时会计账簿的设置也要层次清晰，便于会计人员的分工。一般来说，设置会计账簿时，应注意以下几方面：
(1) 要与企业的生产经营规模相适应。
(2) 要与企业会计人员岗位分工相一致。
(3) 要与采用什么样的核算形式相结合。
(4) 要与财务报表的指标相衔接，便于财务报表的编制。
(5) 要能满足企业生产经营或经济活动的需要，便于会计信息的获取和利用。

二、小规模企业账簿体系

小规模企业，业务量小，会计账务处理工作量也小，会计人员少，有的甚至只有一个会计、一个出纳。会计业务只由1至2人承担。在这样的企业里，若采用记账凭证核算形式，则可选择设置如下账簿体系：
(1) 序时账。序时账包括库存现金日记账、银行存款日记账。
(2) 明细账。明细账包括资产类、负债类、所有者权益类、成本类、损益类明细账。
(3) 总账。
若采用日记总账核算形式，则可设置以下账簿体系：

（1）序时账。序时账包括库存现金日记账、银行存款日记账。

（2）明细账。明细账包括资产类、负债类、所有者权益类、成本类、损益类明细账。

（3）日记总账。

三、大中型企业账簿体系

大中型企业会计业务量较大，会计人员较多，分工较细。可根据不同的核算形式和账务处理程序，采用和选择不同的会计账簿体系，具体如下：

（1）采用科目汇总表核算形式、汇总记账凭证核算的形式，可采用和选择如下会计账簿体系：

①序时账。设置库存现金日记账、银行存款日记账。

②明细账。明细账包括资产类、负债类、所有者权益类、成本类、损益类明细账。

③总账。

（2）若收付款业务量多、转账业务较少，则可采用多栏式日记账核算形式。其账簿体系可设置如下：

①序时账。序时账包括多栏式库存现金日记收入账、库存现金日记支出账、多栏式银行存款收入日记账、银行存款支出日记账。

②明细账。明细账包括资产类、负债类、所有者权益类、成本类、损益类明细账。

③总账。

（3）若付款业务较多、转账业务亦多，可采用多栏式日记账兼汇总凭证核算形式，其账簿体系可设置如下：

①序时账。采用多栏式库存现金日记账和银行存款日记账各两本。

②明细账。明细账包括资产类、负债类、所有者权益类、成本类、损益类明细账。

③总账。

（4）若转账业务较少，可采用科目汇总表兼转账日记账核算形式，其账务体系可设置如下：

①序时账。库存现金日记账，银行存款日记账。

②明细账。明细账包括资产类、负债类、所有者权益类、成本类、损益类明细账。

③转账日记账。

④总账。

第四节 会计账簿的登记方法

为了有利于建立健全责任制,充分发挥账簿的作用,应根据经济业务的特点和管理要求,科学、合理地设置和登记账簿,使之互相衔接、互相补充、互相制约。综合看来,尽管各种账簿记录的经济业务不同,账簿的格式也不同,但各种账簿通常都具备以下基本内容:

(1)封面。主要标明账簿名称和记账单位的名称。

(2)扉页。主要列明科目索引,账簿启用日期和截止日期、页数、册次,经管人员一览表和签章、会计主管人员签章,等等。

(3)账页。主要载明账户的名称、日期栏、摘要栏、金额栏、凭证种类和号数栏,以及相关页次,等等。

在登记各种账簿时,应结合各种账簿的具体格式,按照账簿的登记要求,准确、完整地进行登记。

一、序时账簿登记方法

为逐日反映库存现金和银行存款的收付情况,企业一般都设置库存现金日记账和银行存款日记账,分别记录库存现金和银行存款的收入、支出和结余情况。

(一)现金日记账登记方法

库存现金日记账是由出纳人员根据审核无误的库存现金收、付款凭证,逐日逐笔序时登记库存现金的收入、支出和结余情况的账簿。

库存现金日记账必须采用订本式账簿,其账页格式一般采用三栏式,设置"借方"、"贷方"和"余额"三栏,分别反映库存现金的收入、支出和结余情况。它的格式如表4-1所示。

表4-1 库存现金日记账

第 页

年		凭证号	摘 要	对应科目	借 方	√	贷方	√	余 额
月	日								

库存现金日记账的"借方"栏，一般根据库存现金收款凭证登记，"贷方"栏根据库存现金付款凭证登记，但是对于从银行提取库存现金的业务，按规定只填制银行存款付款凭证，不填制库存现金收款凭证。因而这种业务的库存现金收入数，应根据有关银行存款付款凭证登记。

出纳人员在每日终了时，应将收、付款项目逐笔登记，并结出余额，同实存金额相核对，借以检查每日库存现金的收、付、存情况。

（二）银行存款日记账登记方法

银行存款日记账是由出纳人员根据审核无误的银行存款收、付款凭证，序时逐日逐笔登记银行存款增加、减少和结存情况的账簿。

银行存款日记账与库存现金日记账一样，一般也采用订本账簿和"三栏式"账页。其格式如表4-2所示。

表4-2　银行存款日记账

第　页

年		凭证号	结算方式		摘　要	借方	√	贷方	√	余　额
月	日		类	号码						

银行存款日记账的"借方"栏，一般根据银行存款收款凭证登记，"贷方"栏根据银行存款付款凭证登记，"结算方式"栏根据收、付款凭证所附的银行存款结算凭证填列。但对于将库存现金存入银行的业务，由于只填制库存现金付款凭证，不填制银行存款收款凭证，因而这种业务的银行存款收入数，应根据有关库存现金付款凭证登记。

银行存款日记账与库存现金日记账一样，也应在每日逐笔登记完毕后，分别计算银行存款的收入、支出合计数，并计算出结余数，定期与银行核对。

此外，经济业务较多的企业，库存现金或银行存款日记账可能会出现篇幅太大的问题。此时，可采用多栏式账簿，将库存现金日记账和银行存款日记账分设成收入日记账和支出日记账。

二、分类账簿登记方法

（一）总分类账登记方法

总分类账简称总账，是按照一级科目设置，用来分类、连续地记录经济业务的账簿。总分类账能够全面、总括地反映经济活动的情况，对明细分类账起着统驭控制作用，并为财务报表的编制提供总括的资料，因而必须设置总分类账。

总分类账只采用货币计量单位进行登记，一般采用借、贷、余三栏式的订本账簿。其格式如表4-3所示。

表4-3　总分类账

年		凭证号字号	摘　要	借　方	贷　方	借或贷	余　额
月	日						

总分类账可以按各种记账凭证逐笔进行登记，也可以定期或分期将记账凭证先汇总编制成汇总记账凭证或科目汇总表，再根据汇总记账凭证或科目汇总表登记总分类账，这主要取决于各单位所采用的账务处理程序。

（二）明细分类账登记方法

明细分类账，简称明细账，是按明细分类科目设置，用以分类、连续地登记各项经济业务的账簿。明细分类账对总分类账起着辅助补充的作用，也为编制财务报表提供必要的明细资料。因而各单位都在设置总分类账的基础上，也设置各种必要的明细分类账。

明细分类账一般采用活页式账簿，也有的用卡片式账簿，常用的格式有"三栏式"、"数量金额式"、"多栏式"等。

（1）三栏式明细账。这种格式的明细账和总账的格式基本相同，它只设"借方"、"贷方"和"余额"三栏,不设数量栏,一般适用于只要求反映金额的经济业务,如"应收账款"、"应付账款"、"短期借款",等等。其格式如表4-4所示。

表4-4 明细分类账(三栏式)

年		凭证号字号	摘要	借方	贷方	借或贷	余额
月	日						

(2)数量金额式明细账的格式和登记方法。这种格式的明细账设有收入、发出和结存三栏,每栏再分设"数量"、"单价"、"金额"等栏目,以分别登记实物的数量和金额。它适用于既要进行金额明细核算,又要进行数量明细核算的各种实物项目,如"原材料"、"库存商品"。其基本格式如表4-5所示。

表4-5 原材料明细分类账

科目名称: 　　　　　　　　　　　　计量单位:
名称或规格: 　　　　　　　　　　　储备定额:
编号: 　　　　　　　　　　　　　　存放地点:

年		凭证编号	摘要	收入			发出			结存		
月	日			数量	单价	金额	数量	单价	金额	数量	单价	金额

此外,为满足经营上的需要,数量金额式明细账在账页的上端,还可根据实际情况设置一些必要的项目,如类别、品名和规格、存放地点、储备定额,等等。

(3)多栏式明细账。这种格式的明细账是根据经济业务的特点和经营管理的需要,在一张账页上,按有关明细科目或明细项目分设若干专栏,以便集中反映有关明细核算资料。它一般适用于收入、利润等经济业务费用、利润等经济业务的明细核算，多栏式明细分类账的账页可分为借方多栏式、贷方多栏式。现以贷方多栏式明细分类账为例，其格式如表4-6所示。

表4-6 明细分类账（贷方多栏式）

科目名称：

年		凭证号	摘要	贷方科目						余 额
月	日							……	合计	

在通常情况下，多栏式明细账分别设有借方和贷方栏目，但如果某明细账的贷方（借方）在月份内只登记一两次经济业务，此时，可只按借方（贷方）分设专栏，发生贷方（借方）业务，可在借方（贷方）有关专栏内用红字登记。

以上各种明细账的设置和登记方法，应根据本单位经济业务的具体需要来确定，一般的原则是可以直接根据记账凭证、原始凭证或原始凭证汇总表逐日逐笔登记，也可定期汇总登记。

（三）总分类账和明细分类账平行登记的方法

由于总分类账和所属明细分类账反映的是同一经济业务内容，总分类账是对所属明细分类账的总括记录，对明细分类账起统驭和控制作用。而明细分类账是对总分类账内容的进一步详细说明。因此，总分类账和明细分类账应是平行登记的。

所谓平行登记，就是根据会计凭证登记有关总分类账的同时，又要登记其所属的明细分类账。具体地说，平行登记要求做到：

（1）同时登记。对发生的同一笔经济业务，在同一会计期间内（如月度内）要根据会计凭证，既要记入有关总分类账，又要记入该总分类账所属的各有关明细分类账。

（2）方向相同。登记总分类账及其所属明细分类账时，借贷方向必须一致。也就是说，总分类账记借方，其所属明细分类账也要记借方；总分类账记贷方，其所属明细分类账也要记贷方。

（3）金额相等。记入总分类账的金额和记入所属明细分类账的金额合计数必须相等。

（4）依据相等。总分类账和明细分类账是对同一笔经济业务不同程度的反映，它们所依据的原始凭证是同一个。

第五节　对账、结账与错账更正

一、对账

账簿登记要求做到清晰、准确，但在实际工作中，出现各种差错或账实不符的现象却又是难免的。

造成错账的原因很多，但归结起来有两类：一类是由于会计人员失误所造成的，如工作人员无意写错款额等；另一类就是有关人员故意作弊，如会计人员在制证、记账上出现遗漏，在计算、计量上有误差等问题。

为了保证各种账簿记录的真实、完整和准确性，最终为编制会计报表提供可靠的会计核算资料。各企业及单位有必要定期对会计账簿记录的有关数字与库存实物、货币资金、有价证券、往来单位或个人的结算款项进行核对审查，这就是对账。

对账是企业及单位内部进行会计控制的重要环节。通过对账，可以及时发现和纠正账簿记录差错，做到账证相符、账账相符、账实相符，从而保证会计资料的真实性、准确性和可靠性。

对账不一定都在结账时进行，对于有些重要的数据，或者集中核对工作量太大的项目，可在平时就经常加以检查核对。但不论平时是否进行过账户核对，在期末结账时都必须进行一次全面的核对。

对账工作的主要内容包括账证核对、账账核对和账实核对。

（一）账证核对

账证核对是指对各种账簿记录与有关会计凭证进行的核对。

在这个过程中，将总分类账、明细分类账以及现金日记账和银行存款日记账的记录与记账凭证及所附的原始凭证进行核对，看账簿的登记内容与记账凭证的时间、凭证字号、内容、金额是否相符，记账方向是否一致。

在会计实务中，由于记账凭证数量多而复杂，要在结账时全部加以核对是很困难的。因此，账证核对的工作主要是在日常编制凭证和记账过程中进行，在期末结账时可进行重点抽查核对。

（二）账账核对

账账核对是指对不同会计账簿记录的内容进行的核对。账账核对以总账为主，其目的是保证账账相符。账账核对的主要内容包括：

（1）总账间的核对。总账间的核对，指总账各科目期末的借方余额合计数与贷方余额合计数的核对。

这一方面的核对，主要是通过编制总账科目试算平衡表，将借方余额和贷方余额进行试算平衡。

（2）总账与明细账的核对。总账与明细账的核对，指总账科目的期末余额与其所属明细账的期末余额合计的核对。

这一方面的核对，可直接将各明细账科目余额的合计数，与有关总账科目的余额核对。如果总账科目所属明细科目较多时，可通过编制明细科目余额表，加计余额的合计数，与总账科目余额进行核对。

（3）总账与日记账的核对。总账与日记账的核对，指总账"库存现金"和"银行存款"科目的本期发生额及期末余额，分别与现金日记账、银行存款日记账的相应数字进行的核对。

（4）明细账间的核对。会计部门设置的各种财产物资明细账（如固定资产明细账）的期末余额应与相关财产物资保管或使用部门（如设备部门、总务部门、使用部门）的有关保管明细账的期末结余数核对相符，这种核对可直接进行。

（三）账实核对

账实核对是指将账簿记录的各种货币资金、财产物资和结算款项的期末账面余额与实存数额的核对。

具体内容包括：

（1）账款核对。核对现金日记账的账面余额与现金实际库存数额是否相符。

（2）账单核对。核对银行存款日记账的账面余额与银行对账单是否相符。

（3）账物核对。核对各种财产物资明细分类账的账面余额与财产物资的实存数额是否相符。

（4）账人核对。核对各种应收账款、应付账款的明细分类账的账面余额与有关债务、债权单位或个人是否相符。

二、结账

（一）月末结账的步骤

在结账前，必须将本期内发生的各项经济业务全部登记入账，及时调整需要在期末调整的账项，同时，要做好以下工作：

（1）先对本月所有凭证重新审核核对，减少差错。月末结账以日常会计凭证为基础，要求日常的会计凭证数据和分录准确无误，因此建议在月末结账时重新进行核对。

（2）对以下项目进行账实核对。

① 现金：在结账日进行清盘，编制盘点表。现金账户余额与库存现金相符时，可以证明所有分录中有现金的分录正确；不相符时应查现金日记账和所有现金相关凭证，查清原因进行处理。

② 银行存款：编制银行存款余额调节表核对银行日记账，调节表不相符时需要找原因，如有未达账项，需进行相应处理。

③ 存货：包括原材料、在产品、产成品，等等。在月末时应进行盘点，并对盘点结果与明细账进行核对，如有差异应查明原因进行处理。

（3）核对税务报表与应交税费明细账等账户的钩稽关系。

① 运用银行存款余额调节表的原理对税务进项税额认证清单、采集清单（包括运费、海关完税凭证、废旧物资、农产品收购）和企业的"应交税费——应交增值税（进项税额）"明细账进行核对，可以参照银行存款余额调节表编制进项税额调节表。调节的项目主要有：在同一张税票中应作进项转出的金额、进货退回或折让证明单的时间性差异。

② 核对销项税额时，可以将增值税专用发票的销项清单和企业的"应交税费——应交增值税（销项税额）"进行核对（有营业税的单位可以核对企业收入明细账与发票的清单，原理是一样的）。

③ 对于进项税额转出等其他应交税费的明细科目，可以按以上原理进行核对。核对无误后同时编制所有当月税务申报表。

（4）查看所有明细科目余额，对于有异常的方向余额的科目进行调整。

比如，对应收应付账的核对应做到：

①将所有应收应付账的明细账与总账进行核对。

②查看应收账款、应付账款、预收账款、预付账款等有无串户情况。

（5）编制月末结账的转账分录。

①按权责发生制原则计提所有费用，如工资、福利费、营业税，等等。

②摊销低值易耗品、无形资产、计提折旧，等等。

③结转暂估材料（对于企业已入库材料未收到发票的应建立明细台账），制造费用、产成品成本、产品销售成本，等等（结合存货盘点结果同时进行）。

④结转本年利润，结平所有损益类科目（具体结账分录要结合企业实际）。

（6）月末结账的时点问题。月末结账的时点一般都是自然月末。在实践中也有些单位因为自身的业务量比较大,自己定义结账日,如以每月25日为结账日。有的学者比较倾向于按自然月结账,这样做有三方面益处:

① 可以与税务同步,减少不必要的税务风险。税法是按自然月来定义税务期间的,会计期间如果与税法不一致,按规定就要将税务报表按税务期间进行调整,导致工作难度比较高,而且会给税务核查造成困难,加大了税务风险。

② 减少因为自定义结账日产生的结账数据时点不一致的风险。在实务中,很多财务数据是来自非财务部门的,由非专业的财务人员提供,对于自定义结账日的理解可能存在偏差,往往造成数据不准确。

③ 有些财务基础比较好的企业可能会规定结账日后到下月1日前运用不开具发票等手段来减少差异,但这样做对企业的经营或者对遵守税法都是不利的。

(二)年终结账的注意事项

1. 注册资本

检查注册资本是否全部到位,年内有没有办理增资、减资事项,是否已由会计师事务所出具变更验资报告。

2. 资产、负债

应做好年终现金、存货、固定资产等资产的盘点工作。检查库存现金余额与账面余额是否相符;检查存货的数量及金额是否符合实际;检查本年度是否按规定计提折旧,多提或少提要在年终前进行调整;核对单位往来账目是否清楚、正确,对历年坏账是否进行清理;核对应交税费各明细科目,是否按规定计算缴纳,是否按规定作财务处理,是否及时到税务机关交纳相关税费,单位外籍人员和中方工作人员的个人所得税是否按规定申报与交纳;各种外币账户(如应收账款、应付账款),期末是否按照期末汇率进行汇率调整;是否清理了债权债务,等等。

3. 收入、成本费用、利润

核对单位是否将全部收入已登记入账,包括主营业务收入和其他业务收入;检查本单位有无出现成本倒挂现象(如主营业务成本大于主营业务收入);检查费用开支是否按国家有关规定执行,本年度开支的业务招待费是否超过税法规定的标准,本单位支付员工的生活费、福利费等开支是否符合主管税务机关的要求;年度终了,是否将全年实现的净利润,自"本年利润"科目转入"利润分配(未分配利润)"科目,是否按规定比例提取盈余公积金、公益金以及分配股利,利润分配科目年末余额,应反映企业历年积存的未分配利润(或未弥补亏损)。

4. 会计凭证、发票

检查各项收入、支出的原始单据是否真实、合法、合规;检查会计凭证核算的内容是否完整、合法，是否按规定装订；是否存在白条入账的问题，是否按规定取得税务机关代开的发票。

5. 其他

检查单位的营业执照经营期限及有效期是否过期，如有变更事项，是否已经办理了营业执照变更；年内若有办理变更的事项，变更后是否到外汇管理局、国税、地税、财政局、海关等部门办理备案、登记手续；检查本单位开设的外币账户是否过期，如过期请及时到外汇管理局、银行办理延期手续；关注企业年销售额，若达到一般纳税人规定条件，是否按规定申请办理"一般纳税人"资格认定。

（三）结账的具体方法

结账的目的通常是为了总结一定时期的财务状况和经营成果，因此结账工作一般是在会计期末进行的，可以分为月结、季结和年结。结账主要采用划线法，即期末结出各账户的本期发生额和期末余额后，加画线标记，并将期末余额结转至下期的方法。画线的具体方法在月结、季结、年结时有所不同。

1. 月结

月底应办理月结。在各账户本月份最后一笔记录下面画一通栏红线，表示本月结束。然后，在红线下结算出本月发生额和月末余额。如果没有余额，在余额栏内注明"平"字或"0"符号。同时，在"摘要"栏注明"本月合计"或"×月份发生额及余额"字样，然后在下面再画一通栏红线，表示完成月结。

2. 季结

季末应办理季结。办理季结应在各账户本季度最后一个月的月结下面（需按月结出累计发生额的，应在"本季累计"下面）画一通栏红线，表示本季结束。然后，在红线下结算出本季发生额和季末余额，并在摘要栏内注明"第×季度发生额及余额"或"本季合计"字样。最后，再在本摘要栏下面画一通栏红线，表示完成季结工作。

3. 年结

年终应办理年结。首先在12月份或第四季度季结下面画一通栏红线，表示年度终了，然后在红线下面结算出全年12个月份的月结发生额或4个季度的季结发生额合计数，并在摘要栏内注明"年度发生额及余额"或"本年合计"字样，并在"本年发生额及余额"或"本年合计"下面通栏画双红线。年度终了，要把各账户的余额结转到下一会计年度，并在摘要栏内注明"结转下年"字样；在下一会计年度新建有关会计账簿的第一行余额栏内填写"上年结转"字样。

(四)实行电算化后如何结账

每月月底都需要进行结账处理,计算机结账不仅要结转各账户的本期发生额和期末余额,还要进行一系列电算化处理,检查会计凭证是否全部登记入账并审核签章、试算平衡、辅助账处理等。与手工结账相比,电算化结账工作更加规范,结账全部是由计算机自动完成。结账工作需要注意的事项:

(1)专人负责。由于某月结完账后将不能再输入和修改该月的凭证,所以使用会计软件时,结账工作应由专人负责管理,以防止其他人员的误操作。

(2)结账前应检查该月的所有凭证是否均已记账、结账日期是否正确、其他相关模块的数据是否传递完毕,以及其他结账条件是否完备。

若结账条件不满足,则退出本模块,检查本月份输入的会计凭证是否全部登记入账,只有在本期输入的会计凭证全部登记入账后才允许结本月份的账。与记账不同的是,一个月可以记账数次,而只能结一次账。

(3)结账必须逐月进行,上月未结账也不允许结本月的账。若结账成功,则做月结标志,之后不能再输入该月的凭证和记该月的账;若结账不成功,则恢复到结账前的状态,同时给出提示信息,要求用户做相应的调整。

(4)年底结账,则系统自动产生下年度的空白数据文件(数据结构文件,包括凭证临时文件、凭证库文件、科目余额发生额文件),并结转年度余额,同时自动对"固定资产"等会计文件做跨年度连续使用的处理。

(5)跨年度时因年终会计工作的需要,会计软件允许在上年度未结账的情况下输入本年度1月份的凭证。

企业可以根据具体情况,将结账环境设置为:在上年未结账的情况下不允许输入本月的凭证。

(6)结账前应做一次数据备份,如果结账不正确可以恢复重做。

三、错账更正

(一)错账的原因

导致错账的原因是多种多样的,概括起来主要包括如下几种:

(1)记账方向错误。在记账时,将借方与贷方的金额记载颠倒,把借方金额记为贷方金额或把贷方金额记为借方金额。如果把应记的红字数误记为蓝字,或把应记的蓝字数误记为红字,这也属于做账方向错误。

(2)漏记。在记账时将某一凭证的金额的数字遗漏,未记入账簿。

(3)重记。将已经登记入账的金额数字,又重复记入账簿。

(4)记错科目。在记账时"张冠李戴",如将现金记入"银行存款"科目。

(5) 数字位数移位。在记账时将数字位数移动，即以大写小（少写 1 个或几个 0）或以小写大（多写 1 个或几个 0）。比如将 100 写成 10，或将 10 写成 100 等。

(6) 数字位数颠倒。在记账时，将某一数字中相邻的两位颠倒登记入账。比如将 12 写成 21，123 写成 132 等。

(7) 结账时计算错误。结账时数字算错，余额记错，从而导致不符。

(8) 其他不规则错误。

（二）错账的查找方法

1. 顺查法

顺查法是沿着"制证—过账—结账—试算"的账务处理程序，从头到尾进行的普遍检查。

第一步，将记账凭证与原始凭证核对，检查有无填制错误。

第二步，将记账凭证及所附原始凭证与账簿记录逐笔核对，检查有无错误。

第三步，计算各个账户的发生额及期末余额，检查有无计算错误。

第四步，检查试算平衡表上有无抄写或计算错误。

2. 逆查法

逆查法即与原来账务处理的顺序相反，从尾到头地普遍检查的方法。如果认为错误可能出在当天最后几笔业务或者当月最后几天的业务上，那么，按照这样倒过来的顺序查找，有时可以事半功倍。

3. 抽查法

抽查法是指抽取账簿记录当中的某些部分进行局部检查的方法。当发现账簿记录有差错时，可根据差错的具体情况从账簿中抽查部分内容，而不必核对全部内容。比如差错字只在角位、分位，或者只是整数百位、千位，就可以缩小查找范围，专门查看角位、分位或者百位、千位的数字，其他的数字不一一检查。

采用上述方法检查后，如果发现账簿记录有错误，应按规定的方法及时更正。

（三）错账的更正方法

为了提供有效的核算资料，保证账簿的合法性，账簿记录不得随意更改。严禁刮、擦、挖、补或使用涂改液等清除字迹。一旦发生记账错误，应按规定的方法，根据差错的具体情况来更正。

一般更正错账的方法有：划线更正法、红字更正法、补充登记法。现分述如下：

1. 划线更正法

在结账之前，如果账簿中数字或文字有错误，而记账凭证的应借、应贷科目和金额没有错,一般应用划线更正法。

更正时,先在错误的文字或数字上划一道细红线注销(但原来的字迹须仍可辨认),然后在红线上方的空白处用蓝字写上正确的文字或数字,并由更正人员在更正处签字盖章,以示负责。

划线时,对于错误的数字,必须全部划线注销,不能只更正其中个别数字;而对于文字错误,则可只划去错误的文字,不必将与错字相关联的其他文字划去。

此外,如果凭证中的文字或数字错误发生在尚未记账前,也可重新填制凭证,据以记账。

2. 红字更正法

这种方法主要适用于记账后,发现记账凭证用错了会计科目、借贷方向记反、记账金额写错等情况。具体包括两种情况:

(1) 记账后,发现记账凭证中会计科目存在错误。

更正时,首先,用红字填制一张内容与错误凭证金额完全相同的记账凭证,在摘要栏中注明"更正×号凭证错误",并据以用红字金额登记入账,冲销原有的记录。

其次,用蓝字填制一张符合经济业务内容的正确的记账凭证,并据以登记入账。

例如,企业用银行存款购买原材料 12 000 元(假设不涉及增值税)。填制记账凭证时,误记为如下分录,并已登记入账。

借:原材料   12 000
    贷:库存现金   12 000

发现错误后,先用红字金额编一张与原来错误记账凭证完全相同的记账凭证,在摘要栏中注明"冲销×月×日第×号记账凭证"字样,并用红字登记入账,冲销原来的错误记录。红字记账凭证上的会计分录为

借:原材料   [12 000]
    贷:库存现金   [12 000]

(注:数字外加方框表示红字)

再用蓝字编制一张正确的记账凭证,在其摘要栏中写明"更正×月×日第×号记账凭证",并据以登记入账。其正确分录为

借:原材料   12 000
    贷:银行存款   12 000

(2) 记账后,发现记账凭证的应借应贷科目正确,但所记金额大于应记金额。

更正时,具体做法和第一种情况有所不同。此时,只需将多记金额用红字填制一张与原记账凭证的应借、应贷科目和记账方向相同的记账凭证,并在摘要栏

中注明"冲销×月×日第×号记账凭证多记金额"字样,然后据以登记入账,以冲销多记金额。

例如,某企业从银行提取库存现金 1 600 元,填制记账凭证时,误作如下分录,并已登记入账:

借:库存现金	16 000
贷:银行存款	16 000

发现错误后,应将多记金额用红字编制记账凭证,并登记入账,予以冲销多记金额,其会计分录为:

借:库存现金	14 400
贷:银行存款	14 400

(注:数字外加方框表示红字)

3. 补充登记法

记账以后,如果发现记账凭证中应借应贷的会计科目没有错误,只是所记金额小于应记金额,此时,应采用补充登记法。

更正时,只需将少记的金额用蓝字填制一张应借应贷科目与原错误凭证相同的记账凭证,在摘要栏中注明"补记×月×日第×号记账凭证少记金额",并据以登记入账,以补记少记金额。

例如,某企业将库存现金 3 600 元送存银行。填制记账凭证时,将金额误记为 1 600 元,并已登记入账,其错误分录为

借:银行存款	1 600
贷:库存现金	1 600

更正时,将少记的 2 000 元,用蓝字填制一张与原科目相同的记账凭证,并登记入账。补记的会计分录为

借:银行存款	2 000
贷:库存现金	2 000

第六节 会计账簿的更换与保管

一、会计账簿的更换

为了清晰地反映各个会计年度的财务状况和经营成果,每个会计年度开始时,一般都要启用新账,并把上年度的会计账簿归档保管。

现金日记账、银行存款日记账、总分类账及明细分类账都要每年更换新账,

但固定资产明细账或固定资产卡片可以继续使用,不必每年更换新账。

等年终结账后,有期末余额的账户,应将其余额结转至下年度新账簿的相应账户中去。结转时,将有余额的账户的余额直接记入新账簿中相对应的账户中的余额栏内,不需要编制记账凭证,也不必将余额再记入本年账户的借方或贷方,使本年有余额的账户的余额为零。

下年度新账簿的第一行,填写的日期是1月1日,"摘要"栏注明"上年结转"字样,同时,将上年结转余额记入"余额"栏,并标明余额方向。上年度该账户的借方余额,转至新账簿内仍为借方余额,上年度该账户的贷方余额,转至新账簿内仍为贷方余额。

二、会计账簿的保管

各种会计账簿是重要的经济档案,必须按规定妥善保管,不得丢失和任意销毁。否则,原有债权、债务无法理清;重要的经济资料和经济信息将丢失,经济责任将无法明确,故妥善保管会计账簿意义重大。账簿的保管,既要安全、完善、机密,又要保证使用时能及时迅速查到。年度终了更换新账后,旧账页应清点整理,所有活页装订归档保管。账簿归档保管要做到五防:防火、防盗、防潮、防霉烂变质、防虫蛀鼠咬。存档后的会计账簿,调阅时必须提出理由,经会计主管人员批准,履行相应的查阅手续,原则上不得借出。

会计档案的保管期限分为永久、定期两种。定期保管期限分为3年、5年、10年、15年和25年5类。

比如现金和银行存款日记账保管25年,总账和明细分类账保管15年,年度财务报告(决算包括文写分析)、会计档案保管清册、会计档案销毁清册永久保管。

账簿保管期满,需要销毁时,由档案保管部门提出销毁意见,会同财务部门共同鉴定,编造销毁清册,报本单位领导或上级批准方可销毁。销毁时,应由档案保管部门、财务部门和有关部门共同监销。

三、电算化会计档案的保管

电算化会计档案主要包括两个方面的内容:由计算机打印输出的各种书面形式的会计凭证、会计账簿、会计报表及其他会计资料;以磁盘、光盘、微缩胶片等磁性介质储存的会计数据;会计电算化系统开发和使用的全套文档资料及软件程序。

对于电算化会计档案的管理,各单位应建立以下安全与保密措施:

(1)对电算化会计档案管理要做到防磁、防火、防潮、防尘等工作。

（2）采用磁性介质储存的会计档案，要定期进行检查，定期进行复制，防止由于磁性介质损坏而使会计档案丢失。

（3）严格执行安全和保密制度，不得随意堆放会计档案，严防毁损、散失和泄密。

（4）各种会计资料包括打印出来的会计资料以及储存会计资料的软盘、光盘、微缩胶片等，未经单位负责人同意，不得外借和拿出单位。

（5）借阅会计资料应履行相应的借阅手续，经手人必须签字记录。存放在磁性介质上的会计资料借阅归还时，还应认真检查，防止感染病毒。

第五章 资产的核算

第一节 现金的核算

一、现金管理制度的有关内容

现金是企业流动性最强的一种货币性资产,是立即可以投入流通的交换媒介,可以随时用其购买所需的物资,支付有关费用,偿还债务,也可以随时存入银行。在会计核算中,现金分为狭义现金与广义现金两个不同层次的含义。

狭义的现金是指企业的库存现金。

广义的现金是指一切可以自由流通与转让的交换媒介,即现金及现金等价物。

由于现金收支业务具有流动性强、涉及面广的特点,因此必须实行严格的现金管理制度。现金管理制度的有关内容如下:

1. 规定现金的使用范围

(1) 支付给职工的工资和各项工资性津贴。
(2) 个人劳务报酬,包括稿酬、讲课费及其他专门工作的报酬。
(3) 支付给个人的各种奖金。
(4) 各种劳保、福利费用及国家规定的对个人的其他支出。
(5) 向个人收购农副产品和其他物资的价款。
(6) 出差人员必须随身携带的差旅费。
(7) 结算起点(1 000元)以下的零星支出。
(8) 中国人民银行确定需要支付现金的其他支出。

2. 规定现金的库存限额

为了加强现金管理和便于企业日常零星开支,企业应该有一个保留现金的最高额度,一般叫做库存现金限额。库存现金限额由银行给企业核定。核定的依据是根据企业距离银行的远近及交通是否方便等情况,一般可按企业3~5天的日常零星开支所需现金数核定。边远地区和交通不便地区的企业,最多可以根据企业15天的正常开支的需要量来核定库存现金的限额。库存限额一经确定,要求企业必须严格遵守,不能任意超过,超过限额的现金应及时送存银行;当库存现金低于限额时,可以签发现金支票从银行提取现金,补足限额。

3. 规定不准坐支现金

坐支现金是指企业从本单位的现金收入中直接支付现金。实行不准坐支的规定,是为了便于银行了解企业的现金收支情况,有利于银行对现金的管理和控制。

有些特殊情况下确需坐支现金的,可向开户银行提出申请,在开户银行批准的限额和使用范围内坐支现金。

二、现金收支的核算

现金的核算主要包括现金收入与现金支出的核算。由此,需要设立"库存现金"账户。该账户属于资产类账户,借方登记现金增加数额,贷方登记现金减少数额,余额在借方,表示库存现金的实有数额。

1. 现金收入核算

现金的收入来源有两类:一类为从银行直接提取现金;另一类为销售业务取得现金。其核算方法分别如 [例 5-1] 和 [例 5-2] 所示。

[例 5-1] 某公司开出现金支票 1 000 元从银行提取现金以备日常开支。根据现金支票存根,应编制如下会计分录:

借:库存现金　　　　　　　　　　　　　　　　　　　　　　1 000
　　贷:银行存款　　　　　　　　　　　　　　　　　　　　　　1 000

[例 5-2] 某公司出售废旧包装材料,收入现金 180 元。根据发票应编制如下会计分录:

借:库存现金　　　　　　　　　　　　　　　　　　　　　　180
　　贷:其他业务收入　　　　　　　　　　　　　　　　　　　　180

2. 现金支出核算

现金支出的范围较广,如购买各种日常用品,支付员工差旅费,支付员工工资等。其核算应贷记"库存现金"科目,借记其他相应科目。现举例说明:

[例 5-3] 经理赵东报销差旅费 920 元,原借款 1 000 元,余款交回,根据报销凭证应编制如下会计分录:

借:管理费用　　　　　　　　　　　　　　　　　　　　　　920
　　库存现金　　　　　　　　　　　　　　　　　　　　　　　80
　　贷:其他应收款——赵东　　　　　　　　　　　　　　　　1 000

[例 5-4] 某公司业务员李某因出差预借差旅费 300 元。根据借条应编制如下会计分录：

  借：其他应收款——李某   300
    贷：库存现金   300

三、现金清查

  由于企业现金收入、支出业务繁琐细碎，同时现金是最易遭受非正常损失的资产，因此企业要有对库存现金的清查制度。

  库存现金的清查，包括出纳人员每日的清查核对和清查小组定期和不定期的清查。清查现金的基本方法是实地盘点，并将现金实存数与现金的记账余额进行核对。现金的实存数，是指现金柜内实有的现金数额，白条不得抵充现金数。

  现金清查中发现现金短缺或盈余时，除了设法查明原因外，还需及时编制"现金盘点报告表"，列明实存、账存与盈亏金额，并由经手人与出纳人员共同签章。清查后，需根据"现金盘点报告表"中的盈亏数进行账务处理。现举例如下：

  [例 5-5] 某企业财务科在现金清查中发现长款 200 元，根据"现金盘点报告表"应编制如下会计分录：

  借：库存现金   200
    贷：待处理财产损溢——待处理流动资产损溢   200

  假如经核查，原因不明，经领导批准作营业外收入处理，应编制如下会计分录：

  借：待处理财产损溢——待处理流动资产损溢   200
    贷：营业外收入   200

  [例 5-6] 某企业财务科在现金清查中发现短款 80 元，应编制如下会计分录：

  借：待处理财产损溢——待处理流动资产损溢   80
    贷：库存现金   80

  假如经核查，应由出纳员负责赔偿，应编制会计分录：

  借：其他应收款——××   80
    贷：待处理财产损溢——待处理流动资产损溢   80

四、怎样设置备用金

  几乎每个企业日常都会发生一些小额的零星开支，如出租车费、邮电费、报纸杂志费等杂项支出。因此企业通常都设立备用金制度。该制度的内容如下：

  (1) 设专人保管备用金，并负责小额的零星开支。

（2）当备用金快用完时，即由保管员把备用金凭单及原始凭证提交会计部门，经有关人员审核后，会计部门再开出支票，由备用金保管员向银行兑现，补足、恢复原备用金限额。

（3）如果建立的备用金额限额太多或太少，会计部门再作相应的调整。

[例5-7] 某公司于2007年1月1日建立备用金制度，根据企业零星开支发生的频繁程度，规定限额为3 000元，于每月中旬补足一次。

1月中旬，备用金保管员提交备用金凭单及支出凭证如下：电话电报费960元，出租车费735元，报纸杂志费675元，购买账簿等办公用品624元，备用金剩余6元。

1月1日，设立备用金限额，会计部门开出现金支票，由保管员向银行兑现，有关如下会计分录：

  借：其他应收款——备用金   3 000
    贷：银行存款   3 000

1月15日，补足备用金时：

  借：管理费用——电话电报费   960
       ——出租车费   735
       ——报纸杂志费   675
       ——办公费用   624
    贷：库存现金   2 994

注意，补足备用金时不能贷记备用金账户，备用金账户维持的定额一般是不变动的，当需增减限额时，再借记或贷记"备用金"账户。

第二节 银行存款的核算

一、银行存款的一般规定

银行存款是指企业存入银行或其他金融机构的各种款项。

银行存款账户分为基本存款账户、一般存款账户、临时存款账户和专用存款账户。

基本存款账户是企业办理日常结算和现金收付业务的账户。企业的工资、资金等现金的支取，只能通过基本存款账户办理。

一般存款账户是企业在基本存款账户以外的银行借款转存，以及与基本存款账户的企业不在同一地点的附属非独立核算单位的账户，企业可以通过本账户办理转账结算和现金缴存，但不能办理现金支取。

临时存款账户是企业因临时经营活动需要开立的账户，企业可以通过本账户办理转账结算和根据国家现金管理的规定办理现金收付。

专用存款账户是企业因特殊用途需要开立的账户。

一个企业只能选择一家银行机构开立一个基本存款账户，不得在同一家银行的几个分支机构开立一般存款账户。

企业在银行开户时，必须填制开户申请书。提供当地工商行政管理机关核发的《营业执照》正本等有关文件。企业在银行开立账户后，除了按规定留存的库存现金外，所有货币资金都必须存入银行，企业与其他单位之间的一切收付款项，都要通过银行办理转账结算。企业不但要在银行开立账户，而且账户内必须要有可供支付的存款。

二、银行存款账户的相关规定

（一）基本存款账户的使用范围和开立条件

基本存款账户是指存款人因办理日常转账结算和现金收付需要而开立的银行结算账户。

1. 基本存款账户的使用范围

基本存款账户是存款人的主要账户。该账户主要办理存款人日常经营活动的资金收付及其工资、奖金和现金的支取。

2. 基本存款账户的开户要求

（1）开立基本存款账户的存款人资格。根据《人民币银行结算账户管理办法》的规定，下列存款人，可以申请开立基本存款账户：

① 企业法人。
② 非法人企业。
③ 机关、事业单位。
④ 团级（含）以上军队、武警部队及分散值勤的支（分）队。
⑤ 社会团体。
⑥ 民办非企业组织。
⑦ 异地常设机构。
⑧ 外国驻华机构。
⑨ 个体工商户。
⑩ 居民委员会、村民委员会、社区委员会。
⑪ 单位设立的独立核算的附属机构。

⑫ 其他组织。

(2) 开立基本存款账户所需的证明文件。根据《人民币银行结算账户管理办法》的规定，存款人申请开立基本存款账户，应向银行出具下列证明文件：

① 企业法人，应出具企业法人营业执照正本。

② 非法人企业，应出具企业营业执照正本。

③ 机关和实行预算管理的事业单位，应出具政府人事部门或编制委员会的批文或登记证书和财政部门同意其开户的证明；非预算管理的事业单位，应出具政府人事部门或编制委员会的批文或登记证书。

④ 军队、武警团级（含）以上单位以及分散值勤的支（分）队，应出具军队军级以上单位财务部门、武警总队财务部门的开户证明。

⑤ 社会团体，应出具社会团体登记证书，宗教组织还应出具宗教事务管理部门的批文或证明。

⑥ 民办非企业组织，应出具民办非企业登记证书。

⑦ 外地常设机构，应出具其驻在地政府主管部门的批文。

⑧ 外国驻华机构，应出具国家有关主管部门的批文或证明；外资企业驻华代表处、办事处应出具国家登记机关颁发的登记证。

⑨ 个体工商户，应出具个体工商户营业执照正本。

⑩ 居民委员会、村民委员会、社区委员会，应出具其主管部门的批文或证明。独立核算的附属机构，应出具其主管部门的基本存款账户开户登记证和批文。其他组织，应出具政府主管部门的批文或证明。

如果上述存款人为从事生产、经营活动纳税人的，还应出具税务部门颁发的税务登记证。

（二）一般存款账户的使用范围和开立条件

一般存款账户是存款人因借款或其他结算需要，在基本存款账户开户银行以外的银行营业机构开立的银行结算账户。

1. 一般存款账户的使用范围

一般存款账户用于办理存款人借款转存、借款归还和其他结算的资金收付。该账户可以办理现金缴存，但不得办理现金支取。

2. 一般存款账户的开户要求

(1) 开立一般存款账户的存款人资格。开立基本存款账户的存款人都可以开立一般存款账户。根据规定，只要存款人具有借款或其他结算需要，都可以申请开立一般存款账户，且没有数量限制。

(2) 开立一般存款账户所需的证明文件。根据《人民币银行结算账户管理办法》的规定，存款人申请开立一般存款账户，应向银行出具下列证明文件：

① 开立基本存款账户规定的证明文件。

② 基本存款账户开户登记证。

③ 存款人因向银行借款需要，应出具借款合同。

④ 存款人因其他结算需要，应出具有关证明。

（三）专用存款账户的使用范围和开立条件

专用存款账户是存款人按照法律、行政法规和规章，对其特定用途资金进行专项管理和使用而开立的银行结算账户。

1. 专用存款账户的使用范围

专用存款账户用于办理各项专用资金的收付。针对不同的专用资金，《人民币银行结算账户管理办法》规定了不同的使用范围：

（1）单位银行卡账户的资金必须由其基本存款账户转账存入。该账户不得办理现金收付业务。

（2）财政预算外资金、证券交易结算资金、期货交易保证金和信托基金专用存款账户，不得支取现金。

（3）基本建设资金、更新改造资金、政策性房地产开发资金、金融机构存放同业资金账户需要支取现金的，应在开户时报中国人民银行当地分支行批准。中国人民银行当地分支行应根据国家现金管理的规定审查批准。

（4）粮、棉、油收购资金，社会保障基金，住房基金和党、团、工会经费等专用存款账户支取现金应按照国家现金管理的规定办理。

（5）收入汇缴账户除向其基本存款账户或预算外资金财政专用存款户划缴款项外，只收不付，不得支取现金。业务支出账户除从其基本存款账户拨入款项外，只付不收，其现金支取必须按照国家现金管理的规定办理。

2. 专用存款账户的开户要求

（1）开立专用存款账户的条件。专用存款账户是针对特定事项开立的存款账户。根据《人民币银行结算账户管理办法》的规定，对下列资金的管理与使用，存款人可以申请开立专用存款账户：

① 基本建设资金。

② 更新改造资金。

③ 财政预算外资金。

④ 粮、棉、油收购资金。

⑤ 证券交易结算资金。

⑥ 期货交易保证金。

⑦信托基金。
⑧金融机构存放同业资金。
⑨政策性房地产开发资金。
⑩单位银行卡备用金。
⑪住房基金、政策性房地产开发资金。
⑫社会保障基金。
⑬收入汇缴资金和业务支出资金。
⑭党、团、工会设在单位的组织机构经费。
⑮其他按规定需要专项管理和使用的资金。

（2）开立专用存款账户所需的证明文件。根据《人民币银行结算账户管理办法》的规定，存款人申请开立专用存款账户，应向银行出具其开立基本存款账户规定的证明文件、基本存款账户开户登记证和下列证明文件：

①基本建设资金、更新改造资金、政策性房地产开发资金、住房基金、社会保障基金，应出具主管部门批文。
②财政预算外资金，应出具财政部门的证明。
③粮、棉、油收购资金，应出具主管部门批文。
④单位银行卡备用金，应按照中国人民银行批准的银行卡章程的规定出具有关证明和资料。
⑤证券交易结算资金，应出具证券公司或证券管理部门的证明。
⑥期货交易保证金，应出具期货公司或期货管理部门的证明。
⑦金融机构存放同业资金，应出具其证明。
⑧收入汇缴资金和业务支出资金，应出具基本存款账户存款人有关的证明。
⑨党、团、工会设在单位的组织机构经费，应出具该单位或有关部门的批文或证明。
⑩其他按规定需要专项管理和使用的资金，应出具有关法规、规章或政府部门的有关文件。

（四）临时存款账户的使用范围和开立条件

临时存款账户是指存款人因临时需要并在规定期限内使用而开立的银行结算账户。

1. 临时存款账户的使用范围

临时存款账户用于办理临时机构以及存款人临时经营活动发生的资金收付。

2. 临时存款账户的开户要求

（1）临时存款账户开立的条件。根据《人民币银行结算账户管理办法》的规定，存款人有下列情况的，可以申请开立临时存款账户：

①设立临时机构。

②异地临时经营活动。

③注册验资。

（2）开立临时存款账户所需的证明文件。根据《人民币银行结算账户管理办法》的规定，存款人申请开立临时存款账户，应向银行出具下列证明文件：

①临时机构，应出具其驻在地主管部门同意设立临时机构的批文。

②异地建筑施工及安装单位，应出具其营业执照正本或其隶属单位的营业执照正本，以及施工及安装地建设主管部门核发的许可证或建筑施工及安装合同。

③异地从事临时经营活动的单位，应出具其营业执照正本以及临时经营地工商行政管理部门的批文。

④注册验资资金，应出具工商行政管理部门核发的企业名称预先核准通知书或有关部门的批文。

上述第②③项，存款人还应出具其基本存款账户开户登记证。

（五）银行结算账户的变更

银行结算账户的变更是指存款人名称、单位法定代表人或主要负责人、住址以及其他开户资料发生的变更。

银行结算账户发生变更的，应当办理相关的变更手续。根据《人民币银行结算账户管理办法》的有关规定，银行结算账户的存款人名称发生变更，但不改变开户银行及账号的，应于5个工作日内向开户银行提出银行结算账户的变更申请，并出具有关部门的证明文件。单位的法定代表人或主要负责人、住址以及其他开户资料发生变更时，应于5个工作日内书面通知开户银行并提供有关证明。银行接到存款人的变更通知后，应及时办理变更手续，并于2个工作日内向中国人民银行报告。

（六）银行结算账户的撤销

银行结算账户的撤销是指存款人因开户资格或其他原因终止银行结算账户使用的行为。

根据《人民币银行结算账户管理办法》的规定，发生下列事由之一的，存款人应向开户银行提出撤销银行结算账户的申请：

（1）被撤并、解散、宣告破产或关闭的。

（2）注销、被吊销营业执照的。

（3）因迁址需要变更开户银行的。

(4) 其他原因需要撤销银行结算账户的。

存款人发生被撤并、解散、宣告破产或关闭，或被注销、被吊销营业执照等主体资格终止的，应于 5 个工作日内向开户银行提出撤销银行结算账户的申请。

三、银行存款的核算方法

与现金的核算相似，银行存款的核算也分为收入与支出两个方面。

1. 银行存款收入核算

银行存款收入来源较多，可以是销售收入所得，可以是收回客户的欠款，可以是从银行取得借款，等等。现举例说明银行存款收入的会计核算过程。

[例 5-8] 某公司从银行借入半年期限的借款 50 000 元，应编制如下会计分录：

借：银行存款　　　　　　　　　　　　　　　　　　　　　　50 000
　　贷：短期借款　　　　　　　　　　　　　　　　　　　　　　50 000

[例 5-9] 某公司销售产品 10 000 元，增值税销项税额 1 700 元。当即收到转账支票 11 700 元存入银行，应编制如下会计分录：

借：银行存款　　　　　　　　　　　　　　　　　　　　　　11 700
　　贷：主营业务收入　　　　　　　　　　　　　　　　　　　10 000
　　　　应交税费——应交增值税（销项税额）　　　　　　　　 1 700

2. 银行存款支出核算

银行存款支出的情形也较多，如购买某项设备、购买原材料、偿还所欠供应商的货款、偿还银行借款等。现举例说明银行存款支出的会计核算过程。

[例 5-10] 某公司开出转账支票支付之前欠某商店货款 8 000 元，应编制如下会计分录：

借：应付账款——××商店　　　　　　　　　　　　　　　　8 000
　　贷：银行存款　　　　　　　　　　　　　　　　　　　　　 8 000

[例 5-11] 某公司开出现金支票 20 000 元，提取现金，准备发放工资，应编制如下会计分录：

借：库存现金　　　　　　　　　　　　　　　　　　　　　　20 000
　　贷：银行存款　　　　　　　　　　　　　　　　　　　　　20 000

第三节 支付结算业务的办理

一、支票业务的办理

(一)支票的适用范围

支票是出票人签发,委托办理支票存款业务的银行在见票时无条件支付确定的金额给收款人或者持票人的票据。

支票可分为现金支票和转账支票两种。现金支票是开户单位用于向开户银行提取现金的凭证;转账支票是用于同城单位之间的商品交易、劳务供应或其他款项往来的结算凭证。

按规定,凡是在银行开立基本账户的企业、事业单位和机关、团体、部队、学校、个体经济户以及单位的附属食堂、幼儿园等,其在同一城市和票据交换地区的商品交易、劳务供应、债务清偿和其他款项结算等均可使用支票。

支票是同城结算中使用最为广泛的一种结算方式,也就是说,在同城或同一票据交换地区的各种经济往来的资金结算,均可使用支票。

(二)支票结算的基本规定

(1)付款人签发支票时,必须注明收款人的名称,并只准收款人或出票人向银行办理转账或提取现金。在中国人民银行总行批准的地区,转账支票可以背书转让。

(2)支票付款期为10天,从签发的次日算起,到期日遇节假日顺延,超过期限的,持票人开户银行不予受理,付款人不予付款。

(3)支票的金额起点为100元,但一些特殊的业务结算,如:缴拨建房公积金等,可不受金额起点的限制。

(4)签发支票应使用墨汁或碳素墨水填写,不能用蓝墨水或红墨水填写。支票上各项内容要填写齐全,数字要标准,大小写金额要一致。未按规定填写,而被涂改冒领的,由签发人负责。

(5)已签发的现金支票如果遗失,可向银行申请挂失。挂失前已经支付的,银行不予受理,所发生的经济损失,由遗失单位负责。空白支票或已经签发的转账支票如果遗失,可向开户银行和收款人提出协助防范的申请,但不能向银行申请挂失。

(6)按照规定,各单位不准签发空头支票或签章与预留银行签章不符的支票、使用支付密码地区、支付密码错语的支票,否则,银行除退票外,还要按票面金额处以5%但不低于1 000元的罚款;持票人有权要求出票人赔偿支票金额2%的赔偿金。对屡次签发的,银行则停止其签发支票。

(三)支票结算的基本程序

1. 现金支票结算程序

(1)开户单位用现金支票提取现金时,由本单位出纳人员签发现金支票并加盖银行预留签章后,到开户银行提取现金。

(2)开户单位用现金支票向外单位或个人支付现金时,由付款单位出纳人员签发现金支票并加盖银行预留签章和注明收款人后交收款人。

(3)收款人持现金支票到付款单位开户银行提取现金,并按照银行的要求交验有关证件。

2. 转账支票结算程序

(1)由签发人交收款人办理结算,其结算程序如下:

①付款人签发转账支票交收款人。

②收款人持票并填进账单到开户行办理入账。

③银行间办理划拨。

④收款人开户银行下收款通知。

(2)由签发人交签发人开户银行办理结算。其结算程序如下:

①签发转账支票并填进账单办理转账。

②银行间办理划拨。

③收款人开户银行下收款通知。

单位将转账支票送存开户行进账、汇款,或将现金送存开户行,均应填进账单向银行办理进账手续。进账单第一联为回单联,是出票人开户行交给收持(出票)人的回单;第二联为贷方凭证联,此联由收款人开户行作贷方凭证。

(四)支票结算应注意的事项

(1)要严格控制携带空白支票外出采购。对事先不能确定采购物资的单价、金额的,经单位领导批准,可将填明收款人名称和签发日期、明确了款项限额的支票交采购人员,使用支票人员回单位后必须及时向财务部门结算。

款项限额的办法是在支票正面用文字注明所限金额,并在小写金额栏内用"￥"填定数位。

(2)支票应由财会人员或使用人员签发,不得将支票交给收款人代为签发。支票存根要同其他会计凭证一起妥善保管。

（3）收款人在接受付款人交来的支票时，应注意审核以下内容：支票收款人或被背书人是否确为本收款人；支票出票人及其开户银行的属地是否在本结算区；支票签发日期是否在付款期内；大小写金额是否一致；背书转让的支票其背书是否连续，有无"不准转让"字样；支票是否按规定用墨汁或碳素墨水填写；大小写金额、签发日期和收款人名称有无更改；其他内容更改后是否加盖印鉴证明；签发人盖章是否齐全，等等。

（4）对持支票前来购货的购货人必须核对身份，查验有关证件。为了防止发生诈骗、冒领或收受空头支票，收款人或被背书人接受支票时，可检查持票人的身份证，摘录身份证号码并问明联系电话等。按常规应将受理的支票及时送存银行，待银行将款项收妥并存入本单位账户后再行发货。

（五）收受支票的检查重点

收受支票的检查重点为：

（1）支票是否是金融机构所规定的统一格式的支票。

（2）大写金额栏是否以通用楷书大写，或以支票机打印，用手写的数字有被更改的危险。

（3）大写金额与小写金额的数字是否一致。金额是否有更改。

（4）出票人的签名、盖章是否正确。

（5）出票日是否正确。支票的提示期限自出票日起10日。超过提示付款期限提示付款的，持票人开户行不予受理，付款人不予付款。

（6）是否有指定受票人。如有一受票人，要将支票转让时，必须先经过该受票人背书，否则无法转让。

（六）支票的购买

在银行开户的存款人领购支票时，必须填写"票据和结算凭证领用单"并签章，签章应与预留银行的签章相符，持支票购领证（购领证上有指定办理银行业务的人员姓名）及指定人员身份证，由指定人员到银行办理购买手续。银行对上述单证审核无误后，即可将支票售给存款人。

购买支票款由银行从存款人账户中划转，存款人根据实际购买金额，编制付款凭证，借记"财务费用"科目，贷记"银行存款"科目。

（七）支票遗失、失窃的处理

支票遗失或失窃，会造成企业的损失。因此，会计人员平日应该审慎处理支票，如果发生这类事故时，应该知道怎么处理比较妥当。

发生支票遗失、失窃时，首先要联络出票人，要求对方立即向付款银行申请止付。如果是自己签发的支票,就要向自己的开户银行申请,同时也要向公安局报案。

如果超过提示期限,没有人提示该支票兑现的话,就可安心了。因为过了期限,就可取消付款的委托。若在提示期内有人提示的话,由于事先止付,因此能以"失窃"、"遗失"的理由拒付。不过,发票人在遗失、失窃支票时,应立刻办好上述手续。

已签发的现金支票遗失,可以向银行申请挂失。挂失前已经支付的,银行不予受理。已签发的转账支票遗失,银行不受理挂失,可请求收款人协助防范。

(八)现金支票的签发

出纳员在签发现金支票时,应按照规范填写签发日期、收款人、人民币大小写、支票号码、款项用途和支票密码等项目。其中,签发日期应填写实际签发支票的日期,不得漏填或预填日期。"收款人"栏,一定要写明收款单位或收款人。收款人可以是本单位,可以是外单位,也可以是本单位的附属机构或个人。收款人应在支票存根联签名或盖章。大小写人民币金额必须填写一致、完整,不得涂改,在小写金额前,应填写人民币符号"￥",大小写金额和收款人三个栏目如有填错,应重新签发。"用途"栏要实事求是填列,不得巧立名目套取现金。"密码号"栏应按照银行提供的密码单填写。"签发人盖章"处应将预留银行印鉴加盖齐全。

如果单位签发现金支票到银行提取现金以发放工资或充实库存现金,则应在"收款人"栏填写本单位名称,并在支票背面加盖预留银行印鉴或单位公章,然后即可到银行取款。财务部门根据现金支票存根编制银行存款付款凭证,借记"现金"科目,贷记"银行存款"科目。

如果单位签发现金支票给其他单位和个人,则应在"收款人"栏填写收款单位或个人的名称,并要求其在现金支票背面签章,并持证件到银行取款。财务部门根据现金支票存根和其他原始凭证编制现金付款凭证。

(九)转账支票的签发与使用

出纳员签发转账支票,首先应查验本单位银行存款账户是否有足够的存款余额,以免签发空头支票,然后再按规定要求签发转账支票。转账支票签发的规定与现金支票的基本相同。单位签发的转账支票可以由本单位开户银行将款项支付给收款人,也可以将支票交给收款人由其办理结算。财务部门凭支票存根和发票等有关原始凭证编制银行存款付款凭证。

收款单位出纳员收到付款单位交来的支票后,首先应对支票进行审查,以免收进假支票或无效支票。对支票的审查包括如下内容:

(1)支票填写是否清晰,是否用墨汁、碳素墨水填写或支票打印机打印。

(2) 支票的各项内容是否填写齐全，是否在签发单位盖章处加盖单位印鉴，大小写金额和收款人有无涂改。

(3) 支票收款单位是否为本单位。

(4) 支票大小写金额填写是否正确，两者是否相符。

(5) 支票是否在付款期内。

(6) 背书转让的支票其背书是否正确，是否连续。

收款单位出纳员对受理的转账支票审查无误后，即可填制进账单，连同支票一并送交其开户银行。开户银行收到收款单位送来的转账支票和进账单后，应对其进行认真的审查，审查包括支票和进账单填写的内容是否正确，支票与进账单的金额是否相符，大小写金额是否一致，支票是否在付款期内，等等。如果收款单位和付款单位在同一银行开户，则银行可进一步审查支票印鉴是否与预留银行印鉴相符，付款人账户是否有足够的款项用于支付等，审核无误后即可在进账单第一联上加盖"转讫"章退回收款单位。如果收款单位和付款单位不在同一银行开户，收款单位开户银行则通过票据交换将支票和进账单送交付款单位开户银行，由其审查印鉴是否正确，付款人账户有无足够款项支付等，审查无误后办理转账。收款单位开户银行在进账单和支票上加盖"转讫"章，将进账单第一联退还收款单位。收款单位根据银行盖章退回的进账单第一联编制银行存款收款凭证。

付款单位签发支票直接送交开户银行办理款项划拨的，财务部门应填制进账单，在进账单上，本单位为付款人，对方单位为收款人。填制完后连同转账支票一并送本单位开户银行。银行接到转账支票和进账单后按规定进行审查，审查无误后在支票和进账单上加盖"转讫"章。付款单位和收款单位根据进账单等凭证分别编制相应的会计分录。

二、银行本票业务的办理

银行本票是申请人将款项交存银行，由银行签发、承诺自己在见票时无条件支付确定的金额给收款人或者持票人的票据。银行本票按其金额不同分为定额本票和不定额本票两种。银行本票适用于单位和个人在同一票据交换区域内的商品交易和劳务供应以及其他款项的结算。

定额银行本票一式两联，第一联为签发银行结算本票时，作付出传票；第二联由签发银行留存，结算本票时作传票附件。

不定额银行本票只有一联，由签发银行盖章后交申请人以办理转账结算或取现。

银行本票的结算程序，包括签发本票和款项结算两个阶段。

1. 签发本票阶段

（1）申请办理银行本票，应向银行填写"银行本票申请书"，详细填写收款人名称、申请人姓名金额、申请日期等内容，并加盖预留银行印鉴。申请人和收款人个人需要支取现金的，应在支付现金栏先填写"现金"字样，后填写支付金额。申请人或收款人为单位的，不得申请签发现金银行本票。办理银行本票时，应先将款项交银行，然后办理领取银行本票手续。

银行本票申请书一式三联，第一联由签发单位或个人留存，第二联为签发行办理本票的付款凭证，第三联为签发行办理本票的收款凭证。

（2）银行受理银行本票申请书，在收妥款项后，据以签发银行本票。申请人取回本票后应借记"其他货币资金——银行本票"科目，贷记"银行存款"科目。需支取现金的，在银行本票上划去"转账"字样，加盖印章，不定额银行本票用压数机压印出票金额，出票银行在银行本票上签章后交给申请人。

2. 款项结算阶段

（1）申请人持银行本票可以向填写的收款单位或个体经济户办理结算。

（2）收款人收到付款人交来的银行本票，经审查后，填写进账单连同收到的银行本票，交开户银行办理收款入账手续。收款人为个人的也可以持转账的银行本票经背书向被背书人的单位或个体经济户办理结算，具有"现金"字样的银行本票可以向银行支取现金。

（3）收款开户行收妥入账并通知收款人。

（4）银行间办理划拨。

三、银行汇票业务的办理

（一）银行汇票结算业务的办理

银行汇票是出票银行签发的，由其在见票时按照实际结算金额无条件支付给收款人或者持票人的票据。

银行汇票适用于异地单位、个体经济户、个人之间需要支付的各种款项。凡在银行开立账户的单位、个体经济户和未在银行开立账户的个人，都可以向银行申请办理银行汇票，而且也都可以受理银行汇票。

银行汇票一式四联：第一联卡片，由出票银行留存；第二联汇票；第三联解讫通知，汇票联和解讫通知由出票银行一并交给申请人，申请人便可持此两联银行汇票到异地办理支付结算或支取现金，缺一不可；第四联是多余款收账通知，出票银行将银行汇票金额结算后将此联交申请人。

银行汇票结算经过承汇、结算、兑付和结清余额等步骤，具体结算程序如下：

（1）汇款人委托银行办理汇票。

（2）银行签发汇票。

（3）汇款人使用汇票结算。

（4）持汇票进账或取款。

（5）通知汇票已解付。

（6）结算划拨。

（7）结算汇票退还余额。

（二）商业汇票结算业务的办理

商业汇票是出票人签发的，委托付款人在指定日期无条件支付确定的金额给收款人或者持票人的票据。

商业汇票按承兑人不同，分为商业承兑汇票和银行承兑汇票，前者是指由收款人签发，经付款人承兑，或由付款人签发并承兑的票据，后者是指由收款人或承兑申请人签发，并由承兑申请人向开户银行申请，经银行审查同意承兑的票据。

在银行开立存款账户的法人及其他组织之间，必须具有真实的交易关系或债权债务关系，才能使用商业汇票。

商业汇票结算程序如下：

1. 商业承兑汇票

（1）签发和承兑商业承兑汇票。商业承兑汇票一式三联，可由收款人签发，也可由付款人签发，汇票签发后，第三联由签发人留存备查，第一联由付款人（即承兑人）留存，第二联汇票由付款人（即承兑人）在承兑栏加盖预留银行印章，并在商业承兑汇票正面签署"承兑"字样，以示承兑后，将商业承兑汇票交给收款人。

（2）承兑并加盖预留银行印鉴。

（3）委托收款。收款人或被背书人将要到期的商业承兑汇票送交开户银行办理收款手续，收款一般采取的是委托收款方式。

（4）收款人开户行将凭证和汇票传递给付款人开户行。

（5）到期兑付。付款人应于商业承兑汇票到期日前积极筹措款项，于到期日前将票款足额交存其开户银行。

（6）银行划拨款项。付款人开户银行收到传来的委托收款凭证和商业承兑汇票后，将款项划给收款人或被背书人。

（7）收妥入账。

2. 银行承兑汇票

（1）出票（指由收款人签发）。

(2) 申请承兑并签订承兑协议。
(3) 同意承兑。
(4) 送交银行承兑汇票。
(5) 到期交付票款。
(6) 到期日前委托银行收款。

四、委托收款结算业务的办理

委托收款是指收款人委托银行向付款人收取款项的结算方式。

单位和个人凭已承兑商业汇票、债券、存单等付款人债务证明办理款项的结算，均可使用委托收款结算方式。比如公用事业单位向用户收取水电费、邮电费、煤气费、公房租金等劳务款项以及其他应收款项，委托收款无论是在同城还是异地，均可使用。

（一）两方交易，直接结算程序

两方交易，具体委托收款结算的程序如下：
(1) 付出商品或劳务供应。
(2) 收款人委托银行收款。
(3) 接收委托回单。
(4) 收款人开户银行将"委托收款凭证"传递给付款人开户银行。
(5) 通知付款。
(6) 划拨款项。
(7) 通知已收到。

（二）三方交易，直接结算程序

所谓三方交易，是指批发单位、销货单位、购货单位都不在同一地，批发单位委托销货单位直接向购货单位发运商品，而货款则由批发单位分别与购销双方进行结算的一种做法。
(1) 销货单位向批发单位的购货单位发货。
(2) 销货单位填写两套委托收款凭证委托银行收款（其中一份以批发单位名义向付款人收款，一份以本单位名义向批发单位收款）。
(3) 销货单位开户行向购货单位开户行传递委托收款凭证。
(4) 销货单位开户行向批发单位开户行传递委托收款凭证。
(5) 购货单位开户银行通知购货单位付款。
(6) 批发单位开户银行通知批发单位付款。

(7) 银行间划拨款项。
(8) 收款通知。

(三) 代办发货结算程序

代办发货，是指销货单位与代办发货单位不在同一地，销货单位与代办发货单位订立代办发货委托收款合同，由销货单位委托代办发货单位向购货单位发货，并由代办发货单位、代销货单位办理委托收款手续，向购货单位收款。

(1) 代办发货单位发货。
(2) 代办单位向开户银行提交代办委托收款凭证。
(3) 受理委托回单。
(4) 代办发货单位分别向销货单位开户行和购货单位开户行传递委托收款凭证。
(5) 代办发货单位移交委托收款回单。
(6) 购货单位开户行通知购货单位付款。
(7) 购货单位同意付款。
(8) 银行间划拨。
(9) 款项入账通知。

(四) 代理收货结算程序

代理收货，是指购货单位与代理收货单位不在同一地时，购货单位应率先将代理收货单位通知销货单位。销货单位向代理收货单位发货后，填制委托收款结算凭证送交开户银行向购货单位收款。

(1) 销货单位向代理收货单位发货。
(2) 销货单位向开户行提交委托收款凭证。
(3) 传递委托收款凭证。
(4) 购货单位开户行通知购货单位付款。
(5) 购货单位同意付款。
(6) 银行间划拨。
(7) 款项入账通知。

五、信用卡业务的办理

(一) 信用卡的领取和使用

根据我国《支付结算办法》的规定，单位卡和个人卡的申请与使用不尽相同。

1. 单位卡

凡申领单位卡的单位，必须在中国境内金融机构开立基本存款账户，并按规定填制申请表，连同有关资料一并送交发卡银行。该单位符合条件并按银行要求交存一定金额的备用金以后，银行为申领人开立信用卡存款账户，并发给信用卡。单位卡可以申领若干张，持卡人的资格由申领单位法定代表人或其委托的代理人书面指定和注销。

在单位卡的使用过程上，其账户的资金一律从其基本存款账户转账存入，不得交存现金，不得将销货收入的款项存入其账户。单位卡的持卡人不得用于100 000元以上的商品交易、劳务供应款项的结算，一律不得支取现金。如果需要向其账户续存资金的，单位卡的持卡人必须按前述转账方式转账存入。

2. 个人卡

凡具有完全民事行为能力的公民可申领个人卡。个人卡的主卡持卡人可为其配偶及年满18周岁的亲属申领附属卡，申领的附属卡最多不超过两张，也有权要求注销其附属卡。

（二）信用卡的透支、销户和挂失

1. 信用卡的透支

根据我国《支付结算办法》的规定，信用卡的持卡人在信用卡账户内资金不足以支付款项时，可以在规定的限额内透支，并在规定期限内将透支款项偿还给发卡银行。但是，如果持卡人进行恶意透支的，即超过规定限额或规定期限，并经发卡银行催收无效的，持卡人必须承担相应的法律责任。

根据我国《支付结算办法》的规定，信用卡透支额，金卡最高不得超过1万元，普通卡最高不得超过5 000元。信用卡透支期限最长为60天。关于信用卡透支的利息，依《支付结算办法》的规定，自签单日或银行记账日起15日内按日息万分之五计算，超过15日按日息万分之十计算，超过30日或透支金额超过规定限额的，按日息万分之十五计算。透支计息不分段，按最后期限或最高透支额的最高利率档次计息。

2. 信用卡的销户

持卡人不需要继续使用信用卡的，应持信用卡主动到发卡银行办理销户。持卡人办理销户时，如果账户内还有余额，属单位卡的，则应将该账户内的余额转入其基本存款账户，不得提取现金；个人卡账户可以转账结清，也可以提取现金。

持卡人透支之后，只有在还清透支本息后，属于下列情况之一，可以办理销户：

（1）信用卡有效期满45天后，持卡人不更换新卡的。

(2) 信用卡挂失满 45 天后，没有附属卡又不更换新卡的。
(3) 信用卡被列入止付名单，发卡银行已收回其信用卡 45 天的。
(4) 持卡人死亡，发卡银行已收回其信用卡 45 天的。
(5) 持卡人要求销户或担保人撤销担保，并已交回全部信用卡 45 天的。
(6) 信用卡账户两年以上未发生交易的。
(7) 持卡人违反其他规定，发卡银行认为应该取消资格的。

发卡银行办理销户，应当收回信用卡。有效信用卡无法收回的，应当将其止付。

3. 信用卡的挂失

信用卡丢失后，持卡人应立即持本人身份证件或其他有效证明，并按规定提供有关情况，向发卡银行或代办银行申请挂失。发卡银行或代办银行审核后办理挂失手续。持卡人不及时办理挂失手续而造成损失的，则应自行承担该损失；持卡人办理了挂失手续后，被冒用造成的损失，有关责任人按照信用卡章程的规定承担责任。

第四节 应收账款的核算

一、应收账款的定义

应收账款，是指企业由于销售商品、材料或提供劳务等业务，应向购货单位或接受劳务单位收取的款项。它是企业应收款项的主要组成部分，包括以下主要内容：

(1) 企业因销售商品、材料物资、提供劳务等，应收取的货款、税金、代垫运费和劳务费收入。
(2) 企业由于采用委托收款等结算方式，委托银行收取的款项。
(3) 企业因出口商品应收境外外币结算的货款、佣金、索赔款等外汇账款。

二、应收账款的确认

1. 应收账款确认的依据

应收账款确认的依据是指一些表明产品销售或劳务提供过程已经完成，债权债务已经成立的书面文件，如购销合同、发票、产品出库单和发运单据，等等。

2. 应收账款的确认时间

应收账款的确认时间与销售收入的确认时间一致。一般应在商品已经交付、劳务已经提供、合同已经履行并已经取得了收款权利时才确认应收账款。

三、应收账款的核算方法

为了核算应收账款的发生、收回和结算情况,企业应设置"应收账款"账户。该账户借方登记实际发生的应收账款额;贷方登记收回、转销和中途改作商业汇票结算方式的应收账款额;余额在借方,表示尚未收回的应收账款额。该账户按付款单位名称设明细账,进行明细分类核算。

[例 5-12] 例如,前星电器厂向大众商店销售商品一批,合同确定交货后采用汇兑方式结算。账务处理过程如下:

(1) 发出商品计货款 10 000 元,增值税销项税额 1 700 元。所编会计分录为

借:应收账款——大众商店　　　　　　　　　　　　　　11 700
　　贷:主营业务收入　　　　　　　　　　　　　　　　　10 000
　　　　应交税费——应交增值税(销项税额)　　　　　　　1 700

(2) 接到银行收账通知,计收 11 700 元。所编会计分录为

借:银行存款　　　　　　　　　　　　　　　　　　　　11 700
　　贷:应收账款——大众商店　　　　　　　　　　　　　11 700

[例 5-13] 企业销售产品一批,采用委托收款方式结算。账务处理过程如下:

(1) 发出商品计货款 3 000 元(免增值税产品),在银行办妥收款手续后,所编会计分录为

借:应收账款——×单位　　　　　　　　　　　　　　　3 000
　　贷:主营业务收入　　　　　　　　　　　　　　　　　3 000

② 接到银行收款通知计 3 000 元。所编会计分录为

借:银行存款　　　　　　　　　　　　　　　　　　　　3 000
　　贷:应收账款——×单位　　　　　　　　　　　　　　3 000

四、坏账的核算

(一) 坏账的定义

坏账,是指企业的应收账款因无法收回而称为坏账。由于坏账而造成的损失称为坏账损失。按企业财务制度规定,构成坏账损失的条件是:债务人破产或死亡,以其破产财产或遗产不足以清偿的部分应收账款;债务人虽未破产或死亡,

但已逾期未履行偿债义务超过三年仍然不能收回的应收账款。

（二）坏账的核算方法

企业应当定期或至少在每年年度终了，对应收账款进行全面核查，预计各项应收账款可能发生的坏账，对于没有把握收回的应收账款应当计提坏账准备。企业对于不能收回的应收账款应当查明原因，追究责任。对于确实无法收回的，经批准后作为坏账损失，冲销提取的坏账准备。核算坏账的方法有直接转销法和备抵法两种。

1. 直接转销法

直接转销法是指在实际发生坏账时，把损失直接计入当期损益的方法。这种方法核算简便，但它不能使收入与费用配比，因此仅在坏账金额很小时才用。

[例5-14] 企业账面应收星星厂5 000元的账款已逾期三年，确认为坏账。后由于星星厂经营情况好转，又收回了这笔账款。账务处理过程如下：

（1）确认星星厂所欠5 000元为坏账时，所编会计分录为

借：管理费用——坏账损失 5 000
　　贷：应收账款——星星厂 5 000

（2）确认已核销5 000元坏账收回，按所收回的实际金额编制会计分录。所编会计分录为

借：应收账款——星星厂 5 000
　　贷：管理费用——坏账损失 5 000

同时，收到款项，所编会计分录为

借：银行存款 5 000
　　贷：应收账款——星星厂 5 000

2. 备抵法

备抵法是指按期估计坏账损失，形成坏账准备提取坏账准备金，待坏账实际发生时，用坏账准备金冲抵，同时注销相应的应收账款金额。这种方法使各期费用负担比较均衡，符合会计上稳健性原则的要求。

备抵法下坏账核算分两方面：一是按期计提坏账准备金；二是发生坏账损失时用坏账准备金抵补坏账损失。

采用备抵法的企业，应选用某种方法按期估计坏账损失金额，但无论选用以下哪种方法，都必须根据企业以往的经验和实际情况合理确定坏账损失。这些方法有账龄分析法、应收账款余额百分比法，等等。

（1）账龄分析法。应收账款账龄分析法是根据各项应收账款账龄的长短来估计坏账的方法。

由于应收账款拖欠期越长，发生坏账的概率越大，故此，将全部应收账款按账龄分成若干组别，分别估计各组发生坏账的百分率，然后用这些百分率乘以应收账款的账面金额，所有乘积相加为应计提的坏账准备金额。

[例5-15] 宏达公司根据以往经验，将全部应收账款分为未到期、逾期1个月、逾期2～3个月、逾期4～6个月及逾期超过7个月五组。每组估计坏账百分率分别为0.5%、1%、2%、3%、5%。2006年12月31日全部应收账款金额为1 243 500元。根据账龄分析表计算如表5-1所示。

表5-1 宏达公司应收账款账龄分析表

客户名称	应收账款	未到期	逾期 1个月	逾期 2～3个月	逾期 4～6个月	逾期 7个月以上
飞达公司（元）	15 000	10 000	5 000			
通兴公司（元）	234 000	8 000	6 000	150 000		70 000
兴国公司（元）	583 200		400 000	50 000	120 000	13 200
威远公司（元）	75 000	3 000	58 000	14 000		
朱顿公司（元）	336 300		265 300		71 000	
合计（元）	1 243 500					
估计损失（%）		0.5	1	2	3	5
估计金额（元）	21 618	105	7 343	4 280	5 730	4 160

从上表可以看出，宏达公司2006年末全部应收账款1 243 500元，估计坏账损失为21 618元，就计提坏账准备2 1618元。

（2）应收账款余额百分比法。应收账款余额百分比法就是指按照全部应收账款余额的一定百分比计提坏账准备的方法。它是账龄分析法的一种特殊形式，比账龄分析法操作起来简单、快捷，但由于是以一个综合百分比计算坏账准备金额，因此必须合理确定计提比例，目前企业一般均按3～5%比例计提坏账准备。

第五节 应收票据与贴现的核算

一、应收票据的核算

应收票据是指企业销售商品采用商业汇票方式结算时应收的款项。

应收票据有带息票据和不带息票据两种：带息票据到期，付款人除按票面金额付款外,还要按票面要求的利率计付利息;不带息票据到期,付款人只按票面金额付款。

为了核算应收票据的增减变化和结存情况,企业应设置"应收票据"账户。该账户借方登记企业收到的商业汇票票面金额;贷方登记商业汇票到期收回、中途贴现和背书转让的票面金额;余额在借方,表示企业尚未收回的商业汇票票面金额。涉及增值税的,还应进行相应的处理。该账户按付款人设明细账进行明细分类核算,同时为加强应收票据管理,还应建立"应收票据备查簿",反映每种票据具体情况。

[例 5-16] 企业销售增值税免税产品一批,计货款 3 600 元,收到为期半年的带息商业汇票一张,票面金额 3 600 元,票面年利息率 10%。有关账务处理过程如下:

(1) 收到票面金额 3 600 元的商业汇票,所编会计分录为

借:应收票据　　　　　　　　　　　　　　　　　　　　3 600
　　贷:主营业务收入　　　　　　　　　　　　　　　　　3 600

(2) 该商业汇票半年后到期,计应收票面金额 3 600 元,应收利息 180 元(3 600×10% ÷2),共计 3 780 元。在银行办理了转账收款后,所编会计分录为

借:银行存款　　　　　　　　　　　　　　　　　　　　3 780
　　贷:应收票据　　　　　　　　　　　　　　　　　　　3 600
　　　　财务费用　　　　　　　　　　　　　　　　　　　180

由银行承兑的商业汇票到期,银行监督付款人付款,保付程度高,到期均可收回款项。由付款人承兑的商业汇票到期,付款人如果无力支付,则收款人应把"应收票据"转为"应收账款"。

二、贴现的核算

根据银行结算办法规定,收款人持有的未到期商业汇票,如急需资金,可持票向银行办理贴现。银行给企业办理贴现,按票据到期值扣除贴现利息后的余额给企业付现款。贴现的实质是企业把应收票据按现值卖给银行。贴现计算公式为

实收贴现款 = 票据到期值 + 贴现利息

不带息票据到期值 = 票据面额

带息票据到期值 = 票据面额 + 到期利息

贴现利息 = 票据到期值 × 贴现率 × 贴现期

下面,根据上述应收票据贴现的有关计算公式,举例说明其核算过程。

[例5-17] 某企业持有一张面额40 000元不带息商业汇票,出票日3月1日,到期日6月1日。企业于4月1日向银行贴现,年贴现率为12%,则贴现有关计算和所编会计分录为

票据到期值 =40 000（元）

贴现利息 = $40\ 000 \times 12\% \times \dfrac{90-30}{360}$ =800（元）

实收贴现款 =40 000 － 800=39 200（元）

借：银行存款　　　　　　　　　　　　　　　　　　39 200
　　财务费用　　　　　　　　　　　　　　　　　　　　800
　　贷：应收票据　　　　　　　　　　　　　　　　　40 000

已贴现的商业汇票到期,如果付款人由于种种原因不能给银行付款,分两种情况处理：在商业承兑汇票下,贴现银行则把已贴现的汇票退回给贴现人,并从贴现人存款户扣除票据到期值,重新复原商品交易双方债权债务关系,企业按照银行从存款户中扣除的票据到期值,借记"应收账款"科目,贷记"银行存款"科目；在银行承兑汇票下,银行把付款人无力支付的票据到期值转为惩罚性的高息贷款,与贴现人无关。

第六节　预付账款的核算

一、预付账款的定义

预付账款是企业按照合同规定预付的款项。

二、预付账款的核算方法

企业应设置"预付账款"科目对预付货款进行会计核算。预付款项情况不多的,也可不设置"预付账款"科目,将预付的账款直接记入"应付账款"科目。企业对供货方预付货款时,应借记"预付账款"科目,以后收到预购的材料或商品时,则贷记"预付账款"科目。现举例说明：

[例5-18] 前星电器厂预付甲企业的原材料款共计150 000元。做如下会计分录

借：预付账款——甲企业　　　　　　　　　　　　150 000
　　贷：银行存款　　　　　　　　　　　　　　　　150 000

收到原材料及增值税专用发票时,货款价为200 000元,增值税为34 000元,

应补付 84 000 元。则应编制如下会计分录：
  借：材料采购   200 000
    应交税费——应交增值税（进项税额）   34 000
    贷：预付账款——甲企业   234 000
补付货款，做如下会计分录：
  借：预付账款——甲企业   84 000
    贷：银行存款   84 000
若前星电器厂收到原材料及增值税专用发票，全部货价为 100 000 元，增值税进项税额 17 000 元，应退 33 000 元，则编制如下会计分录：
  借：材料采购   100 000
    应交税费——应交增值税（进项税额）   17 000
    贷：预付账款——甲企业   117 000
退回多付的货款，做如下会计分录：
  借：银行存款   33 000
    贷：预付账款——甲企业   33 000

第七节　存货的核算

一、存货的定义

存货，是指企业在日常活动中持有以备出售的产成品或商品、处在生产过程中的在产品、在生产过程或提供劳务过程中耗用的材料、物料等。由此可见，存货最基本的特征是企业持有存货的目的是为了出售（不论是可供直接出售，还是需要经过进一步加工后才能出售），而不是自用或者消耗。存货的这一特征使存货明显地区别于固定资产等长期资产。

企业的存货通常包括各类原材料、在产品、自制半成品、产成品、商品以及包装物、低值易耗品、委托代销商品等。需要注意的是，企业为建造固定资产等各项工程而储备的各种材料，虽然同属于材料，但是用于建造固定资产等各项工程的成本需要资本化，其价值分次进行转移，并不符合存货的定义，因此，不能作为企业存货核算，而应作为工程物资处理。企业的特种储备以及按国家指令专项储备的资产（如商品流通企业储备的防洪物资）也不符合存货的定义，因而也不能作为企业的存货进行核算，而应作为企业特种储备物资处理。

二、存货的确认

符合存货定义的资产项目,要在资产负债表中作为存货予以确认,必须同时满足以下的存货确认条件:

(一)与该存货有关的经济利益很可能流入企业

存货是企业的一项重要的流动资产,对存货的确认,关键是要判断是否很可能给企业带来经济利益或与其有关的经济利益是否很可能流入企业。通常,存货的所有权是与存货有关的经济利益很可能流入企业的一个重要标志。凡是所有权已属于企业,无论企业是否收到或持有该存货项目,均应作为企业的存货;反之,如果没有取得所有权,即使存放在企业,也不能作为本企业的存货。

(二)该存货的成本能够可靠地计量

成本能够可靠地计量是资产确认的一项基本条件。存货作为企业资产的组成部分,要予以确认也必须能够对其成本进行可靠计量。存货的成本能够可靠地计量必须以取得确凿、可靠的证据为依据,并且具有可验证性。如果存货成本不能可靠地计量,则不能确认为存货。

三、存货的分类

法定所有权是确认企业存货的重要标准。存货实体所在空间位置不能说明存货所有权的转移和归属。根据这个标准,存货有以下分类。

(一)按存放地点分类

存货按存放地点划分,可以分为库存存货、在途存货和委托加工存货。

库存存货是指法定所有权属于企业且存放在本企业仓库的全部存货。

在途存货是指已支付货款取得其所有权,但物品尚未运达,处于运输途中的外购存货,以及在销售产品过程中,企业按合同规定已经发运,但其所有权尚未转移,销售收入尚未实现的发出存货。

委托加工存货是指委托外单位加工尚未完工收回的各种存货。

(二)按经济用途分类

存货按经济用途可以分为原材料、在产品、自制半成品、产成品、包装物、低值易耗品和库存商品。

(1)原材料。它是指直接用于制造产品并构成产品实体而取得的存货,或从自然资源采掘而得的存货。它包括原料及主要材料、辅助材料、外购半成品（外购件）、修理用备件（备品备件）、包装材料、燃料，等等。

（2）在产品和自制半成品。它是指已经过一定的生产过程，尚未全部完工，需要进一步加工的中间产品和正在加工的产品。

（3）产成品。它是指企业已经完成全部生产过程并已验收入库，合乎标准规格和技术条件，可以按照合同规定的条件送交订货单位，或者可以作为商品对外销售的产品。已发出未实现销售的委托代销、分期收款发出商品等也属于企业的存货。

（4）包装物。它是指为了包装企业产品而储备的各种包装容器，如桶、箱、瓶、坛、袋，等等。

（5）低值易耗品。它是指单项价值在规定的限额之内或使用期限不满一年，能多次使用而基本上保持其原有实物形态的劳动资料，如工具、管理用具、玻璃器皿，等等。

（6）库存商品。它是指商品流通企业购入的不需要经过任何加工即可对外销售的商品。

四、存货的核算方法

（一）原材料的科目设置

原材料是指企业库存的各种材料，包括原料及主要材料、辅助材料、外购半成品（外购件）、修理用件（备品备件）、包装材料、燃料，等等。

企业原材料的日常核算，可以采用计划成本，也可以采用实际成本。具体采用哪一种方法，由企业根据具体情况自行决定。

原材料品种繁多的企业，一般可以采用计划成本进行日常核算，对于某些品种不多，但占产品成本比重较大的原料或主要材料，也可以单独采用实际成本进行核算。规模较小，原材料品种简单，采购业务不多的企业，也可以全部采用实际成本进行材料的日常核算。

采用计划成本进行原材料日常核算的企业，原材料计划单位成本应当尽可能接近实际。计划单位成本除有特殊情况应当随时调整外，在年度内一般不作变动。

企业应设置"原材料"科目核算库存的各种原材料的实际成本或计划成本。借方登记外购、自制、委托加工完成、其他单位投入、盘盈、接受捐赠等原因增加的原材料实际成本或计划成本，贷方登记领用、发出加工、对外销售以及盘亏、毁损等原因减少的库存原材料实际成本或计划成本。月末余额表示库存原材料的实际成本或计划成本。

企业对外进行来料加工装配业务而收到的原材料、零件等，应单独设置"受托加工来料"备查科目和有关的材料明细账，核算其收发结存数额；委托外单位加工的材料、商品，直接在"委托加工物资"科目核算；企业购入的在建工程所需要的材料、机器设备等，在"工程物资"科目核算。

"原材料"科目应按材料的保管地点（仓库）、材料的类别、品种和规格设置材料明细账（或材料卡片）。材料明细账根据收料凭证和发料凭证逐笔登记。一个企业至少应有一套有数量和金额的材料明细账。这套明细账可以由财务会计部门登记，也可以由材料仓库的管理人员登记。在后一种情况下，财务会计部门对仓库登记的材料明细账，必须定期稽核，以保证记录正确无误。

（二）按实际成本计价的原材料的账务处理

1. 在途原材料的核算

企业应设置"在途物资"科目，核算企业购入尚未到达或尚未验收入库的各种原材料的实际成本。借方登记支付或承付的材料价款和运杂费等；贷方登记已经付款或已开出承兑商业汇票，并已验收入库的材料的实际成本；应向供应单位、运输单位收回的材料物资短缺或其他应增减采购成本的索赔款项；需要报经批准或尚待查明原因处理的途中短缺和毁损；由于意外事故造成的非常损失；月末借方余额反映已付款或开出承兑商业汇票，但尚未到达或尚未验收入库的在途材料的实际成本。该科目应按供应单位设置明细账进行明细核算。

企业购入的原材料，在支付货款和运杂费或开出承兑商业汇票时尚未到达或尚未验收入库的，按准予抵扣的增值税额，借记"应交税费——应交增值税（进项税额）"；按实际支付金额与准予抵扣的增值税额的差额，借记"在途物资"等科目，按实际支付金额，贷记"银行存款"、"应付票据"等科目。由企业运输部门以自备运输工具，将外购的原材料运回企业，计算购入原材料应分担的运输费用时，借记"在途物资"科目，贷记"生产成本"科目。

需要注意的是，企业根据合同规定预付给供应单位的购货定金或部分货款，应作为预付购货款在"预付账款"科目核算，不应将预付的账款作为材料价款在"在途物资"科目核算。只有在收到购货发票和账单后，才能根据发票账单所列金额据以登记"在途物资"科目，同时结转预付的购货款。

2. 原材料的收发核算

（1）企业购入的已验收入库的原材料，分别按下列情况处理（涉及运输费进项税额折扣的，进行相应处理）：

① 发票账单已到，并已支付款项的，借记"原材料"科目，贷记"在途物资"、"预付账款"等科目。

②发票账单已到，但尚未支付货款和运杂费或尚未开出承兑商业汇票的，借记"原材料"、"应交税费——应交增值税（进项税额）"等科目，贷记"应付账款"等科目。

③发票账单与原材料同时到达，物资验收入库，同时支付货款和运杂费或开出承兑商业汇票，借记"原材料"、"应交税费——应交增值税（进项税额）"等科目，贷记"银行存款"、"应付票据"等科目。

④尚未收到发票账单的，按暂估价值入账，借记"原材料"等科目，贷记"应付账款——暂估应付账款"科目；下月初用红字作同样的记录，予以冲回，以便下月付款或开出承兑商业汇票后，按正常程序处理。

（2）自制或委托外单位加工完成的并已验收入库的原材料，按实际成本，借记"原材料"科目，贷记"生产成本"科目或"委托加工物资"科目。

（3）投资者投入的原材料，借记"原材料"科目，按准予抵扣的增值税额，借记"应交税费——应交增值税（进项税额）"科目，按投资各方确认的价值，贷记"实收资本"（或"股本"）等科目。

（4）企业接受捐赠的原材料，按实际成本借记"原材料"科目，按照增值税专用发票上注明的进项税额，借记"应交税费——应交增值税（进项税额）"科目；按照确定的捐赠材料价值与现行税率计算的未来应交的所得税，贷记"递延税款"科目，按照确定的实际成本减去各种税金后的余额，贷记"资本公积"科目，按实际支付的相关税费，贷记"银行存款"等科目。

外商投资企业接受捐赠的原材料，在上述处理中，应将"递延税款"和"资本公积"科目改为"待转资产价值"科目。

（5）企业接受的债务人以非现金资产抵偿债务方式取得的原材料，或以应收债权换入的原材料，按实际成本借记"原材料"科目，按增值税专用发票上注明的进项税额，借记"应交税费——应交增值税（进项税额）"科目，按应收债权已计提的坏账准备，借记"坏账准备"科目，按应收债权的账面余额，贷记"应收账款"等科目，按应支付的相关税费，贷记"银行存款"、"应交税费"等科目；涉及补价的，按收到的补价，借记"银行存款"等科目，或按支付的补价贷记"银行存款"等科目。

（6）企业以非货币性交易换入的原材料，应按以下规定处理：

①以短期投资换入原材料，按确定的实际成本，借记"原材料"科目，按换出资产已计提的跌价准备，借记"交易性金融资产跌价准备"科目，按可抵扣的增值税进项税额，借记"应交税费——应交增值税（进项税额）"科目，按换出资产的账面余额，贷记"交易性金融资产"科目，按应支付的相关税费，贷记"银行存款"、"应交税费"等科目。涉及补价的，按收到的补价，借记"银行存款"

科目，按应确认的收益，贷记"营业外收入——非货币性交易收益"科目，或按支付的补价，贷记"银行存款"科目。

② 以产成品、库存商品换入原材料，按确定的实际成本，借记"原材料"科目，按换出资产已计提的跌价准备，借记"存货跌价准备"科目，按可抵扣的增值税进项税额，借记"应交税费——应交增值税（进项税额）"科目，按换出资产的账面余额，贷记"库存商品"等科目，按换出资产应支付的相关税费，贷记"银行存款"、"应交税费——应交增值税（进项税额）"等科目。

③ 以固定资产换入原材料的，按以下情况处理：

A. 应按换出固定资产的账面净值，借记"固定资产清理"科目，按换出固定资产已提的折旧，借记"累计折旧"科目，按换出固定资产的账面原价，贷记"固定资产"科目，按换出固定资产已计提的减值准备，借记"固定资产减值准备"科目，贷记"固定资产清理"科目。因换出固定资产而支付的相关税费，借记"固定资产清理"科目，贷记"银行存款"、"应交税费"等科目。

B. 涉及补价的，按收到的补价，借记"银行存款"科目，贷记"固定资产清理"科目，按应确认的收益，借记"固定资产清理"科目，贷记"营业外收入——非货币性交易收益"科目，或按应支付的补价，借记"固定资产清理"科目，贷记"银行存款"科目。

C. 按"固定资产清理"科目的余额减去可抵扣的增值税进项税额后的差额，借记"原材料"科目，按可抵扣的增值税进项税额，借记"应交税费——应交增值税（进项税额）"科目，贷记"固定资产清理"科目。因换出固定资产而支付的相关税费，通过"固定资产清理"科目核算。

④ 以无形资产换入原材料，应按确定的实际成本，借记"原材料"科目，按换出资产已计提的减值准备，借记"无形资产减值准备"科目，按可抵扣的增值税进项税额，借记"应交税费——应交增值税（进项税额）"科目，按无形资产的账面余额，贷记"无形资产"科目，按应支付的相关税费，贷记"银行存款"、"应交税费"等科目。

⑤ 以长期投资换入原材料，应按确定的实际成本，借记"原材料"科目，按换出资产已计提的减值准备，借记"长期投资减值准备"科目，按可抵扣的增值税进项税额，借记"应交税费——应交增值税（进项税额）"科目，按长期投资的账面余额，贷记"长期股权投资"、"长期债权投资"科目，按应支付的相关税费，贷记"银行存款"、"应交税费"等科目。

注意：在非货币性资产交换中，如果同时换入多项资产，应按换入各项资产的公允价值与换入全部资产公允价值总额的比例，对换出资产的账面价值总额进行分配，以确定各项换入资产的入账价值。

⑥ 盘盈的原材料，按照同类或类似存货的市场价格，作为实际成本。企业盘盈的原材料，按照确定的实际成本，借记"原材料"科目，贷记"待处理财产损溢——待处理流动资产损溢"科目。

（7）企业生产经营领用原材料，按实际成本借记"生产成本"、"制造费用"、"销售费用"、"管理费用"等科目，贷记"原材料"科目；企业发出委托外单位加工的原材料，借记"委托加工物资"科目，贷记"原材料"科目。

基建工程、福利等部门领用的原材料，按实际成本加上不予抵扣的增值税额等，借记"在建工程"、"应付职工薪酬"等科目，按实际成本，贷记"原材料"科目，按不予抵扣的增值税额，贷记"应交税费——应交增值税（进项税额转出）"等科目。

采用实际成本进行材料日常核算的企业，发出原材料的实际成本，可以采用先进先出法、加权平均法、移动平均法、个别计价法、后进先出法等方法计算确定。对不同的原材料可以采用不同的计价方法。材料计价方法一经确定，不得随意变更。如需变更，应在会计报表附注中予以说明。

（8）出售原材料，按已收或应收的价款，借记"银行存款"或"应收账款"等科目，按实现的营业收入，贷记"其他业务收入""应交税费——应交增值税（销项税额）"等科目；月度终了，按出售原材料的实际成本，借记"其他业务成本"科目，贷记"原材料"科目。同时按已计提的存货跌价准备，借记"存货跌价准备"科目，贷记"管理费用"科目。

（9）将原材料用于非货币性交易抵偿债务、无偿赠送他人，或用于广告、样品，按发出原材料的实际成本借记有关科目，贷记"原材料"科目；同时按发出材料的公允价值和规定的税率计算增值税销项税额，借记有关科目，贷记"应交税费——应交增值税（销项税额）"科目。结转已计提的存货跌价准备，借记"存货跌价准备"科目，贷记有关科目。

在进行原材料收入的核算时，如原材料属于已税消费品且所含消费税额按规定准予抵扣的，应将这部分消费税额从实际成本中分离出来，记入"应交税费——应交消费税"科目的借方，同样这类原材料用于除"连续生产应税消费品"外的项目时，原按规定准予抵扣的消费税额应转入对应项目的成本，借记有关科目，贷记"应交税费——应交消费税"科目。

在实际成本法下购入原材料的账务处理，见 [例 5-19]。

[例 5–19] 某企业 11 月 28 日验收入库材料一批，月末尚未收到发票，货款未付，合同作价 450 000 元。应作会计处理为：

（1）11 月 28 日验收入库时可暂不入账，11 月 30 日，为反映库存真实情况，**根据合同价格暂估入账，会计分录为**

借：原材料 450 000
　　　贷：应付账款——暂估应付账款 450 000

（2）12月1日，用红字编制相同分录冲销：

借：原材料 ⃞450 000⃞
　　　贷：应付账款——暂估应付款 ⃞450 000⃞

（注：数字外加方框表示红字）

（3）12月5日，收到上述购入材料托收结算凭证和发票，增值税专用发票列明材料价款 440 000 元，增值税额 74 800 元，予以承付，编制会计分录如下：

借：原材料 440 000
　　应交税费——应交增值税（进项税额） 74 800
　　　贷：银行存款 514 800

（三）按计划成本计价的原材料核算

1. 计划成本与成本差异的确定

原材料的来源不同，其计划成本的确定亦不同。对外购、自制、委托加工完成、其他单位投入和接受捐赠的原材料，其计划成本由企业根据实际自行制定；对接受债务人以非现金资产抵偿债务方式取得的原材料、以非货币性交易换入的原材料、盘盈的原材料，其计划成本为其确定的实际成本。

材料成本差异指企业采用计划成本进行日常核算时材料计划成本与实际成本的差额。实际成本大于计划成本的差异为超支额，反之，为节约额。材料成本差异必须根据规定的方法计算出分配率，按月进行分配，不得任意进行多摊、少摊或不摊。分配材料成本差异的方法，各月必须一致，不得随意改变。

2. 科目设置

按计划成本进行原材料的收发核算，除设置"原材料"科目外，还应设置"材料采购"和"材料成本差异"科目。

（1）"材料采购"科目，与"在途物资"科目类同。借方登记应计入材料采购成本的金额支付或应支付的材料价款和运杂费等的金额，贷记"银行存款"、"应付账款"、"应付票据"等科目。涉及增值税的，还应进行相应处理。贷方登记按实际应向供应单位、运输单位收回的材料物资短缺或其他应增减采购成本的索赔款项，需要报经批准或尚待查明原因处理的途中短缺和毁损，以及由于意外事故造成的非常损失；期末，企业应将仓库转来的外购材料凭证，分别不同情况进行账务处理，借记或贷记"材料采购"科目期末借方余额反映已付款或开出承兑商业汇票但尚未到达或尚未验收入库的在途材料的采购成本。该科目应按供应单位和物资品种设置明细账，进行明细核算。采用计划成本核算的原材料采购业务，不管结算方式如何，一律通过"材料采购"科目核算。

（2）"材料成本差异"科目，用来核算企业采用计划成本进行日常核算的材料计划成本与实际成本之间的差异，借方登记材料实际成本大于计划成本的差异（超支额）和调整库存材料计划成本时调整减少的计划成本；贷方登记材料实际成本小于计划成本的差异（节约额）和分配计入领用、发出或报废的各种材料的成本差异（实际成本小于计划成本的差异，用红字登记）及调整库存材料计划成本时调整增加的计划成本。月末借方余额，表示库存各种材料的实际成本大于计划成本的差异，贷方余额，表示实际成本小于计划成本的差异。

注：如企业的包装物、低值易耗品等存货亦采用计划成本进行日常核算，则本科目分别按"原材料"、"包装物"、"低值易耗品"等进行明细核算，并分别计算成本差异率。

3. 原材料的收发核算

（1）原材料验收入库。按计划成本，借记"原材料"科目，贷记相关科目；同时结转原材料成本差异，实际成本大于计划成本的差异，借记"材料成本差异"科目，贷记相关科目；实际成本小于计划成本的差异，做相反的会计分录。

由于企业各种库存原材料的来源不同，核算不同来源的原材料使用的会计科目也不同，所以"材料成本差异"科目核算和反映的原材料成本差异，转自不同的会计科目：

① 外购原材料实际成本与计划成本的差异，自"材料采购"科目转入本科目；

② 自制原材料实际成本与计划成本的差异，自"生产成本"等科目转入本科目；

③ 委托加工原材料实际成本与计划成本的差异，自"委托加工物资"科目转入本科目；

④ 投资转入和接受捐赠等原材料实际成本与计划成本的差异，自"实收资本"、"资本公积"等科目转入本科目；

⑤ 库存原材料因调整计划成本所发生的差额，即计划成本调整前库存原材料计划成本数额与调整后库存原材料计划成本数额的差额，自"原材料"等科目转入本科目。

（2）原材料发出。日常领用、发出原材料均按计划成本记账。月度终了，按照发出各种原材料的计划成本，计算应负担的成本差异，借记有关科目，贷记"材料成本差异"科目（实际成本小于计划成本的差异，用红字登记）。材料成本差异应按发出材料的不同去向进行分配，记入有关会计科目：

① 产品生产、辅助生产等领用的材料应分摊的成本差异，应转入"生产成本——基本生产成本"、"生产成本——辅助生产成本"科目；

② 企业行政管理部门领用的材料应分摊的成本差异，转入"管理费用"科目；

③ 对外销售材料应分摊的成本差异，应转入"其他业务成本"科目；

④ 发出委托加工材料应分摊的成本差异，转入"委托加工物资"科目；

⑤ 销售机构领用的材料应分摊的成本差异，转入"销售费用"科目。另外，盘亏、毁损材料应分摊的材料成本差异，应转入"待处理财产损溢"科目。

发出材料应付担的成本差异应当按期（月）分摊。不得在季末或年末一次计算。材料成本差异率一般应按材料类别分别计算确定。

发出材料应负担的成本差异，除委托外部加工发出材料可按上月的差异率计算外，都应使用当月的实际差异率，如果上月的成本差异率与本月成本差异率相差不大的，也可按上月的成本差异率计算。计算方法一经确定，不得随意变动。

在计划成本法下购入原材料的账务处理，见 [例 5-20]。

[例 5-20] 某企业购入甲材料一批，价款 50 000 元，材料已验收入库，增值税发票已到，货款已通过银行支付，该批材料的计划成本为 52 000 元。会计分录为

借：材料采购	50 000
应交税费——应交增值税（进项税额）	8 500
贷：银行存款	58 500
借：原材料	52 000
贷：材料采购	520 00
借：材料采购	2 000
贷：材料成本差异	2 000

在计划成本法下发出原材料的账务处理，见 [例 5-21]。

[例 5-21] 某企业，本月领用的材料如下：基本生产车间领用 40 000 元，辅助生产车间领用 10 000 元，车间管理部门领用 5 000 元，企业管理部门领用 5 000 元，若月终计算出的材料成本差异率为 –5%（材料成本差异科目为贷方余额）。会计分录为

借：生产成本——基本生产成本	40 000
——辅助生产成本	10 000
制造费用	5 000
管理费用	5 000
贷：原材料	60 000

借：材料成本差异	3 000	
贷：生产成本——基本生产成本		2 000
——辅助生产成本		500
制造费用		250
管理费用		250

（四）原材料采购过程中的短缺和毁损的处理

采购材料在途中发生短缺和毁损，应根据造成短缺或毁损的原因，分别处理，不能全部计入外购材料的采购成本。

（1）定额内合理的途中损耗，计入材料的采购成本。

（2）能确定由供应单位、运输单位、保险公司或其他过失人赔偿的，应向有关单位或责任人索赔，自"在途物资"等科目转入"应付账款"或"其他应收款"科目。

（3）凡尚待查明原因和需要报经批准才能转销处理的损失，应将其损失从"在途物资"等科目转入"待处理财产损溢"科目，查明原因后再分别处理：

①属于应由供货单位、运输单位、保险公司或其他过失人负责赔偿的，将其损失从"待处理财产损溢"科目转入"应收账款"或"其他应收款"科目；

②属于自然灾害造成的损失，应按扣除残料价值和保险公司赔偿后的净损失，从"待处理财产损溢"科目转入"营业外支出——非常损失"科目；

③属于无法收回的其他损失，报经批准后，将其从"待处理财产损溢"科目转入"管理费用"科目。

（4）在上述②和③两种情况下，短缺和毁损的材料所负担的增值税额和准予抵扣的消费税额应自"应交税费——应交增值税（进项税额）"和"应交税费——应交消费税"科目随同"在途物资"等科目数额转入相应科目。

原材料采购的账务处理，见 [例 5-22]。

[例 5-22] 某工业企业购入一批原材料，增值税专用发票上注明的原材料价款 4 700 000 元，增值税进项税额为 799 000 元。双方商定采用商业承兑汇票结算方式支付货款，付款期限为三个月，材料尚未到达。根据上述经济业务，企业应做如下会计分录：

借：在途物资	4 700 000	
应交税费——应交增值税（进项税额）	799 000	
贷：应付票据		5 499 000

以后材料到达验收入库时，企业应作如下会计分录：

借：原材料　　　　　　　　　　　　　　　　　　　　　4 700 000
　　　　贷：在途物资　　　　　　　　　　　　　　　　　　　　4 700 000
　　原材料在采购过程中发生超定额标准的短缺和毁损的账务处理，见 [**例 5-23**]。
　　[**例 5-23**]　一批生产用原材料在运输途中发生超定额损耗，价款 5 000 元，增值税额 850 元，原因尚未查明，做会计分录如下：
　　借：待处理财产损溢　　　　　　　　　　　　　　　　　　5 850
　　　　贷：在途物资　　　　　　　　　　　　　　　　　　　　5 000
　　　　　　应交税费——应交增值税（进项税额）　　　　　　　　850
　　上述损耗原因已查明，是由于意外灾害造成的，经批准后计入营业外支出，会计分录为：
　　借：营业外支出　　　　　　　　　　　　　　　　　　　　5 850
　　　　贷：待处理财产损溢　　　　　　　　　　　　　　　　　5 850

第八节　投资的核算

一、投资的概念

　　广义的投资分为对内投资和对外投资。对外投资（狭义），是指企业为通过分配来增加财富，或为谋求其他利益，而将资产让渡给其他单位所获得的另一项资产。会计上的投资一般指的是狭义的投资即对外投资。
　　根据投资的概念，投资有以下特点：
　　（1）投资是让渡其他资产而换取的另一项资产。
　　（2）投资与其他资产一样，也能为未来的投资者带来经济利益，但投资所流入的经济利益和其他资产为企业带来的经济利益在形式上有所不同。

二、投资的分类

　　按照投资性质和投资对象，投资可分为：权益性投资（普通股），债权性投资（公司债券，公债），混合性投资（优先股，可转换公司债券），其他投资（除权益性投资和债权性投资以外的其他投资，如投资性房地产、字画、古玩、邮票和金银等贵金属）。
　　按投资对象的变现能力，可分为易于变现投资和不易变现投资两类。易于变现的投资，是指在证券市场上能随时变现的投资，一般称为有价证券投资。这些投资必须是能够上市交易的股票，债券等。它还可以按照企业的意愿划分为交易类证券、可供出售类证券和持有至到期投资类证券。不易变现的投资，是指不能轻易在证券市场上变现的投资。这类投资通常未在公开市场上市交易，要将所持投资转换为现金需要耗费较大的交易费用。

按照投资期限分为：短期投资，指能够随时变现并且持有时间不准备超过一年（含一年）的投资。长期投资，指短期投资以外的投资。

在会计上，企业的对外投资首先要区分是否属于易于变现的投资，易于变现的投资再按照企业的意愿分为交易类证券，可供出售类证券和持有至到期证券，这三类证券投资在会计处理上存在一定的差异。不易变现的投资一般为长期投资，包括股权投资和债权投资。

三、长期股权投资的核算方法

（一）长期股权投资概念和核算方法

1. 长期股权投资概念及分类

长期股权投资，是指投资期限预期超过一年的各种股权性质的投资，包括对其子公司投资、对合营企业投资、对联营企业投资以及企业对投资企业不具有控制、共同控制或重大影响，并且在活跃市场中没有报价、公允价值不能可靠计量的权益性投资。

长期股权投资依据对被投资单位产生的影响，可分为以下四种类型：

（1）控制，是指有权决定一个企业的财务和经营政策，并能据以从该企业的经营活动中获取利益。

（2）共同控制，是指按合同约定对某项经济活动所共有的控制。

（3）重大影响，是指对一个企业的财务和经营政策有参与决策的权力，但并不能够控制或者与其他方一起共同控制这些政策的制定。

（4）无控制、无共同控制且无重大影响。

2. 长期股权投资的核算方法

长期股权投资的方法有两种：一是成本法，二是权益法。

（1）成本法核算的长期股权投资的范围：

①企业能够对被投资单位实施控制的长期股权投资，即企业对子公司的长期股权投资。企业对子公司的长期股权投资应当采用成本法核算，编制合并财务报表时按权益法进行调整。

②企业对被投资单位不具有控制、共同控制或重大影响，且在活跃市场中没

有报价、公允价值不能可靠计量的长期股权投资。

2. 权益法核算的长期股权投资的范围

企业对被投资单位具有共同控制或者重大影响时，长期股权投资应当采用权益法核算。

（1）企业对被投资单位具有共同控制的长期股权投资，即企业对其合营企业的长期股权投资。

（2）企业对被投资单位具有重大影响的长期股权投资，即企业对其联营企业的长期股权投资。

为了核算企业的长期股权投资，企业应当设置"长期股权投资"、"投资收益"等科目。长期股权投资采用权益法核算的，还应当分别"成本"、"损益调整"、"其他权益变动"进行明细核算。

"长期股权投资"科目核算企业持有的采用成本法和权益法核算的长期股权投资，借方登记长期股权投资取得时的成本以及采用权益法核算时按被投资企业实现的净利润计算的应分享的份额，贷方登记收回长期股权投资的价值或采用权益法核算时被投资单位宣告分派现金股利或利润时企业按持股比例计算应享有的份额，及按被投资单位发生的净亏损计算的应分担的份额，期末借方余额，反映企业持有的长期股权投资的价值。

（二）长期股权投资的成本法

1. 长期股权投资初始投资成本的确定

除企业合并形成的长期股权投资以外，以支付现金取得的长期股权投资，应当按照实际支付的购买价款作为初始投资成本。企业所发生的与取得长期股权投资直接相关的费用、税金及其他必要支出应计入长期股权投资的初始投资成本。

此外，企业取得长期股权投资，实际支付的价款或对价中包含的已宣告但尚未发放的现金股利或利润，作为应收项目处理，不构成长期股权投资的成本。

2. 取得长期股权投资

取得长期股权投资时，应按照初始投资成本计价。除企业合并形成的长期股权投资以外，以支付现金、非现金资产等其他方式取得的长期股权投资，应按照上述规定确定的长期股权投资初始投资成本，借记"长期股权投资"科目，贷记"银行存款"等科目。如果实际支付的价款中包含有已宣告但尚未发放的现金股利或利润，借记"应收股利"科目，贷记"长期股权投资"科目。

3. 长期股权投资持有期间被投资单位宣告发放现金股利或利润

长期股权投资持有期间被投资单位宣告发放现金股利或利润时，企业按应享有的部分确认为投资收益，借记"应收股利"科目，贷记"投资收益"科目。属于被投资单位在取得本企业投资前实现净利润的分配额，应作为投资成本收回，借记"应收股利"科目，贷记"长期股权投资"科目。

[例5-24] 2008年1月10日，甲公司以每股2.80元的价格购入D公司每股面值1元的普通股2 500 000股作为长期投资，并支付税金和手续费52 500元。该股票占D公司全部普通股的5%，甲公司采用成本法记账。甲公司应作如下会计处理：

初始投资成本=2 500 000×2.80＋52 500=7 052 500（元）

借：长期股权投资——股票投资　　7 052 500

　　贷：银行存款　　　　　　　　　　　　　　　　　　　　　7 052 500

[例5-25] 2008年3月5日，D公司宣告2007年度股利分配方案，每股分派现金股利0.10元，并于4月10日派发。

2008年3月5日，宣告分派现金股利时：

借：应收股利　　　　　　　　　　　　　　　　　　　　　250 000

　　贷：投资收益　　　　　　　　　　　　　　　　　　　　250 000

2008年4月10日，收到现金股利时：

借：银行存款　　　　　　　　　　　　　　　　　　　　　250 000

　　贷：应收股利　　　　　　　　　　　　　　　　　　　　250 000

[例5-26] 2008年度，D公司发生亏损，当年未分派股利，甲公司不作会计处理。

[例5-27] 2010年2月10日，D公司宣告2009年度股利分配方案，每股分派现金股利0.15元，并于3月20日派发。

2010年2月10日，宣告分派现金股利时：

借：应收股利　　　　　　　　　　　　　　　　　　　　　375 000

　　贷：投资收益　　　　　　　　　　　　　　　　　　　　375 000

2010年3月20日，收到现金股利时：

借：银行存款　　　　　　　　　　　　　　　　　　　　　375 000

　　贷：应收股利　　　　　　　　　　　　　　　　　　　　375 000

4. 长期股权投资的处置

处置长期股权投资时，按实际取得的价款与长期股权投资账面价值的差额确认为投资损益，并应同时结转已计提的长期股权投资减值准备。其会计处理是：企业处置长期股权投资时，应按实际收到的金额，借记"银行存款"等科目，按原已计提的减值准备，借记"长期股权投资减值准备"科目，按该项长期股权投资的账面余额，贷记"长期股权投资"科目，按尚未领取的现金股利或利润，贷记"应收股利"科目,按其差额,贷记或借记"投资收益"科目。

[例 5-28] 甲公司将其作为长期投资持有的东方股份有限公司 15 000 股股票,以每股 10 元的价格卖出,支付相关税费 1 000 元,取得价款 149 000 元,款项已由银行收妥。该长期股权投资账面价值为 140 000 元,假定没有计提减值准备。甲公司应作如下会计处理:

  借:银行存款   149 000
    贷:长期股权投资   140 000
      投资收益   9 000

在这种情况下,企业处置长期股权投资,应按实际取得的价款与长期股权投资账面价值的差额确认为投资损益,并应同时结转已计提的长期股权投资减值准备。

(三)长期股权投资的权益法

1. 取得长期股权投资

取得长期股权投资,长期股权投资的初始投资成本大于投资时应享有被投资单位可辨认净资产公允价值份额的,不调整已确认的初始投资成本,借记"长期股权投资——成本"科目,贷记"银行存款"等科目。长期股权投资的初始投资成本小于投资时应享有被投资单位可辨认净资产公允价值份额的,借记"长期股权投资——成本"科目,贷记"银行存款"等科目,按其差额,贷记"营业外收入"科目。

[例 5-29] A 公司 2007 年 1 月 20 日购买 B 股份有限公司发行的股票 5 000 000 股准备长期持有,占 B 公司股份的 30%。每股买入价为 6 元,另外,购买该股票时发生有关税费 500 000 元,款项已由银行存款支付。2006 年 12 月 31 日,B 公司的所有者权益的账面价值(与其公允价值不存在差异)100 000 000 元。A 公司应作如下会计处理:

  计算初始投资成本 =(5 000 000×6)+ 500 000 = 30 500 000
  借:长期股权投资——成本   30 500 000
    贷:银行存款   30 500 000

在本例中,长期股权投资的初始投资成本 30 500 000 元大于投资时应享有被投资单位可辨认净资产公允价值份额 30 000 000(100 000 000×30%)元,其差额 500 000 元不调整已确认的初始投资成本。但是,如果长期股权投资的初始投资成本小于投资时应享有被投资单位可辨认净资产公允价值份额,应借记"长期股权投资——成本"科目,贷记"银行存款"等科目,按其差额,贷记"营业外收入"科目。

2. 持有长期股权投资期间被投资单位实现净利润或发生净亏损

根据被投资单位实现的净利润计算应享有的份额，借记"长期股权投资——损益调整"科目，贷记"投资收益"科目。被投资单位发生净亏损做相反的会计分录，但以本科目的账面价值减记至零为限，借记"投资收益"科目，贷记"长期股权投资——损益调整"科目。

被投资单位以后宣告发放现金股利或利润时，企业计算应分得的部分，借记"应收股利"科目，贷记"长期股权投资——损益调整"科目。收到被投资单位宣告发放的股票股利，不进行账务处理，但应在备查簿中登记。

[例5-30] 2007年B股份有限公司实现净利润10 000 000元，A公司按照持股比例确认投资收益3 000 000元。2008年5月15日，B股份有限公司已宣告发放现金股利，每10股派3元，A公司可分派到1 500 000元。2008年6月15日，A公司收到B股份有限公司分派的现金股利。A公司应作如下会计处理：

确认B股份有限公司实现的投资收益时：

借：长期股权投资——损益调整　　　　　　　　　　3 000 000
　　贷：投资收益　　　　　　　　　　　　　　　　　3 000 000

B股份有限公司宣告发放现金股利时：

借：应收股利　　　　　　　　　　　　　　　　　　1 500 000
　　贷：长期股权投资——损益调整　　　　　　　　　1 500 000

收到B股份有限公司宣告发放现金股利时：

借：银行存款　　　　　　　　　　　　　　　　　　1 500 000
　　贷：应收股利　　　　　　　　　　　　　　　　　1 500 000

3. 持有长期股权投资期间被投资单位所有者权益的其他变动

在持股比例不变的情况下，被投资单位除净损益外所有者权益的其他变动，企业按持股比例计算应享有的份额，借记或贷记"长期股权投资——其他权益变动"科目，贷记或借记"资本公积——其他资本公积"科目。

[例5-31] 2007年B股份有限公司可供出售金融资产的公允价值增加了4 000 000元。A甲公司按照持股比例确认应享有1 200 000元。A公司应作如下会计处理：

借：长期股权投资——其他权益变动　　　　　　　　1 200 000
　　贷：资本公积——其他资本公积　　　　　　　　　1 200 000

（四）长期股权投资的处置

处置长期股权投资时，按实际取得的价款与长期股权投资账面价值的差额确认为投资收益，并应同时结转已计提的长期股权投资减值准备。其会计处理是：

企业处置长期股权投资时，应按实际收到的金额，借记"银行存款"等科目，按原已计提的减值准备，借记"长期股权投资减值准备"科目，按该长期股权投资的账面余额，贷记"长期股权投资"科目，按尚未领取的现金股利或利润，贷记"应收股利"科目，按其差额，贷记或借记"投资收益"科目。

同时，还应结转原记入资本公积的相关金额，借记或贷记"资本公积——其他资本公积"科目，贷记或借记"投资收益"科目。

[例 5-32]　2009 年 1 月 20 日，A 公司出售所持 B 股份有限公司的股票 5 000 000 股，每股出售价为 10 元，款项已收回。A 公司应作如下会计处理：

```
借：银行存款                                    50 000 000
    贷：长期股权投资——成本                      30 500 000
              ——损益调整                        1 500 000
              ——其他权益变动                    1 200 000
        投资收益                                16 800 000
同时，
借：资本公积——其他资本公积                      1 200 000
    贷：投资收益                                 1 200 000
```

（五）长期股权投资减值

1. 应当计提减值准备的长期投资

企业应当定期或者至少每年年度终了，对长期股权投资进行逐项检查，如果某项股权投资由于市价持续下跌或被投资单位经营状况恶化等原因，导致其可变现金额低于账面价值，基于稳健性考虑，应当为其提取长期股权投资减值准备，并确认投资损失。

（1）企业对有市价的长期股权投资可以根据下列迹象判断是否应当计提减值准备：

① 市价持续 2 年低于账面价值；
② 该项投资暂停交易 1 年或 1 年以上；
③ 被投资单位当年发生严重亏损；
④ 被投资单位持续两年发生亏损；
⑤ 被投资单位进行清理整顿、清算或出现其他不能持续经营的迹象。

（2）企业对子公司、合营企业及联营企业的长期股权投资在资产负债表日存在可能发生减值的迹象时，其可收回金额低于账面价值的，应当将该长期股权投资的账面价值减记至可收回金额，减记的金额确认为减值损失，计入当期损益，同时计提相应的资产减值准备。

（3）企业对被投资单位不具有控制、共同控制或重大影响、且在活跃市场中没有报价、公允价值不能可靠计量的长期股权投资，应当将该长期股权投资在资产负债表日的账面价值，与按照类似金融资产当时市场收益率对未来现金流量折现确定的现值之间的差额，确认为减值损失，计入当期损益。

2. 长期股权投资减值的会计处理

企业计提长期股权投资减值准备，应当设置"长期股权投资减值准备"科目进行核算。企业按应减记的金额，借记"资产减值损失——计提的长期股权投资减值准备"科目，贷记"长期股权投资减值准备"科目。

长期股权投资减值损失一经确认，在以后会计期间不得转回。

第九节　固定资产的核算

一、固定资产的定义

固定资产，是指企业使用寿命超过一个会计年度的房屋、建筑物、机器、机械、运输工具以及其他与生产经营有关的设备、器具、工具等。我国《企业会计准则第4号——固定资产》对固定资产的定义是："固定资产，是指同时具有以下特征的有形资产：

（1）为生产商品、提供劳务、出租或经营管理而持有的；

（2）使用寿命超过一个会计年度。

从这一定义可以看出，固定资产的最基本特征是，企业持有固定资产的目的是为了生产商品、提供劳务、出租或经营管理，而不是直接用于出售。这一特征就使固定资产明显区别于库存商品等流动资产。

二、固定资产的确认

固定资产准则中没有给出具体的价值判断标准。其理由主要在于：不同行业的企业以及同行业的不同企业，其经营方式、资产规模及其资产管理方式往往存在较大差别，强制要求所有企业执行同样的固定资产价值判断标准，既不切合实际，也不利于真实地反映企业的固定资产信息；此外，会计准则不具体规定固定资产的价值判断标准，既符合国际会计惯例，也符合我国会计改革的基本思路。在实务中，企业应根据不同固定资产的性质和消耗方式，结合本企业的经营管理特点，具体确定固定资产的价值判断标准。

符合固定资产定义的资产项目，要作为企业的固定资产来核算，必须同时满足以下两个条件，才能予以确认。

（一）与该固定资产有关的经济利益很可能流入企业

资产最为重要的特征是预期会给企业带来经济利益。如果某一项目预期不能给企业带来经济利益，就不能确认为企业的资产。固定资产是企业一项重要的资产，因此，对固定资产的确认，关键是需要判断与其有关的经济利益是否很可能流入企业。如果与某资产有关的经济利益不是很可能流入企业，那么，即使其满足固定资产确认的其他条件，企业也不应将其确认为固定资产；如果与某资产有关的经济利益很可能流入企业，并同时满足固定资产确认的其他条件，那么，企业应将其确认为固定资产。

在实务中，判断与固定资产有关的经济利益是否很可能流入企业，主要是依据与该固定资产所有权相关的风险和报酬是否转移到了企业。其中，与固定资产所有权相关的风险，是指由于经营情况变化造成的相关收益的变动，以及由于资产闲置、技术陈旧等原因造成的损失；与固定资产所有权相关的报酬，是指在固定资产使用寿命内直接使用该资产而获得的经济利益，以及处置该资产所实现的收益等。通常，取得固定资产的所有权是判断与固定资产所有权相关的风险和报酬转移到企业的一个重要标志。凡是所有权已属于企业的，无论企业是否收到或持有该固定资产，均应作为企业的固定资产；反之，如果没有取得所有权，即使存放在企业，也不能作为企业的固定资产。有时，企业虽然不能取得固定资产的所有权，但是，与固定资产所有权相关的风险和报酬实质上已转移给企业，根据"实质重于形式"的会计信息质量要求。此时，企业能够控制与该项固定资产有关的经济利益流入企业。比如，融资租入固定资产，企业虽然不拥有固定资产的所有权，但与固定资产所有权相关的风险和报酬实质上已转移到企业（承租方），此时，企业能够控制与该固定资产有关的经济利益，因此，符合固定资产确认的第一个条件。

（二）该固定资产的成本能够可靠地计量

成本能够可靠地计量，是固定资产确认的一项基本条件。固定资产作为企业资产的重要组成部分，要予以确认，其为取得该固定资产而发生的支出也必须能够确切地计量。如果固定资产的成本能够可靠地计量，并同时满足其他确认条件，就可以加以确认；否则，企业不应加以确认。

企业在确定固定资产成本时，有时需要根据所获得的最新资料，对固定资产的成本进行合理的估计。比如，企业对于已达到预定可使用状态的固定资产，在尚未办理竣工决算时，需要根据工程预算、工程造价或者工程实际发生的成本等资料，按暂估价值确定固定资产的入账价值，待办了竣工决算手续后再作调整。

三、固定资产的分类

固定资产的种类繁多，构成复杂，可以按不同的标志进行分类。

（一）按经济用途分类

按经济用途可将固定资产分为生产经营用固定资产和非生产经营用固定资产两类。

（1）生产经营用固定资产，是指直接服务于企业生产经营过程的各种固定资产，包括生产经营用的房屋、建筑物、机器设备、工具器具，等等。

（2）非生产经营用固定资产，是指不直接服务于企业生产经营过程的各种固定资产，如职工宿舍及食堂、浴室等职工福利设施和有关的设备器具，等等。

（二）按使用情况分类

按使用情况可将固定资产分为使用中固定资产、未使用固定资产和不需用固定资产三类。

（1）使用中固定资产，是指正在使用的固定资产，包括正在本企业使用的生产经营用固定资产和非生产经营用固定资产、由于季节性原因或大修理原因暂时停用的固定资产、用于内部替换使用而暂时停用的固定资产以及临时性租出的固定资产。

（2）未使用固定资产，是指企业已购建完成尚未交付使用的新增固定资产，因改建、扩建原因暂时停用的固定资产。

（3）不需用固定资产，是指因本企业多余不用或不再适用而准备处置的固定资产。

（三）按所有权分类

按所有权可将固定资产分为自有固定资产和租入固定资产两类。

（1）自有固定资产，是指企业拥有的可供企业自行支配使用的固定资产。

（2）租入固定资产，是指企业采用租赁方式从其他单位租入的固定资产，不包括经营租入固定资产。

（四）综合分类

实际工作中，企业通常结合固定资产的经济用途、使用情况和产权关系等因素对固定资产综合分为七类：生产经营用固定资产、非生产经营用固定资产、租出固定资产、未使用固定资产、不需用固定资产、融资租入固定资产和土地（指过去已单独估价入账的土地）。

企业应当根据固定资产的定义，结合本企业的具体情况，制定适合于本企业的固定资产目录、分类方法、每类或每项固定资产的折旧年限、折旧方法，作为进行固定资产核算的依据。同时，将上述内容编制成册，按照管理权限，经股东大会或董事会或经理（厂长）会议或类似机构批准，按照法律、行政法规的规定报送有关各方备案，同时备置于企业所在地，以供投资者等有关各方查阅。企业已经确定并对外报送，或置备于企业所在地的有关固定资产目录、分类方法、每类或每项固定资产的预计净残值、预计使用年限、折旧方法等，按照可比性要求，一经确定不得随意变更，如需变更，其变更时间一般应为年初，以保持年度内折旧方法的一致，并仍然应当按照上述程序，经批准后报送有关各方备案，将变更理由及折旧方法改变后对损益的影响在会计报表附注中予以揭示。

四、固定资产的计量

固定资产的计量涉及初始计量和期末计量两个方面。其中，固定资产的初始计量指确定固定资产的取得成本；固定资产的期末计量主要解决固定资产期末计价问题。

固定资产初始计量的基本原则是按成本入账。其中，成本包括企业为购建某项固定资产达到预定可使用状态前所发生的一切合理的、必要的支出。由于固定资产的取得方式不同，如购买、自行建造、投资者投入、非货币性交易取得、债务重组取得等，其成本的具体确定方法也不完全相同。

（一）固定资产原始价值

固定资产原始价值也称原始成本，是指企业在投资建造、购置或以其他方式取得某项固定资产并把它投入使用之前实际发生的全部支出。企业购建固定资产的计价、确定计提折旧的依据等，均采用这种计价方法。它是固定资产的基本计价标准。

（二）重置价值

重置价值也称现时重置成本，它是指在当前的生产能力和技术标准的条件下，重新购建同样的固定资产所需要的全部支出。按重置完全价值计价，可以比较真实地反映固定资产的现时价值，但实务操作比较复杂，因此，这种方法仅在确定清查中盘盈固定资产的价值，或在报表附注中对报表进行补充说明时采用。

（三）折余价值

固定资产的折余价值也称净值或账面净值，是指固定资产的原始价值或重置完全价值减去账面累计折旧后的余额。它可以反映企业实际占用在固定资产上的资金数额和固定资产的新旧程度。这种计价方法主要用于计算盘盈、盘亏、毁损固定资产的溢余或损失。

五、固定资产的核算方法

（一）固定资产核算的科目设置

固定资产核算主要涉及"固定资产"、"累计折旧"、"固定资产清理"、"工程物资"和"在建工程"等科目。

"固定资产"科目核算固定资产的原始价值，其借方记录企业购入、接受投资与捐赠等原因增加的固定资产的原始价值；贷方记录因出售、报废、毁损、置换和投资转出等原因减少的固定资产的原始价值；期末借方余额，反映企业期末固定资产的账面原值。该科目一般按固定资产的综合分类所分的类别设置二级科目，二级科目下按固定资产的品种、规格，结合管理需要设置明细科目。

企业应当设置"固定资产登记簿"和"固定资产卡片"，按固定资产类别、使用部门和每项固定资产进行明细核算。

临时租入的固定资产，应当另设备查账簿进行登记，不在"固定资产"科目核算。融资租入的固定资产，可在"固定资产"科目设置"融资租入固定资产明细科目。"

"累计折旧"科目核算企业固定资产的累计折旧，减少的固定资产注销的折旧借记该科目，提取的折旧贷记该科目，期末贷方余额反映企业提取的固定资产折旧累计数。该科目是"固定资产"科目的备抵账户，两者相抵的差额为固定资产的折余值。"累计折旧"科目只进行总分类核算，不进行明细分类核算，需要查明某项固定资产的已提折旧，可以根据固定资产卡片上记载的该项固定资产原值、折旧率和实际使用年数等资料进行计算。

"固定资产清理"科目核算企业因出售、报废和毁损等原因转入清理的固定资产价值及其在清理过程中所发生的清理费用和清理收入等。该科目的借方反映出售、报废清理固定资产的账面净值，以及清理过程中所发生的费用；贷方则反映清理时的残料价值、变卖收入。若固定资产投了保险，在遇到意外灾害时，从保险公司收取的赔款收入，以及固定资产因责任人过失造成毁损，应向责任人收取的赔款，也一并计入该科目贷方。"固定资产清理"科目的期末余额，反映尚未清理完毕固定资产的价值以及清理净收入（清理收入减去清理费用）。该科目应按被清理的固定资产设置明细账，进行明细核算。

"工程物资"科目，核算企业为基建工程、更改工程和大修理工程准备的各种物资的成本。科目记录为工程购入的各项物质的实际成本；科目工程领用各项工程物质的实际成本；期末借方余额反映企业为工程购入但尚未领用的专用材料的实际成本、购入需要安装设备的实际成本，以及为生产准备但尚未交付的工具及器具的实际成本。该科目应当设置明细科目核算。企业购入不需要安装的设备不在本账户核算。

"在建工程"科目核算企业进行基建工程、安装工程、技术改造工程、大修理工程等工程发生的实际支出，包括需要安装设备的价值。该账户借方记录工程建设发生的各项支出；贷方记录工程交付使用的工程实际成本；借方余额反映企业尚未完工或虽已完工，但尚未办理竣工决算的工程发生的实际支出。本科目应当设置建筑工程、安装工程、在安装设备、技术改造工程、大修理工程和其他支出明细账户。

企业根据项目概算购入不需要安装的固定资产、为生产准备的工具器具、购入的无形资产及发生的不属于工程支出的其他费用等，不在本账户核算。

（二）固定资产增加的核算

1. 购入固定资产的核算

（1）购入不需安装的新设备，会计分录为

借：固定资产
　　应交税费——应交增值税（进项税额）
　　贷：银行存款

（2）购入不需安装的旧设备，当双方协商价大于售出方账面原值时：

借：固定资产
　　应交税费——应交增值税（进项税额）
　　贷：银行存款

双方协商价小于售出方账面原值时：

借：固定资产
　　贷：银行存款
　　　　累计折旧

（3）购入需安装的新设备，会计分录为

固定资产
借：应交税费——应交增值税（进项税额）
　　贷：在建工程

2. 自营建造固定资产的核算

固定资产
自营建造的固定资产，其会计分录为
借：应交税费——应变增值税（进项税额）
　　贷：在建工程

3. 其他单位投资转入固定资产的核算

（1）双方协商价大于投资方账面原值时，会计分录为
借：固定资产
　　贷：实收资本
（2）双方协商价小于投资方账面原值时，会计分录为
借：固定资产
　　贷：实收资本
　　　　累计折旧

4. 接受捐赠的固定资产的核算

（1）接受捐赠的新设备，会计分录为
借：固定资产
　　贷：资本公积
（2）接受捐赠的旧设备，会计分录为：
借：固定资产
　　贷：资本公积
　　　　累计折旧

5. 改建、扩建固定资产的核算

改建、扩建固定资产，其会计分录为
借：固定资产——经营用固定资产
　　贷：固定资产——未使用在建工程

购入无需安装的固定资产的账务处理，见 [**例 5-33**]。

[**例 5-33**] 某企业购入设备一台，以银行存款支付价款计 90 000 元，支付增值税进项税额 15 300 元，支付运输费 10 000 元（未取得增值税专用发票），总计 115 300 元，该设备不需安装，可以按直接支付的价款入账。编制会计分录如下：

借：固定资产——设备　　　　　　　　　　　　　　　　　　　100 000
　　应交税费——应交增值税（进项税额）　　　　　　　　　　 15 300
　　贷：银行存款　　　　　　　　　　　　　　　　　　　　　115 300

购入需要安装的固定资产的账务处理，见 [例 5-34]。

[例 5-34]　企业购入生产设备一套，以自营方式进行安装，先后支付买价 120 000 元、增值税进项税额 20 400 元、安装费和水电杂费等 9 600 元，总计 150 000 元。应做会计分录如下：

借：在建工程——生产设备安装工程　　　　　　　　　　　　129 600
　　应交税费——应交增值税（进项税额）　　　　　　　　　　 20 400
　　贷：银行存款　　　　　　　　　　　　　　　　　　　　　150 400

设备安装完毕交付使用时，结转工程成本，做分录如下：

借：固定资产——生产设备　　　　　　　　　　　　　　　　　129 600
　　贷：在建工程——设备安装工程　　　　　　　　　　　　　129 600

（三）固定资产出售、报废与毁损的核算

固定资产减少分为价值的减少和实物的减少两种情况。价值的减少是指固定资产的折旧；实物的减少是指固定资产出售、报废、毁损、对外投资转出、盘亏，等等。

根据我国财政部、国家税务总局《关于全国实施增值税转型改革若干问题的通知》（财税 [2008]170 号），自 2009 年 1 月 1 日起，纳税人销售自己使用过的固定资产，应区分不同情况征收增值税，如销售自己使用过的 2009 年 1 月 1 日以后购进或自制的固定资产，按照适用税率征收增值税。已使用过的固定资产，是指纳税人根据财务会计制度已经计提折旧的固定资产。因此在进行固定资产出售的账务下理时，首先要区分其购买或自制的时间，然后根据国家相关规定进行核算。

1. 固定资产出售的核算

（1）出售普通固定资产取得收入（不考虑增值税），做会计分录如下：

借：银行存款
　　贷：固定资产清理

（2）出售房屋，建筑物等取得收入（不考虑增值税），做会计分录如下：

借：银行存款
　　贷：固定资产清理

同时，

借：固定资产清理
　　贷：应交税费——应交营业税

2. 固定资产报废的核算

(1) 固定资产报废，残料出售时：

借：银行存款
　　贷：固定资产清理

(2) 固定资产报废，残料入库时：

借：原材料
　　贷：固定资产清理

(四) 固定资产毁损的核算

固定资产毁损，由保险公司或过失人赔偿时：

借：其他应收款
　　贷：固定资产清理

(五) 固定资产出售、报废与毁损后的核算

(1) 支付清理费用时：

借：固定资产清理
　　贷：银行存款

(2) 结转清理净损失或净收益时：

结转清理净损失，做会计分录如下：

借：营业外支出
　　贷：固定资产清理

结转清理净收益，做会计分录如下：

借：固定资产清理
　　贷：营业外收入

(3) 注销固定资产，做会计分录如下：

借：固定资产清理
　　累计折旧
　　贷：固定资产

[例 5-35] 远大公司拥有一部皮卡车，该项资产账面原值为 100 000 元，因使用期限届满，经批准进行报废，已提折旧 92 000 元，在清理中以银行存款支付清理费用 2 000 元，出售给物资回收公司后获得款项 4 000 元（不考虑增值税）。

编制会计分录如下：

按净值转入清理时：

借：固定资产清理——机动车　　　　　　　　　　　　8 000
　　累计折旧　　　　　　　　　　　　　　　　　　92 000
　　贷：固定资产——机动车　　　　　　　　　　　　　100 000
支付清理费用时：
借：固定资产清理——机动车　　　　　　　　　　　　2 000
　　贷：银行存款　　　　　　　　　　　　　　　　　　2 000
收到物资回收公司的货款时：
借：银行存款　　　　　　　　　　　　　　　　　　4 000
　　贷：固定资产清理——机动车　　　　　　　　　　　4 000
结转固定资产清理净损失 6 000 元时：
借：营业外支出——固定资产清理损失　　　　　　　　6 000
　　贷：固定资产清理——机动车　　　　　　　　　　　6 000

（六）固定资产折旧的核算

1. 计提折旧的固定资产的范围

（1）需要计提折旧的固定资产

下列固定资产应当计提折旧：

①房屋和建筑物。

②在用的机器设备、仪器仪表、运输工具等。

③季节性停用、大修理停用的固定资产。

④融资租入和以经营租赁方式租出的固定资产。

达到预定可使用状态应当计提折旧的固定资产，在年度内办理竣工决算手续的，按照实际成本调整原来的暂估价值，并调整已计提的折旧额，作为调整当月的成本、费用处理。如果在年度内尚未办理竣工决算的，应当按照估计价值暂估入账，并计提折旧；待办理了竣工决算手续后，再按照实际成本调整原来的暂估价值，调整原已计提的折旧额，同时调整年初留存收益各项目。

（2）不计提折旧的固定资产

下列固定资产不计提折旧：

①房屋、建筑物以外的未使用和不需用的固定资产。

②以经营租赁方式租入的固定资产。

2. 固定资产的折旧方法

固定资产折旧方法可以采用年限平均法、工作量法、双倍余额递减法、年数总和法等。折旧方法一经确定，不得随意变动。如需变更，应当在会计报表附注中予以说明。

（1）平均年限法。平均年限法是指将固定资产的应计折旧额均衡地分摊到固定资产预计使用寿命内的一种方法。这种方法适用于在各个会计期间使用程度比较均衡的固定资产。其计算公式为

年折旧额＝（固定资产原值－预计净残值）÷预计使用寿命

月折旧额＝年折旧额÷12

[例5-36] A公司一台生产用设备原值为30 000元，预计清理费为1 200元，而预计残值为3 000元。使用年限为4年。用平均年限法计算折旧额。

年折旧额＝[30 000－(3 000－1 200)]÷4＝(30 000－1 800)÷4＝7 050(元)

月折旧额＝7 050÷12＝587.50(元)

编制会计分录如下：
借：制造费用　　　　　　　　　　　　　　　　　　587.50
　　贷：累计折旧　　　　　　　　　　　　　　　　　587.50

（2）工作量法。工作量法又称作业量法，是根据固定资产在使用期间完成的总的工作量平均计算折旧的一种方法。工作量法和平均年限法都是平均计算折旧的方法，都属直线法。其计算公式为

单位工作量折旧额＝（固定资产原值－预计净残值）÷预计总工作量

＝固定资产原值×（1－预计净残值率）÷预计总工作量

月折旧额＝单位工作量折旧额×当月实际完成工作量

在会计实务中，工作量法广泛应用于以下三种方式：第一种，按照工作小时计算折旧；第二种，按行驶里程计算折旧；第三种，按台班计算折旧。

[例5-37] 远大电器厂购置一台专用机床，价值200 000元，预计总工作小时数为300 000小时，预计净残值为2 000元，购置的当年便工作了2 400小时，则有：

每小时折旧额：(200 000－2 000)÷300 000＝0.66(元/小时)

当年的折旧额：2 400×0.66＝1 584(元)

工作量法把产量与成本相联系，也就是把收入与费用相配。于是，期末计提折旧时的会计分录如下：
借：制造费用　　　　　　　　　　　　　　　　　　1 584
　　贷：累计折旧　　　　　　　　　　　　　　　　　1 584

[例如 5-38] A公司有经理用的小汽车一辆，原值为 150 000 元，预计净残值率为 5%，预计总行驶里程为 600 000 公里，当月行驶里程为 3 000 公里，该项固定资产的月折旧额计算如下：

单位里程折旧额 =（150 000 - 150 000×5%）÷600 000=0.2375（元/公里）

本月折旧额 =3 000×0.2375=712.50（元）

因为这辆车是企业管理者作为管理用的，所以会计分录如下：
借：管理费用　　　　　　　　　　　　　　　　　　　　712.50
　　贷：累计折旧　　　　　　　　　　　　　　　　　　　712.50

（3）双倍余额递减法。双倍余额递减法是加速折旧法的一种，是按直线法折旧率的两倍，乘以固定资产在每个会计期间的期初账面净值计算折旧的方法。在计算折旧率时通常不考虑固定资产残值。其计算公式为

年折旧率 =2÷预计使用寿命（年）×100%

月折旧率 = 年折旧率 ÷12

月折旧额 = 每月月初固定资产账面净值 × 月折旧率

由于采用双倍余额递减法在确定折旧率时不考虑固定资产净残值因素，因此，在采用这种方法时，应注意以下两点：

第一点，由于每年的折旧额是递减的，因而可能出现某年按双倍余额递减法所提折旧额小于按直线法计提的折旧额。当这一情况在某一折旧年度出现时，应换为按直线法计提折旧。

第二点，各年计提折旧后，固定资产账面净值不能小于预计净残值。避免这一现象的方法是，在可能出现此现象的那一年转换为直线法，即：将当年年初的固定资产账面净值减去预计净残值，其差额在剩余的使用年限中平均摊销。但在实际工作中，企业一般采用简化的办法，在固定资产折旧年限到期前两年内，将固定资产净值扣除预计残值后的余额平均摊销。

（4）年数总和法。年数总和法是以固定资产的原值减去预计净残值后所余净额为基数，以一个逐年递减的分数为折旧率，计算各年固定资产折旧额的一种折旧方法。

年数总和法的各年折旧率，是以固定资产尚可使用寿命作为分子，以固定资产预计使用寿命的逐年数字之和作为分母。计算公式为

年折旧率 = 尚可使用寿命 ÷ 预计使用寿命的年数总和 ×100%

月折旧率 = 年折旧率 ÷12

月折旧额 =（固定资产原值—预计净残值）× 月折旧率

（七）固定资产减值准备的核算

1. 固定资产减值准备的计提原则

（1）企业应当在期末或者至少在每年年度终了，对固定资产逐项进行检查，如果由于市价持续下跌，或技术陈旧、损坏、长期闲置等原因导致其可收回金额低于账面价值的，应当将可收回金额低于其账面价值的差额作为固定资产减值准备。固定资产减值准备应按单项资产计提。

（2）如果企业的固定资产实质上已经发生了减值，应当计提减值准备。企业应设置"固定资产减值准备"科目对固定资产减值准备进行核算与账务处理。当存在下列情况之一时，应当按照该项固定资产的账面价值全额计提固定资产减值准备：

①长期闲置不用，在可预见的未来不会再使用，且已无转让价值的固定资产。
②由于技术进步等原因，已不可使用的固定资产。
③虽然固定资产尚可使用，但使用后产生大量不合格品的固定资产。
④已遭毁损，以至于不再具有使用价值和转让价值的固定资产。
⑤其他实质上已经不能再给企业带来经济利益的固定资产。

（3）已全额计提减值准备的固定资产，不再计提折旧。

2. 固定资产减值准备的核算

企业发生固定资产减值的，应按减记的金额，借记"资产减值损失"科目，贷记"固定资产减值准备"科目；处置固定资产还应同时结转减值准备。"固定资产减值准备"科目期末贷方余额，反映企业已提取但尚未转销的固定资产减值准备。

固定资产减值准备的会计分录如下：
固定资产发生减值时：
借：资产减值损失
　　贷：固定资产减值准备

（八）固定资产盘点的核算

1. 固定资产盘点的核算原则

为了保证固定资产核算的真实性，保护固定资产的安全完整，企业应定期或不定期地对固定资产进行盘点清查，至少每年要实地盘点一次。在编制年度会计报表以前，应进行一次全面清查，盘点实物，进行账实核对。对盘盈、盘亏、毁损的固定资产，应当查明原因，写出书面报告，并根据企业的管理权限，经股东大会或董事会，或经理（厂长）会议或类似机构批准后，在期末结账前处理完毕。

盘盈的固定资产，计入当期营业外收入；盘亏或毁损的固定资产，在减去过失人或者保险公司等赔款和残料价值之后，计入当期营业外支出。

如盘盈、盘亏或毁损的固定资产，在期末结账前尚未经批准的，在对外提供财务会计报告时应按上述规定进行处理，并在会计报表附注中作出说明；如果其后批准处理的金额与已处理的金额不一致，应按其差额调整会计报表相关项目的年初数。

2. 固定资产清查盘点后的核算

（1）对于盘盈的固定资产：

借：固定资产（按重置完全价值）
　　贷：累计折旧
　　　　待处理财产损溢（按前两项的差额）

经批准转销盘盈的固定资产时：

借：待处理财产损溢
　　贷：营业外收入（固定资产盘盈）

（2）对于盘亏的固定资产：

借：待处理财产损溢（净值）
　　累计折旧（已提折旧）
　　贷：固定资产（原价）

经批准转销的固定资产时：

借：营业外支出（固定资产盘亏）
　　贷：待处理财产损溢

第十节　无形资产的核算

一、无形资产的含义

无形资产，是指企业拥有或者控制的没有实物形态的可辨认非货币性资产。

资产满足下列条件之一的，符合无形资产定义中的可辨认性标准：

（1）能够从企业中分离或者划分出来，并能单独或者与相关合同、资产或负债一起，用于出售、转移、授予许可、租赁或者交换。

（2）源自合同性权利或其他法定权利，无论这些权利是否可以从企业或其他权利和义务中转移或者分离。

二、无形资产的特征

无形资产一般具有如下特征:

1. 无形资产没有实物形态

无形资产所体现的是一种权利或获得超额利润的能力,它没有实物形态,但却具有价值,或者能使企业获得高于同行业一般水平的盈利能力。不具有实物形态是无形资产区别于其他资产的显著标志。

2. 无形资产能在较长的时期内使企业获得经济效益

无形资产能在多个生产经营期内使用,使企业长期受益,因而,属于一项长期资产。企业为取得无形资产所发生的支出,属于资本性支出。

3. 无形资产持有的目的是使用而不是出售

企业持有无形资产的目的是用于生产商品或提供劳务、出租给他人,或为了管理目的,而不是为了对外销售。脱离了生产经营活动,无形资产就失去其经济价值。

4. 无形资产能够给企业提供未来经济效益的大小具有较大的不确定性

无形资产的经济价值在很大程度上受企业外部因素的影响,其预期的获利能力不能准确地加以确定。无形资产的取得成本不能代表其经济价值,一项取得成本较高的无形资产可能为企业带来较少的经济效益,而取得成本较低的无形资产也可能给企业带来较大的利益。

5. 无形资产是企业有偿取得的

只有花费了支出的无形资产,才能作为无形资产入账。否则,不能作为无形资产入账。

根据无形资产的上述特征,企业的资产只有在满足以下条件时,才能确认为无形资产:

(1) 该资产为企业获得的经济利益很可能流入企业。

(2) 该资产的成本能够可靠地计量。

三、无形资产的种类

无形资产按其反映的经济内容可以分为专利权、非专利技术、商标权、著作权、特许权等。商誉、品牌、名称不能确认为无形资产。

1. 专利权

专利权,是指国家专利主管机关依法授予发明创造专利申请人,对其发明创造在法定期限内所享有的专有权利,包括发明专利权、实用新型专利权和外观设计专利权。

2. 非专利技术

非专利技术,也称专有技术。它是指不为外界所知、在生产经营活动中已采用了的、不享有法律保护的、可以带来经济效益的各种技术和诀窍。非专利技术一般包括工业专有技术、商业贸易专有技术、管理专有技术等。

3. 商标权

商标是用来辨认特定的商品或服务的标志。商标权指专门在某类指定的商品或产品上使用特定的名称或图案权利。

4. 著作权

著作权又称版权,指作者对其创作的文学、科学和艺术作品依法享有的某些特殊权利。著作权包括作品署名权、发表权、修改权和保护作品完整权,还包括复制权、发行权、出租权、展览权、表演权、放映权、广播权、信息网络传播权、摄制权、改编权、翻译权、汇编权以及应当由著作权人享有的其他权利。

5. 特许权

特许权,又称经营特许权、专营权,指企业在某一地区经营或销售某种特定商品的权利或是一家企业接受另一家企业使用其商标、商号、技术秘密等的权利。通常有两种形式,一种是由政府机构授权,准许企业使用或在一定地区享有经营某种业务的特权,如水、电、邮电通信等专营权、烟草专卖权等;另一种指企业依照签订的合同,有限期或无限期使用另一家企业的某些权利,如连锁店分店使用总店的名称等。

6. 土地使用权

土地使用权,指国家准许某企业在一定期间内对国有土地享有开发、利用、经营的权利。根据我国《土地管理法》的规定,我国土地实行公有制,任何单位和个人不得侵占、买卖或者以其他形式非法转让。企业取得土地使用权的方式大致有以下几种:行政划拨取得、外购取得及投资者投资取得。

四、无形资产的核算方法

(一)取得无形资产的核算

企业取得无形资产的主要方式有外购、自行研究开发,等等。无论采用何种方法取得,企业都应按实际成本进行初始计量。

为了总括反映和监督无形资产的取得、摊销及转让情况，企业应设置"无形资产"、"累计摊销"等科目。"无形资产"科目核算企业持有的无形资产成本，借方登记取得无形资产的实际成本，贷方登记出售无形资产转出的账面余额；期末余额在借方，反映无形资产的成本。本科目应按无形资产项目设置明细账，进行明细核算。

"累计摊销"科目属于"无形资产"调整科目，核算无形资产预期不能给企业带来经济利益所计提的累计摊销，贷方登记企业计提的无形资产摊销，借方登记处置无形资产转出的累计摊销，期末贷方余额，反映企业无形资产的累计摊销额。

此外，无形资产发生减值的，还应该设置"无形资产减值准备"科目进行核算。

（1）外购无形资产。外购无形资产的成本包括购买价款、相关税费以及直接归属于使该项资产达到预定用途所发生的其他支出。

企业向外购入无形资产时，应按实际成本入账，即按实际支付的价款（包括买价以及与其直接相关的费用，如咨询费、鉴定费等），借记"无形资产"科目，贷记"银行存款"等科目。

[例5-39] 某企业购入一项专利权，价款200 000元，另外支付鉴定费、咨询费及其他费用20 000元，均以银行存款支付。企业会计分录编制如下：

借：无形资产——专利权　　　　　　　　　　　　220 000
　　贷：银行存款　　　　　　　　　　　　　　　　　　220 000

（2）自行研究开发无形资产。企业内部研究开发项目所发生的支出应区分研究阶段支出和开发阶段支出，企业自行开发无形资产发生的研发支出，不满足资本化条件的，计入当期损益，满足资本化条件的，计入研发支出。研究开发项目达到预定用途形成无形资产的，转入无形资产。如果无法可靠地区分研究阶段的支出和开发阶段的支出，应将其所发生的研发支出全部费用化，计入当期损益。

企业自行开发并按法律程序申请取得的无形资产，按开发过程中发生的材料费用、直接参与开发人员的工资及福利费、开发过程中发生的租金、借款费用支出以及依法取得时发生的注册费、聘请律师费等费用作为无形资产的实际成本。在研究过程中的费用，直接计入当期损益。

已经计入各期费用的研究与开发费用，在该项无形资产获得成功并依法申请取得权利时，不得再将原已计入费用的研究与开发费用资本化。

[例5-40] 某企业自行研制某项专利权获得成功，并已获专利权，期间共支付费用150 000元。企业会计分录编制如下：

借：无形资产——专利权　　　　　　　　　　　　　　　　150 000
　　　　　贷：研发支出（资本化支出）　　　　　　　　　　　　150 000
　　　借：研发支出（资本化支出）　　　　　　　　　　　　　　150 000
　　　　　贷：银行存款　　　　　　　　　　　　　　　　　　　150 000

（3）其他单位投资转入的无形资产。其他单位投资转入无形资产时，企业应按双方协商确定的价格入账，即借记"无形资产"账户，贷记"实收资本"账户。

[例5-41]　某企业接受甲公司以无形资产作为投资，经双方协商确认，非专利技术价值60 000元，则企业会计分录编制如下：

　　　借：无形资产——非专利技术　　　　　　　　　　　　　　60 000
　　　　　贷：实收资本　　　　　　　　　　　　　　　　　　　60 000

（二）摊销无形资产的核算

　　由于无形资产所具有的价值或特权会在持续一段时间后终结或消失，因而无形资产通常有一定的有效期限。根据收入与费用配比原则，企业应将无形资产成本在这个有效期内进行摊销，以便合理地确定各个会计期间的经营损益。

　　企业应当在取得无形资产时分析判断其使用寿命。无形资产的使用寿命为有限的，应当估计该使用寿命的年限或者构成使用寿命的产量等类似计量单位数量；无法预见无形资产为企业带来经济利益期限的，应当视为使用寿命不确定的无形资产。

　　使用寿命有限的无形资产，其残值应当视为零，其应摊销金额应当在使用寿命内系统合理摊销。使用寿命不确定的无形资产不应摊销。企业摊销使用寿命有限的无形资产，应当自无形资产可供使用（即达到预定用途）当月起开始摊销，至不再作为无形资产确认时止，处置当月不再摊销。

　　企业选择的无形资产摊销方法，应当反映与该项无形资产有关的经济利益的预期实现方式。无形资产的摊销统一采取直线法，会计上要求无形资产在其预计使用年限内进行摊销；如果预计设用年限超过了相关合同规定的收益年限或法律规定的有效年限，应按照以下原则摊销：

　　（1）法律和合同分别规定有效期限和受益年限的，按孰短原则处理；
　　（2）法律未规定，合同有规定的，按合同规定的受益年限处理；
　　（3）法律有规定，合同未规定的，按法律规定的有效年限处理；
　　（4）合同没有规定受益年限，法律也没有规定有效年限的，摊销年限不应超过10年。

　　企业应当按月对无形资产进行摊销。无形资产的摊销额一般应当计入当期损益。企业自用的无形资产，其摊销金额计入管理费用，出租的无形资产，其摊销金额计入其他业务成本,某项无形资产包含的经济利益通过所生产的产品或其他资产实现的,其摊销金额应当计入相关资产成本。

[例 5-42] 2007 年 1 月 1 日,甲股份有限公司外购一项无形资产,实际支付的价款为 1 200 000 元。根据相关法律规定,允许摊销期限为 6 年。此项无形资产业务的会计处理如下:

借:无形资产　　　　　　　　　　　　　　　　　　　　　1 200 000
　　贷:银行存款　　　　　　　　　　　　　　　　　　　　1 200 000
借:管理费用　　　　　　　　　　　　　　　　　　　　　　200 000
　　贷:累计摊销　　　　　　　　　　　　　　　　　　　　200 000

(三) 使用寿命不确定的无形资产

企业根据或获得的情况判断,有确凿的证据表明无法估计其使用寿命的无形资产,才能作为使用寿命不确定的无形资产。按照无形资产准则规定,对于使用寿命不确定的无形资产,在持有期间不需要摊销,如果期末重新复核后仍为不确定的,则应当在每个会计期间进行减值测试。根据规定,需要计提减值准备的,借记"资产减值损失"科目,贷记"无形资产减值准备"科目。

需要注意的是,当以后年度无形资产价值有所回升时,根据相关规定对此不做账务处理。

(四) 无形资产的处置

无形资产的处置,主要是指无形资产出售、对外出租,或是无形资产无法为企业带来未来经济利益时,企业应予转销无形资产并经上级确认。

1. 无形资产的出售

企业出售无形资产表明企业放弃无形资产的所有权,也就是企业将在法律规定的范围内对其无形资产所享有的占有、使用、收益、处分的权利转让给受让方。企业出售无形资产时,应将所取得的价款与该无形资产账面的价值的差额计入当期损益。企业应按实际取得的出售收入,借记"银行存款"等科目,贷记"其他业务收入"账户;按已摊销的"累计摊销"科目;按应支付的相关税费,贷记"应交税费"科目;按其账面余额,贷记"无形资产"科目,按其差额,贷记"营业外收入——处置非流动资产利得科目或借记""营业外支出——处置非流动资产损失"科目。

[例 5-43] 某企业购入一项专利权,支付费用 400 000 元,摊销期限为 10 年,企业购入 3 年后出售给其他单位,账面余额为 280 000 元取得收入 200 000 元,应交的营业税为 10 000 元。企业有关会计分录编制如下:

购入专利权时：

借：无形资产——专利权　　　　　　　　　　　　　400 000
　　贷：银行存款　　　　　　　　　　　　　　　　　　400 000

每年摊销时：

借：管理费用——无形资产摊销　　　　　　　　　　 40 000
　　贷：累计摊销　　　　　　　　　　　　　　　　　　 40 000

取得出售收入，同时结转成本：

借：银行存款　　　　　　　　　　　　　　　　　　200 000
　　累计摊销　　　　　　　　　　　　　　　　　　 12 000
　　贷：无形资产　　　　　　　　　　　　　　　　　280 000
　　　　应交税费　　　　　　　　　　　　　　　　　 10 000
　　　　营业外收入　　　　　　　　　　　　　　　　 30 000

2. 无形资产的出租

　　企业让渡无形资产的使用权时，并收取租金，在满足收入准则规定的确认标准的情况下，应当确认相关的收入和成本。由于企业出租无形资产，只是让渡使用权，企业仍保留对此项无形资产的所有权，对其仍拥有占有、使用、收益、处分的权利，因此，此项无形资产仍为企业的资产，不能从账上冲销。出租无形资产时，取得的资金收入，借记"银行存款"等科目，贷记"其他业务收入"科目；摊销出租无形资产的成本并发生与转让有关的费用支出时，借记"其他业务成本"科目，贷记"无形资产"等科目。

第六章 负债的核算

第一节 短期借款的核算

短期借款通过"短期借款"科目核算,该科目核算企业向银行或其他金融机构等借入的期限在1年以下(含1年)的各种借款。企业的短期借款利息一般采用月末计提的方式进行核算,短期借款利息属于筹资费用,计入"财务费用"。企业借入短期借款时,借记"银行存款"科目,贷记"短期借款"科目;归还贷款时,做相反的会计分录。资产负债表日,企业应按计算确定的短期借款利息费用,借记"财务费用"科目,贷记"银行存款"、"应计利息"等科目。该科目的期末贷方余额,反映企业尚未偿还的短期借款。

[例6-1] 企业向银行借入1年期的资金1 000 000元,年利率为5%。企业应做如下账务处理:

借入资金时:
借:银行存款   1 000 000
    贷:短期借款   1 000 000
归还借款时:
借:短期借款   1 000 000
    财务费用   50 000
    贷:银行存款   1 050 000

第二节 应付票据的核算

应付票据是指企业购买材料、商品和接受劳务供应等而开出、承兑的商业汇票。

企业应当设置"应付票据备查簿",记载商业汇票的种类、号码、出票日期、到期日、票面余额、交易合同号、收款人姓名（单位名称）、付款日期、金额等资料。应付票据到期结清时，在备查簿中应予注销。

应付票据分为不带息票据和带息票据。

企业购买材料、商品和接受劳务供应等而开出、承兑的商业汇票时，借记"材料采购"、"库存商品"等科目。涉及增值税进项税额的，还应进行相应的处理。企业支付银行承兑汇票的手续费应当计入当期财务费用。支付票款时，借记"应付票据"科目，贷记"银行存款"科目。

应付商业承兑汇票到期，如无力支付票款，应将应付票据按面额转入应付账款；应付银行承兑汇票到期，如无力支付，应计入短期借款。

带息票据利息计入当期财务费用。

第三节　应付和预收账款的核算

一、应付账款的核算

应付账款是指企业因购买材料、商品或接受劳务供应等经营活动应支付的款项。

企业因购买材料、商品或接受劳务供应等发生时，借记"原材料"等，贷记"应付账款"科目。涉及增值税进项税额的，还应进行相应的处理。

应付账款有现金折扣的，应按照扣除现金折扣前的应付账款总额入账。获得的现金折扣，在偿付时冲减财务费用。

支付时，借记"应付账款"，贷记"银行存款"科目。

二、预收账款的核算

企业按照合同规定向购货单位预收的款项，应通过"预收账款"科目核算。与应付账款不同，所形成的负债不是以货币偿付，而是以货物偿付。预收账款情况不多的，也可将预收的款项直接记入"应收账款"科目。本科目应按购货单位进行明细核算。

企业向购货单位预收的款项，借记"银行存款"等科目，贷记"预收账款"科目；销售实现时，按实现的收入和应交的增值税销项税额，借记"预收账款"科目，按实现的营业收入，贷记"主营业务收入"科目，按增值税专用发票上注明的增值税税额，贷记"应交税费——应交增值税（销项税额）"科目。

购货单位补付的款项，借记"银行存款"等科目，贷记"预收账款"科目；退回多付的款项，作相反的会计分录。"预收账款"科目期末贷方余额，反映企业向购货单位预收的款项；期末如为借方余额，反映企业应由购货单位补付的款项。

[例6-2] 甲企业与乙企业签订商品购销合同。2008年7月5日，甲企业收到乙企业预付的商品货款100 000元；11月8日，甲企业按购销合同约定向乙企业发出商品，开出的增值税专用发票上注明货款100 000元，增值税额17 000元；11月15日，乙企业如期支付了剩余货款。根据上述经济业务，甲企业应作如下账务处理：

收到乙企业预付账款时：
借：银行存款   100 000
　　贷：预收账款——乙企业   100 000
实现销售时：
借：预收账款——乙企业   117 000
　　贷：主营业务收入   100 000
　　　　应交税费——应交增值税（销项税额）   17 000
收到乙企业补付的货款时：
借：银行存款   17 000
　　贷：预收账款——乙企业   17 000

在[例6-2]例中，假设甲企业不设置"预收账款"科目，而是通过"应收账款"科目核算有关业务，则相应的账务处理为：

收到乙企业预付账款时：
借：银行存款   100 000
　　贷：应收账款——乙企业   100 000
实现销售时：
借：应收账款——乙企业   117 000
　　贷：主营业务收入   100 000
　　　　应交税费——应交增值税（销项税额）   17 000
收到乙企业补付的货款时：
借：银行存款   17 000
　　贷：应收账款——乙企业   17 000

第四节 应付职工薪酬的核算

一、职工薪酬的含义

职工薪酬,是指企业为获得职工提供的服务而给予各种形式的报酬以及其他相关支出。职工薪酬不仅包括企业一定时期支付给职工的劳动报酬总额,而且包括按照工资的一定比例计算并计入成本费用的其他相关支出。

职工薪酬主要包括以下几个方面:

(1) 职工工资、奖金、津贴和补贴;

(2) 职工福利费(包括货币性福利和非货币性福利);

(3) "五险一金",指企业为职工支付给有关部门的社会性保险费,即医疗保险费、养老保险费、失业保险费、工伤保险费和生育保险费,以及为职工缴纳的住房公积金;

(4) 工会经费和教育经费,指有工会组织的企业按规定应提取的工会经费 以及职工接受教育应由企业负担的各种培训费用;

(5) 因解除与职工的劳动关系给予的补偿及其他与获得职工提供的服务相关的支出。

企业应当在职工为其提供服务的会计期间,将应付的职工薪酬确认为负债,除因解除与职工的劳动关系给予的补偿外,应当根据职工提供服务的受益对象,分别按下列情况处理:

(1) 应由生产产品、提供劳务负担的职工薪酬,计入产品成本或劳务成本。

(2) 应由在建工程、无形资产负担的职工薪酬,计入建造固定资产或无形资产成本。

(3) 除上述之外的其他职工薪酬,计入当期损益。

二、工资的种类

1. 计时工资

实行计时工资制的企业,应付职工计时工资是根据工资标准、考勤记录和有关制度计算的。具体计算过程又因采用月薪制或采用日薪制而有所不同。

(1) 制度工作时间的计算如下:

年工作日 =365 天 — 104 天(休息日)— 11 天(法定节假日)=250 天

$$季工作日 = 250 天 \div 4 季 = 62.5 天/季$$

$$月工作日 = 250 天 \div 12 月 = 20.83 天/月$$

工作小时数的计算：以月、季、年的工作日乘以每日的8小时。

(2) 日工资、小时工资的折算

按照我国《劳动法》第五十一条的规定，法定节假日用人单位应当依法支付工资，即折算日工资、小时工资时不剔除国家规定的11天法定节假日。据此，日工资、小时工资的折算为

$$日工资 = 月工资 \div 月计薪天数$$

$$小时工资 = 月工资收入 \div （月薪天数 \times 8 小时）$$

$$月计薪天数 = （365 天 - 104 天） \div 12 月 = 21.75 天$$

2. 计件工资

实行计件工资制的企业，应付工人的计件工资是按产量工时记录的个人（或班组）完成的合格完工产品产量乘以计件单价计算的。此外，生产中产生的废品，如果是材料缺陷（料废品）原因造成的，则按相应的计件单价照付工资，如果是加工失误造成的，不付计件工资。计算公式为

$$应付计件工资 = （合格品数量 + 料废品数量） \times 计件单价$$

如果工人（或小组）在1个月内加工多种不同产品，而且各种产品的计件单不同时，则分别按上式计算每种产品的计件工资后汇总即为应付该职工（小组）的计件工资额。

上述公式中的计件单价，应该是某种产品的定额工时数乘以制造该种产品所需要的某种等级工人的小时工资率求得。

实际工作中，计件工资还可以按完成定额工时乘以工时单价（经测算确定的小时工资率）计算。

首先，计算月份内完成的各种产品的定额工时数，公式为

$$完成定额工时数 = \Sigma （每种产品完成数量 \times 该种产品单位定额工时）$$

其中，产品完成数包括合格产品数量和料废品数量。

其次，根据定额工时数和小时工资率计算应付计件工资，公式为

$$应付计件工资 = 完成定额工时数 \times 工时单价$$

在企业实行小组集体计件工资时，应按上述方法首先计算出小组应得的计件工资总额，然后在小组成员间进行分配。

3. 加班加点工资

加班加点工资,是按照考勤记录的加班加点天数或加点时数和职工的日工资率或小时工资率计算的,计算公式为

加班加点工资 = 加班天数 × 日工资率 + 加点小时数 × 小时工资率

三、奖金

各种经常性奖金,包括综合奖、单项奖等,应根据企业制定的奖金支付标准和得奖条件计算。如果是按照班组集体计算的奖金,还应按统一的标准用合适的计算方法在班组集体内部成员间进行分配。

四、职工薪酬的核算

企业应当根据职工提供服务的受益对象,对发生的职工薪酬分以下情况进行处理:

生产工人的工资薪酬,借记"生产成本"科目、"制造费用"科目、提供劳务的工人工资薪酬,借记"劳务成本"科目,贷记"应付职工薪酬"科目。

管理部门人员的工资薪酬,借记"管理费用"科目,贷记"应付职工薪酬"科目。

销售人员的工资薪酬,借记"销售费用"科目,贷记"应付职工薪酬"科目。

应由在建工程、研发支出负担的职工薪酬,借记"在建工程"、"研发支出"科目,贷记"应付职工薪酬"科目。

企业以自产产品作为职工薪酬发放给职工时,应确认为主营业务收入。借记"应付职工薪酬"科目,贷记"主营业务收入"科目和"应交税费——应交增值税(销项税额)"科目。

因解除与职工的劳动关系给予的补偿,借记"管理费用"科目,贷记"应付职工薪酬"科目。

无偿向职工提供住房等资产使用的,按应计提的折旧额,借记"管理费用"等科目,贷记"应付职工薪酬"科目;同时,借记"应付职工薪酬"科目,贷记"累计折旧"科目。

租赁住房等资产供职工无偿使用的,每期应支付的租金,借记"管理费用"等科目,贷记"应付职工薪酬"科目。

"应付职工薪酬"科目期末贷方余额,反映企业应付职工薪酬的结余。

企业为职工缴纳的"五险一金",应当按照职工所在岗位进行分配。分别借

记"生产成本"、"制造费用"、"在建工程"、"无形资产"、"管理费用"等科目，贷记"应付职工薪酬"科目。缴纳各种社会保险费用或住房公积金时，借记"应付职工薪酬"科目（职工负担部分），贷记"银行存款"科目。

[例6-3] 甲公司发生工资薪酬情况为：基本生产车间生产甲产品发生工资薪酬为40 000元，车间管理人员工资薪酬10 000元，为试制专利产品发生职工薪酬30 000元，行政管理部门人员工资薪酬20 000元。编制会计分录如下：

借：生产成本——甲产品	40 000
制造费用	10 000
无形资产——专利权	30 000
管理费用	20 000
贷：应付职工薪酬	100 000

[例6-4] 甲公司按照工资薪酬10%的比例缴存住房公积金，具体为：基本生产车间生产甲产品发生住房公积金为4 000元，车间管理人员住房公积金1 000元，为试制专利产品发生住房公积金3 000元，行政管理部门人员住房公积金费用2 000元。缴存时，代扣应由职工承担的10%一并处理。编制会计分录如下：

借：生产成本——甲产品	4 000
制造费用	1 000
无形资产——专利权	3 000
管理费用	2 000
贷：应付职工薪酬——住房公积金	10 000
借：应付职工薪酬——住房公积金	10 000
贷：银行存款	10 000

第五节　应交税费的核算

应交税费核算的基本要求是：

第一，按照税法规定正确计算各种应纳的税费。

第二，按照规定的列支渠道计入有关科目。

第三，正确反映各种应缴纳的税费，并按规定的纳税时间纳税。

为了总括地反映各种税费的缴纳情况，会计核算中应设置"应交税费"科目。该科目属于负债类，贷方登记企业应缴纳的各种税费；借方登记已缴纳的税费；期末余额在贷方时反映企业应缴未缴的税费；若余额在借方则反映企业多缴的税费。通过"应交税费"科目核算的内容：增值税、消费税、营业税、城市维护建设税、资源税、所得税、土地增值税、房产税、教育费附加，等等。

需要注意的是，企业缴纳的印花税、耕地占用税以及其他不需要预计应缴数的税金，不通过"应交税费"科目核算。

一、应交增值税

增值税是以商品（含应税劳务）在流转过程中产生的增值额作为税依据而征收的一种流转税。

增值税纳税人是指在我国境内销售货物、进口货物，或提供加工、修理修配劳务的企业单位和个人。按照企业规模大小和会计核算是否健全，增值税纳税人可以分为一般纳税人和小规模纳税人。

增值税可分为以下三种：

第一种是生产型增值税，即对购入的固定资产及其折旧均不予抵扣。

第二种是收入型增值税，即对于购置用于生产、经营用的固定资产，允许将已计提折旧的价值予以扣除。

第三种是消费型增值税，即允许将用于生产、经营的固定资产价值中已含的税款，在购置当期全部一次扣除。

从 2009 年 1 月 1 日起，我国实行消费型增值税。

一般纳税人准予从销项税额中抵扣的进项税额有以下几种：

第一种是从销售方取得的增值税专用发票上注明的增值税税额。

第二种是从海关取得的海关进口增值税专用缴款书上注明的增值税税额。

第三种是购进农产品，取得的增值税专用发票或者海关进口增值税专用缴款书上注明的增值税款额，按照农产品收购发票或者销售发票上注明的买价和 13% 的扣除率计算的进项税额。

第四种是购进或者销售货物以及在生产经营过程中支付运输费用的，按照运输费用结算单据上注明的运输费用金额和 7% 的扣除率计算的进项税额。

核算增值税主要设置了以下科目：

总账科目——应交税费，一级明细科目——"应交增值税"，二级明细科目——"进项税额"、"已交税金"、"销项税额"、"出口退税"、"进项税额转出"。

（一）购入货物或接受应税劳务

企业从国内购入货物或接受应税劳务等，根据增值税专用发票上记载的应计入采购成本或应计入加工、修理修配等物资成本的金额，借记"材料采购"、"在途物资"、"原材料"、"库存商品"或"生产成本"、"制造费用"、"委托加工物资"、

"管理费用"等科目,根据增值税专用发票上注明的可抵扣的增值税税额,借记"应交税费——应交增值税(进项税额)"科目,按照应付或实际支付的总额,贷记"应付账款"、"应付票据"、"银行存款"等科目。购入货物发生的退货,按相关规定进行账务处理。

[例6-5] 某企业购入原材料一批,增值税专用发票上注明货款60 000元,增值税税额10 200元,货物尚未到达,货款和进项税款已用银行存款支付。该企业采用计划成本对原材料进行核算。该企业的有关会计分录如下:

借:材料采购   60 000
　　应交税费——应交增值税(进项税额)   10 200
　贷:银行存款   70 200

企业购入免征增值税货物,一般不能抵扣增值税销项税额。

(二)进项税额转出

购进的货物发生非常损失,以及将购进货物改变用途(如用于非应税项目、集体福利或者个人消费等),其进项税额应通过"应交税费——应交增值税(进项税额转出)"科目转入有关科目,借记"待处理财产损溢"、"在建工程"、"应付职工薪酬"等科目,贷记"应交税费——应交增值税(进项税额转出)"科目;属于转作待处理财产损失的进项税额,应与遭受非常损失的购进货物、在产品或库存商品的成本一并处理。

购进货物改变用途通常是指购进的货物在没有经过任何加工的情况下,对内改变用途的行为,如在建工程领用原材料、企业下属医务室等福利部门领用原材料,等等。

[例6-6] 某企业库存材料因意外火灾毁损一批,有关增值税专用发票确认的成本为10 000元,增值税税额1 700元。该企业的有关会计分录如下:

借:待处理财产损溢——待处理流动资产损溢   11 700
　贷:原材料   10 000
　　　应交税费——应交增值税(进项税额转出)   1 700

[例6-7] 某企业建造厂房领用生产用原材料50 000元,原材料购入时支付的增值税税额为8 500元。该企业的有关会计分录如下:

借:在建工程   58 500
　贷:原材料   50 000
　　　应交税费——应交增值税(进项税额转出)   8 500

[例6-8] 某企业所属的职工医院维修领用原材料5 000元,其购入时支付的增值税税额为850元。该企业的有关会计分录如下:

借:应付职工薪酬——职工福利 5 850
 贷:原材料 5 000
  应交税费——应交增值税(进项税额转出) 850

(三)销售物资或提供劳务

企业销售货物或者提供应税劳务,按照营业收入和应收取的增值税税额,借记"应收账款"、"应收票据"、"银行存款"等科目,按增值税专用发票上注明的增值税税额,贷记"应交税费——应交增值税(销项税额)"科目,按照实现的营业收入,贷记"主营业务收入"、"其他业务收入"等科目。

[例6-9] 甲企业销售产品一批,价款500 000元,按规定应收取增值税税额85 000元,提货单和增值税专用发票已交给买方,款项尚未收到。该企业的有关会计分录如下:

借:应收账款 585 000
 贷:主营业务收入 500 000
  应交税费——应交增值税(销项税额) 85 000

[例6-10] 某企业为外单位代加工电脑桌400个,每个收取加工费100元,适用的增值税税率为17%,加工完成,款项已收到并存入银行。该企业的有关会计分录如下:

借:银行存款 46 800
 贷:主营业务收入 40 000
  应交税费——应交增值税(销项税额) 6 800

(四)视同销售行为

企业将自产或委托加工的货物用于非应税项目、集体福利或个人消费,将自产、委托加工或购买的货物作为投资、分配给股东或投资者、无偿赠送他人等,分别借记"在建工程"、"长期股权投资"、"营业外支出",贷记"应交税费——应交增值税(销项税额)"等科目。

[例6-11] 甲公司将自产的产品用于个人消费,该批产品的成本价为2 000 000元,市场售价为3 000 000元。假设甲公司为一般纳税人,增值税税率为17%,甲公司的会计处理为

借:应付职工薪酬 3 510 000
 贷:主营业务收入 3 000 000
  应交税费——应交增值税(销项税额) 510 000
借:主营业务成本 2 000 000
 贷:库存商品 2 000 000

（五）出口退税

企业出口产品按规定退税的，按应收的出口退税额，借记"其他应收款"，贷记"应交税费——应交增值税（出口退税）"科目。

（六）交纳增值税

企业交纳的增值税，借记"应交税费——应交增值税（已交税金）"科目，贷记"银行存款"科目。"应交税费——应交增值税"科目的贷方余额，表示企业应交纳的增值税。

（七）小规模纳税人的核算

小规模纳税人应当按照销售额和规定的增值税征收率计算交纳增值税。小规模纳税人销售货物或提供应税劳务时只能开具普通发票，不能开具增值税专用发票。小规模纳税企业不享有进项税额的抵扣权，其购进货物或接受应税劳务支付的增值税直接计入有关货物或劳务的成本。因此，小规模纳税人只需在"应交税费"科目下设置"应交增值税"明细科目，不需要在"应交增值税"明细科目中设置专栏，"应交税费——应交增值税"科目贷方登记应交纳的增值税，借方登记已交纳的增值税；期末贷方余额为尚未交纳的增值税，借方余额为多交纳的增值税。

小规模纳税人购进货物和接受应税劳务时支付的增值税，直接计入有关货物和劳务的成本，借记"材料采购"、"在途物资"等科目，贷记"银行存款"等科目。

二、应交消费税

消费税是以消费品或消费行为的流转额为课税对象征收的一种商品流转税。纳税人为在我国境内生产、委托加工和进口应税消费品的单位和个人，按其流转额交纳的一种税。消费税的征收方法有：①从价定率征收，以不含增值税的销售额为税基，按照法定的税率计算。②从量定额征收，根据按税法确定的企业应税消费品的数量和单位应税消费品应缴纳的消费税计算确定。③从价定率和从量定额复合计税进行。

消费税的账务处理为：

（1）销售应税消费品，借记"营业税金及附加"，贷记"应交税费——应交消费税"科目。

[例6-12] 甲企业销售所生产的化妆品，价款2 000 000元（不含增值税），适用的消费税税率为30%。

应交消费税 = 2 000 000×30% = 600 000（元）

甲企业编制会计分录如下：

借：营业税金及附加　　　　　　　　　　　　　　　　　　　600 000
　　贷：应交税费——应交消费税　　　　　　　　　　　　　　　　600 000

（2）自产自用应税消费品，借记"在建工程"等科目，贷记"应交税费——应交消费税"科目。

[例 6-13] 某企业在建工程领用自产柴油 50 000 元，增值税销项税额 8 500 元，应交纳消费税 6 000 元，该企业的有关会计分录如下：

借：在建工程　　　　　　　　　　　　　　　　　　　　　　66 200
　　贷：库存商品　　　　　　　　　　　　　　　　　　　　　　　50 000
　　　　应交税费——应交增值税（销项税额）　　　　　　　　　　8 500
　　　　　　　　——应交消费税　　　　　　　　　　　　　　　　6 000

（3）委托加工应税消费品。受托加工或翻新改制金银首饰按照规定由受托方交纳消费税。

委托加工收回后，直接用于销售，将受托方代收代缴的消费税计入委托加工物资的成本，借记"委托加工物资"科目，贷记"银行存款"等科目。

用于连续生产的，按规定准予抵扣的，借记"应交税费——应交消费税"科目，贷记"银行存款"科目。

[例 6-14] A 企业委托 B 企业代为加工一批应交消费税的材料（非金银首饰）。A 企业的材料成本为 1 000 000 元，加工费为 200 000 元，由 B 企业代收代缴的消费税为 80 000 元（不考虑增值税）。材料已经加工完成，并由 A 企业收回验收入库，加工费尚未支付。A 企业采用实际成本法进行原材料的核算。

如果 A 企业收回的委托加工物资用于继续生产应税消费品，A 企业的有关会计分录如下：

借：委托加工物资　　　　　　　　　　　　　　　　　　　1 000 000
　　贷：原材料　　　　　　　　　　　　　　　　　　　　　　1 000 000
借：委托加工物资　　　　　　　　　　　　　　　　　　　　200 000
　　应交税费——应交消费税　　　　　　　　　　　　　　　80 000
　　贷：应付账款　　　　　　　　　　　　　　　　　　　　　280 000
借：原材料　　　　　　　　　　　　　　　　　　　　　　1 200 000
　　贷：委托加工物资　　　　　　　　　　　　　　　　　　　1 200 000

如果 A 企业收回的委托加工物资直接用于对外销售，A 企业的有关会计分录如下：

借：委托加工物资　　　　　　　　　　　　　　1 000 000
　　贷：原材料　　　　　　　　　　　　　　　　　　1 000 000
借：委托加工物资　　　　　　　　　　　　　　　280 000
　　贷：应付账款　　　　　　　　　　　　　　　　　　280 000
借：原材料　　　　　　　　　　　　　　　　　1 280 000
　　贷：委托加工物资　　　　　　　　　　　　　　　1 280 000

B企业对应收取的受托加工代收代缴消费税的会计分录如下：

借：应收账款　　　　　　　　　　　　　　　　　80 000
　　贷：应交税费——应交消费税　　　　　　　　　　80 000

三、应交营业税

营业税是指对在我国境内提供应税劳务、转让无形资产或销售不动产的单位和个人征收的流转税。应税劳务是指属于交通运输业、建筑业、金融保险业、邮电通信业、文化体育业、娱乐业、服务业税目征收范围的劳务，不包括加工、修理修配等劳务。转让无形资产是指转让无形资产的所有权或使用权的行为。销售不动产是指有偿转让不动产的所有权，转让不动产的有限产权或永久使用权，以及单位将不动产无偿赠与他人等视同销售不动产的行为。

营业税按照营业额和规定的税率计算应纳税额，其计算公式为

$$应纳税额 = 营业额 \times 税率$$

这里的营业额是指纳税人提供应税劳务、转让无形资产或者销售不动产向对方收取的全部价款和价外费用。价外费用包括向对方收取的手续费、基金、集资费、代收款项、代垫款项及其他各种性质的价外收费。税率3%～20%。为了核算企业应交营业税的情况，应设置"应交税费——应交营业税"科目，该科目主要核算：

（1）企业按规定应交的营业税，借记"营业税金及附加"科目，贷记"应交税费——应交营业税"科目。

（2）出售不动产，计算应交的营业税，借记"固定资产清理"等科目，贷记"应交税费——应交营业税"科目。

（3）交纳的营业税，借记"应交税费——应交营业税"，贷记"银行存款"等科目。

[例6-15]　某运输公司某月运营收入为500 000元，适用的营业税税率为3%。该公司应交营业税的有关会计分录如下：

应交营业税 = 500 000 × 3% = 15 000（元）

借：营业税金及附加　　　　　　　　　　　　　　　　　　　　15 000
　　贷：应交税费——应交营业税　　　　　　　　　　　　　　　15 000

[例6-16]　某企业出售一栋办公楼，出售收入320 000元已存入银行。该办楼的账面原价为400 000元，已提折旧100 000元，未曾计提减值准备；出售过程用银行存款支付清理费用5 000元。销售该项固定资产适用的营业税税率为5%。该企业的有关会计处理如下：

该固定资产转入清理时：

借：固定资产清理　　　　　　　　　　　　　　　　　　　　300 000
　　累计折旧　　　　　　　　　　　　　　　　　　　　　　100 000
　　贷：固定资产　　　　　　　　　　　　　　　　　　　　400 000

收到出售收入320 000元时：

借：银行存款　　　　　　　　　　　　　　　　　　　　　　320 000
　　贷：固定资产清理　　　　　　　　　　　　　　　　　　320 000

支付清理费用5 000元时：

借：固定资产清理　　　　　　　　　　　　　　　　　　　　5 000
　　贷：银行存款　　　　　　　　　　　　　　　　　　　　5 000

计算应交营业税320 000×5%＝16 000（元）

借：固定资产清理　　　　　　　　　　　　　　　　　　　　16 000
　　贷：应交税费——应交营业税　　　　　　　　　　　　　　16 000

结转销售该固定资产的净损失时：

借：营业外支出　　　　　　　　　　　　　　　　　　　　　1 000
　　贷：固定资产清理　　　　　　　　　　　　　　　　　　1 000

本例中，企业出售不动产应交的营业税16 000元，应记入"固定资产清理"科目。

四、应交资源税

资源税是对在我国领域及管辖海域内开采矿产品或者生产盐的单位和个人征收的一种税。资源税的应纳税额，按照从价定率或者从价定额的办法，分别以应税产品的销售额乘以纳税人具体适用的比例税或者从应税产品的销售数量乘以纳税人具体适用的定额率计算。

纳税人开采或者生产不同税目应税产品的，应当分别核算不同税目应税产品的销售额或者销售数量；未分别核算或者不能准确提供不同应税产品的销售额或者销售数量的，从高适用税率。

纳税人开采或者生产应税产品，自用于连续生产税产品的，不缴纳资源税；

自用于其他方面的,视同销售,依法缴纳资源税。

在会计核算时,企业按规定计算应交的资源税,借记"营业税金及附加"科目,贷记"应交税费——应交资源税"科目,缴纳的资源税,借记"应交税费——应交资源税",贷记"银行存款"等科目。

[例6-17] 某企业对外销售某种资源税应税矿产品2 000吨,每吨应交资源税5元。该企业的有关会计分录如下:

企业对外销售应税产品而应缴的资源税=2 000×5=10 000(元)

借:营业税金及附加　　　　　　　　　　　　　　10 000
　　贷:应交税费——应交资源税　　　　　　　　　　　　10 000

[例6-18] 某企业将自产的资源税应税矿产品500吨用于企业的其他产品生产,每吨应缴资源税5元。该企业的有关会计分录如下:

企业自产自用应税矿产品而应缴纳的资源税=500×5=2 500(元)

借:生产成本　　　　　　　　　　　　　　　　　2 500
　　贷:应交税费——应交资源税　　　　　　　　　　　　2500

五、应交城市维护建设税

城市维护建设税是以增值税、消费税、营业税为计税依据征收的一种税。缴纳增值税、消费税、营业税的单位和个人,为城市维护建设税的纳税人。

计算公式为

$$应交税额=(应交增值税+应交消费税+应交营业税)\times 适用税率(1\% \sim 7\%)$$

[例6-19] 某企业本期实际应上缴增值税400 000元,消费税241 000元,营业税159 000元。该企业适用的城市维护建设税税率为7%。该企业的有关会计处理如下:

计算应交的城市维护建设税:

应交的城市维护建设税=(400 000+241 000+159 000)×7%=56 000(元)

借:营业税金及附加　　　　　　　　　　　　　　56 000
　　贷:应交税费——应交城市维护建设税　　　　　　　　56 000

用银行存款上交城市维护建设税时:

借:应交税费——应交城市维护建设税　　　　　　56 000
　　贷:银行存款　　　　　　　　　　　　　　　　　　56 000

六、应交所得税

企业所得税是指对我国境内的企业和其他取得收入的组织的生产经营所得和其他所得征收的一种税。但是,个人独资企业、合伙企业不适用我国《企业所得税法》,应缴纳个人所得税。

在我国境内,企业和其他取得收入的组织为企业所得税的纳税人。

计算公式为

应纳税所得额 = 收入总额 — 不征税收入 — 免税收入 — 各项扣除 — 允许弥补的以前年度亏损

应纳税额 = 应纳税所得额 × 适用税率 — 减免税额 — 抵免税额

(1) 企业按照税法规定计算应交的所得税,借记"所得税费用"等科目,贷记"应交税费——应交所得税"科目。

(2) 交纳的所得税,借记"应交税费——应交所得税"科目,贷记"银行存款"等科目。

七、应交土地增值税

(1) 企业转让的国有土地使用权连同地上建筑物及其附着物一并在"固定资产"或"在建工程"等科目核算的,转让时应交的土地增值税,借记"固定资产清理"科目,贷记"应交税费——应交土地增值税"科目。

(2) 缴纳的土地增值税,借记"应交税费——应交土地增值税"科目,贷记"银行存款"等科目。

[例 6-20] 甲企业对外转让一栋厂房,根据税法规定计算缴纳的应缴纳土地增值税为 27 000 元。甲企业的有关会计处理如下:

计算应交纳的土地增值税时:

借:固定资产清理 27 000
　　贷:应交税费——应交土地增值税 27 000

用银行存款缴纳应交土地增值税税款时:

借:应交税费——应交土地增值税 27 000
　　贷:银行存款 27 000

八、应交房产税、土地使用税、车船税、矿产资源补偿费

（1）企业按规定计算应缴纳的房产税、土地使用税、车船税、矿产资源补偿费，借记"管理费用"科目，贷记"应交税费——应交房产税"等科目。

（2）缴纳的房产税、土地使用税、车船税等税时，借记"应交税费——应交房产税"等科目，贷记"银行存款"等科目。

九、应交个人所得税

（1）企业按规定计算的应代扣代缴的职工个人所得税，借记"应付职工薪酬"科目，贷记"应交税费——应交个人所得税"科目。

（2）缴纳个人所得税的，借记"应交税费——应交个人所得税"科目，贷记"银行存款"等科目。

十、应交的教育费附加

（1）企业按规定计算应缴纳的教育费附加时，借记"营业税金及附加"科目，贷记"应交税费——应交教育费附加"科目。

（2）缴纳教育费附加时，借记"应交税费——应交教育费附加"科目，贷记"银行存款"等科目。

十一、预交的税费

企业预缴的税费，借记"应交税费"科目（应交增值税、应交所得税等明细科目），贷记"银行存款"科目。

"应交税费"科目期末贷方余额，反映企业尚未缴纳的税费；期末如为借方余额，反映企业多缴或尚未抵扣的税费。

第六节 应付利息的核算

应付利息核算企业按照合同约定应支付的利息，包括吸收存款分期付息到期还本的长期借款、企业债券等应支付的利息。企业应当设置"应付利息"科目，按照债权人设置明细科目进行明细核算，该科目期末贷方余额反映企业按照合同

约定应支付但尚未支付的利息。

应付利息的主要账务处理：

（1）企业采用合同约定的名义利率计算确定利息费用时，应按合同约定的名义利率计算确定的应付利息的金额，借记"利息支出"、"在建工程"、"财务费用"、"研发支出"等科目，贷记"应付利息"科目。

（2）采用实际利率计算确定利息费用时，应按摊余成本和实际利率计算确定的利息费用，借记"利息支出"、"在建工程"、"制造费用"、"财务费用"、"研发支出"等科目，按合同约定的名义利率计算确定的应付利息的金额，贷记"应付利息"科目，按其差额，借记或贷记"长期借款——利息调整"、"吸收存款——利息调整"等科目。

（3）实际支付利息时，借记"应付利息"科目，贷记"银行存款"等科目。

"应付利息"科目期末贷方余额，反映企业按照合同约定应支付但尚未支付的利息。

[例6-21] 甲股份有限公司于2007年1月1日向银行借入一笔生产经营用短期借款，共计120 000元，期限为一年，年利率为8%。根据与银行签署的借款协议。该项借款的本金到期后一次归还，利息分月预提、按季支付。甲股份有限公司的有关会计处理如下：

1月1日借入短期借款时。

借：银行存款　　　　　　　　　　　　　　　　　　　120 000
　　贷：短期借款　　　　　　　　　　　　　　　　　　120 000

1月末，计提1月份应计利息时。

本月应计提的利息金额=120 000×8%÷12=800（元）

借：财务费用　　　　　　　　　　　　　　　　　　　　800
　　贷：应付利息　　　　　　　　　　　　　　　　　　　800

本例中，短期借款利息800元属于企业的筹资费用，应记入"财务费用"科目。

2月末计提2月份利息的账务处理与1月份相同。

3月末支付第一季度银行借款利息时。

借：财务费用　　　　　　　　　　　　　　　　　　　　800
　　应付利息　　　　　　　　　　　　　　　　　　　　1 600
　　贷：银行存款　　　　　　　　　　　　　　　　　　2 400

本例中，1月至2月已经计提的利息为1 600元，应借记"应付利息"科目，3月份应当计提的利息为800元，应借记"财务费用"科目；实际支付利息2 400元，贷记"银行存款"科目。

第二、三、四季度的会计处理与第一季度相同。

借款到期偿还银行借款本金时：

借：短期借款　　　　　　　　　　　　　　　　　　　120 000
　　贷：银行存款　　　　　　　　　　　　　　　　　　　120 000

如果上述借款期限是 8 个月，则到期日为 9 月 1 日，8 月末之前的会计处理与上述相同。9 月 1 日偿还银行借款本金，同时支付 7 月和 8 月已提未付利息，编制会计分录如下：

借：短期借款　　　　　　　　　　　　　　　　　　　120 000
　　应付利息　　　　　　　　　　　　　　　　　　　　　1 600
　　贷：银行存款　　　　　　　　　　　　　　　　　　　121 600

第七节　其他应付款的核算

企业除应付票据、应付账款、预收账款、应付职工薪酬、应付利息、应付股利、应交税费、长期应付款等经营活动以外的其他各项应付、暂收的款项，应通过"其他应付款"科目核算。本科目应当按照其他应付款的项目和对方单位（或个人）进行明细核算。

企业收到其他各种应付、暂收款项时，借记"银行存款"，发生的其他各种应付暂收款项，借记"管理费用"等科目，贷记"其他应付款"科目；支付的其他各种应付、暂收款项，借记"其他应付款"科目，贷记"银行存款"等科目。

采用售后回购方式融资的，在发出商品等资产时，应按实际收到或应收的金额，借记"银行存款"、"应收账款"等科目，按增值税专用发票上注明的增值税税额，贷记"应交税费——应交增值税（销项税额）"科目，按其差额，贷记"其他应付款"科目。回购价格与原销售价格之间的差额，应在售后回购期间内按期计提利息费用，借记"财务费用"科目，贷记"其他应付款"科目。

购回该项商品等时，应按回购商品等的价款，借记"其他应付款"科目，按可抵扣的增值税税额，借记"应交税费——应交增值税（进项税额）"科目，按实际支付的金额，贷记"银行存款"科目。

"其他应付款"科目期末贷方余额，反映企业尚未支付的其他应付款项。

[例 6-22]　某物业公司规定，凡小区内业主入住后要进行装修，需支付 2 500 元的装修保证金，业主装修完毕，经验收，如没有违反规定，装修保证金如数退还，如果发现破坏主体结构，则要扣除部分保证金。某年 8 月收取 8 号楼 5 户业主装修保证金 12 500 元，一个月以后，5 户业主均装修完毕，发现 3 户业

主没有违反规定，其他2户则有破坏主体结构的行为，需扣除保证金每人900元。根据扣款通知单，物业公司进行如下账务处理。

收取装修保证金时，根据收款凭证，做会计分录如下：

借：银行存款　　　　　　　　　　　　　　　　　　　　12 500
　　贷：其他应付款——装修保证金　　　　　　　　　　　12 500

退还及没收保证金，根据付款凭证，做会计分录如下：

借：其他应付款　　　　　　　　　　　　　　　　　　　12 500
　　贷：银行存款　　　　　　　　　　　　　　　　　　　10 700
　　　　营业外收入　　　　　　　　　　　　　　　　　　　1 800

[例6-23] 某企业9月份，根据支付职工工资数，提取代扣养老保险金30 000元，医疗保险12 000元，根据工资结算汇总表的计算结果，做会计分录如下：

借：应付职工薪酬　　　　　　　　　　　　　　　　　　42 000
　　贷：其他应付款——保险公司　　　　　　　　　　　　42 000

以银行存款上缴退休保险金，医疗保险，会计分录如下：

借：其他应付款——保险公司　　　　　　　　　　　　　42 000
　　贷：银行存款　　　　　　　　　　　　　　　　　　　42 000

第八节　长期应付款的核算

长期应付款是指企业对其他单位发生的付款期限在一年以上的长期借款，如采用分期付款方式购入固定资产。企业应设置"长期应付款"科目，本科目核算企业除长期借款和应付债券以外的其他各种长期应付款项，包括应付融资租入固定资产的租赁费、以分期付款方式购入固定资产等发生的应付款项等。本科目可按长期应付款的种类和债权人进行明细核算。

（1）企业融资租入的固定资产，在租赁期开始日，按应计入固定资产成本的金额（租赁开始日租赁资产公允价值与最低租赁付款额现值两者中较低者，加上初始直接费用），借记"在建工程"或"固定资产"科目，按最低租赁付款额，贷记"长期应付款"科目，按发生的初始直接费用，贷记"银行存款"等科目，按其差额，借记"未确认融资费用"科目。按期支付的租金，借记"长期应付款"科目，贷记"银行存款"等科目。

（2）购入有关资产超过正常信用条件延期支付价款、实质上具有融资性质的，应按购买价款的现值，借记"固定资产"、"在建工程"等科目，按应支付的金额，贷记"长期应付款"科目，按其差额，借记"未确认融资费用"科目。

按期支付的价款,借记"长期应付款"科目,贷记"银行存款"科目。

长期应付款科目期末贷方余额,反映企业应付未付的长期应付款项。

[例6-24]　某企业采用融资租赁方式租入生产设备一台,按照租赁合同的规定双方确定的租赁资产公允价值为 20 000 000 元,租赁期限为 5 年,最低租赁付款额为 24 000 000 元。

　　借:在建工程　　　　　　　　　　　　　　　　　　　　20 000 000
　　　　未确认融资费用　　　　　　　　　　　　　　　　　　4 000 000
　　　　贷:长期应付款——应付融资租赁款　　　　　　　　　24 000 000

如果企业以银行存款支付了生产设备的运输费、保险费、安装调试费等计 300 000 元,则还要做会计分录如下:

　　借:在建工程　　　　　　　　　　　　　　　　　　　　　　300 000
　　　　贷:银行存款　　　　　　　　　　　　　　　　　　　　300 000

该企业在采用融资租赁方式租入生产设备时,支付手续费、公证费、印花税等各项费用为 500 000 元。

　　借:在建工程　　　　　　　　　　　　　　　　　　　　　　500 000
　　　　贷:银行存款　　　　　　　　　　　　　　　　　　　　500 000

融资租入固定资产安装调试完工后投入使用时:

　　借:固定资产——融资租入固定资产　　　　　　　　　　20 800 000
　　　　贷:在建工程　　　　　　　　　　　　　　　　　　20 800 000

根据规定,未确认的融资费用应当在租赁期内各个期间进行合理分摊。

每年分摊的未确认融资费用 =4 000 000÷5=800 000(元)

每年分摊时的会计处理如下:

　　借:财务费用　　　　　　　　　　　　　　　　　　　　　　800 000
　　　　贷:未确认融资费用　　　　　　　　　　　　　　　　　800 000

如按租赁合同规定:租金应于每年年初支付,每年支付租金 4 800 000 元,在支付租金时的会计处理如下:

　　借:长期应付款——应付融资租赁款　　　　　　　　　　　4 800 000
　　　　贷:银行存款　　　　　　　　　　　　　　　　　　　4 800 000

在实际融资合同中一般同时规定:在租赁期间内,由于中国人民银行上调(下降)金融机构贷款基准利率,将按上调(下降)幅度相应调整租金。

如[例6-24]中,在租赁期内的第 4 年初,中国人民银行上调金融机构贷款利率,假定经计算后,每年需 200 000 元,则第 4 年、第 5 年应分别支付租金为 5 000 000 万元。

借：财务费用　　　　　　　　　　　　　　　　　　　200 000
　　长期应付款——应付融资租赁款　　　　　　　　4 800 000
　　贷：银行存款　　　　　　　　　　　　　　　　　5 000 000

假定该设备预计使用年限为10年，在不考虑净残值的情况下，采用直线法计提折旧，每年计提的固定资产折旧为2080000（20 800 000÷10）元：

借：制造费用　　　　　　　　　　　　　　　　　　　2 080 000
　　贷：累计折旧　　　　　　　　　　　　　　　　　2 080 000

5年融资租赁期限届满后，企业应将固定资产从"融资租入固定资产"科目转入"固定资产"科目。编制会计分录如下：

借：固定资产　　　　　　　　　　　　　　　　　　　208 00 000
　　贷：固定资产——融资租入固定资产　　　　　　　20 800 000

第七章 所有者权益的核算

第一节 所有者权益概述

一、所有者权益的定义与分类

所有者权益是企业资产扣除负债后,由所有者享有的剩余权益。

公司的所有者权益又称为股东权益。所有者权益通常由实收资本(或股本)、资本公积(含股本溢价或资本溢价、其他资本公积)、盈余公积和未分配利润等构成。其中,盈余公积和未分配利润统称为留存收益。

所有者权益的来源包括所有者投入的资本、直接计入所有者权益的利得和损失、留存收益等。

(1) 所有者投入的资本,是指所有者投入企业的资本部分。它既包括构成企业注册资本或者股本部分的金额,也包括投入资本超过注册资本或者股本部分的金额,即资本溢价或者股本溢价。

(2) 直接计入所有者权益的利得和损失,是指不应计入当期损益、会导致所有者权益发生增减变动的,与所有者投入资本或者向所有者分配利润无关的利得或者损失。其中,利得是指由企业非日常活动所形成的、会导致所有者权益增加的,与所有者投入资本无关的经济利益的流入;损失是指由企业非日常活动所发生的,会导致所有者权益减少的、与向所有者分配利润无关的经济利益的流出。

(3) 留存收益,是企业历年实现的净利润留存于企业的部分,主要包括计提的盈余公积和未分配利润。

二、所有者权益的特征

（1）所有者权益实质上是所有者在某个企业所享有的一种财产权利，包括所有者对投入财产的所有权、使用权和收益分配权，但是所有者权益只是一种剩余权益，只有负债的要求权得到清偿后，所有者权益才能够被清偿。

这就是说，当企业因终止营业或其他原因进行清算时，变现后的资产首先必须用于偿还企业的负债，剩余的财产才可按出资比例（对合资企业或有限公司而言）或股份比例（对股份有限公司而言）在所有者之间进行分配。

（2）所有者权益是一种权利，这种权利来自于投资者投入的可供企业长期使用的资源。

任何企业的设立，都需要有一定的由所有者投入的资本金。根据我国《公司法》的规定，投入的资本在企业终止经营前不得抽回，它是企业清偿债务的物质保证，是企业亏损的承担者。

（3）所有者权益具有长期特性。所有者权益作为剩余权益，并不存在确切的、约定的偿付期限。

（4）从构成要素来看，所有者权益包括所有者的投入资本、企业的资产增值及经营利润。

所有者的投入资本既是企业实收资本的唯一来源，也是企业资本公积的最主要来源。企业的所有者同时也是企业资产增值的受益者。至于企业的经营利润，根据风险和报酬对应原则，这是所有者作为承担全部经营风险和投资风险的一种回报。

（5）所有者权益计量的间接性。所有者权益除了投资者投入资本能够直接计量外，在企业存续期内任一时点，都不是直接计量的，而是通过计量资产和负债间接计量的结果。

（6）所有者权益的核算与企业组织形式有密切的关系。独资企业和合伙企业，所有者权益以"业主资本"形式出现；有限责任公司，所有者权益表现为"实收资本"；股份有限公司，所有者权益表现为"投入资本"和"留存收益"的形式。

三、所有者权益的确认条件

由于所有者权益体现的是所有者在企业中的剩余权益，因此，所有者权益的确认主要依赖于其他会计要素，尤其是资产和负债的确认；所有者权益金额的确定也主要取决于资产和负债的计量。

第二节 实收资本的核算

一、实收资本的确认

我国有关法律规定,投资者设立企业首先必须投入资本。《企业法人登记管理条例》规定,企业申请开业,必须具备国家规定的与其生产经营和服务规模相适应的资金。为了反映和监督投资者投入资本的增减变动情况,企业必须按照国家统一的会计制度的规定进行实收资本的核算,真实地反映所有者投入企业资本的状况,维护所有者各方在企业的权益。

实收资本是企业按照章程规定或合同、协议约定,接受投资者投入企业的资本。实收资本的构成比例或股东的股权比例,是确定所有者在企业所有者权益中份额的基础,也是企业进行利润或股利分配的主要依据。

二、实收资本的核算方法

为了反映投资者投入资本或股本的增减变动情况,企业应设置"实收资本"科目,股份有限公司应设置"股本"科目。"实收资本"或"股本"科目的借方登记企业按照法定程序经批准减少的资本,贷方登记在收到现金等资产时,按股票面值和核定的股份总额的乘积计算的金额;余额在贷方表示期末企业实收资本或股本的数额。"股本"科目还应按股票种类设置明细账,如普通股、优先股。在我国,股本可按投资主体的不同分为国家股、法人股、个人股和外资股。股份有限公司还应设置股本备查簿,详细记录股本总额、股数、每股面值以及已认股本等情况。

企业收到所有者投入企业的资本后,应根据有关原始凭证,如投资清单、银行通知单等,分别不同的出资方式进行会计处理。根据我国有关法律的规定,资本投资的形式可以有多种,如投资者可以用现金投资,也可以用非现金资产投资,还可以用无形资产投资。

1. 企业接受现金资产投资

一般企业收到投资者以现金投入的资本时,应以实际收到或存入企业开户银行的金额作为实收资本入账,借记"现金"、"银行存款"科目,贷记"实收资本"科目。对于实际收到或存入企业开户银行的金额超过投资者在企业注册资本中所占份额的部分,应计入"资本公积"科目。

[例 7-1] 某公司收到投资者投入资本 36 000 000 元,其中实收资本 30 000 000 元,超过实收资本的投入资本 6 000 000 元。款已收到并存入银行。

借:银行存款　　　　　　　　　　　　　　　　　　　　　36 000 000
　　贷:实收资本　　　　　　　　　　　　　　　　　　　　30 000 000
　　　　资本公积　　　　　　　　　　　　　　　　　　　　 6 000 000

2. 企业接受非现金资产投资

我国《公司法》规定,股东可以用货币出资,也可以用实物、知识产权、土地使用权等可以用货币估价并可以依法转让的非货币财产作价出资;但是,法律、行政法规规定不得作为出资的财产除外。对作为出资的非货币财产应当评估作价,核实财产,不得高估或者低估作价。法律、行政法规对评估作价有规定的,从其规定。全体股东的货币出资金额不得低于有限责任公司注册资本的 30%。不论以何种方式出资,投资者如在投资过程中违反投资合约,不按规定如期缴足出资额,企业可以依法追究投资者的违约责任。

企业接受非现金资产投资时,应按投资合同或协议约定价值确定非现金资产价值(但投资合同或协议约定价值不公允的除外)和在注册资本中应享有的份额。企业收到投资者以非现金资产投入的资本时,应以投资各方确认的价值作为实收资本入账,在办理完有关产权转移手续后,借记"固定资产"、"原材料"、"库存商品"等科目,贷记"实收资本"科目。对于投资各方确认的资产价值超过其在注册资本中所占份额的部分,应计入资本公积,贷记"资本公积"科目。

[例 7-2] 某公司同意甲投资者以固定资产一批作为投资,协议作价为人民币 1 200 000 元,其中 1 000 000 元作为实收资本入账;同意乙投资者以一块土地使用权作为投资,协议作价 2 400 000 元,其中 2 000 000 元作为实收资本入账;同意丙投资者以一批材料作为投资,协议作价 500 000 元,并收到丙投资者的增值税专用发票一张,增值税进项额 85 000 元。A 公司已办完了各实物的产权转移手续。

借:固定资产　　　　　　　　　　　　　　　　　　　　　 1 200 000
　　无形资产　　　　　　　　　　　　　　　　　　　　　 2 400 000
　　原材料　　　　　　　　　　　　　　　　　　　　　　　 500 000
　　应交税费——应交增值税(进项税额)　　　　　　　　　　 85 000
　　贷:实收资本——甲　　　　　　　　　　　　　　　　　1 000 000
　　　　　　　　——乙　　　　　　　　　　　　　　　　　2 000 000
　　　　　　　　——丙　　　　　　　　　　　　　　　　　　500 000
　　　　资本公积——资本溢价　　　　　　　　　　　　　　　685 000

3. 企业接受外币资本投资

接受外币资本投资主要是针对外商投资企业而言的。外商投资企业在接受外币资本投资时,一方面,应将实际收到的外币款项等资产作为资产入账,按收到外币当日的汇率折合的人民币金额,借记"银行存款"等科目;贷记"实收资本"科目;另一方面,应将接受的外币资产作为实收资本入账,但在具体折算时,则应根据不同情况,按照投资合同中是否约定汇率而定。

(1) 如果投资合同中约定了汇率,应按收到外币当日的汇率折合的人民币金额,借记"银行存款"科目,按合同约定汇率折合的人民币金额,贷记"实收资本"科目,将外币资本按约定汇率折算的人民币金额与按收到外币当日汇率折合的人民币金额之间的差额,计入资本公积,借记或贷记"资本公积——外币资本折算差额"科目。

[例7-3] 某公司接受丁姓外商投资1 000 000美元,合同汇率为1美元折合人民币8元,假设该公司收到该外商的投资当日的市场汇率为1美元折合人民币8.3元。

借:银行存款——美元　　　　　　　(1 000 000×8.3) 8 300 000
　　贷:实收资本——丁姓外商　　　　　　　　　　　　8 000 000
　　　　资本公积——外币资本折算差额　　　　　　　　　300 000

(2) 如果投资合同没有约定汇率,应按收到出资额当日的汇率折合的人民币金额,借记"银行存款"科目,贷记"实收资本"科目。

[例7-4] 某公司接受某外商投资1 000 000美元,没有规定合同汇率,假设该公司收到外商的投资当日的市场汇率为1美元折合人民币8.1元。

借:银行存款——美元户　　　　　　(1 000 000×8.1) 8 100 000
　　贷:实收资本——外商　　　　　　　　　　　　　　8 100 000

三、实收资本(或股本)的增减变动

一般情况下,企业的实收资本应相对固定不变,但在某些特定情况下,实收资本也可能发生增减变化。我国企业法人登记管理条例中规定,除国家另有规定外,企业的注册资金应当与实收资本相一致,当实收资本比原注册资金增加或减少的幅度超过20%时,应持资金信用证明或者验资证明,向原登记主管机关申请变更登记。如擅自改变注册资本或抽逃资金,要受到工商行政管理部门的处罚。

1. 实收资本(或股本)的增加

一般企业增加资本主要有三个途径:接受投资者追加投资、资本公积转增资本和盈余公积转增资本。

需要注意的是，由于资本公积和盈余公积均属于所有者权益，用其转增资本时，如果是独资企业比较简单，直接结转即可。如果是股份公司或有限责任公司，就应该按照原投资者各出资比例相应增加各投资者的出资额。

[例7-5] 甲、乙、丙三人共同投资设立A有限责任公司，原注册资本为4 000 000元，甲、乙、丙分别出资500 000元、2 000 000元和1 500 000元。为扩大经营规模，经批准，A公司注册资本扩大为5 000 000元，甲、乙、丙按照原出资比例分别追加投资125 000元、500 000元和375 000元。A公司如期收到甲、乙、丙追加的现金投资，A公司编制会计分录如下：

借：银行存款	1 000 000
贷：实收资本——甲	125 000
——乙	500 000
——丙	375 000

因扩大经营规模需要，经批准，A公司按原出资比例将资本公积1 000 000元转增资本，A公司会计分录如下：

借：资本公积	1 000 000
贷：实收资本——甲	125 000
——乙	500 000
——丙	375 000

因扩大经营规模需要，经批准，A公司按原出资比例将盈余公积1 000 000元转增资本。A公司会计分录如下：

借：盈余公积	1 000 000
贷：实收资本——甲	125 000
——乙	500 000
——丙	375 000

2. 实收资本（或股本）的减少

企业减少实收资本应按法定程序报经批准，股份有限公司采用收购本公司股票方式减资的，按股票面值和注销股数计算的股票面值总额冲减股本，按注销库存股的账面余额与所冲减股本的差额冲减股本溢价，股本溢价不足冲减的，再冲减盈余公积直至未分配利润。如果购回股票支付的价款低于面值总额的，所注销库存股的账面余额与所冲减股本的差额作为增加股本溢价处理。

第三节 资本公积的核算

一、资本公积概述

资本公积是指企业收到投资者的超出企业注册资本（或股本）中所占份额的投资，以及直接计入所有者权益的利得和损失等。在不同类型的企业中，所有者投入资本大于其在注册资本中所占份额的差额的表现形式有所不同。

在股份有限公司，表现为超面值缴入股本，即实际出资额大于股票面值的差额；在其他企业，则表现为资本溢价。直接计入所有者权益的利得和损失，是指不应计入当期损益、会导致所有者权益发生增减变动的、与所有者投入资本或向所有者分配利润无关的利得或损失。

资本公积与实收资本虽然都属于投入资本范畴，但两者有区别。实收资本一般是投资者投入的，为了谋求投资利益的法定资本，与企业注册资本相一致，因此，实收资本在来源和资金上，都有严格限制；资本公积有特定来源，另外有些来源形成的资本公积，并不需要由原投资者投入，也并不一定需要谋求投资利益。

资本公积和净利润不同，在会计中通常需要划分资本和收益的界限，收益是企业经营活动产生的结果，可分配给股东。资本公积是企业所有者投入资本的一部分，具有资本属性，与企业净利润无关，所以不能作为净利润的一部分。

二、资本公积的核算

资本公积的核算包括资本溢价（或股本溢价）的核算、其他资本公积的核算和资本公积转增资本的核算等内容。

企业应通过"资本公积"科目核算资本公积的增减变动情况，并分别"资本溢价（股本溢价）"、其他资本公积进行明细核算。其贷方登记企业资本公积的增加数，借方登记资本公积的减少数，期末余额在贷方，反映企业资本公积实有数。经股东大会决议或类似机构决议，资本公积转增资本时，应冲减资本公积（资本溢价或股本溢价）。

1. 资本溢价

除股份有限公司外的其他类型的企业，在企业创立时，投资者认缴的出资额与注册资本一致，一般不会产生资本溢价。但在企业重组或有新的投资者加入时，常常会出现资本溢价。因为在企业进行正常生产经营后，其资本利润率通常要高于企业初创阶段，另外，企业有内部积累，新投资者加入企业后，对这些积累也要分享，所以新加入的投资者往往要付出大于原投资者的出资额，才能取得与原投资者相同的出资比例。投资者多缴的部分就形成了资本溢价。当股份有限公司以溢价方式发行股票而在收到现金等资产时，按实际收到的金额，借记"现金"、"银行存款"等科目，按股票面值和核定的股份总额的乘积计算的金额，贷记"股本"科目，按溢价部分，贷记"资本公积——股本溢价"科目。

[例7-6] 甲有限责任公司由两位投资者投资200 000元设立，每人各出资100 000元。一年后，为扩大经营规模，经批准，甲有限责任公司注册资本增加到300 000元，并引入第三位投资者加入。按照投资协议，新投资者需缴入现金110 000元，同时享有该公司三分之一的股份，甲有限责任公司已收到该现金投资。假定不考虑其他因素，甲有限责任公司编制会计分录如下：

借：银行存款　　　　　　　　　　　　　　　　　　110 000
　　贷：实收资本　　　　　　　　　　　　　　　　　100 000
　　　　资本公积——资本溢价　　　　　　　　　　　 10 000

2. 股本溢价

股份有限公司是以发行股票的方式筹集股本的，股票可按面值发行，也可按溢价发行，我国目前不准折价发行。与其他类型的企业不同，股份有限公司在成立时可能会溢价发行股票，因而在成立之初，就可能会产生股本溢价。股本溢价的数额等于股份有限公司发行股票时实际收到的款额超过股票面值总额的部分。

在按面值发行股票的情况下，企业发行股票取得的收入，应全部作为股本处理；在溢价发行股票的情况下，企业发行股票取得的收入，等于股票面值部分作为股本处理，超出股票面值的溢价收入应作为股本溢价处理。

发行股票相关的手续费、佣金等交易费用，如果是溢价发行股票的，应从溢价中抵扣，冲减资本公积（股本溢价）；无溢价发行股票或溢价金额不足以抵扣的，应将不足抵扣的部分冲减盈余公积和未分配利润。

[例7-7] 某有限责任公司的所有者权益为12 000 000元，其中实收资本为800 000元，盈余公积为300 000元，未分配利润为100 000元。现有一投资者愿投资于该公司，该公司要求这一投资者出资300 000元现金，其中200 000元作为实收资本，100 000元作为资本公积，拥有20%的投资比例。该公司收到这一投资者的出资后存入银行，其他手续已办妥。

借：银行存款　　　　　　　　　　　　　　　　　3 000 000
　　贷：实收资本　　　　　　　　　　　　　　　　2 000 000
　　　　资本公积　　　　　　　　　　　　　　　　1 000 000

[例7-8] 某股份有限公司于2004年1月1日发行普通股20 000 000股，每股面值1元，按每股4元的价格发行。发行费用为500 000元，从发行收入中扣除。假如收到的股款已存入银行，该公司编制会计分录如下：

借：银行存款　　　　　　　　　　　　　　　　　　　　79 500 000
　　贷：股本　　　　　　　　　　　　　　　　　　　　　20 000 000
　　　　资本公积——股本溢价　　　　　　　　　　　　　59 500 000

3. 其他资本公积的核算

其他资本公积是指除资本溢价（或股本溢价）项目以外所形成的资本公积，其中主要是直接计入所有者权益的利得和损失。

（1）股权投资价值变动。股权投资价值变动是投资单位对被投资单位的长期股权投资采用权益法核算时，在持股比例不变的情况下，被投资单位除净损益以外所有者权益的其他变动，投资单位按其持股比例计算应享有的份额。企业采用权益法核算长期股权投资时，长期投资的账面价值将随着被投资单位所有者权益的增减而增加或减少，以使长期股权投资的账面价值与应享有被投资单位所有者权益的份额基本保持一致。被投资单位净资产的变动除了实际的净损益会影响净资产外，还有其他原因增加的资本公积，企业应按其持股比例计算应享有的份额，借记"长期股权投资——所有者权益其他变动"科目，贷记"资本公积——其他资本公积"科目。

（2）采用公允价值计量的投资性房地产。自用房地产或存货转换为采用公允价值模式计量的投资性房地产时，应按该项房地产在转换日的账面价值，借记"投资性房地产——成本"科目；按已计提的累计摊销或累计折旧，借记"累计摊销"、"累计折旧"科目；已计提减值准备的，借记"存货跌价准备"、"无形资产减值准备"、"固定资产减值准备"科目；按其账面余额，贷记"库存商品"、"无形资产"、"固定资产"账户。

同时，按该项房地产在转换日的公允价值大于其账面价值的差额，借记"投资性房地产——公允价值变动"账户，贷记"资本公积——其他资本公积"账户。处置投资性房地产时，按该项投资性房地产在转换日计入资本公积的金额，借记"资本公积——其他资本公积"科目，贷记"其他业务收入"科目。

（3）将持有至到期投资重分类为可供出售金融资产。根据金融工具确认和计量准则将持有至到期投资重分类为可供出售金融资产，应在重分类日按该项持有至到期投资的公允价值，借记"可供出售金融资产"科目；已计提减值准备的，借记"持有至到期投资减值准备"科目；按其账面余额，贷记"持有至到期投资——成本、利息调整、应计利息"科目；按其差额，贷记或借记"资本公积——其他资本公积"科目。

(4)采用成本或摊余成本计量的金融资产。企业根据金融工具确认和计量准则将可供出售金融资产重分类为采用成本或摊余成本计量的金融资产,应在重分类日按可供出售金融资产的公允价值,借记"持有至到期投资"等科目;贷记"可供出售金融资产"科目。对于有固定到期日的,与其相关的原记入"资本公积——其他资本公积"科目的余额,应在该项金融资产的剩余期限内,在资产负债表日,按采用实际利率法计算确定的摊销额,借记或贷记"资本公积——其他资本公积"科目,贷记或借记"投资收益"科目。对于没有固定到期日的,与其相关的原记入"资本公积——其他资本公积"账户的金额,应在处置该项金融资产时,借记或贷记"资本公积——其他资本公积"科目。贷记或借记"投资收益"科目。

(5)可供出售金融资产的公允价值变动及减值损失。资产负债表日,可供出售金融资产的公允价值高于账面余额的差额,借记"可供出售金融资产"科目,贷记"资本公积——其他资本公积"科目;公允价值低于其账面余额的差额,作相反的会计分录。确定可供出售金融资产发生减值的,按应减记的金额,借记"资产减值损失"科目,按应从所有者权益中转出原计入资本公积的累计损失金额,贷记"资本公积——其他资本公积"科目,按其差额,贷记"可供出售金融资产——公允价值变动"科目。

对于已确认减值损失的可供出售金融资产,在随后的会计期间公允价值上升的,应在原已计提的减值准备金额内,按恢复增加的金额,借记"可供出售金融资产"科目,贷记"资本公积——其他资本公积"科目。

(6)套期保值产生利得或损失。资产负债表日,满足运用套期会计方法条件的现金流量套期和境外经营净投资套期产生的利得,属于有效套期的,应按套期工具产生的利得借记"套期工具"科目,贷记"公允价值变动损益"、"资本公积——其他资本公积"等科目;被套期项目产生损失做相反的会计分录。

(7)递延所得税涉及的资本公积。资产负债表日,预计未来期间很可能无法获得足够的应纳税所得额用以抵扣可抵扣暂时性差异的,按原已确认的递延所得税资产中应减记的金额,借记"所得税费用——递延所得税费用"、"资本公积——其他资本公积"等科目,贷记"递延所得税资产"科目。与直接计入所有者权益的交易或事项相关的递延所得税资产,借记"递延所得税资产"科目,贷记"资本公积——其他资本公积"科目。与直接计入所有者权益的交易或事项相关的递延所得税负债,借记"资本公积——其他资本公积"科目,贷记"递延所得税负债"科目。

4. 资本公积转增资本的核算

经股东大会或类似机构决议,用资本公积转增资本时,应冲减资本公积,同时按照转增前的实收资本（或股本）的结构或比例，将转增的金额记入"实收资本"（或"股本"）科目下各所有者的明细科目。

三、留存收益的核算

留存收益是股份有限公司通过其生产经营活动而创造积累的、尚未分配给股东的净收益（即净利润）。留存收益来源于企业生产经营中所实现的净利润——资本增值。留存收益的目的是保证企业实现的利润有一部分留存在企业，不全部分配给投资者。这样，一方面可以满足企业维持或扩大再生产经营活动的资金需要，保持和提高企业的获利能力；另一方面可以保证企业有足够的资金弥补以后年度可能出现的亏损，也保证企业有足够的资金用于偿还债务，保护债权人的权益。基于此，对于留存收益的提取和使用，除了企业的自主行为外，往往也有法律上的诸多规定和限制。留存收益主要包括盈余公积和未分配利润。

1. 盈余公积

盈余公积是企业按照规定从税后利润中提取的各种积累资金。盈余公积按其用途不同，可分为一般盈余公积和公益金两类。一般盈余公积又分为两种：一是法定盈余公积。企业可按照净利润的10%提取，当法定盈余公积累计金额达到企业注册资本的50%时，可以不再提取。二是任意盈余公积。任意盈余公积主要由公司按照股东大会的决议从净利润中提取。公益金专门用于职工集体福利设施的支出，如建造职工宿舍、食堂、医疗保健设施等。企业应按照净利润的5%～10%提取法定公益金。

法定盈余公积和任意盈余公积的主要区别在于各自计提的依据不同。前者以国家的法律或法令为依据提取，具有明显的强制性；后者则由企业自行决定提取。它们的用途相同，主要用于以下几个方面：

（1）弥补亏损。企业发生亏损，应由企业自行弥补。弥补亏损的渠道主要有：一是用以后年度的税前利润弥补。按照规定，企业发生亏损，可以用以后年度实现的利润进行弥补，但弥补期限不得超过五年。二是用以后年度的税后利润弥补。超过了税收规定的税前利润弥补期限，未弥补的以前年度亏损可用所得税后利润弥补。三是用盈余公积弥补。公司以提取的盈余公积弥补亏损时，应由公司董事会提议，并经股东大会批准。

（2）转增股本。股份有限公司经股东大会决议将盈余公积转为股本时，要办理增资手续，且按股东原有股份比例派送新股或者增加每股面值。但盈余公积转增股本时，转增后留存的盈余公积不得少于注册资本的25%。

此外，盈余公积还可用于分派现金股利和利润。

盈余公积的提取实际上是公司当期实现利润向投资者分配利润的一种限制。提取盈余公积本身就属于利润分配的一部分，提取盈余公积相对应的资金，一经提取形成盈余公积后，在一般情况下不得随意用于向投资者分配股利。盈余公积的用途，并不是指其实际占用形态，提取盈余公积也并不是单独将这部分资金从公司资金周转过程中抽出。公司提取的盈余公积，无论是用于弥补亏损，还是用于转增股本，都只不过是公司所有者权益内部结构的转换，如公司以盈余公积弥补亏损，其实际是减少盈余公积留存的数额，以此抵补亏损的数额，并不引起公司所有者权益总额的变动；公司以盈余公积转增股本，也只是减少盈余公积结存的数额，但同时增加公司股本的数额，也并不引起所有者权益总额的变动。至于公司盈余公积的结存数，实际上其只表现公司所有者权益的组成部分，表明公司生产经营资金的一个来源而已，其形成的资金可能表现为一定的货币资金，也可能表现为一定的实物资产，如存货和固定资产等，随同公司的其他来源所形成的资金进行循环周转。

2. 未分配利润

未分配利润是公司留待以后年度进行分配的结存利润，是所有者权益的组成部分。其包括两层含义：一是这部分利润没有分配给投资者；二是这部分利润未指定用途。公司对未分配利润的使用分配与所有者权益的其他部分相比有较大的自主权。从数量上来说，未分配利润是期初未分配利润，加上本年实现的税后利润，减去提取的各种盈余公积和分出利润后的金额。

四、盈余公积的会计处理

为了反映盈余公积的提取和使用等增减变动情况，企业应设置"盈余公积"科目，按规定提取的一般盈余公积和公益金记入该科目的贷方。企业将盈余公积用于弥补亏损、将盈余公积用于转增股本而减少的盈余公积记入"盈余公积"科目的借方，"盈余公积"科目的贷方余额表示公司提取的盈余公积余额。该科目下应设置"法定盈余公积"、"任意盈余公积"、"法定公益金"等明细科目。

对于盈余公积的会计处理，应注意的问题是：从理论上讲，公司实现的净利润即为所有者权益，应由所有者安排使用。但为了保证公司职工的集体福利设施所需资金支出，国家作了统一规定，要求各企业从净利润中划出一部分专门用于集体福利设施，但其产权关系不变，这部分法定公益金仍属所有者权益。为了反映这种有特定用途的资金，在会计上，采用了在"盈余公积"中单设"法定公益金"明细科目进行核算的方法。按规定提取此项资金时,借记"利润分配"科目,贷记"盈余公积——提取法定公益金"科目,待这部分资金按规定用途使用,即购建了职工宿舍或食堂等,在固定资产完工交付使用后,就应从"法定公益金"明细科目中转为一般盈余公积中的任意盈余公积。但待处置原用法定公益金购置的固定资产时,仍应将其原始支出从一般盈余公积中的任意盈余公积转回法定公益金。一般来说,盈余公积本身是划转的具有特定用途的留存利润,这种特定用途的准备主要用于限制企业不再将其分配给投资者。而法定公益金则是在这种已限定不能再分配给投资者的留存利润中,再指定专门用途,即划转一部分作职工集体福利设施的准备资金。

[例7-9] 某股份有限公司2004年度实现的税后利润为2 000 000元。股东代表大会通过的利润分配方案中,决定提取10%的税后利润作为法定盈余公积金、8%的税后利润作为任意盈余公积以及5%的税后利润作为法定公益金。到2004年6月30日,提取的法定盈余公积中的100 000元用于转增股本,任意盈余公积中的60 000元用于派发股利、50 000元用于弥补以前年度的亏损。该公司编制会计如下分录。

提取一般盈余公积和公益金时:

借:利润分配——提取法定盈余公积金	200 000
利润分配——提取任意盈余公积金	160 000
利润分配——提取法定公益金	100 000
贷:盈余公积——法定盈余公积	200 000
盈余公积——任意盈余公积	160 000
盈余公积——法定公益金	100 000

以盈余公积转增股本时:

借:盈余公积——法定盈余公积	100 000
贷:股本	100 000

以盈余公积派发股利时:

借:盈余公积——任意盈余公积	60 000
贷:应付股利	60 000

以盈余公积弥补以前年度亏损时:

借:盈余公积——任意盈余公积	50 000
贷:利润分配——弥补亏损	50 000

假如[例7-9]中,该公司将提取的公益金100 000元用于购买一套职工宿舍,并以银行存款支付。应做会计分录如下:

借：固定资产——职工宿舍　　　　　　　　　　　　100 000
　　贷：银行存款　　　　　　　　　　　　　　　　　100 000
借：盈余公积——法定公益金　　　　　　　　　　　100 000
　　贷：盈余公积——任意盈余公积　　　　　　　　　100 000

五、未分配利润的会计处理

在股份有限公司中，利润分配方案必须由董事会提交股东代表大会审议通过，才能付诸实施。年度终了，股份有限公司应将全年实现的净利润从"本年利润"科目转入"利润分配——未分配利润"科目。如果公司当年实现盈利，则借记"本年利润"科目，贷记"利润分配——未分配利润"科目；如果公司亏损，则借记"利润分配——未分配利润"科目，贷记"本年利润"科目。然后将"利润分配"科目下的其他明细账的余额（即应付股利、提取盈余公积、盈余公积补亏等科目）转入"未分配利润"明细科目。结转后，"未分配利润"科目的贷方余额，就是未分配利润的数额。如出现借方余额，则表示未弥补亏损的数额。

[例7-10] 某股份有限公司2004年"本年利润"科目年末贷方余额2 500 000元，本年提取法定盈余公积为250 000元，提取任意盈余公积200 000元，提取公益金125 000元，应付股利1 500 000元。"利润分配——未分配利润"科目的期初贷方余额为100 000元。该公司编制会计分录如下。

结转全年利润时：
借：本年利润　　　　　　　　　　　　　　　　　2 500 000
　　贷：利润分配——未分配利润　　　　　　　　　2 500 000
结转利润分配的其他明细科目：
借：利润分配——未分配利润　　　　　　　　　　2 075 000
　　贷：利润分配——提取法定盈余公积　　　　　　　250 000
　　　　利润分配——提取任意盈余公积　　　　　　　200 000
　　　　利润分配——提取法定公益金　　　　　　　　125 000
　　　　利润分配——应付股利　　　　　　　　　　1 500 000

按上述方式，该公司2004年"利润分配——未分配利润"科目的期末贷方余额为525 000元（100 000＋2 500 000－2 075 000），表示公司尚未分配的利润。

企业如果发生了亏损，如同实现净利润一样，均应从"本年利润"科目转入"利润分配"科目。结转后，上年未分配的利润自然抵补了亏损。如上年未分配的利润不够补亏，则"利润分配"科目仍然有借方余额，表示未弥补的亏损，第二年实现了净利润，用同样的方法自"本年利润"科目转入"利润分配"科目，结转后,自然抵减了上年转来的借方余额,即弥补了亏损,无需作专门补亏的会计分录。这里还应注意,无论是税前利润补亏,还是税后利润补亏,会计处理方法都一样,区别在于企业申报缴纳所得税时,前者可以作为应纳税所得额的调整数,而后者则不能。

第八章 收入、费用和利润的核算

第一节 收入的核算

一、收入的概念和特点

收入,是指企业在日常活动中形成的、会导致所有者权益增加的、与所有者投入资本无关的经济利益的总流入。收入具有以下特点:

(1)收入是在企业的日常活动中形成的经济利益的总流入,而不是从偶发的交易或事项中产生的。日常活动,是指企业为完成其经营目标所从事的经常性活动以及与之相关的活动。工业企业销售产品、商业企业销售商品、咨询公司提供咨询服务、软件开发企业为客户开发软件、安装公司提供安装服务、商业银行对外贷款、租赁公司出租资产等活动,均属于企业为完成其经营目标所从事的经常性活动,由此形成的经济利益的总流入构成收入。工业企业对外出售不需用的原材料、对外转让无形资产使用权、对外进行权益性投资(取得现金股利)或债权性投资(取得利息)等活动,虽不属于企业的经常性活动,但属于企业为完成其经营目标所从事的与经常性活动相关的活动,由此形成的经济利益的总流入也构成收入。

收入形成于企业日常活动的特征使其与产生于非日常活动的利得相区分。企业所从事或发生的某些活动也能为企业带来经济利益,但不属于企业为完成其经营目标所从事的经常性活动,也不属于与经常性活动相关的活动,例如,工业企业处置固定资产、无形资产,因其他企业违约收取罚款等,这些活动形成的经济利益的总流入属于企业的利得而不是收入。利得通常不经过经营过程就能取得或属于企业不曾期望获得的收益。

(2)收入可能表现为企业资产的增加,或负债的减少,或两者兼而有之。收入为企业带来经济利益的形式多种多样,既可能表现为资产的增加,如增加银行存款、形成应收账款等,也可能表现为负债的减少,如减少预收账款等,还可能表现为两者的结合，如销售实现时，部分冲减预收的货款，部分增加银行存款。

（3）收入能引起企业所有者权益的增加。收入形成的经济利益总流入能增加资产或减少负债或两者兼而有之，根据"资产－负债＝所有者权益"的会计等式，收入一定能增加企业的所有者权益。这里所说的收入能增加所有者权益，仅指收入本身的影响，而收入扣除与之相配比的费用后的净额，既可能增加所有者权益，也可能减少所有者权益。

（4）收入只包括本企业日常经营活动中经济利益的总流入，不包括为第三方或客户代收的款项。如企业代国家收取的增值税等，一方面增加企业的资产，另一方面增加企业的负债，并不增加企业的所有者权益，因此不构成本企业的收入。

（5）收入与所有者投入资本无关所有者投入资本主要是为谋求享有企业资产的剩余权益，由此形成的经济利益的总流入不构成收入，而应确认为企业所有者权益的组成部分。

二、收入的分类

（一）按照企业所从事日常活动的不同分类

收入按照不同的标准可以进行不同的分类。

收入按照企业从事日常活动的性质不同，可分为销售商品收入、提供劳务收入和让渡资产使用权的收入。

（1）销售商品收入。销售商品收入是指企业通过销售商品实现的收入。这里的商品包括企业为销售而生产的产品和为转售而购进的商品。企业销售的其他存货如原材料、包装物等也视同商品。

（2）提供劳务收入。提供劳务收入是指企业通过提供劳务实现的收入。比如，企业通过提供旅游、运输、咨询、代理、培训、产品安装等劳务所实现的收入。

（3）让渡资产使用权收入。让渡资产使用权收入是指企业通过让渡资产使用权实现的收入。企业对外出租固定资产收取的租金、进行债权投资收取的利息、进行股权投资取得的现金股利等，也构成让渡资产使用权收入。

（二）按照企业所从事日常活动的主次分类

收入按照日常活动的主次，可分为主营业务收入与其他业务收入两类。

主营业务收入是指企业为完成其经营目标而从事的日常活动中的主要业务活动而取得的收入，如工业企业的产品销售收入、商品流通企业的商品销售收入、服务企业的营业收入，等等。主营业务收入在企业的营业收入中占有较大的比重，对企业经济效益的高低会产生较大的影响。

其他业务收入是指企业从事主营业务以外的其他日常活动而取得的收入，如工商企业出租资产取得的租金收入，提供运输、修理等服务取得的收入，工业企业出售多余材料取得的收入，等等。其他业务收入在企业的营业收入中所占比重一般不大，相对居于次要地位。但是在目前企业实行多种经营、分散经营风险的情况下，其他业务收入所占营业收入的比重会逐渐增加。

主营业务收入与其他业务收入的划分是相对的。同是资产的出租收入，对工商企业来说属于其他业务收入；对租赁企业来说则是主营业务收入。

三、销售商品收入的确认与计量

（一）销售商品收入的确认

1. 销售商品收入的确认条件

按照《企业会计准则第14号——收入》的规定，企业因销售商品而取得的收入，应在下列条件同时满足时予以确认：

（1）企业已将商品所有权上的主要风险和报酬转移给购货方。这是确认销售商品收入的重要条件。企业已将商品所有权上的主要风险和报酬转移给购货方，是指与商品所有权有关的主要风险和报酬同时转移。与商品所有权有关的风险，是指商品可能发生减值或毁损等形成的损失；与商品所有权有关的报酬，是指商品价值增值或通过使用商品等产生的经济利益。判断企业是否已将商品所有权上的主要风险和报酬转移给购货方，应当关注交易的实质，并结合所有权凭证的转移进行判断。通常情况下，转移商品所有权凭证并交付实物后，商品所有权上的主要风险的报酬随之转移，如大多数零售商品。某些情况下，转移商品所有权但未交付实物，商品所有权上的主要风险和报酬随之转移，企业只保留了次要风险和报酬，如交款提货方式销售商品。有时，已交付实物但未转移商品所有权凭证，商品所有权上的主要风险和报酬未随之转移，如采用支付手续费方式委托代销的商品。

（2）企业既没有保留通常与所有权相联系的继续管理权，也没有对已售出的商品实施有效控制。如果商品售出后，企业仍保留与该商品的所有权相联系的继续管理权或有效控制权，则说明此项销售商品交易没有完成，不能确认收入。如：A制造商将一批商品销售给某中间商。后按合同规定，A制造商又要求中间商将售出的商品转移或退回。在这种情形下，A制造商虽然已将商品售出，但由于对商品仍拥有实际控制权，因而不能确认收入。

（3）收入的金额能够可靠地计量。企业在销售商品时，售价通常已经确定。但在销售过程中，由于某些不确定因素，有可能出现售价变动的情况。因此，在新的售价尚未确定之前不应确认收入。

(4) 相关的经济利益很可能流入企业。在销售商品的交易中，与交易相关的经济利益主要表现为销售商品的价款。企业对所销售商品价款收回可能性大小的判断，是确认收入的重要依据。在这里，"很可能"是指该经济利益流入企业的概率必须大于50%。如果估计所销售商品价款收回的可能性不大（即小于或等于50%），即使收入确认的其他条件均已满足，也不应当确认收入。对此，企业应当根据以往与买方交易的经验，或从其他方面掌握的相关信息，或依据政府的有关政策等进行判断。比如，企业根据以前与买方交易的经验判断买方信誉较差，或在销售时得知买方资金周转非常困难，或在出口商品时不能肯定进口企业所在国政府是否允许将款项汇出，等等。在这些情况下，企业应推迟确认收入，直至这些不确定因素消除。

(5) 相关的已发生或将发生的成本能够可靠地计量。根据收入和费用配比原则，与同一项销售有关的收入和成本应在同一会计期间予以确认。假若成本不能可靠计量，即使其他条件均已满足，相关的收入也不能确认。比如所售商品的价款已经收到，但由于相关成本暂不能可靠计量，收到的价款应先确认为一项负债。

2. 不同销售方式确认商品销售收入需满足的条件

(1) 下列商品销售，通常按规定的时点确认为收入，有证据表明不满足收入确认条件的除外：

① 销售商品采用预收款方式的，在发出商品时确认收入，预收的货款应确认为负债。

② 销售商品需要安装和检验的，在购买方接受商品以及安装和检验完毕前，不确认收入，待安装和检验完毕时确认收入。如果安装程序比较简单，可在发出商品时确认收入。

③ 销售商品采用以旧换新方式的，销售的商品应当按照销售商品收入确认条件确认收入，回收的商品作为购进商品处理。

④ 销售商品采用支付手续费方式委托代销的，在收到代销清单时确认收入。

(2) 采用售后回购方式销售商品的，收到的款项应确认为负债；回购价格大于原售价的，差额应在回购期间按期计提利息，计入财务费用。有确凿证据表明售后回购交易满足销售商品收入确认条件的，销售的商品按售价确认收入，回购的商品作为购进商品处理。

(3) 采用售后租回方式销售商品的，收到的款项应确认为负债；售价与资产账面价值之间的差额，应当采用合理的方法进行分摊，作为折旧费用或租金费用的调整。有确凿证据表明认定为经营租赁的售后租回交易是按照公允价值达成的，销售的商品按售价确认收入，并按账面价值结转成本。

（二）销售商品收入的计量与核算方法

1. 预收款销售商品的处理

预收款销售方式下，销售方直到收到最后一笔款项才将商品交付购货方，表明商品所有权上的主要风险和报酬只有在收到最后一笔款项时才转移给购货方，销售方通常应在发出商品时确认收入，在此之前预收的货款应确认为预收账款。

[例8-1] 甲公司与乙公司签订协议，采用分期预收款方式向乙公司销售一批商品。该批商品实际成本为1 400 000元。协议约定，该批商品销售价格为2 000 000元；乙公司应在协议签订时预付60%的货款（按不含增值税销售价格计算），剩余货款于2个月后支付。假定甲公司在收到剩余货款时，销售该批商品的增值税纳税义务发生，增值税销项税额为340 000元；不考虑其他因素，甲公司的账务处理如下。

① 收到60%的货款时：
借：银行存款　　　　　　　　　　　　　　　　　　　　1 200 000
　　贷：预收账款——乙公司　　　　　　　　　　　　　　　　1 200 000

② 收到剩余货款，发生增值税纳税义务时：
借：预收账款——乙公司　　　　　　　　　　　　　　　1 200 000
　　银行存款　　　　　　　　　　　　　　　　　　　　1 140 000
　　贷：主营业务收入——销售××商品　　　　　　　　　　　2 000 000
　　　　应交税费——应交增值税（销项税额）　　　　　　　　340 000
借：主营业务成本——销售××商品　　　　　　　　　　1 400 000
　　贷：库存商品——××商品　　　　　　　　　　　　　　　1 400 000

2. 委托代销商品的处理

（1）视同买断代销方式。在符合销售商品收入确认条件时，委托方应在发出商品时确认收入。但若协议表明，将来受托方没有将商品售出时可以将商品退回给委托方，或受托方因代销商品出现亏损时可以要求委托方补偿，那么委托方在交付商品时不确认收入，委托方应在收到代销清单时确认收入。

[例8-2] 甲公司委托乙公司销售某批商品200件，协议价为100元/件，该商品成本为60元/件，增值税税率为17%。假定商品已经发出，根据代销协议，乙公司不能将没有代销出去的商品退回甲公司；甲公司将该批商品交付乙公司时发生增值税纳税义务，金额为3 400元。乙公司对外销售该商品的售价为120元/件，并收到款项存入银行。

根据上述资料，甲公司和乙公司分别进行账务处理。

① 甲公司的账务处理。

甲公司将该批商品交付乙公司时：

借：应收账款——乙公司		23 400
贷：主营业务收入——销售××商品		20 000
应交税费——应交增值税（销项税额）		3 400
借：主营业务成本——销售××商品		12 000
贷：库存商品——××商品		12 000

收到乙公司汇来货款23 400元时：

借：银行存款	23 400
贷：应收账款——乙公司	23 400

② 乙公司的账务处理。

收到该批商品时：

借：库存商品——××商品	20 000
应交税费——应交增值税（进项税额）	3 400
贷：应付账款——甲公司	23 400

对外销售该批商品时：

借：银行存款	28 080
贷：主营业务收入——销售××商品	24 000
应交税费——应交增值税（销项税额）	4 080
借：主营业务成本——销售××商品	20 000
贷：库存商品——××商品	20 000

按合同协议价将款项付给甲公司时：

借：应付账款——甲公司	23 400
贷：银行存款	23 400

（2）收取手续费方式。采用支付手续费代销方式下，委托方于收到受托方代销清单时确认收入。同时应将支付的代销手续费计入"销售费用"，委托方发出商品时通过"发出商品"科目核算。

受托方收到受托代销的商品，按约定的价格，借记"受托代销商品"科目，贷记"受托代销商品款"科目，受托方应在代销商品销售后，按合同或协议约定的方法计算确定代销手续费，确认劳务收入。

[例8-3] A公司委托B公司销售商品200件，商品已经发出，每件成本为60元。合同约定B公司应按每件100元对外销售，A公司按不含增值税的销售价格的10%向B公司支付手续费。B公司对外实际销售100件，开出的增值税专用发票上注明的销售价格为10 000元，增值税销项税额为1 700元，款项已经收到。A公司收到B公司开具的代销清单时，向B公司开具一张相同金额的增值税专用发票。假定A公司发出商品时纳税义务尚未发生，不考虑其他因素。

根据上述资料，A公司和B公司分别进行账务处理。

①A公司的账务处理。

发出商品时：

借：发出商品——B公司　　　　　　　　　　　　　　　12 000
　　贷：库存商品——××商品　　　　　　　　　　　　　　12 000

收到代销清单，同时发生增值税纳税义务时：

借：应收账款——B公司　　　　　　　　　　　　　　　11 700
　　贷：主营业务收入——销售××商品　　　　　　　　　　10 000
　　　　应交税费——应交增值税（销项税额）　　　　　　　1 700

借：主营业务成本——销售××商品　　　　　　　　　　　6 000
　　贷：发出商品——B公司　　　　　　　　　　　　　　　　6 000

借：销售费用——代销手续费时　　　　　　　　　　　　　1 000
　　贷：应收账款——B公司　　　　　　　　　　　　　　　　1 000

收到B公司支付的货款时：

借：银行存款　　　　　　　　　　　　　　　　　　　　10 700
　　贷：应收账款——B公司　　　　　　　　　　　　　　　10 700

②B公司的账务处理。

收到商品时：

借：受托代销商品——A公司　　　　　　　　　　　　　　20 000
　　贷：受托代销商品款——A公司　　　　　　　　　　　　20 000

对外销售时：

借：银行存款　　　　　　　　　　　　　　　　　　　　11 700
　　贷：应付账款——A公司　　　　　　　　　　　　　　　10 000
　　　　应交税费——应交增值税（销项税额）　　　　　　　1 700

收到增值税专用发票时，

借：应交税费——应交增值税（进项税额）　　　　　　　　1 700
　　贷：应付账款——A公司　　　　　　　　　　　　　　　　1 700

借：受托代销商品款——A公司　　　　　　　　　　　　　10 000
　　贷：受托代销商品——A公司　　　　　　　　　　　　　10 000

支付货款并计算代销手续费时，

借：应付账款——A公司　　　　　　　　　　　　　　　　11 700
　　贷：银行存款　　　　　　　　　　　　　　　　　　　10 700
　　　　其他业务收入——代销手续费　　　　　　　　　　　1 000

3. 已经发出但不符合销售商品收入确认条件的商品的处理

如果企业售出商品不符合销售商品收入确认的五项条件，就不应确认收入。为了单独反映已经发出但尚未确认销售收入的商品成本，企业应增设"发出商品"科目。"发出商品"科目核算一般销售方式下，已经发出但尚未确认销售收入的商品成本。

应注意的是，尽管发出的商品不符合收入确认条件，但如果销售该商品的纳税义务已经发生，比如已经开出增值税专用发票，则应确认应交的增值税销项税额。借记"应收账款"等科目，贷记"应交税费——应交增值税（销项税额）"科目。如果纳税义务没有发生，则不需进行上述处理。

4. 销售商品涉及商业折扣、现金折扣、销售折让及销售退回的处理

（1）商业折扣。商业折扣，是指企业为促进商品销售而在商品标价上给予的价格扣除。销售商品涉及商业折扣的，应当按照扣除商业折扣后的金额确定销售商品收入金额。商业折扣，是指企业为促进商品销售而在商品标价上给予的价格扣除。

（2）现金折扣。现金折扣，是指债权人为鼓励债务人在规定的期限内付款而向债务人提供的债务扣除。现金折扣在实际发生时计入当期损益（财务费用）。企业销售商品涉及现金折扣的，应当按照扣除现金折扣前的金额确定销售商品收入金额。

（3）销售折让。销售折让，是指企业因售出商品的质量不合格等原因而在售价上给予的减让。企业应根据具体情况，对销售折让进行处理。企业已经确认销售商品收入的售出商品发生销售折让的，应当在发生时冲减当期的销售商品收入。已确认收入的销售折让属于资产负债表日后事项的，适用《企业会计准则第29号——资产负债表日后事项》的相关规定。

（4）销售退回。销售退回，是指企业售出的商品由于质量、品种不符合要求等原因而发生的退货。对于销售退回，企业应分别不同情况进行会计处理：

对于未确认收入的售出商品发生销售退回的，企业应按已记入"发出商品"科目的商品成本金额，借记"库存商品"科目，贷记"发出商品"科目。采用计划成本或售价核算的，应按计划成本或售价记入"库存商品"科目，同时计算产品成本差异或商品进销差价。

已确认收入的售出商品发生销售退回的，企业一般应在发生时冲减当期销售商品收入，同时冲减当期销售商品成本。如该项销售退回已发生现金折扣的，应同时调整相关财务费用的金额；如该项销售退回允许扣减增值税额的，应同时调整"应交税费——应交增值税（销项税额）"科目的相应金额。

已确认收入的售出商品发生的销售退回属于资产负债表日后事项的，适用

《企业会计准则第29号——资产负债表日后事项》的相关规定。

5. 销售材料等存货的处理

企业在日常活动中还可能发生对外销售不需用的原材料、随同商品对外销售单独计价的包装物等业务。企业销售原材料、包装物等存货也视同商品销售，其收入确认和计量原则比照商品销售。企业销售原材料、包装物等存货实现的收入作为其他业务收入处理，记入"其他业务收入"科目，结转的相关成本作为其他业务成本处理，记入"其他业务成本"科目。

"其他业务收入"科目核算企业确认的除主营业务活动以外的其他经营活动实现的收入，包括销售材料、出租包装物和商品、出租固定资产、出租无形资产等实现的收入。"其他业务收入"科目贷方登记企业实现的各项其他业务收入，借方登记期末结转入"本年利润"科目的其他业务收入，结转后该科目应无余额。

"其他业务成本"科目核算企业确认除主营业务活动以外的其他经营活动所发生的成本，包括销售材料的成本、出租固定资产的折旧额、出租无形资产的摊销额、出租包装物的成本或摊销额。该科目借方登记企业结转或发生的其他业务成本，贷方登记期末结转入"本年利润"科目的其他业务成本，结转后该科目应无余额。

四、提供劳务收入的确认与计量

（一）一般劳务收入的确认标准

1. 在同一会计期间内开始并完成的劳务

对于一次就能完成的劳务，或在同一会计期间内开始并完成的劳务，应在提供劳务交易完成时确认收入，确认的金额通常为从接受劳务方已收或应收的合同或协议价款，确认原则可参照销售商品收入的确认原则。

企业对外提供劳务，如属于企业的主营业务所实现的收入应作为主营业务收入处理，结转的相关成本应作为主营业务成本处理；如属于主营业务以外的其他经营活动，所实现的收入应作为其他业务收入处理，结转的相关成本应作为其他业务成本处理。企业对外提供劳务发生的支出一般先通过"劳务成本"科目予以归集，待确认为费用时，再由"劳务成本"科目转入"主营业务成本"或"其他业务成本"科目。

对于一次就能完成的劳务，企业应在提供劳务完成时确认收入及相关成本。对于持续一段时间但在同一会计期间内开始并完成的劳务，企业应在为提供劳务发生相关支出时确认劳务成本，劳务完成时再确认劳务收入，并结转相关劳务成本。

2. 劳务的开始和完成分属不同的会计期间

（1）提供劳务交易结果能够可靠估计。如劳务的开始和完成分属不同的会计期间，且企业在资产负债表日提供劳务交易的结果能够可靠估计的，应采用完工百分比法确认提供劳务收入。同时满足下列条件的，提供劳务交易的结果能够可靠估计：

第一，收入的金额能够可靠地计量。收入的金额能够可靠地计量，是指提供劳务收入的总额能够合理地估计。通常情况下，企业应当按照从接受劳务方已收或应收的合同或协议价款确定提供劳务收入总额。随着劳务的不断提供，可能会根据实际情况增加或减少已收或应收的合同或协议价款，此时，企业应及时调整提供劳务收入总额。

第二，相关的经济利益很可能流入企业。相关的经济利益很可能流入企业，是指提供劳务收入总额收回的可能性大于不能收回的可能性。企业在确定提供劳务收入总额能否收回时，应当结合接受劳务方的信誉、以前的经验以及双方就结算方式和期限达成的合同或协议条款等因素，综合进行判断。通常情况下，企业提供的劳务符合合同或协议要求，接受劳务方承诺付款，就表明提供劳务收入总额收回的可能性大于不能收回的可能性。

第三，交易的完工进度能够可靠地确定。企业可以根据提供劳务的特点，选用下列方法确定提供劳务交易的完工进度：

已完工作的测量，这是一种比较专业的测量方法，由专业测量师对已经提供的劳务进行测量，并按一定方法计算确定提供劳务交易的完工程度。

已经提供的劳务占应提供劳务总量的比例，这种方法主要以劳务量为标准确定提供劳务交易的完工程度。

已经发生的成本占估计总成本的比例，这种方法主要以成本为标准确定提供劳务交易的完工程度。只有反映已提供劳务的成本才能包括在已经发生的成本中，只有反映已提供或将提供劳务的成本才能包括在估计总成本中。

第四，交易中已发生和将发生的成本能够可靠地计量。

采用完工百分比法时，用公式表示如下：

本期确认的收入 = 劳务总收入 × 本期末止劳务的完工进度 — 以前期间已确认的收入

本期确认的费用 = 劳务总成本 × 本期末止劳务的完工进度 — 以前期间已确认的费用

采用完工百分比法确认劳务收入及相关的费用时，其账务处理如下：

预收款项时：

借：银行存款
　　　贷：预收账款
发生成本时：
借：劳务成本
　　　贷：银行存款（应付职工薪酬等）
确认本期收入：
借：预收账款（应收账款）
　　　贷：主营业务收入
确认本期费用：
借：主营业务成本
　　　贷：劳务成本

（2）提供劳务交易结果不能可靠估计。如劳务的开始和完成分属不同的会计期间，且企业在资产负债表日提供劳务交易结果不能可靠估计的，即不能同时满足上述四个条件的，不能采用完工百分比法确认提供劳务收入。此时，企业应当正确预计已经发生的劳务成本能否得到补偿，分别下列情况处理：

①已经发生的劳务成本预计全部能够得到补偿的，应按已收或预计能够收回的金额确认提供劳务收入，并结转已经发生的劳务成本。

②已经发生的劳务成本预计部分能够得到补偿的，应按能够得到补偿的劳务成本金额确认提供劳务收入，并结转已经发生的劳务成本。

③已经发生的劳务成本预计全部不能得到补偿的应将已经发生的劳务成本计入当期损益（主营业务成本或其他业务成本），不确认提供劳务收入。

（二）特殊劳务收入的确认

（1）安装费收入。如果安装费是与商品销售分开的，应在期末时根据安装的完工程度确认收入；如果安装费是商品销售收入的一部分，则应与所销售的商品同时确认收入。

（2）广告费收入。宣传媒介的佣金收入应在相关的广告或商业行为开始出现于公众面前时予以确认。广告的制作资产负债表明根据制作广告的完成进度确认收入。

（3）入场费收入。因艺术表演、招待宴会以及其他特殊活动而产生的收入，应在这些活动发生时确认收入。如果是一笔预收几项活动的费用，则这笔预收款应合理分配给每项活动。企业收到的预收款项，记入"预收账款"科目，或"应收账款"科目。

（4）申请入会费和会员费收入。申请入会费和会员费只允许取得会籍，所有其他服务或商品都要另行收费的,在款项收回不存在重大不确定性时确认收入。申请入会费和会员费能使会员在会员期内得到各种服务或商品,或者以低于非会员的价格销售商品或提供服务的,在整个受益期内分期确认收入。

(5)特许权费收入。属于提供设备和其他有形资产的部分,应在这些资产的所有权转移时,确认为收入;属于提供初始及后续服务的部分,在提供服务时确认为收入。

(6)订制软件收入。订制软件主要是指为特定客户开发软件,不包括开发通用软件。订制软件收入应在资产负债表日根据开发的完工程度确认收入。

(7)定期收费。长期为客户提供重复的劳务收到的劳务费,在相关活动发生时确认收入。

(8)高尔夫球场果岭券收入。待提供服务收回果岭券时,再确认收入;合同期满,未消费的果岭券全部确认收入。

(9)包括在商品售价内的服务费。企业应在商品销售实现时,按售价扣除该项服务费后的余额确认为商品销售收入。服务费递延至提供服务的期间内确认为收入。

五、让渡资产使用权收入的确认与计量

(一)让渡资产使用权收入的种类

(1)利息收入。主要是指金融企业对外贷款形成的利息收入,以及同业之间发生往来形成的利息收入。

(2)使用费收入。主要是指企业转让无形资产等资产的使用权形成的使用费收入。

(二)让渡资产使用权的使用费收入的计量

1. 使用费收入的确认条件

让渡资产使用权的使用费收入同时满足下列条件的,才能予以确认:

(1)相关的经济利益很可能流入企业。企业在确定让渡资产使用权的使用费收入金额是否很可能收回时,应当根据对方企业的信誉和生产经营情况、双方就结算方式和期限等达成的合同或协议条款等因素,综合进行判断。如果企业估计使用费收入金额收回的可能性不大,就不应确认收入。

(2)收入的金额能够可靠地计量。当让渡资产使用权的使用费收入金额能够可靠估计时,企业才能确认收入。

2. 使用费收入的计量

让渡资产使用权的使用费收入金额，应按照有关合同或协议约定的收费时间和方法计算确定。不同的使用费收入，收费时间和方法各不相同。有一次性收取一笔固定金额的，如一次收取10年的场地使用费；有在合同或协议规定的有效期内分期等额收取的，如合同或协议规定在使用期内每期收取一笔固定的金额；也有分期不等额收取的，如合同或协议规定按资产使用方每期销售额的百分比收取使用费，等等。

（1）利息收入。企业应在资产负债表日，按照他人使用本企业货币资金的时间和实际利率确定利息收入。

（2）使用费收入。如果合同或协议规定一次性收取使用费，且不提供后续服务的，应当视同销售该项资产一次性确认收入；提供后续服务的，应在合同或协议规定的有效期内分期确认收入。如果合同或协议规定分期收取使用费的，应按合同或协议规定的收款时间和金额或规定的收费方法计算确定的金额分期确认收入。

第二节　费用的核算

一、费用的定义

费用是指企业在日常活动中发生的、会导致所有者权益减少的、与向所有者分配利润无关的经济利益的总流出。

费用的特点是：

（1）费用是企业在日常活动中发生的经济利益的总流出。

（2）费用会导致企业所有者权益的减少。

（3）费用与向所有者分配利润无关。

二、费用的主要内容及其核算方法

企业的费用主要包括主营业务成本、其他业务成本、营业税金及附加、销售费用、管理费用和财务费用，等等。

（一）主营业务成本

主营业务成本是企业销售商品或提供劳务等经常性活动所发生的成本。

主营业务成本核算要点是:

(1) 月末,企业依据计算结果结转本月销售商品或提供劳务的成本,做会计分录如下:

借:主营业务成本
　　贷:库存商品
　　　　劳务成本

(2) 本月销售退回的商品,做会计分录如下:

借:库存商品
　　贷:主营业务成本

(3) 期末,将"主营业务成本"科目的余额转入"本年利润"科目,做会计分录如下:

借:本年利润
　　贷:主营业务成本

根据以上核算要点,举例说明如下:

[例 8-4] 某工厂月末结转本月销售商品成本 1 450 000 元。则做会计分录如下:

借:主营业务成本　　　　　　　　　　　　　　　　1 450 000
　　贷:库存商品　　　　　　　　　　　　　　　　　　　1 450 000

[例 8-5] 某工程建设公司月末结转提供劳务成本 750 000 元。则做会计分录如下:

借:主营业务成本　　　　　　　　　　　　　　　　　750 000
　　贷:劳务成本　　　　　　　　　　　　　　　　　　　750 000

[例 8-6] 某电冰箱专营商场,本月份共有四台冰箱退货,共计成本 12 000 元,退货商品手续已办好,应冲减商品成本。做会计分录如下:

借:库存商品　　　　　　　　　　　　　　　　　　　12 000
　　贷:主营业务成本　　　　　　　　　　　　　　　　　12 000

[例 8-7] 某公司本月末"主营业务成本"账户借方余额 1 350 000 元,现结转入"本年利润"科目。则做会计分录如下:

借:本年利润　　　　　　　　　　　　　　　　　　1 350 000
　　贷:主营业务成本　　　　　　　　　　　　　　　　　1 350 000

(二) 其他业务成本

其他业务成本是指企业除主营业务活动以外的其他经营活动所发生的成本。其核算要点如下:

(1) 企业发生其他业务支出时，做会计分录如下：
借：其他业务支出
　　贷：原材料
　　　　银行存款
(2) 期末将"其他业务成本"科目余额转入"本年利润"账户，结转后本科目无余额。

[例8-8] 某企业对外销售材料一批，成本15 000元。则结转成本会计分录如下：
借：其他业务成本　　　　　　　　　　　　　　　　　15 000
　　贷：原材料　　　　　　　　　　　　　　　　　　　15 000

（三）营业税金及附加

"营业税金及附加"科目核算企业经营活动发生的各种税费，例如消费税、营业税、城市维护建设税、教育费附加，等等。计算出有关税费时，记入本科目借方（增加成本费用），同时贷记"应交税费——××税"（增加应交税费）；期末将本科目余额转入"本年利润"科目，结转后没有期末余额。

（四）销售费用

销售费用是一种期间费用。企业发生销售费用在"销售费用"科目核算。"销售费用"科目核算企业在销售商品和材料、提供劳务过程中发生的各项费用，包括企业在销售商品过程中发生的包装费、保险费、展览费和广告费、商品维修费、预计产品质量保证损失、运输费、装卸费等费用，以及企业发生的为销售本企业商品而专设的销售机构的职工薪酬、业务费、折旧费、固定资产修理费等费用。

发生以上费用时借记"销售费用"科目，同时贷记"银行存款"等科目。期末，将借方全部"销售费用"转入"本年利润"科目，结转后没有余额。该科目应按销售费用的费用项目进行明细核算。

（五）管理费用

管理费用是企业为组织和管理生产经营活动而发生的各种期间费用，通过"管理费用"科目核算。其核算内容包括企业在筹建期间发生的开办费、董事会和行政管理部门在企业的经营管理中发生的或者应由企业统一负担的公司经费（包括行政管理部门职工薪酬、物料消耗、低值易耗品摊销、办公费和差旅费等）、工会经费、董事会费（包括董事会成员津贴、会议费和差旅费等）、聘请中介机构费、咨询费（含顾问费）、诉讼费、业务招待费、房产税、车船使用税、土地使用税、印花税、技术转让费、矿产资源补偿费、研究费用、排污费、等等。

"管理费用"账户借方登记企业发生的各项管理费用,贷方登记期末转入"本年利润"科目的管理费用,结转后该科目应无余额。该科目应按管理费用的费用项目进行明细核算。

(六)财务费用

财务费用是指企业单位筹集生产经营所需资金等而发生的筹资费用,包括利息支出(减利息收入)、汇兑损益以及相关的手续费、企业发生的现金折扣或收到的现金折扣,等等。

企业发生的财务费用,在"财务费用"科目借方登记本科目,贷方登记期末转入"本年利润"科目的财务费用,结转后本科目无余额。该科目应按财务费用的费用项目进行明细核算。

第三节 利润的核算

一、利润的构成

利润是指企业在一定会计期间的经营成果。包括收入减去费用后的净额、直接计入当期的利得和损失等。

(一)营业利润

营业利润的计算公式为

营业利润 = 营业收入—营业成本—营业税金及附加—销售费用—管理费用—财务费用—资产减值损失 + 公允价值变动收益(—公允价值变动损失)+ 投资收益(—投资损失)

式中,营业收入是指企业经营业务所确认的收入总额,包括主营业收入和其他业务收入。

营业成本是指企业经营业务所发生的实际成本总额,包括主营业务成本和其他业务成本。

资产减值损失是指企业计提各项资产减值准备所形成的损失。

公允价值变动收益(或损失)是指企业交易性金融资产,交易性金融负债等公允价值变动形成的应计入当期损益的利得(或损失)。

投资收益(或损失)是指企业以各种方式对外投资所取得的收益(或发生的

损失)。

营业利润是企业利润的主要来源,营业利润主要由营业收入、营业成本、期间费用、资产减值损失、公允价值变动净收益、投资净收益构成。

(二)利润总额

利润总额 = 营业利润 + 营业外收入 — 营业外支出

式中,营业外收入是指企业发生的与其日常活动无直接关系的各项利得。营业外支出是指企业发生的与其日常活动无直接关系的各项损失。

(三)净利润

净利润 = 利润总额 — 所得税费用

式中,所得税费用是指企业确认的应从当期利润总额中扣除的所得税费用。

二、营业外收支的核算

营业外收支是指企业发生的与其日常活动无直接关系的各项利得和损失。营业外收支虽与企业生产经营活动没有多大的关系,但从企业主体来考虑,同样带来收入或支出,也是增加或减少利润的因素,对企业的利润总额及净利润也产生较大的影响。

(一)营业外收入的核算

营业外收入是指与企业生产经营活动没有直接关系的各种收入。营业外收入并不是由企业经营资金耗费所产生的,不需要企业付出代价,实际上是一种纯收入,不可能也不需要与有关费用进行配比。因此,在会计核算上,应当严格区分营业外收入与营业收入的界限。

企业发生营业外收入时,编制会计分录如下:
借:待处理财产损溢(或库存现金、银行存款、固定资产清理、应付账款等)
　　贷:营业外收入
营业外收入有以下几种情况:
(1)债务重组收益,这是指按照债务重组会计处理规定应计入营业外收入的债务重组收益。
(2)教育费附加返还款,这是指企业收到有关方面返还的教育费附加。收到的教育费附加计入营业外收入。

(3) 罚款收入。这是指企业取得的滞纳金和各种形式的罚款收入,在弥补由于对方违反合同或协议而造成的经济损失后的罚款净收入。

(4) 确实无法支付的应付款项。这是指由于债权单位放弃债权或其他原因致使企业无法支付的应付款项。这部分确实无法支付的应付款项属于一笔额外收入,但又不能确认为营业收入,在会计上作为营业外收入处理。

(5) 无形资产出售利得。这指企业出售无形资产所取得价款扣除出售无形资产的账面价值和出售相关税费的净收益。

(6) 非货币资产交换利得,指在非货币资产交换中换出资产为固定资产、无形资产的,换入资产公允价值大于换出资产账面价值的差额,扣除相关费用后,计入营业外收入的金额。

(7) 盘盈利得。这指企业对于现金等清查盘点盘盈的现金等,报经批准后计入营业外收入的金额。

(二) 营业外支出的核算

营业外支出是指不属于企业生产经营的费用,主要包括处置固定资产净损失、资产评估减值、债务重组损失、非常损失和罚款支出、盘亏损失,等等。

企业发生营业外支出时:

借:营业外支出
  贷:待处理财产损溢(或固定资产清理、库存现金、银行存款等)

营业外支出有以下几种情况:

(1) 固定资产盘亏。这是指企业在财产清查盘点中,实际固定资产数量和价值低于固定资产账面数量和价值而发生的固定资产损失。对于固定资产盘亏,企业应当进行调查,查明原因后及时处理,其损失计入营业外支出。

(2) 处置固定资产净损失。这是指企业处置多余的、闲置的、不需用的固定资产获得的收入不足以抵补处置费用和固定资产净值所发生的损失,应计入营业外支出的金额。

(3) 资产评估减值。这是指企业以非现金资产对外投资,投出资产的公允价值与其账面价值的差额计入营业外支出的金额。

(4) 债务重组损失。这是指按照债务重组会计处理规定应计入营业外支出的债务重组损失。

(5) 非常损失。这是指企业由于客观原因造成的损失,在扣除保险公司赔偿后应计入营业外支出的净损失。如自然灾害等造成的资产损失。

(6) 罚款支出,是指企业由于违反经济合同、税收法规等规定而支付的各种罚款。

（7）无形资产出售损失。指企业出售无形资产所取得的价款，不能弥补出售无形资产的账面价值和相关税费的净损失。

（8）非货币资产交换损失。这指在非货币交换中换出资产为固定资产、无形资产的，换入资产公允价值小于换出资产账面价值的差额，扣除相关费用后计入营业外支出的金额。

营业外支出应当按照实际发生的金额进行核算。发生营业外支出时，在相对应的会计期间，应当冲减企业当期的利润总额。即企业在核算时，应当区别营业外收入和营业外支出进行核算。由于营业外收入和营业外支出所包括的项目互不相关，企业还应分别对营业外收入的各项目和营业外支出的各项目设置明细科目，进行明细核算。

三、所得税的核算

企业核算所得税，主要是为了确定当期应交所得税以及利润表中应确认的所得税费用。在按照资产负债表债务法核算所得税的情况下，利润表中的所得税费用包括当期所得税和递延所得税两部分。

（一）当期所得税

当期所得税是指企业按照税法规定计算确定的针对当期发生的交易或事项，应交纳给税务部门的所得税金额，即应交所得税，应以适用的税收法规为基础计算确定。

企业在确定当期所得税时，对于当期发生的交易或事项，会计处理与税收处理是不同的，应在会计利润的基础上，按照适用税收法规的规定进行调整，计算出当期应纳税所得额，按照应纳税所得额与适用所得税税率计算确定当期应交所得税。

一般情况下，应纳税所得额可在会计利润的基础上，考虑会计与税收之间的差异，按照以下公式计算确定

应纳税所得额 = 会计利润 + 按照会计准则规定计入利润表但计税时不允许税前扣除的费用 ± 计入利润表的费用与按照税法规定可予税前扣除的费用金额之前的差额 ± 计入利润表的收入按照税法规定应计入应纳税所得额的收入之间的差额 — 税法规定的不征税收入 ± 其他需要调整的因素

当期所得税 = 当期应交所得税 = 应纳税所得额 × 适用的所得税率

（二）递延所得税

递延所得税，是指企业在某一会计期间确认的递延所得税资产及递延所得税负债的综合结果，即按照《企业会计准则》规定应予确认的递延所得税资产和递延所得税负债在期末应有的金额相对于原已确认金额之间的差额，即递延所得税资产及递延所得税负债的当期发生额的综合结果。用公式表示即为

递延所得税＝（期末递延所得税负债－期初递延所得税负债）－（期末递延所得税资产－期初递延所得税资产）

如果某项交易或事项按照《企业会计准则》规定应计入所有者权益的，由该交易或事项产生的递延所得税资产或递延所得税负债及其变化亦应计入所有者权益，不构成利润表中的递延所得税费用（或收益）。

（三）所得税费用的核算

利润表中的所得税费用由两个部分组成：当期所得税和递延所得税。

所得税费用＝当期所得税＋递延所得税

所得税费用应当在利润表中单独列示。企业对所得税进行会计处理时，应设置如下科目：

（1）"应交税费——应交所得税"科目。该科目核算企业应交未交所得税。

（2）"递延所得税资产"科目。该科目是用来核算企业根据所得税会计准则确认的可抵扣暂时性差异产生的所得税资产，根据税法规定可用以后年度税前利润弥补的亏损及税款抵减产生的所得税资产，也应在本科目核算。资产负债表日，企业根据所得税会计准则应予以确认的递延所得税资产，借记"递延所得税资产"科目，贷记"所得税费用——递延所得税费用"、与直接计入所有者权益的交易或事项相关的递延所得税资产记下"资本公积——其他资本公积"科目，本期确认的递延所得税资产大于其账面余额的，应按其差额确认，借记"递延所得税资产"科目，贷记"所得税费用——递延所得税费用"科目；本期确认的递延所得税资产小于其账面余额的，做相反的会计分录。

资产负债表日预计未来期间很可能无法获得足够的应纳税所得额用以抵扣可抵扣暂时性差异的，应按原已确认的递延所得税资产中应减记的金额，借记"所得税费用——递延所得税费用"、"资本公积——其他资本公积"等科目，贷记"递延所得税资产"科目。本科目期末借方余额，反映已确认的递延所得税资产的余额。

（3）"递延所得税负债"科目。该科目是用来核算企业根据所得税会计准则确认的应纳税暂时性差异产生的所得税负债。资产负债表日，企业根据所得税会计准则应予确认的递延所得税负债，应借记"所得税费用——递延所得税费

用"、与直接计入所有者权益的交易或事项相关的递延所得税负债，借记"资本公积——其他资本公积"等科目，贷记"递延所得税负债"科目，本期确认的递延所得税负债的应有余额大于其账面余额的，应按其差额确认，借记"所得税费用——递延所得税费用"科目，贷记"递延所得税负债"；本期确认的递延所得税负债的应有余额小于其账面余额的，做相反的会计分录。本科目期末贷方余额，反映已确认的递延所得税负债。

（4）"所得税费用"科目。该科目是用来核算企业根据所得税会计准则确认的应从当期利润总额中扣除的所得税费用。本科目应当按照"当期所得税费用"、"递延所得税费用"进行明细核算。资产负债表日，企业按照税法计算确定的当期应交的所得税金额，应借记"所得税——当期所得税费用"科目，贷记"应交税费——应交所得税"科目。

资产负债表日，根据所得税会计准则中应予确认的递延所得税资产大于的应有余额"递延所得税资产"科目余额的差额，借记"递延所得税资产"科目，贷记"所得税——递延所得税费用"、"资本公积——其他资本公积"等科目；应予确认的递延所得税资产小于"递延所得税资产"科目余额的差额，做相反的会计分录。企业应予确认的递延所得税负债的变动，应当比照上述原则调整本科目、"递延所得税负债"科目及有关科目。期末，应将本科目的余额转入"本年利润"科目，结转后本科目应无余额。

四、本年利润的核算

企业应设置"本年利润"科目，用来核算本年度内实现的利润（或亏损）总额。期末，企业应将各收益类科目的余额转入"本年利润"科目的贷方；将各成本、费用类科目的余额转入"本年利润"科目的借方。

结转以后，"本年利润"科目如为贷方余额，反映本年度自年初开始累计实现的净利润；如为借方余额，反映本年度自年初开始累计发生的净亏损。

年度终了，企业应将"本年利润"科目的全部收入和支出相抵后结出的本年实现的净利润，转入"利润分配"科目，借记"本年利润——未分配利润"科目，贷记"利润分配"科目；如为净亏损，做相反会计分录。年度结转后，"本年利润"科目无余额。

五、净利润的分配顺序

企业取得的净利润，应当按规定进行分配。利润的分配过程和结果，不仅关系到所有者的合法权益是否得到保护，还关系到企业能否长期、稳定和健康地发展。企业的净利润，一般应按以下顺序进行分配：

1. 弥补企业以前年度亏损

企业发生的年度亏损，可以用下一年度的税前利润弥补。下一年度利润不足弥补的，可以在五年内延续弥补。五年内不足弥补的，用净利润弥补，也可以用以前年度提取的盈余公积弥补。企业以前年度亏损未弥补完，不得提取法定盈余公积和任意盈余公积。在提取法定盈余公积和任意盈余公积前，不得向投资者分配利润。

2. 提取法定盈余公积

法定盈余公积按照本年实现净利润（扣除前一项）的一定比例提取，股份公司按照公司法规定的 10% 的比例提取；其他企业可以根据需要确定提取比例，但至少应按 10% 提取。盈余公积已达注册资金 50% 的可不再提取。

3. 提取任意盈余公积

股份公司按照公司章程或者股东会决议提取和使用任意盈余公积。股份公司按本年实现净利润（扣除前一项）的 5%～10% 提取任意盈余公积；其他企业按不高于法定盈余公积的提取比例提取任意盈余公积。企业提取的任意盈余公积用于职工的集体福利设施。

4. 支付优先股股利

股份公司按股东会决议支付优先股的股利。

5. 向投资者分配利润（或支付普通股股利）

企业以前年度未分配的利润，可以并入本年度向投资者分配。股份公司当年无利润时，不得分配股利，但在用盈余公积弥补亏损后，经股东会特别决议，可以按照不超过股票面值 6% 的比率用盈余公积分配股利，在分配股利后，法定盈余公积不得低于注册资金的 25%。

六、利润分配的核算

"利润分配"科目用来反映企业利润的分配和历年利润分配后的结余数。该科目下应设置"提取法定盈余公积"、"提取任意盈余公积"、"应付现金股利或利润"、"未分配利润"和"盈余公积补亏"等明细科目。该科目年末贷方余额即为企业历年积存的未分配利润；借方余额即为未弥补亏损数。

（1）用盈余公积金弥补亏损时：

借：盈余公积——法定盈余公积（或任意盈余公积）
　　　贷：利润分配——盈余公积补亏

（2）提取法定盈余公积和任意盈余公积时：

借：利润分配——提取法定盈余公积
　　　　　　——提取任意盈余公积
　　　　　　——提取储备基金
　　　　　　——提取企业发展基金
　　贷：盈余公积——法定盈余公积
　　　　　　　　——提取任意盈余公积
　　　　　　　　——提取储备基金
　　　　　　　　——提取企业发展基金
（3）计算应分配给股东的现金股息或利润时：
借：利润分配——应付优先股股利
　　　　　　——应付普通股股利
　　贷：应付现金股利或利润
（4）外商投资企业用利润归还投资时：
借：利润分配——利润归还投资
　　贷：盈余公积——利润归还投资
（5）外商投资企业从净利润中提取职工奖励及福利基金时：
借：利润分配——提取职工奖励及福利基金
　　贷：应付职工薪酬——福利费
（6）已批准分派股票股利时：
借：利润分配——转作股本的股利
　　贷：股本
（7）根据股东大会或类似机构批准的利润分配方案，调整批准年度会计报表相关项目的年初数，调整增加的利润分配时：
借：利润分配——未分配利润
　　贷：盈余公积
调整减少的利润分配时
借：盈余公积
　　贷：利润分配——未分配利润
（8）分配股票股利或转增资本时：
借：利润分配——转增资本（或股本）的普通股股利
　　贷：实收资本（或股本）（股票面值）
　　　　资本公积——股本溢价（实际发放的股票股利金额与股票面值总额的差额）

企业年终结账后发现的以前年度会计事项，如果涉及以前年度损益的，应在"利润分配——未分配利润"科目核算。调整增加的上年利润或调整减少的上年亏损，借记有关科目，贷记"利润分配——未分配利润"科目；调整减少的上年利润或调整增加的上年亏损，则做相反的会计分录。年度终了，除"未分配利润"明细账外，"利润分配"科目中的其他明细科目应无余额。

第九章 会计报表

第一节 会计报表的作用与分类

一、会计报表的作用

在实际工作中,人们往往将财务报告和会计报表混为一谈。财务报告是用于综合反映单位财务状况和经营成果的书面文件,由会计报表和财务情况说明书两大部分构成,可以这样讲,会计报表是财务报告的主体组成部分。

会计报表是以日常核算资料为主要依据编制的,用来集中反映各单位一定时期的财务状况、经营成果以及成本费用情况的一系列报表式报告。按照我国当前法规的规定,会计报表是指资产负债表、利润表、现金流量表和会计报表附注以及相关附表。

会计报表就像一面镜子,从中可以看到各单位的财务状况和经营全貌,为实施经营管理和进行相关决策提供丰富的会计信息。

具体说来,会计报表的作用主要体现在以下几个方面:

(1) 为各单位的投资者和债权人进行投资决策、了解各单位财务状况,提供必要的信息资料。

(2) 为各单位内部的经营管理者和员工进行日常的经营管理,提供必要的信息资料。

(3) 为财政、工商、税务等行政管理部门提供实施管理和监督的信息资料。

二、会计报表的分类

一般来说,会计报表可以按照编制单位和时间、服务对象进行分类。

(1) 按会计报表编制和报送的时间差异,可分为月报、季报和年报。

月报,是在月份终了时编制的反映月末或当月情况的会计报表。一般而言,月报要求简明扼要,以便及时反映各单位的主要情况和主要问题。常用的月报有资产负债表、利润表、应交增值税明细表,等等。

季报，是在季度终了时编制的反映季末或当季情况的会计报表。它所包括的会计报表一般较少。

年报，是在年度终了时编制的反映年末或当年情况的会计报表。编制此类会计报表，要求做到全面完整，能总结全年的经济活动。常见的年报有利润分配表、现金流量表和主营业务收支明细表等。

另外，股份有限公司还应编制半年报（中期报告）。

（2）按会计报表的编制单位分类，可以分为单位报表和汇总报表。

单位报表，是由独立核算的会计主体编制的，用以反映本会计主体的财务状况和经营成果的报表。

汇总报表，是由上级主管部门将其所属单位报送的会计报表，连同本单位会计报表汇总编制的综合性会计报表。

（3）按会计报表的服务对象不同，可以分为内部报表和外部报表。

内部报表，是适应单位内部经营管理的需要而编制的不对外公开的会计报表，如单位的成本费用明细表、存货明细表等。内部报表一般没有规范的格式，不需要统一的指标体系，各单位可根据自己的情况和需要自行制定。

外部报表，则为满足外部会计信息使用者的需要，按照我国企业会计准则、会计制度编制的会计报表，如资产负债表、利润表、利润分配表、现金流量表，等等。为便于会计报表信息使用者理解掌握会计报表的内容，外部报表的种类、格式、内容及编制方法均有统一规定，任何单位不得随意增减变动。

（4）按会计报表反映的经济内容分类，可分为静态报表和动态报表。静态报表反映的是企业某一特定时点上的财务状况，如资产负债表；动态报表反映的是企业某一时期的经营成果，如利润表、现金流量表。

（5）按会计报表的编制基础分类，可分为单位会计报表、汇总会计报表和合并会计报表。单位会计报表是指企业以本公司为会计主体编制的会计报表；汇总会计报表是上级部门对所有单位提供的会让报表进行汇总后编制的报表；合并会计报表是母公司以母公司个别会计报表和子公司个别会计报表为基础编制的会计报表。

第二节 会计报表的结构与编制要求

一、会计报表的结构

会计报表作为一种商业语言，是通过各个会计要素和项目，用特定的排列顺序和组合，以特有的逻辑关系来披露财务信息。只有熟悉会计报表的基本框架，理解各个会计要素的内在联系，才能顺利地编出或读懂会计报表，掌握会计报表所提供的信息。

就一张会计报表而言，它的基本结构是由三部分构成的：

1. 表头部分

表头部分主要展示报表的名称、编号、编制单位、编制日期、金额、计量单位，等等。

2. 主体部分

主体部分是报表的核心和主体，会计报表基本是通过这一部分来总括地表述单位的财务状况和经营成果。

3. 补充资料部分

补充资料部分也是报表的重要组成部分，一般列在报表的下端，所提供的是使用者需要了解但在基本部分内无法反映或难以单独反映的一些资料，如期末库存商品余额、已贴现的商业承兑汇票金额，等等。

为充分表达使用者要了解的信息，以及方便使用者阅读和理解，在每一报表内部，都必须按一定的逻辑关系来设置相应项目。由于会计报表的种类、作用和性质不同，其结构也必然不一样。为便于对比，各种对外报送的主要会计报表，都需按统一的格式和结构来填列。

二、会计报表的编制要求

为了保证会计报表的质量，充分发挥其作用，我国《会计基础工作规范》规定了编制会计报表的基本要求："会计报表应当根据登记完整、核对无误的会计账簿记录和其他有关资料编制，做到数字真实、计算准确、内容完整、说明清楚。任何人不得篡改或者授意、指使、强令他人篡改会计报表的有关数字。"

1. 数字真实，计算准确

会计报表提供的数据必须客观、真实，能够真实准确地反映企业的财务状况和经营成果，所以会计报表中各项目的数字必须以核对无误的账簿记录和其他资料填写，不得用预计数字、估计数字代替真实数字，更不得弄虚作假，伪造报表数字，同时还要对会计报表中各项目的金额采用正确计算方法，确保计算结果的准确。

为了保证数字真实、准确，在编制会计报表时要根据程度按期结账、认真对账和财产清查，使会计账簿所有记录准确无误。

2. 内容完整

会计报表所提供的会计信息的内容必须全面、系统地反映出企业经营活动的全部情况，为此要求企业必须按规定的报表种类、格式和内容来编制，不得漏编漏报，对不同会计期间应编报的各种会计报表，都必须填列完整；同时要求企业在每种会计报表中应填写的各项指标，不论是表内项目还是表外补充资料，都必须填列齐全，对某些不便列入报表的重要资料，应在括号内说明或以附注等形式加以说明。

3. 编报及时

时效性是会计信息的一大特征，如果会计信息的报告期被不适当地拖延，即使是最真实最完整的会计报表也将失去其效用。所以，会计报表必须按照规定的期限和程序，及时编制、及时报送。

根据我国会计制度规定：月份会计报表应于月份终了后6天内报出；季度报表应于季度终了后15天内报出；中报应于年度中期结束后60天内报出；年度会计报表应于年度终了后4个月内报出。法律、法规另有规定者，从其规定。

为了保证会计报表及时报送，企业应当科学地组织好日常核算工作，认真做好记账、算账、对账和按期结账等工作。

第三节 会计报表的编制与分析

一、资产负债表

（一）资产负债表的内容和构成

资产负债表是指反映企业在某一特定日期财务状况的会计报表。它反映企业在某一特定日期所拥有或控制的经济资源、所承担的现时义务和所有者对净资产的要求权。资产负债表可以提供财务分析的基本资料，有助于报表使用者做出经济决策。

（二）资产负债表的编制方法

为了使财务信息使用者比较不同时点的财务数据，掌握企业财务状况的变动情况及发展趋势，企业需要提供比较资产负债表，分别以"年初余额"和"期末余额"两列栏目填列。

1. 如何填列资产负债表的"年初余额"

资产负债表表中"年初余额"栏内的各项目数字，应根据上年末资产负债表的"期末余额"相应栏内所列数字填列。

如果上年度资产负债表规定的各个栏目名称和内容与本年度不一致，应对上年度资产负债表各项目的名称和数字按照本年度规定进行调整，再填入表中"年初余额"栏。

2. 如何填列资产负债表的"期末余额"

"期末余额"是指某一会计期末的数字，即月末、季末、半年末或年末的数字。资产负债表各项目"期末余额"的数据来源，可以通过以下几种方式取得：

（1）直接根据总账科目的余额填列。这些项目有："应收票据"、"应收股利"、"应收利息"、"交易性金融资产"、"固定资产清理"、"工程物资"、"递延所得税资产"、"短期借款"、"应付票据"、"应付职工薪酬"、"应交税费"、"应付股利"、"递延所得税负债"、"实收资本"、"资本公积"、"盈余公积"，等等。

（2）根据几个总账科目的余额计算填列。

"货币资金"项目，应根据"库存现金"、"银行存款"、"其他货币资金"科目期末借方余额合计数填列。

（3）根据有关明细科目的余额方向分析、计算填列。例如，"应收账款"项目：根据"应收账款"和"预收账款"所属明细科目期末借方余额合计填列；"应付账款"项目：根据"应付账款"和"预付账款"所属明细科目期末贷方余额合计填列；"预收账款"项目：根据"预收账款"和"应收账款"所属明细科目期末贷方余额合计填列；"预付账款"项目：根据"预付账款"和"应付账款"所属明细科目期末借方余额合计填列。

（4）根据有关科目余额减去其备抵科目余额后的净额填列。例如，"应收账款"项目，应根据"应收账款"科目余额减去"坏账准备"科目余额的差额填列。

（5）根据总账科目和明细科目的余额分析计算填列。例如，

"持有至到期投资"项目：根据"持有至到期投资"总账科目余额扣除其所属的明细科目中反映的将于一年内到期的债券投资部分分析计算填列。

在填列有关非流动负债项目时，应根据同名总分类账户的期末余额扣除一年内到期的非流动负债后的余额填列。如"长期借款"项目应根据"长期借款"总账余额扣除其所属明细账中反映的将于一年内到期的长期借款部分填列。

"一年内到期的非流动资产"根据"持有至到期投资"总账所属的明细科目中反映的将于一年内到期的债券投资部分分析计算填列；"一年内到期的非流动负债"项目可以根据"长期借款、应付债券、长期应付款"等总分类账户所属的

明细分类账户中,有关将于一年内到期的非流动负债的合计数填列。

[例9–1] 兴绘公司2008年12月31日有关总分类账户的余额如表9–1所示。

表9–1 科目余额表 单位:元

科目名称	余额方向	科目余额	科目名称	余额方向	科目余额
库存现金	借	2 000	短期借款	贷	230 000
银行存款	借	321 500	应付账款	贷	58 000
交易性金融资产	借	100 000	应付票据	贷	234 000
应收账款	借	73 600	预收账款	贷	30 000
坏账准备	贷	520	应付职工薪酬	贷	72 000
预付账款	借	24 000	其他应付款	贷	1 000
其他应收款	借	20 400	应交税费	贷	2 300
原材料	借	240 300	应付股利	贷	81 000
周转材料	借	60 000	长期借款	贷	800 000
材料采购	借	40 000	实收资本	贷	500 000
库存商品	借	365 000	资本公积	贷	100 000
材料成本差异	贷	1 000	盈余公积	贷	86 300
生产成本	借	21 420	利润分配	贷	85 600
存货跌价准备	贷	2 200			
持有至到期投资	借	500 000			
固定资产	借	460 000			
累计折旧	贷	120 300			
固定资产减值准备	贷	30 000			
在建工程	借	56 000			
无形资产	借	150 000			
合计		2 280 200	合计		2 280 200

有关明细账户资料如下:

应收账款——星星厂(借)93 600元,应收账款——三洋厂(贷)20 000元;

预付账款——甲企业(借)28 000元,预付账款——乙企业(贷)4 000元;

应付账款——长江厂(贷)78 000元,应付账款——武胜厂(借)20 000元;

预收账款——A企业(贷)35 000元,预收账款——B企业(借)5 000元;

持有至到期投资(借)500 000元,其中100 000元是2006年5月购入的3年期债券;

长期借款(贷)800 000元,其中500 000元是2006年2月向银行借入2年期的贷款。

要求编制兴绘公司2008年度的资产负债表。

表9–2是编制完成的兴绘公司2008年度的资产负债表。下面,我们就来学

习资产负债表的编制方法。

表 9-2 资产负债表

编制单位：兴绘公司　　　2008 年 12 月 31 日　　　单位：元

资产	期末余额	年初余额	负债和所有者权益（或股东权益）	期末余额	年初余额
流动资产：			流动负债：		
货币资金	323 500	295 460	短期借款	230 000	320 000
交易性金融资产	100 000	140 000	交易性金融负债		
应收票据			应付票据	234 000	240 000
应收账款	98 080	49 040	应付账款	82 000	80 000
预付款项	48 000	50 000	预收款项	55 000	55 000
应收利息			应付职工薪酬	72 000	88 000
应收股利			应交税费		2 300
其他应收款	20 400		应付利息		
存货	723 520	698 300	应付股利	81 000	
一年内到期的非流动资产	100 000		其他应付款	1 000	
其他流动资产			一年内到期的非流动负债	500 000	300 000
流动资产合计	413 500	1 232 800	其他流动负债		
非流动资产：			流动负债合计	1 257 300	1 083 000
可供出售金融资产			非流动负债		
持有至到期投资	400 000	500 000	长期借款	300 000	550 000
长期应收款			应付债券		
长期股权投资			长期应付款		
投资性房地产			专项应付款		

续表

资　　产	期末余额	年初余额	负债和所有者权益（或股东权益）	期末余额	年初余额
固定资产	309 700	326 700	预计负债		
在建工程	56 000	136 220	递延所得税负债		
固定资产清理			非流动负债合计	300 000	550 000
生产性生物资产			负债合计	1 557 300	1 633 000
油气资产			所有者权益（或股东权益）：		
无形资产	150 000	152 500	实收资本（或股本）	500 000	500 000
开发支出			资本公积	100 000	100 000
商誉			减：库存股		
长期待摊费用			盈余公积	86 300	80 632
递延所得税资产			未分配利润	85 600	34 588
其他非流动资产			所有者权益（或股东权益）合计	771 900	715 220
非流动资产合计	915 700	1 115 420			
资产总计	2 329 200	2 348 220	负债和所有者权益（或股东权益）总计	2 329 200	2 348 220

解析：上例中，根据兴绘公司年末的科目余额表，填列该公司2008年资产负债表"期末余额"项目。2008年资产负债表各栏目数据计算如下：

"货币资金"项目＝2 000＋321 500＝323 500（元）

"应收账款"项目＝93 600＋5 000－520＝98 080（元）

"预付账款"项目＝28 000＋20 000＝48 000（元）

"存货"项目＝240 300＋60 000＋40 000＋365 000＋21 420－1 000－2 200＝723 520（元）

"固定资产"项目＝460 000－120 300－30 000＝309 700（元）

持有至到期投资中100 000元是2006年5月购入的2年期债券，将于2008年5月到期，属于一年内到期的非流动资产，应列入资产负债表的流动资产。

"一年内到期的非流动资产"项目＝100 000（元）

"持有至到期投资"项目＝500 000－100 000＝400 000（元）
"应付账款"项目＝78 000＋4 000＝8 2000（元）
"预收账款"项目＝35 000＋20 000＝5 5000（元）

长期借款中500 000元是2006年2月向银行借入2年期的贷款，将于2008年2月到期，属于一年内到期的长期借款，应列入流动负债部分。

"一年内到期的非流动负债"项目＝500 000（元）
"长期借款"项目＝800 000－500 000＝300 000（元）

根据资产负债表的编制方法，将计算结果填入相应的项目，将可直接填入的科目余额直接填入，这样，资产负债表很容易就编制出来了。可见，资产负债表的编制并不难，只要细心、掌握科目间的钩稽关系，计算正确，就可以编制出正确的资产负债表。

二、利润表

（一）利润表的作用

利润表是反映企业一定会计期间经营成果的报表。利润表的列报必须充分反映企业经营业绩的主要来源和构成，有助于使用者判断净利润的质量及其风险，预测净利润的持续性，从而作出正确的决策。通过利润表，可以反映企业一定期间的收入实现情况、费用耗费情况。将利润表中的信息与资产负债表中的信息相结合，可以提供进行财务分析的基本资料。利润表由构成利润的各个项目分类分项编制而成。

（二）利润表的结构

我国的利润表采用多步式结构。即通过对当期的收入、费用、支出项目按性质加以归类，按利润形成的主要环节列示一些中间性利润指标，分步计算当期净损益。

在多步式利润表中，本期的净利润是通过多步计算求得，通常分为以下几步：

第一步，计算营业利润。将主营业务收入加上其他业务收入得出营业收入，主营业务成本加上其他业务成本得出营业成本，用营业收入减去营业成本、营业务税金及附加和三项期间费用后再减去资产减值损失，加上公允价值变动净收益及投资收益得出营业利润。

第二步，计算出利润总额。将营业利润加上营业外收入，再减去营业外支出后得出利润总额。

第三步，计算净利润。从利润总额中减去所得税费用后得出净利润。

值得注意的是，营业外收入是指企业发生的与其日常活动无直接关系的各项利得，营业外支出是指企业发生的与其日常活动无直接关系的各项损失，所得税费用是指企业确认的应从当期利润总额中扣除的所得税费用。

（三）利润表的填列方法

利润表反映的是收入、费用和利润三要素的本期累计数，是根据相关科目的本期实际发生额填列的。

为了使报表使用者通过比较不同期间利润的实现情况，判断企业经营成果的未来发展趋势，企业需要提供比较利润表。因此，利润表中的各项目分为"上期金额"和"本期金额"两栏分别填列。

1."上期金额"栏各项数字的填列方法

利润表中"上期金额"栏内各项数字，应根据上年该期利润表"本期金额"栏内数字填列。如果上年该期利润表规定的各个项目的名称和内容与本期不一致，应对上年该期利润表各项目的名称和数字按本期的规定进行调整，填入利润表"上期余额"栏内。

2."本期金额"栏各项数字的填列方法

利润表中"本期金额"栏内各项数字一般应根据有关损益类账户的实际发生额分析填列。

具体可归纳为以下三种：

（1）根据科目的本期发生额直接填列。利润表中大部分项目都可以根据科目本期的发生额填列，如销售费用、营业税金及附加、管理费用、财务费用、营业外收入、营业外支出、所得税费用等。

（2）根据有关科目本期发生额合计填列。利润表中的某些项目需要根据有关科目本期发生额合计数填列。如营业收入项目是根据"主营业务收入"和"其他业务收入"两个总账科目本期发生额的合计数填列的，营业成本项目是根据"主营业务成本"和"其他业务成本"两个总账科目本期发生额的合计数填列的。

（3）根据报表项目之间的关系计算填列。利润表中的某些项目需要根据项目之间的关系计算填列，如营业利润、利润总额、净利润。

[例9-2] 兴绘公司本年有关损益类科目的发生额如下，请根据表的资料，编制该企业2008年度利润表。

表 9-3 兴绘公司损益类科目 2008 年度累计发生额

单位：元

科目名称	借方发生额	贷方发生额
主营业务收入		420 000
主营业务成本	250 000	
营业税金及附加	700	
销售费用	7 500	
管理费用	52 100	
财务费用	13 500	
资产减值损失	30 220	
投资收益		10 000
营业外收入		16 000
营业外支出	7 000	
所得税费用	28 300	

根据兴绘公司 2008 年年末有关损益类科目的发生额，编制该公司 2008 年利润表，如表 9-4 所示。

表 9-4 利 润 表

编制单位：兴绘公司　　　　　　　2008 年 12 月　　　　　　　　　　　单位：元

项　　目	本期金额	上期金额（略）
一、营业收入	420 000	0
减：营业成本	250 000	0
营业税金及附加	700	0
销售费用	7 500	0
管理费用	52 100	0
财务费用	13 500	0
资产减值损失	30 220	0
加：公允价值变动收益（损失以"－"号填列）	0	0
投资收益（损失以"－"号填列）	10 000	0
其中：对联营企业和合营企业的投资收益	0	0
二、营业利润（亏损以"－"号填列）	75 980	0
加：营业外收入	16 000	0
减：营业外支出	7 000	0

续表

项 目	本期金额	上期金额（略）
其中：非流动资产处置损失	0	0
三、利润总额（亏损总额以"－"号填列）	84 980	0
减：所得税费用	21 245	0
四、净利润（净亏损以"－"号填列）	63 735	0
五、每股收益	0	0
（一）基本每股收益	0	0
（二）稀释每股收益	0	0

三、现金流量表

（一）现金流量表的定义

现金流量表是以现金为基础编制的反映企业财务状况变动的报表，它反映企业一定会计期间内有关现金和现金等价物的流入和流出的信息，表明企业获得现金和现金等价物（除特别说明外，以下所称的现金均包括现金等价物）的能力。

（二）什么是现金流量

现金流量是指库存现金、银行存款、其他货币资金和现金等价物的流入与流出。现金流量表中的现金流量分为经营活动产生的现金流量、投资活动产生的现金流量和筹资活动产生的现金流量三个部分。

现金等价物，是指企业持有的期限短、流动性强、易于转换为已知金额的现金、价值变动风险很小的投资。

其中，"期限短"一般是指从购买日起三个月内到期，如可在证券市场上流通的三个月到期的短期债券。

在现金流量表中，现金及现金等价物被视为一个整体，企业现金形式的转换不会产生现金的流入和流出。例如，企业从银行提取现金，是企业现金存放形式的转换，并未流出企业，不构成现金流量。同样，现金与现金等价物之间的转换也不属于现金流量。例如，企业用现金购买三个月到期的国库券。不属于现金流量的经济业务事项不需填列在现金流量表中。

（三）现金流量的分类

（1）经营活动是指企业投资活动和筹资活动以外的所有交易和事项。

经营活动产生的现金流量包括：

销售商品或提供劳务收到的现金，收到的税费返还，收到其他与经营活动有关的现金,购买商品或接受劳务支付的现金,支付给职工以及为职工支付的现金,支付广告费、招待费、差旅费等其他与经营活动有关的现金,缴纳各项税款,等等。

(2)投资活动是指企业长期资产的购建和不包括在现金等价物范围的投资及其处置活动。

投资活动产生的现金流量包括:

收回投资收到的现金,投资收益收到的现金,取得处置固定资产、无形资产和其他长期资产收回现金净额,处置子公司及其他营业单位收到的现金净额,收到其他与投资活动有关的现金,购建固定资产、无形资产和其他长期资产支出的现金,投资支付的现金,取得子公司及其营业单位支付的现金净额,支付其他与投资有关的现金。

投资活动中的"投资"是广义的投资概念,既包括了对外投资(狭义的投资),又包括了对内投资(长期资产的购建)。

(3)筹资活动,是指导致企业资本及债务规模和构成发生变化的活动。

筹资活动产生的现金流量包括:

发行股票或接受投入资本,分派现金股利,取得和偿还银行借款,偿付利息发行和偿还公司债券等。应付账款、应付票据等属于经营活动,不属于筹资活动。

筹资活动中的"筹资"是广义的筹资,既包括向债权人的筹资,又包括向股东的筹资(吸收投资、发行股票、分配利润等)。

(四)现金流量表的基本格式

表 9-5 现金流量表

编制单位:　　　　　　　　　　　　　年　月　　　　　　　　　　　　　单位:元

项　目	本期金额	上期金额
一、经营活动产生的现金流量:		
销售商品、提供劳务收到的现金		
收到的税费返还		
收到其他与经营活动有关的现金		
经营活动现金流入小计		
购买商品、接受劳务支付的现金		
支付给职工以及为职工支付的现金		
支付的各项税费		

续表

项　　目	本期金额	上期金额
支付其他与经营活动有关的现金		
经营活动现金流出小计		
经营活动产生的现金流量净额		
二、投资活动产生的现金流量		
收回投资收到的现金		
取得投资收益收到的现金		
处置固定资产、无形资产和其他长期资产收回的现金净额		
处置子公司及其他营业单位收到的现金净额		
收到其他与投资活动有关的现金		
投资活动现金流入小计		
购建固定资产、无形资产和其他长期资产支付的现金		
投资支付的现金		
取得子公司及其他营业单位支付的现金净额		
支付其他与投资活动有关的现金		
投资活动现金流出小计		
投资活动产生的现金流量净额		
三、筹资活动产生的现金流量		
吸收投资收到的现金		
取得借款收到的现金		
收到其他与筹资活动有关的现金		
筹资活动现金流入小计		
偿还债务支付的现金		
分配股利、利润或偿付利息支付的现金		

续表

项　　目	本期金额	上期金额
支付其他与筹资活动有关的现金		
筹资活动现金流出小计		
筹资活动产生的现金流量净额		
四、汇率变动对现金及现金等价物的影响		
五、现金及现金等价物净增加额		
加：期初现金及现金等价物余额		
六、期末现金及现金等价物余额		

现金流量表的内容分为正表和补充资料两部分。

1. 正表

现金流量表正表包括以下六部分：

（1）经营活动产生的现金流量；
（2）投资活动产生的现金流量；
（3）筹资活动产生的现金流量；
（4）汇率变动对现金及现金等价物的影响；
（5）现金及现金等价物净增加额；
（6）期末现金及现金等价物余额。

2. 补充资料

现金流量表补充资料包括以下三部分：

（1）将净利润调节为经营活动现金流量；
（2）不涉及现金收支的重大投资和筹资活动；
（3）现金及现金等价物净变动情况。

正表第一项经营活动产生的现金流量净额，与补充资料第一项经营活动产生的现金流量净额，应当核对相符。正表中的数字是现金流入的差额，补充资料中的数字是期末数与期初数的差额，计算依据不同，但结果应当一致，两者应当核对相符。在我国，现金流量表的列报，通常要求经营活动产生的现金流量在主表中采用直接法列报，在补充资料中采用间接法列报，以便使主表资料与补充资料互相核对，提供可靠的会计信息。

企业应当采用间接法在现金流量附注中披露将净利润调节为经营活动现金流

量的信息。现金流量表补充资料披露格式如表9-6所示。

表9-6 现金流量表补充资料

单位：元

补充资料	本期金额	上期余额
1. 将净利润调节为经营活动现金流量		
净利润：		
加：资产减值准备		
固定资产折旧、油气资产折耗、生产性生物资产折旧		
无形资产摊销		
长期待摊费用摊销		
处置固定资产、无形资产和其他长期资产的损失（收益以"－"号填列）		
固定资产报废损失（收益以"－"号填列）		
公允价值变动损失（收益以"－"号填列）		
财务费用（收益以"－"号填例）		
投资损失（收益以"－"号填力）		
递延所得税资产减少（增加以"－"号填列）		
递延所得税增加（减少以"－"号填列）		
存货的减少（增加以"－"号填列）		
经营性应收项目的减少（增加以"－"号填列）		
经营性应付项目的增加（减少以"－"号填列）		
其他		
经营活动产生的现金的流量净额		
2. 不涉及现金收支的重大投资和筹资活动：		
债务转为资本		
一年内到期的可转换公司债券		
融资租入固定资产		
3. 现金及现金等价物净变动情况：		
现金的期末余额		
减：现金的初期余额		
加：现金等价物的期末余额		
减：现金等价物的期初余额		
现金及现金等价物净增加额		

（五）现金流量表的编制方法

　　现金流量表的编制不同于资产负债表和利润表，企业的账户体系一般是按照资产负债表和利润表项目设立，填表时可根据账户的期末余额或本期发生额直接填列，或经过分析后计算填列，相对来说比较简单。但现金流量表项目一般无法从账户中直接得到相关数据，必须借助一定的方法进行计算后填列。在编制现金流量表时，企业可以采用工作底稿法，也可以采用T形账户法，还可以根据有关账户记录分析填列。

工作底稿法。采用工作底稿法编制现金流量表，就是以工作底稿为手段，以利润表和资产负债表数据为基础，对每一项目进行分析并编制调整分录，从而编制出现金流量表。

T形账户法。采用T形账户法，就是以T形账户为手段，以利润表和资产负债表数据为基础，对每一项目进行分析并编制调整分录，从而编制出现金流量表。

现金流量表正表各项目的确定方法如下：

1. 现金流量表正表各项目金额的确定

现金流量表正表金额的确定主要有以下两种方法：

（1）根据本期发生的影响现金流量的经济业务确定。

（2）采用调整法确定，即根据本期发生的全部经济业务，通过对利润表和资产负债表中的全部项目进行调整编制报表。

运用调整法时，给定的资料通常包括：资产负债表、利润表、其他有关资料。

2. 现金流量表各项目金额的填列

（1）经营活动产生的现金流量。

① "销售商品、提供劳务收到的现金"项目。本项目反映企业销售商品、提供劳务实际收到的现金（含销售收入和应向购买者收取的增值税销项税额）。其主要包括：

本期销售商品和提供劳务本期收到的现金；

前期销售商品和提供劳务本期收到的现金；

本期预收的商品款和劳务款等；

本期发生销货退回而支付的现金应从销售商品或提供劳务的收入款项中扣除。

企业销售材料和代购代销业务收到的现金，也在本项目反映。本项目可以根据"现金"、"银行存款"、"应收账款"、"预收账款"、"主营业务收入"、"其他业务收入"科目的记录分析填列。

② "收到的税费返还"项目。本项目反映企业收到返还的各种税费，如收到的增值税、消费税、营业税、所得税、关税，教育费附加返还款等。本项目可根据"现金"、"银行存款"、"营业税金及附加"、"营业外收入"等科目的记录分析填列。

③ "收到的其他与经营活动有关的现金"项目。本项目反映企业除上述各项外，收到的其他与经营活动有关的现金流入，如罚款收入、流动资产损失中由个

人赔偿的现金收入，等等。

④"购买商品、接受劳务支付的现金"项目。本项目反映企业购买商品、接受劳务支付的现金（包括支付的增值税进项税额）。其主要包括：

本期购买商品、接受劳务本期支付的现金；

本期支付前期购买商品、接受劳务的未付款项；

本期预付的款项；

本期发生购货退回而收到的现金应从购买商品或接受劳务支付的款项中扣除。

与购买商品、接受劳务有关的经济业务可以根据"现金"、"银行存款"、"应付票据"、"预付款项"、"主营业务成本"、"其他业务支出"等科目的记录，通过对其进行分析，则能够计算确定购买商品、接受劳务支付的现金。

⑤"支付给职工以及为职工支付的现金"项目。本项目反映企业实际支付给职工以及为职工支付的现金，主要包括本期实际支付给职工的工资、奖金、各种津贴和补贴。该项目不包括支付给离退休人员的工资和支付给在建工程人员的工资。

企业支付给离退休人员的各项费用，包括支付的统筹退休金以及未参加统筹的退休人员费用，在"支付的其他与经营活动有关的现金"项目反映；企业支付的在建工程人员的工资在"购建固定资产、无形资产和其他长期资产所支付的现金"项目反映。本项目可以根据"现金"、"银行存款"、"应付职工薪酬"等科目的记录分析填列。

⑥"支付的各项税费"项目。本项目反映企业按规定当期实际缴纳税务部门的各种税金，以及本期支付的以前各期发生的税费和预交的税金，如支付的教育费附加、印花税、房产税、土地使用税、营业税、增值税、所得税、车船使用税等，不包括计入固定资产价值的实际支付的耕地占用税，也不包括本期退回的增值税、所得税。本项目可以根据"应交税费"、"现金"、"银行存款"等科目的记录分析填列。

⑦"支付的其他与经营活动有关的现金"项目。本项目反映企业除上述各项目外，支付的其他与经营活动有关的现金，如支付给离退休人员的各项费用、罚款支出、支付的差旅费、业务招待费、支付的保险费用等，可根据有关科目的记录分析填列。

（2）投资活动产生的现金流量。

①"收回投资所收到的现金"项目。本项目反映企业出售、转让或到期收回的现金等价物以外的交易性资产、持有至到期投资等而收到的现金。根据相关科目的记录分析填列。

②"取得投资收益收到的现金"项目。本项目反映企业因股权性投资分得的现金股利,从子公司利润而收到的现金,因债权性投资而取得的现金利息收入。本项目可以根据"应收股利"、"应收利息"、"现金"、"银行存款"等科目的记录分析填列。

③"处置固定资产、无形资产和其他长期资产收回的现金净额"项目。本项目反映企业处置固定资产、无形资产和其他长期资产所取得的现金,扣除为处置这些资产而支付的有关费用后的净额。值得注意的是,如所收回的现金净额为负数,则在"支付的其他与投资活动有关的现金"项目反映。本项目可以根据"固定资产清理"、"现金"、"银行存款"等科目分析填列。

④处置子公司及其他营业单位收到的现金净额。本项目反映企业处置子公司及其他营业单位所取得的现金减去子公司或其他营业单位持有的现金和现金等价物以及相关处置费用后的净额。本项目可以根据相关科目的记录分析填列。

⑤"收到的其他与投资活动有关的现金"项目。本项目反映企业除了上述项目以外,收到的其他与投资活动有关的现金流入。

⑥"购建固定资产、无形资产和其他长期资产支付的现金"项目。本项目反映企业购买、建造固定资产,取得无形资产和其他长期资产所支付的现金。

该项目不包括为购建固定资产而发生的借款利息资本化的部分以及融资租入固定资产支付的租赁费。企业以分期付款方式购建的固定资产,其以首次付款支付的现金作为投资活动的现金流出,以后各期支付的现金作为筹资活动的现金流出。

⑦"投资支付的现金"项目。本项目反映企业进行各种性质的投资所支付的现金,包括企业取得的除现金等价物以外的短期性的股票、债券投资,长期股权投资支付的现金,购买长期性债券支付的现金,等等。本项目可以根据"交易性金融资产"、"持有至到期投资"、"长期股权投资"、"现金"、"银行存款"等科目的记录分析填列。

⑧取得子公司及其他营业单位支付的现金净额。本项目反映企业取得子公司及其他营业单位购买出价中以现金支付的部分,减去子公司或其他单位持有的现金和现金等价物后的净额。本项目可以根据有关科目的记录分析填列。

⑨"支付的其他与投资活动有关的现金"项目。本项目反映企业除了上述项目以外,支付的其他与投资活动有关的现金流出,如果价值较大的,应单独列项目反映。本项目可以根据有关的科目的记录分析填列。

(3)筹资活动产生的现金流量。

①"吸收投资收到的现金"项目。本项目反映企业收到的投资者投入的现金,包括发行股票方式筹集资金实际收到的股款净额、发行债券实际收到的现金净额。

以发行股票方式筹集资金而由企业支付的审计费用，以及发行债券支付的发行费用等在"支付的其他与筹资活动有关的现金"项目反映。本项目可以根据"实收资本（或股本）"、"资本公积"、"现金"、"银行存款"等科目的记录分析填列。

②"取得借款收到的现金"项目。本项目反映企业举借各种短期、长期借款所收到的现金。本项目可以根据"短期借款"、"长期借款"、"应付债券"、"现金"、"银行存款"科目的记录分析填列。

③"收到其他与筹资活动有关的现金"项目。本项目反映企业除了上述各项目外，收到的与其他筹资活动有关的现金，如果价值较大的，应单独列项反映。本项目可根据有关科目的记录分析填列。

④"偿还债务支付的现金"项目。本项目反映企业以现金偿还债务的本金，包括归还金融企业的借款本金、偿还债券本金等。企业偿还的借款利息、债券利息，在"分配股利、利润和偿付利息所支付的现金"项目反映，不包括在本项目内。本项目可以根据"短期借款"、"长期借款"、"交易性金融负债"、"应付债券"、"现金"、"银行存款"等科目的启示分析填列。

⑤"分配股利、利润和偿付利息支付的现金"项目。本项目反映企业实际支付的现金股利、支付给其他投资单位利润和偿付借款利息、债务利息所支付的现金。本项目可以根据"应付股利"、"应付利息"、"利润分配"、"财务费用"、"在建工程"、"制造费用"、"现金"、"银行存款"等科目的记录分析填列。

⑥"支付其他与筹资活动有关的现金"项目。本项目反映企业除上述各项外，支付的其他与筹资业务有关的现金，如支付以发行股票方式筹集资金而由企业支付的审计费用、发行债券支付的发行费用等，如果价值较大的，应单列项目反映。本项目可以根据有关科目的记录分析填列。

（4）汇率变动对现金及现金等价物的影响。编制现金流量表时，应当将企业外币现金流量以及境外子公司的现金流量折算成记账本位币。汇率变动对现金的影响，指企业外币现金流量及境外子公司的现金流量折算成记账本位币时，所采用的是现金流量发生日的汇率或按照系统合理的方法确定的、与现金流量发生日即期汇率近似的汇率，而现金流量表"现金及现金等价物净增加额"项目中外币现金净增加额是按资产负债表日的即期汇率折算的。这两者的差额即为"汇率变动对现金及现金等价物的影响"金额。

（六）现金流量表的平衡关系

1. 与资产负债表的平衡关系

一般情况下，现金及现金等价物净增加额等于资产负债表上"货币资金"（年末数－年初数）。

2. 现金流量表表内平衡关系

（1）现金流入小计减现金流出小计等于现金流量净额。

（2）正表"经营活动产生的现金流量净额"加"投资活动产生的现金流量净额"加"筹资活动产生的现金流量净额"加"汇率变动对现金及现金等价物的影响"等于现金及现金等价物净增加额。

（3）正表"经营活动产生的现金流量净额"等于补充资料"经营活动产生的现金流量净额"。

（4）正表"现金及现金等价物净增加额"等于补充资料"现金及现金等价物净增加额"。

第十章 会计电算化知识

第一节 会计电算化的含义与内容

一、会计电算化的含义

会计电算化是指计算机技术在会计工作中的应用,即采用电子计算机替代人工记账、算账、报账,以及对会计信息进行分析和利用的过程。具体来讲就是由专业人员编制会计核算软件,由会计人员及有关的操作人员操作会计核算软件,指挥计算机替代人工来完成会计工作的活动。会计电算化是管理现代化和会计自身改革和发展的客观需要,是时代发展的必然,是会计工作的发展方向。我国会计电算化的迅速发展和普及,对会计改革的顺利实施起到了重要的作用,使会计工作发生了很大的变化。会计电算化的开展,减轻了财会人员的工作,提高了会计工作的效率;促进了会计工作的规范化,提高了会计工作的质量;促进了会计工作职能的转变,提高了财会人员的素质;为整个管理工作现代化奠定了基础;同时也促进了会计自身的不断发展。

二、会计电算化的内容

会计电算化可以分为三个基本层次,即:会计核算电算化、会计管理电算化、会计决策电算化。

(一)会计核算电算化

会计核算电算化是会计电算化的第一个层次,主要内容包括:设置会计账户、填制会计凭证、登记会计账簿、进行成本计算、编制会计报表,等等。会计核算电算化主要是指这几个方面运用会计核算软件,实现会计数据处理电算化。

1. 设置会计账户电算化

设置会计账户电算化是通过会计核算软件的初始化功能实现的。初始化功能是会计软件开始正式投入使用时运用的功能,除了输入一级会计账户和明细会计账户名称及编码外,还要输入:会计核算所必需的期初数字及有关资料,包括年初数、累计发生额、往来款项、工资、固定资产、存货、成本费用、营业收入核算必需的期初数字;计算有关指标需要的各种公式;选择会计核算方法,包括固定资产折旧方法、存货计价方法、成本核算方法等;定义自动转账凭证;输入操作人员岗位分工情况,包括操作人员姓名、操作权限、操作密码,等等。

2. 填制会计凭证电算化

会计凭证包括原始凭证和记账凭证,对这两类凭证的处理方法,在各个会计核算软件中有所不同。记账凭证是根据审核无误的原始凭证登记的,有的会计核算软件是要求财会人员手工填制好记账凭证,再由操作人员输入计算机;有的会计核算软件是要求财会人员根据原始凭证,直接在计算机屏幕上填制记账凭证;有的会计核算软件是要求财会人员直接将原始凭证输入计算机,由计算机根据输入的原始凭证数据自动编制记账凭证。前两种方法比较接近,区别只在一个是输入已经手工写好的记账凭证,一个是边输入边做记账凭证,但都是把所有的记账凭证输入计算机。而最后一种方法与前两种有很大的差别,是由计算机来做记账凭证。

3. 登记会计账簿电算化

会计电算化后,登记会计账簿一般分两个步骤进行,首先是由计算机根据会计凭证自动登记机内账簿,其次是把机内会计账簿打印输出。

4. 成本费用计算电算化

根据账簿记录,对经营过程中发生的采购费用、生产费用、销售费用和管理费用,进行成本费用核算,是会计核算的一项重要任务,在会计软件中,成本计算是由计算机根据机内上述费用,按照会计制度规定的方法自动进行的。许多通用会计核算软件提供了多种成本计算的方法,供用户选用。

5. 编制会计报表电算化

编制会计报表工作,在通用会计软件中都是由计算机自动进行的,一般都有一个可由用户自定义报表的报表生成功能模块,它可以定义报表的格式和数据来源等内容,这样无论报表如何变化也都可以适应。

(二)会计管理电算化

会计管理电算化是在会计核算电算化的基础上,利用会计核算提供的数据和其他有关数据,借助计算机会计管理软件提供的功能和信息,帮助财会人员合理地筹措和运用资金,节约生产成本和经费开支,提高经济效益。会计管理电算化主要有以下几项任务：

1. 进行会计预测

根据计算机内存储的会计核算历史数据，并按照现有条件和要求，在会计管理软件的指挥下，补充输入一部分数据，并选定预测方法后，由计算机进行预测和输出预测结果。

2. 编制财务计划

财务计划是会计预测的系统化和具体化，可由计算机自动完成，编制计划的方法需要事先在会计管理软件中加以定义。

3. 进行会计控制

会计控制主要通过预算控制软件和责任会计软件来实现，这两个软件是会计管理软件的两个部分，都需要会计核算软件提供详细的数据。

4. 开展会计分析

采用会计管理软件分析和评价计划的完成情况，找出差异和努力的方向。

（三）会计决策电算化

会计决策电算化是会计电算化的最高阶段，在这个阶段，由会计辅助决策支持软件来完成决策工作。该软件根据会计预测的结果，对产品销售和定价、生产、成本、资金和企业经营方向等内容进行决策，并输出决策结果。

第二节　一般要求软件的选择与核算流程

一、会计电算化核算的一般要求

依据我国《会计法》第十三条规定："使用电子计算机进行会计核算的，其软件及其生成的会计凭证、会计账簿、财务会计报告和其他会计资料，也必须符合国家统一的会计制度的规定。"这是《会计法》对会计电算化的基本要求。即包括两个方面：

（一）会计核算软件应达标

应当符合财政部关于会计软件应达到的标准并经过相应机关的评审。因为会计软件是会计电算化的重要手段和工具，会计软件是否符合国家会计制度规定的会计核算要求和会计人员的习惯，是保证会计数据质量和会计核算工作正常秩序的前提,所以,法律上要求实行会计电算化的单位,所使用的会计软件必须符合国家的有关规定。

(二)用电子计算机生成的会计资料应当符合国家统一的会计制度的要求

因为尽管一个质量可靠的会计软件可以为生成合法、真实、准确、完整的会计数据提供前提条件,但由于技术上、设备上、操作人员水平上的原因,生成的会计数据仍有可能不符合国家统一会计制度的要求,尤其是在有的会计人员素质较低、对电子计算机方面的知识掌握不多的情况下,很容易因人为因素导致会计数据的失真、失准。所以,法律上要求实行会计电算化的单位,计算机生成的会计凭证、会计账簿和其他会计资料,在格式、内容以及数据的合法、真实、准确、完整等方面必须符合国家统一会计制度的规定。

二、会计核算软件的核选择算流程

(一)学好用好会计核算财务软件

会计核算软件是指专门用于完成会计工作的电子计算机应用软件,包括采用各种计算机语言编制的一系列指挥计算机完成会计工作的程序代码和有关的文档技术资料。

会计核算软件用于配合计算机完成记账、算账、报账,以及部分的会计管理和会计辅助决策等工作,如日常核算、量本利分析、投资决策等工作。因此,学好用好财务软件是电算化会计工作的重要前提。

1. 会计核算软件的种类

会计核算软件可分为不同的类型。如:按适用范围划分,可分为通用财务软件和定点开发财务软件;按提供信息的层次划分,可分为核算型财务软件、管理型财务软件与决策型财务软件;按硬件结构划分,可分为单用户财务软件和多用户(网络)财务软件。

单用户会计核算软件是指将会计核算软件安装在一台或几台计算机上,每台计算机中的核算软件单独运行,生成的数据只存储在本台计算机中,各计算机之间不能直接进行数据交换和共享。多用户(网络)会计核算软件是指将会计核算软件安装在一个多用户系统的主机(计算机网络的服务器)上,系统中各终端(工作站)可以同时运行,不同终端(工作站)上的会计人员能够共享会计信息。

2. 会计软件的特点

（1）通用会计核算软件的特点。通用会计核算软件是指在一定范围内适用的会计核算软件。它的特点是不含或含有较少的会计核算规则与管理方法。其优点是：这种软件实质上是一个工具，由用户自己输入会计核算规则，因而使会计核算软件突破了空间上和时间上的局限性，具有真正的通用性。其缺点是：一方面，软件越通用，初始化工作量越大；另一方面，软件越通用，个别用户的会计核算工作的细节就越难被兼顾。

（2）定点开发会计核算软件的特点。定点开发会计核算软件也称为专用会计核算软件，是指仅适用于个别单位会计业务的财务软件，如某企业针对自身的会计核算和管理的特点而开发研制的软件。定点开发会计核算软件的特点是把适合本单位特点的会计核算规则与管理方法编入会计核算软件，如将报表格式、工资项目、计算方法等在程序中固定。其优点是比较适合使用单位的具体情况，使用方便。其缺点是受到空间和时间上的限制，只能在个别单位、一定的时期内使用。

会计核算软件是会计电算化的主要手段和工具，会计核算软件是否符合国家统一的会计制度规定的核算要求和会计人员的习惯，是保证会计资料质量和会计工作正常进行的重要前提。因此，法律上要求实行会计电算化的单位，使用的会计核算软件必须符合国家统一的会计制度的规定。

（3）商品化会计核算软件。商品化会计核算软件是指经评审通过的用于在市场销售的通用会计核算软件。商品化会计核算软件一般具有通用性、合法性和安全性等特点。选择通用商品化会计核算软件是企业实现会计电算化的一条捷径，是被采用最多的一种方式。

采用商品化会计核算软件的优点是见效快、成本低、安全可靠、维护有保障。缺点：一是不能全部满足使用单位的各种核算与管理要求；二是对会计人员要求较高，如要求用户定义各种转账公式、数据来源公式、费用分配公式等，否则会计人员会感到使用不便。

3. 会计核算软件的选购

在选购商品化财务软件时，主要注意以下问题：

（1）系统环境。应根据计算机硬件和软件环境的要求，购买适用的原版商品化会计核算软件。

（2）功能规范。要求会计核算软件须达到财政部发布的《会计核算软件基本功能规范》的要求，并已通过（国家、省、地区）财政部门的评审。

（3）功能要求。会计核算软件的功能要符合行业的特点，要满足本单位的具体核算与管理的要求，要适应未来发展的要求（如商品化会计核算软件是否对外提供接口,接口是否符合要求,是否有利于软件的二次开发等)。

(4)技术指标。分析会计核算软件的安全可靠性、操作简便性等技术指标。

(5)售后服务。考查会计核算软件售后服务情况,包括用户培训、软件资料、版本升级等方面。

(6)软件价格。会计核算软件价格一般包括常规的服务费用,但不包括系统实施费和特殊服务费。

综上所述,企业选择会计核算软件时应全面考虑,权衡利弊,既着眼于现在,又要放眼于未来,选择最适合本企业要求的商品化会计核算软件。

(二)会计核算软件的初始设置

使用会计核算软件,首先要将其正确地安装在计算机的硬盘上,然后进行会计核算软件的初始设置工作。

会计核算软件初始设置也称初始化,是指将通用会计核算软件转化成专用会计核算软件,将手工会计业务数据移植到计算机中的一系列准备工作。前者需要设置具体核算规则和方法,后者需输入有关的基础数据。会计核算软件初始化是使用通用会计核算软件的基础,是非常关键的一项工作。

一般地,会计核算软件的初始设置应该包括以下几步:设置业务参数及基本信息,设置会计业务处理规则,输入期初数据。

1. 设置业务参数及基本信息

业务参数是反映企业会计核算和管理具体要求的指标或开关。不同的企业,会计业务处理的具体对象、采用的会计核算方法等不尽相同。为使通用会计核算软件适应不同企业的会计业务处理的要求,可以通过设置业务参数来解决。

2. 设置业务处理规则

设置业务处理规则是指建立有关核算规则,确定管理分析方法,如设置各种分类方法,设置会计科目体系,编制工资计算公式,编制报表的取数和计算公式,等等。

3. 输入期初数据

输入期初数据的目的是完成手工账与计算机账的衔接,使会计数据具有连续性。在首次使用新的会计核算软件时,初始数据是指会计核算启用时间以前的总账、明细账、辅助账等余额。将期初余额等数据输入会计核算软件后,还需进行会计数据的验证,从而保证企业会计信息的准确、真实。

（三）日常会计业务处理

日常会计业务处理主要包括输入、处理、输出、利用等方面的工作，其会计数据处理的基本流程为：输入工作，加工处理序列，输出工作和分析、利用会计资料。

（四）月末处理

会计期末进行账账、账证、账实核对，处理期末会计事项，如工资分配及费用计提、固定资产折旧处理、销售成本结转以及各种转账业务等，最后进行结账。

附录 1

中华人民共和国会计法

（1985年1月21日第六届全国人民代表大会常务委员会第九次会议通过，根据1993年12月29日第八届全国人民代表大会常务委员会第五次会议《关于修改〈中华人民共和国会计法〉的决定》修正，1999年10月31日第九届全国人民代表大会常务委员会第十二次会议修订，自2000年7月1日起施行）

第一章 总则

第一条 为了规范会计行为，保证会计资料真实、完整，加强经济管理和财务管理，提高经济效益，维护社会主义市场经济秩序，制定本法。

第二条 国家机关、社会团体、公司、企业、事业单位和其他组织（以下统称单位）必须依照本法办理会计事务。

第三条 各单位必须依法设置会计账簿，并保证其真实、完整。

第四条 单位负责人对本单位的会计工作和会计资料的真实性、完整性负责。

第五条 会计机构、会计人员依照本法规定进行会计核算，实行会计监督。

任何单位或者个人不得以任何方式授意、指使、强令会计机构、会计人员伪造、变造会计凭证、会计账簿和其他会计资料，提供虚假财务会计报告。

任何单位或者个人不得对依法履行职责、抵制违反本法规定行为的会计人员实行打击报复。

第六条 对认真执行本法，忠于职守，坚持原则，做出显著成绩的会计人员，给予精神的或者物质的奖励。

第七条 国务院财政部门主管全国的会计工作。

县级以上地方各级人民政府财政部门管理本行政区域内的会计工作。

第八条 国家实行统一的会计制度。国家统一的会计制度由国务院财政部门根据本法制定并公布。

国务院有关部门可以依照本法和国家统一的会计制度制定对会计核算和会计监督有特殊要求的行业实施国家统一的会计制度的具体办法或者补充规定，报国务院财政部门审核批准。

中国人民解放军总后勤部可以依照本法和国家统一的会计制度制定军队实施国家统一的会计制度的具体办法，报国务院财政部门备案。

第二章 会计核算

第九条 各单位必须根据实际发生的经济业务事项进行会计核算，填制会计凭证，登记会计账簿，编制财务会计报告。

任何单位不得以虚假的经济业务事项或者资料进行会计核算。

第十条 下列经济业务事项，应当办理会计手续，进行会计核算：

（一）款项和有价证券的收付；

（二）财物的收发、增减和使用；

（三）债权债务的发生和结算；

（四）资本、基金的增减；

（五）收入、支出、费用、成本的计算；

（六）财务成果的计算和处理；

（七）需要办理会计手续、进行会计核算的其他事项。

第十一条 会计年度自公历1月1日起至12月31日止。

第十二条 会计核算以人民币为记账本位币。

业务收支以人民币以外的货币为主的单位，可以选定其中一种货币作为记账本位币，但是编报的财务会计报告应当折算为人民币。

第十三条 会计凭证、会计账簿、财务会计报告和其他会计资料，必须符合国家统一的会计制度的规定。

使用电子计算机进行会计核算的，其软件及其生成的会计凭证、会计账簿、财务会计报告和其他会计资料，也必须符合国家统一的会计制度的规定。

任何单位和个人不得伪造、变造会计凭证、会计账簿及其他会计资料，不得提供虚假的财务会计报告。

第十四条 会计凭证包括原始凭证和记账凭证。

办理本法第十条所列的经济业务事项，必须填制或者取得原始凭证并及时送交会计机构。

会计机构、会计人员必须按照国家统一的会计制度的规定对原始凭证进行审核，对不真实、不合法的原始凭证有权不予接受，并向单位负责人报告；对记载不准确、不完整的原始凭证予以退回，并要求按照国家统一的会计制度的规定更正、补充。

原始凭证记载的各项内容均不得涂改；原始凭证有错误的，应当由出具单位重开或者更正，更正处应当加盖出具单位印章。原始凭证金额有错误的，应当由出具单位重开，不得在原始凭证上更正。

记账凭证应当根据经过审核的原始凭证及有关资料编制。

第十五条 会计账簿登记，必须以经过审核的会计凭证为依据，并符合有关法律、行政法规和国家统一的会计制度的规定。会计账簿包括总账、明细账、日记账和其他辅助性账簿。

会计账簿应当按照连续编号的页码顺序登记。会计账簿记录发生错误或者隔页、缺号、跳行的，应当按照国家统一的会计制度规定的方法更正，并由会计人员和会计机构负责人（会计主管人员）在更正处盖章。

使用电子计算机进行会计核算的，其会计账簿的登记、更正，应当符合国家统一的会计制度的规定。

第十六条 各单位发生的各项经济业务事项应当在依法设置的会计账簿上统一登记、核算，不得违反本法和国家统一的会计制度的规定私设会计账簿登记、核算。

第十七条 各单位应当定期将会计账簿记录与实物、款项及有关资料相互核对，保证会计账簿记录与实物及款项的实有数额相符、会计账簿记录与会计凭证的有关内容相符、会计账簿之间相对应的记录相符、会计账簿记录与会计报表的有关内容相符。

第十八条 各单位采用的会计处理方法，前后各期应当一致，不得随意变更；确有必要变更的，应当按照国家统一的会计制度的规定变更，并将变更的原因、情况及影响在财务会计报告中说明。

第十九条 单位提供的担保、未决诉讼等或有事项，应当按照国家统一的会计制度的规定，在财务会计报告中予以说明。

第二十条 财务会计报告应当根据经过审核的会计账簿记录和有关资料编制，并符合本法和国家统一的会计制度关于财务会计报告的编制要求、提供对象提供期限的规定；其他法律、行政法规另有规定的，从其规定。

财务会计报告由会计报表、会计报表附注和财务情况说明书组成。向不同的会计资料使用者提供的财务会计报告，其编制依据应当一致。有关法律、行政法规规定会计报表、会计报表附注和财务情况说明书须经注册会计师审计的，注册会计师及其所在的会计师事务所出具的审计报告应当随同财务会计报告一并提供。

第二十一条 财务会计报告应当由单位负责人和主管会计工作的负责人、会计机构负责人（会计主管人员）签名并盖章；设置总会计师的单位，还须由总会计师签名并盖章。

单位负责人应当保证财务会计报告真实、完整。

第二十二条 会计记录的文字应当使用中文。在民族自治地方，会计记录可以同时使用当地通用的一种民族文字。在中华人民共和国境内的外商投资企业、外国企业和其他外国组织的会计记录可以同时使用一种外国文字。

第二十三条 各单位对会计凭证、会计账簿、财务会计报告和其他会计资料应当建立档案，妥善保管。会计档案的保管期限和销毁办法，由国务院财政部门会同有关部门制定。

第三章 公司、企业会计核算的特别规定

第二十四条 公司、企业进行会计核算，除应当遵守本法第二章的规定外，还应当遵守本章规定。

第二十五条 公司、企业必须根据实际发生的经济业务事项，按照国家统一的会计制度的规定确认、计量和记录资产、负债、所有者权益、收入、费用、成本和利润。

第二十六条 公司、企业进行会计核算不得有下列行为：

（一）随意改变资产、负债、所有者权益的确认标准或者计量方法，虚列、多列、不列或者少列资产、负债、所有者权益；

（二）虚列或者隐瞒收入，推迟或者提前确认收入；

（三）随意改变费用、成本的确认标准或者计量方法，虚列、多列、不列或者少列费用、成本；

（四）随意调整利润的计算、分配方法，编造虚假利润或者隐瞒利润；

（五）违反国家统一的会计制度规定的其他行为。

第四章 会计监督

第二十七条 各单位应当建立、健全本单位内部会计监督制度。单位内部会计监督制度应当符合下列要求：

（一）记账人员与经济业务事项和会计事项的审批人员、经办人员、财物保管人员的职责权限应当明确，并相互分离、相互制约；

（二）重大对外投资、资产处置、资金调度和其他重要经济业务事项的决策和执行的相互监督、相互制约程序应当明确；

（三）财产清查的范围、期限和组织程序应当明确；

（四）对会计资料定期进行内部审计的办法和程序应当明确。

第二十八条 单位负责人应当保证会计机构、会计人员依法履行职责，不得授意、指使、强令会计机构、会计人员违法办理会计事项。

会计机构、会计人员对违反本法和国家统一的会计制度规定的会计事项，有权拒绝办理或者按照职权予以纠正。

第二十九条　会计机构、会计人员发现会计账簿记录与实物、款项及有关资料不相符的，按照国家统一的会计制度的规定有权自行处理的，应当及时处理；无权处理的，应当立即向单位负责人报告，请求查明原因，作出处理。

第三十条　任何单位和个人对违反本法和国家统一的会计制度规定的行为，有权检举。收到检举的部门有权处理的，应当依法按照职责分工及时处理；无处理的，应当及时移送有权处理的部门处理。收到检举的部门、负责处理的部门应当为检举人保密，不得将检举人姓名和检举材料转给被检举单位和被检举人个人。

第三十一条　有关法律、行政法规规定，须经注册会计师进行审计的单位，应当向受委托的会计师事务所如实提供会计凭证、会计账簿、财务会计报告和其他会计资料以及有关情况。

任何单位或者个人不得以任何方式要求或者示意注册会计师及其所在的会计师事务所出具不实或者不当的审计报告。

财政部门有权对会计师事务所出具审计报告的程序和内容进行监督。

第三十二条　财政部门对各单位的下列情况实施监督：

（一）是否依法设置会计账簿；

（二）会计凭证、会计账簿、财务会计报告和其他会计资料是否真实、完整；

（三）会计核算是否符合本法和国家统一的会计制度的规定；

（四）从事会计工作的人员是否具备从业资格。

在对前款第（二）项所列事项实施监督，发现重大违法嫌疑时，国务院财政部门及其派出机构可以向与被监督单位有经济业务往来的单位和被监督单位开立账户的金融机构查询有关情况，有关单位和金融机构应当给予支持。

第三十三条　财政、审计、税务、人民银行、证券监管、保险监管等部门应当依照有关法律、行政法规规定的职责，对有关单位的会计资料实施监督检查。

前款所列监督检查部门对有关单位的会计资料依法实施监督检查后，应当出具检查结论。有关监督检查部门已经作出的检查结论能够满足其他监督检查部门履行本部门职责需要的，其他监督检查部门应当加以利用，避免重复查账。

第三十四条　依法对有关单位的会计资料实施监督检查的部门及其工作人员对在监督检查中知悉的国家秘密和商业秘密负有保密义务。

第三十五条　各单位必须依照有关法律、行政法规的规定，接受有关监督检查部门依法实施的监督检查，如实提供会计凭证、会计账簿、财务会计报告和其他会计资料以及有关情况，不得拒绝、隐匿、谎报。

第五章　会计机构和会计人员

第三十六条　各单位应当根据会计业务的需要，设置会计机构，或者在有关机构中设置会计人员并指定会计主管人员；不具备设置条件的，应当委托经批准设立从事会计代理记账业务的中介机构代理记账。

国有的和国有资产占控股地位或者主导地位的大、中型企业必须设置总会计师。总会计师的任职资格、任免程序、职责权限由国务院规定。

第三十七条　会计机构内部应当建立稽核制度。

出纳人员不得兼任稽核、会计档案保管和收入、支出、费用、债权债务账目的登记工作。

第三十八条　从事会计工作的人员，必须取得会计从业资格证书。

担任单位会计机构负责人（会计主管人员）的，除取得会计从业资格证书外，还应当具备会计师以上专业技术职务资格或者从事会计工作三年以上经历。

会计人员从业资格管理办法由国务院财政部门规定。

第三十九条　会计人员应当遵守职业道德，提高业务素质。对会计人员的教育和培训工作应当加强。

第四十条　因有提供虚假财务会计报告，做假账，隐匿或者故意销毁会计凭证、会计账簿、财务会计报告，贪污，挪用公款，职务侵占等与会计职务有关的违法行为被依法追究刑事责任的人员，不得取得或者重新取得会计从业资格证书。

除前款规定的人员外，因违法违纪行为被吊销会计从业资格证书的人员，自被吊销会计从业资格证书之日起五年内，不得重新取得会计从业资格证书。

第四十一条　会计人员调动工作或者离职，必须与接管人员办清交接手续。

一般会计人员办理交接手续，由会计机构负责人（会计主管人员）监交；会计机构负责人（会计主管人员）办理交接手续，由单位负责人监交，必要时主管单位可以派人会同监交。

第六章　法律责任

第四十二条　违反本法规定，有下列行为之一的，由县级以上人民政府财政部门责令限期改正，可以对单位并处三千元以上五万元以下的罚款；对其直接责的主管人员和其他直接责任人员，可以处二千元以上二万元以下的罚款；属于国家工作人员的，还应当由其所在单位或者有关单位依法给予行政处分：

（一）不依法设置会计账簿的；

（二）私设会计账簿的；

（三）未按照规定填制、取得原始凭证或者填制、取得的原始凭证不符合规定的；

（四）以未经审核的会计凭证为依据登记会计账簿或者登记会计账簿不符合规定的；

（五）随意变更会计处理方法的；

（六）向不同的会计资料使用者提供的财务会计报告编制依据不一致的；

（七）未按照规定使用会计记录文字或者记账本位币的；

（八）未按照规定保管会计资料，致使会计资料毁损、灭失的；

（九）未按照规定建立并实施单位内部会计监督制度或者拒绝依法实施的监督或者不如实提供有关会计资料及有关情况的；

（十）任用会计人员不符合本法规定的。

有前款所列行为之一，构成犯罪的，依法追究刑事责任。

会计人员有第一款所列行为之一，情节严重的，由县级以上人民政府财政部门吊销会计从业资格证书。

有关法律对第一款所列行为的处罚另有规定的，依照有关法律的规定办理。

第四十三条　伪造、变造会计凭证、会计账簿，编制虚假财务会计报告，构成犯罪的，依法追究刑事责任。

有前款行为，尚不构成犯罪的，由县级以上人民政府财政部门予以通报，可以对单位并处五千元以上十万元以下的罚款；对其直接负责的主管人员和其他直接责任人员，可以处三千元以上五万元以下的罚款；属于国家工作人员的，还应当由其所在单位或者有关单位依法给予撤职直至开除的行政处分；对其中的会计人员，并由县级以上人民政府财政部门吊销会计从业资格证书。

第四十四条　隐匿或者故意销毁依法应当保存的会计凭证、会计账簿、财务会计报告，构成犯罪的，依法追究刑事责任。

有前款行为，尚不构成犯罪的，由县级以上人民政府财政部门予以通报，可以对单位并处五千元以上十万元以下的罚款；对其直接负责的主管人员和其他直接责任人员，可以处三千元以上五万元以下的罚款；属于国家工作人员的，还应当由其所在单位或者有关单位依法给予撤职直至开除的行政处分；对其中的会计人员，并由县级以上人民政府财政部门吊销会计从业资格证书。

第四十五条　授意、指使、强令会计机构、会计人员及其他人员伪造、变造会计凭证、会计账簿，编制虚假财务会计报告或者隐匿、故意销毁依法应当保存的会计凭证、会计账簿、财务会计报告，构成犯罪的，依法追究刑事责任；尚不构成犯罪的，可以处五千元以上五万元以下的罚款；属于国家工作人员的，还应当由其所在单位或者有关单位依法给予降级、撤职、开除的行政处分。

第四十六条　单位负责人对依法履行职责、抵制违反本法规定行为的会计人员以降级、撤职、调离工作岗位、解聘或者开除等方式实行打击报复，构成犯罪的，依法追究刑事责任；尚不构成犯罪的，由其所在单位或者有关单位依法给予行政处分。对受打击报复的会计人员，应当恢复其名誉和原有职务、级别。

第四十七条　财政部门及有关行政部门的工作人员在实施监督管理中滥用职权、玩忽职守、徇私舞弊或者泄露国家秘密、商业秘密，构成犯罪的，依法追究刑事责任；尚不构成犯罪的，依法给予行政处分。

第四十八条　违反本法第三十条规定，将检举人姓名和检举材料转给被检举单位和被检举人个人的，由所在单位或者有关单位依法给予行政处分。

第四十九条　违反本法规定，同时违反其他法律规定的，由有关部门在各自职权范围内依法进行处罚。

第七章　附　则

第五十条　本法下列用语的含义：

单位负责人，是指单位法定代表人或者法律、行政法规规定代表单位行使职权的主要负责人。

国家统一的会计制度，是指国务院财政部门根据本法制定的关于会计核算、会计监督、会计机构和会计人员以及会计工作管理的制度。

第五十一条　个体工商户会计管理的具体办法，由国务院财政部门根据本法的原则另行规定。

第五十二条　本法自 2000 年 7 月 1 日起施行。

附录2

中华人民共和国注册会计师法

（1993年10月31日第八届全国人民代表大会常务委员会第四次会议通过，1993年10月31日中华人民共和国主席令第十三号公布，1994年1月1日起施行。）

第一章 总则

第一条 为了发挥注册会计师在社会经济活动中的鉴证和服务作用，加强对注册会计师的管理，维护社会公共利益和投资者的合法权益，促进社会主义市场经济的健康发展，制定本法。

第二条 注册会计师是依法取得注册会计师证书并接受委托从事审计和会计咨询、会计服务业务的执业人员。

第三条 会计师事务所是依法设立并承办注册会计师业务的机构。

注册会计师执行业务，应当加入会计师事务所。

第四条 注册会计师协会是由注册会计师组成的社会团体。中国注册会计师协会是注册会计师的全国组织，省、自治区、直辖市注册会计师协会是注册会计师的地方组织。

第五条 国务院财政部门和省、自治区、直辖市人民政府财政部门，依法对注册会计师、会计师事务所和注册会计师协会进行监督、指导。

第六条 注册会计师和会计师事务所执行业务，必须遵守法律、行政法规。

注册会计师和会计师事务所依法独立、公正执行业务，受法律保护。

第二章 考试和注册

第七条 国家实行注册会计师全国统一考试制度。注册会计师全国统一考试办法，由国务院财政部门制定，由中国注册会计师协会组织实施。

第八条 具有高等专科以上学校毕业的学历、或者具有会计或者相关专业中级以上技术职称的中国公民，可以申请参加注册会计师全国统一考试；具有会计或者相关专业高级技术职称的人员，可以免予部分科目的考试。

第九条 参加注册会计师全国统一考试成绩合格，并从事审计业务工作两年以上的，可以向省、自治区、直辖市注册会计师协会申请注册。

除有本法第十条所列情形外，受理申请的注册会计师协会应当准予注册。

第十条　有下列情形之一的，受理申请的注册会计师协会不予注册：

一、不具有完全民事行为能力的；

二、因受刑事处罚，自刑罚执行完毕之日起至申请注册之日止不满五年的；

三、因在财务、会计、审计、企业管理或者其他经济管理工作中犯有严重错误受行政处罚、撤职以上处分，自处罚、处分决定之日起至申请注册之日止不满二年的；

四、受吊销注册会计师证书的处罚，自处罚决定之日起至申请注册之日止不满五年的；

五、国务院财政部门规定的其他不予注册的情形。

第十一条　注册会计师协会应当将准予注册的人员名单报国务院财政部门备案。国务院财政部门发现注册会计师协会的注册不符合本法规定的，应当通知有关的注册会计师协会撤销注册。

注册会计师协会依照本法第十条的规定不予注册的，应当自决定之日起十五日内书面通知申请人。申请人有异议的，可以自收到通知之日起十五日内向国务院财政部门或者省、自治区、直辖市人民政府财政部门申请复议。

第十二条　准予注册的申请人，由注册会计师协会发给国务院财政部门统一制定的注册会计师证书。

第十三条　已取得注册会计师证书的人员，除本法第十一条第一款规定的情形外，注册后有下列情形之一的，由准予注册的注册会计师协会撤销注册，收回注册会计师证书：

一、完全丧失民事行为能力的；

二、受刑事处罚的；

三、因在财务、会计、审计、企业管理或者其他经济管理工作中犯有严重错误受行政处罚、撤职以上处分的；

四、自行停止执行注册会计师业务满一年的。

被撤销注册的当事人有异议的，可以自接到撤销注册、收回注册会计师证书的通知之日起十五日内向国务院财政部门或者省、自治区、直辖市人民政府财政部门申请复议。

依照第一款规定被撤销注册的人员可以重新申请注册，但必须符合本法第九条、第十条的规定。

第三章 业务范围和规则

第十四条 注册会计师承办下列审计业务：

一、审查企业会计报表，出具审计报告；

二、验证企业资本，出具验资报告；

三、办理企业合并、分立、清算事宜中的审计业务，出具有关的报告；

四、法律、行政法规规定的其他审计业务。

注册会计师依法执行审计业务出具的报告，具有证明效力。

第十五条 注册会计师可以承办会计咨询、会计服务业务。

第十六条 注册会计师承办业务，由其所在的会计师事务所统一受理并与委托人签订委托合同。

会计师事务所对本所注册会计师依照前款规定承办的业务，承担民事责任。

第十七条 注册会计师执行业务，可以根据需要查阅委托人的有关会计资料和文件，查看委托人的业务现场和设施，要求委托人提供其他必要的协助。

第十八条 注册会计师与委托人有利害关系的，应当回避；委托人有权要求其回避。

第十九条 注册会计师对在执行业务中知悉的商业秘密，负有保密义务。

第二十条 注册会计师执行审计业务，遇有下列情形之一的，应当拒绝出具有关报告：

一、委托人示意其作不实或者不当证明的；

二、委托人故意不提供有关会计资料和文件的；

三、因委托人有其他不合理要求，致使注册会计师出具的报告不能对财务会计的重要事项作出正确表述的。

第二十一条 注册会计师执行审计业务，必须按照执业准则、规则确定的工作程序出具报告。

注册会计师执行审计业务出具报告时，不得有下列行为：

一、明知委托人对重要事项的财务会计处理与国家有关规定相抵触，而不予指明；

二、明知委托人的财务会计处理会直接损害报告使用人或者其他利害关系人的利益，而予以隐瞒或者作不实的报告；

三、明知委托人的财务会计处理会导致报告使用人或者其他利害关系人产生重大误解，而不予指明；

四、明知委托人的会计报表的重要事项有其他不实的内容，而不予指明。

对委托人有前款所列行为，注册会计师按照执业准则、规则应当知道的，适用前款规定。

第二十二条 注册会计师不得有下列行为：

一、在执行审计业务期间，在法律、行政法规规定不得买卖被审计单位的股票、债券或者不得购买被审计单位或者个人的其他财产的期限内，买卖被审计单位的股票、债券或购买被审计单位或者个人所拥有的其他财产；

二、索取、收受委托合同约定以外的酬金或者其他财物，或者利用执行业务之便，谋取其他不正当的利益；

三、接受委托催收债款；

四、允许他人以本人名义执行业务；

五、同时在两个或者两个以上的会计师事务所执行业务；

六、对其能力进行广告宣传以招揽业务；

七、违反法律、行政法规的其他行为。

第四章 会计师事务所

第二十三条 会计师事务所可以由注册会计师合伙设立。

合伙设立的会计师事务所的债务，由合伙人按照出资比例或者协议的约定，以各自的财产承担责任。合伙人对会计师事务所的债务承担连带责任。

第二十四条 会计师事务所符合下列条件的，可以是负有限责任的法人：

一、不少于三十万元的注册资本；

二、有一定数量的专职从业人员，其中至少有五名注册会计师；

三、国务院财政部门规定的业务范围和其他条件。

负有限责任的会计师事务所以其全部资产对其债务承担责任。

第二十五条 设立会计师事务所，由国务院财政部门或者省、自治区、直辖市人民政府财政部门批准。

申请设立会计师事务所，申请者应当向审批机关报送下列文件：

一、申请书；

二、会计师事务所的名称、组织机构和业务场所；

三、会计师事务所章程，有合伙协议的并应报送合伙协议；

四、注册会计师名单、简历及有关证明文件；

五、会计师事务所主要负责人、合伙人的姓名、简历及有关证明文件；

六、负有限责任的会计师事务所的出资证明；

七、审批机关要求的其他文件。

第二十六条 审批机关应当自收到申请文件之日起三十日内决定批准或者不批准。

省、自治区、直辖市人民政府财政部门批准的会计师事务所,应当报国务院财政部门备案。国务院财政部门发现批准不当的,应当自收到备案报告之日起三十日内通知原审批机关重新审查。

第二十七条 会计师事务所设立分支机构,须经分支机构所在地的省、自治区、直辖市人民政府财政部门批准。

第二十八条 会计师事务所依法纳税。

会计师事务所按照国务院财政部门的规定建立职业风险基金,办理职业保险。

第二十九条 会计师事务所受理业务,不受行政区域、行业的限制;但是,法律、行政法规另有规定的除外。

第三十条 委托人委托会计师事务所办理业务,任何单位和个人不得干预。

第三十一条 本法第十八条至第二十一条的规定,适用于会计师事务所。

第三十二条 会计师事务所不得有本法第二十二条第一项至第四项、第六项、第七项所列的行为。

第五章 注册会计师协会

第三十三条 注册会计师应当加入注册会计师协会。

第三十四条 中国注册会计师协会的章程由全国会员代表大会制定,并报国务院财政部门备案;省、自治区、直辖市注册会计师协会的章程由省、自治区、直辖市会员代表大会制定,并报省、自治区、直辖市人民政府财政部门备案。

第三十五条 中国注册会计师协会依法拟订注册会计师执业准则、规则,报国务院财政部门批准后施行。

第三十六条 注册会计师协会应当支持注册会计师依法执行业务,维护其合法权益,向有关方面反映其意见和建议。

第三十七条 注册会计师协会应当对注册会计师的任职资格和执业情况进行年度检查。

第三十八条 注册会计师协会依法取得社会团体法人资格。

第六章 法律责任

第三十九条 会计师事务所违反本法第二十条、第二十一条规定的,由省级以上人民政府财政部门给予警告,没收违法所得,可以并处违法所得一倍以上五倍以下的罚款;情节严重的,并可以由省级以上人民政府财政部门暂停其经营业务或者予以撤销。注册会计师违反本法第二十条、第二十一条规定的,由省级以上人民政府财政部门给予警告;情节严重的,可以由省级以上人民政府财政部门暂停其执行业务或者吊销注册会计师证书。

会计师事务所、注册会计师违反本法第二十条、第二十一条的规定，故意出具虚假的审计报告、验资报告，构成犯罪的，依法追究刑事责任。

第四十条　对未经批准承办本法第十四条规定的注册会计师业务的单位，由省级以上人民政府财政部门责令其停止违法活动，没收违法所得，可以并处违法所得一倍以上五倍以下的罚款。

第四十一条　当事人对行政处罚决定不服的，可以在接到处罚通知之日起十五日内向作出处罚决定的机关的上一级机关申请复议；当事人也可以在接到处罚决定通知之日起十五日内直接向人民法院起诉。

复议机关应当在接到复议申请之日起六十日内作出复议决定。当事人对复议决定不服的，可以在接到复议决定之日起十五日内向人民法院起诉。复议机关逾期不作出复议决定的，当事人可以在复议期满之日起十五日内向人民法院起诉。当事人逾期不申请复议，也不向人民法院起诉，又不履行处罚决定的，作出处罚决定的机关可以申请人民法院强制执行。

第四十二条　会计师事务所违反本法规定，给委托人、其他利害关系人造成损失的，应当依法承担赔偿责任。

第七章　附则

第四十三条　在审计事务所工作的注册审计师，经认定为具有注册会计师资格的，可以执行本法规定的业务，其资格认定和对其监督、指导、管理的办法由国务院另行规定。

第四十四条　外国人申请参加中国注册会计师全国统一考试和注册，按照互惠原则办理。外国会计师事务所在中国境内设立常驻代表机构，须报国务院财政部门批准。外国会计师事务所与中国的会计师事务所共同举办中外合作会计师事务所，须经国务院对外经济贸易主管部门或者国务院授权的部门和省级人民政府审查同意后报国务院财政部门批准。

除前款规定的情形外，外国会计师事务所需要在中国境内临时办理有关业务的，须经有关的省、自治区、直辖市人民政府财政部门批准。

第四十五条　国务院可以根据本法制定实施条例。

第四十六条　本法自1994年1月1日起施行。1986年7月3日国务院发布的《中华人民共和国注册会计师条例》同时废止。

附录 3

中华人民共和国发票管理办法

(财政部令 [1993] 第 6 号)

(1993 年 12 月 12 日国务院批准、1993 年 12 月 23 日财政部令第 6 号发布 根据 2010 年 12 月 20 日《国务院关于修改〈中华人民共和国发票管理办法〉的决定》修订)

第一章 总则

第一条 为了加强发票管理和财务监督，保障国家税收收入，维护经济秩序，根据《中华人民共和国税收征收管理法》，制定本办法。

第二条 在中华人民共和国境内印制、领购、开具、取得、保管、缴销发票的单位和个人（以下称印制、使用发票的单位和个人），必须遵守本办法。

第三条 本办法所称发票，是指在购销商品、提供或者接受服务以及从事其他经营活动中，开具、收取的收付款凭证。

第四条 国务院税务主管部门统一负责全国的发票管理工作。省、自治区、直辖市国家税务局和地方税务局（以下统称省、自治区、直辖市税务机关）依据各自的职责，共同做好本行政区域内的发票管理工作。

财政、审计、工商行政管理、公安等有关部门在各自的职责范围内，配合税务机关做好发票管理工作。

第五条 发票的种类、联次、内容以及使用范围由国务院税务主管部门规定。

第六条 对违反发票管理法规的行为，任何单位和个人可以举报。税务机关应当为检举人保密，并酌情给予奖励。

第二章 发票的印制

第七条 增值税专用发票由国务院税务主管部门确定的企业印制；其他发票，按照国务院税务主管部门的规定，由省、自治区、直辖市税务机关确定的企业印制。禁止私自印制、伪造、变造发票。

第八条 印制发票的企业应当具备下列条件：

（一）取得印刷经营许可证和营业执照；

（二）设备、技术水平能够满足印制发票的需要；

（三）有健全的财务制度和严格的质量监督、安全管理、保密制度。

税务机关应当以招标方式确定印制发票的企业，并发给发票准印证。

第九条　印制发票应当使用国务院税务主管部门确定的全国统一的发票防伪专用品。禁止非法制造发票防伪专用品。

第十条　发票应当套印全国统一发票监制章。全国统一发票监制章的式样和发票版面印刷的要求，由国务院税务主管部门规定。发票监制章由省、自治区、直辖市税务机关制作。禁止伪造发票监制章。

发票实行不定期换版制度。

第十一条　印制发票的企业按照税务机关的统一规定，建立发票印制管理制度和保管措施。

发票监制章和发票防伪专用品的使用和管理实行专人负责制度。

第十二条　印制发票的企业必须按照税务机关批准的式样和数量印制发票。

第十三条　发票应当使用中文印制。民族自治地方的发票，可以加印当地一种通用的民族文字。有实际需要的，也可以同时使用中外两种文字印制。

第十四条　各省、自治区、直辖市内的单位和个人使用的发票，除增值税专用发票外，应当在本省、自治区、直辖市内印制；确有必要到外省、自治区、直辖市印制的，应当由省、自治区、直辖市税务机关商印制地省、自治区、直辖市税务机关同意，由印制地省、自治区、直辖市税务机关确定的企业印制。

禁止在境外印制发票。

第三章　发票的领购

第十五条　需要领购发票的单位和个人，应当持税务登记证件、经办人身份证明、按照国务院税务主管部门规定式样制作的发票专用章的印模，向主管税务机关办理发票领购手续。主管税务机关根据领购单位和个人的经营范围和规模，确认领购发票的种类、数量以及领购方式，在5个工作日内发给发票领购簿。

单位和个人领购发票时，应当按照税务机关的规定报告发票使用情况，税务机关应当按照规定进行查验。

第十六条　需要临时使用发票的单位和个人，可以凭购销商品、提供或者接受服务以及从事其他经营活动的书面证明、经办人身份证明，直接向经营地税务机关申请代开发票。依照税收法律、行政法规规定应当缴纳税款的，税务机关应当先征收税款，再开具发票。税务机关根据发票管理的需要，可以按照国务院税务主管部门的规定委托其他单位代开发票。

禁止非法代开发票。

第十七条 临时到本省、自治区、直辖市以外从事经营活动的单位或者个人，应当凭所在地税务机关的证明，向经营地税务机关领购经营地的发票。

临时在本省、自治区、直辖市以内跨市、县从事经营活动领购发票的办法，由省、自治区、直辖市税务机关规定。

第十八条 税务机关对外省、自治区、直辖市来本辖区从事临时经营活动的单位和个人领购发票的，可以要求其提供保证人或者根据所领购发票的票面限额以及数量交纳不超过1万元的保证金，并限期缴销发票。

按期缴销发票的，解除保证人的担保义务或者退还保证金；未按期缴销发票的，由保证人或者以保证金承担法律责任。

税务机关收取保证金应当开具资金往来结算票据。

第四章 发票的开具和保管

第十九条 销售商品、提供服务以及从事其他经营活动的单位和个人，对外发生经营业务收取款项，收款方应当向付款方开具发票；特殊情况下，由付款方向收款方开具发票。

第二十条 所有单位和从事生产、经营活动的个人在购买商品、接受服务以及从事其他经营活动支付款项，应当向收款方取得发票。取得发票时，不得要求变更品名和金额。

第二十一条 不符合规定的发票，不得作为财务报销凭证，任何单位和个人有权拒收。

第二十二条 开具发票应当按照规定的时限、顺序、栏目，全部联次一次性如实开具，并加盖发票专用章。

任何单位和个人不得有下列虚开发票行为：

（一）为他人、为自己开具与实际经营业务情况不符的发票；

（二）让他人为自己开具与实际经营业务情况不符的发票；

（三）介绍他人开具与实际经营业务情况不符的发票。

第二十三条 安装税控装置的单位和个人，应当按照规定使用税控装置开具发票，并按期向主管税务机关报送开具发票的数据。

使用非税控电子器具开具发票的，应当将非税控电子器具使用的软件程序说明资料报主管税务机关备案，并按照规定保存、报送开具发票的数据。

国家推广使用网络发票管理系统开具发票，具体管理办法由国务院税务主管部门制定。

第二十四条 任何单位和个人应当按照发票管理规定使用发票，不得有下列行为：

（一）转借、转让、介绍他人转让发票、发票监制章和发票防伪专用品；

（二）知道或者应当知道是私自印制、伪造、变造、非法取得或者废止的发票而受让、开具、存放、携带、邮寄、运输；

（三）拆本使用发票；

（四）扩大发票使用范围；

（五）以其他凭证代替发票使用。

税务机关应当提供查询发票真伪的便捷渠道。

第二十五条　除国务院税务主管部门规定的特殊情形外，发票限于领购单位和个人在本省、自治区、直辖市内开具。

省、自治区、直辖市税务机关可以规定跨市、县开具发票的办法。

第二十六条　除国务院税务主管部门规定的特殊情形外，任何单位和个人不得跨规定的使用区域携带、邮寄、运输空白发票。

禁止携带、邮寄或者运输空白发票出入境。

第二十七条　开具发票的单位和个人应当建立发票使用登记制度，设置发票登记簿，并定期向主管税务机关报告发票使用情况。

第二十八条　开具发票的单位和个人应当在办理变更或者注销税务登记的同时，办理发票和发票领购簿的变更、缴销手续。

第二十九条　开具发票的单位和个人应当按照税务机关的规定存放和保管发票，不得擅自损毁。已经开具的发票存根联和发票登记簿，应当保存5年。保存期满，报经税务机关查验后销毁。

第五章　发票的检查

第三十条　税务机关在发票管理中有权进行下列检查：

（一）检查印制、领购、开具、取得、保管和缴销发票的情况；

（二）调出发票查验；

（三）查阅、复制与发票有关的凭证、资料；

（四）向当事各方询问与发票有关的问题和情况；

（五）在查处发票案件时,对与案件有关的情况和资料,可以记录、录音、录像、照像和复制。

第三十一条　印制、使用发票的单位和个人，必须接受税务机关依法检查，如实反映情况，提供有关资料，不得拒绝、隐瞒。

税务人员进行检查时，应当出示税务检查证。

第三十二条　税务机关需要将已开具的发票调出查验时，应当向被查验的单位和个人开具发票换票证。发票换票证与所调出查验的发票有同等的效力。被调出查验发票的单位和个人不得拒绝接受。

税务机关需要将空白发票调出查验时，应当开具收据；经查无问题的，应当及时返还。

第三十三条　单位和个人从中国境外取得的与纳税有关的发票或者凭证，税务机关在纳税审查时有疑义的，可以要求其提供境外公证机构或者注册会计师的确认证明，经税务机关审核认可后，方可作为记账核算的凭证。

第三十四条　税务机关在发票检查中需要核对发票存根联与发票联填写情况时，可以向持有发票或者发票存根联的单位发出发票填写情况核对卡，有关单位应当如实填写，按期报回。

第六章　罚则

第三十五条　违反本办法的规定，有下列情形之一的，由税务机关责令改正，可以处1万元以下的罚款；有违法所得的予以没收：

（一）应当开具而未开具发票，或者未按照规定的时限、顺序、栏目，全部联次一次性开具发票，或者未加盖发票专用章的；

（二）使用税控装置开具发票，未按期向主管税务机关报送开具发票的数据的；

（三）使用非税控电子器具开具发票，未将非税控电子器具使用的软件程序说明资料报主管税务机关备案，或者未按照规定保存、报送开具发票的数据的；

（四）拆本使用发票的；

（五）扩大发票使用范围的；

（六）以其他凭证代替发票使用的；

（七）跨规定区域开具发票的；

（八）未按照规定缴销发票的；

（九）未按照规定存放和保管发票的。

第三十六条　跨规定的使用区域携带、邮寄、运输空白发票，以及携带、邮寄或者运输空白发票出入境的，由税务机关责令改正，可以处1万元以下的罚款；情节严重的，处1万元以上3万元以下的罚款；有违法所得的予以没收。

丢失发票或者擅自损毁发票的，依照前款规定处罚。

第三十七条　违反本办法第二十二条第二款的规定虚开发票的，由税务机关没收违法所得；虚开金额在1万元以下的，可以并处5万元以下的罚款；虚开金额超过1万元的，并处5万元以上50万元以下的罚款；构成犯罪的，依法追究刑事责任。

非法代开发票的，依照前款规定处罚。

第三十八条　私自印制、伪造、变造发票，非法制造发票防伪专用品，伪造发票监制章的，由税务机关没收违法所得，没收、销毁作案工具和非法物品，并处 1 万元以上 5 万元以下的罚款；情节严重的，并处 5 万元以上 50 万元以下的罚款；对印制发票的企业，可以并处吊销发票准印证；构成犯罪的，依法追究刑事责任。

前款规定的处罚，《中华人民共和国税收征收管理法》有规定的，依照其规定执行。

第三十九条　有下列情形之一的，由税务机关处 1 万元以上 5 万元以下的罚款；情节严重的，处 5 万元以上 50 万元以下的罚款；有违法所得的予以没收：

（一）转借、转让、介绍他人转让发票、发票监制章和发票防伪专用品的；

（二）知道或者应当知道是私自印制、伪造、变造、非法取得或者废止的发票而受让、开具、存放、携带、邮寄、运输的。

第四十条　对违反发票管理规定 2 次以上或者情节严重的单位和个人，税务机关可以向社会公告。

第四十一条　违反发票管理法规，导致其他单位或者个人未缴、少缴或者骗取税款的，由税务机关没收违法所得，可以并处未缴、少缴或者骗取的税款 1 倍以下的罚款。

第四十二条　当事人对税务机关的处罚决定不服的，可以依法申请行政复议或者向人民法院提起行政诉讼。

第四十三条　税务人员利用职权之便，故意刁难印制、使用发票的单位和个人，或者有违反发票管理法规行为的，依照国家有关规定给予处分；构成犯罪的，依法追究刑事责任。

第七章　附则

第四十四条　国务院税务主管部门可以根据有关行业特殊的经营方式和业务需求，会同国务院有关主管部门制定该行业的发票管理办法。

国务院税务主管部门可以根据增值税专用发票管理的特殊需要，制定增值税专用发票的具体管理办法。

第四十五条　本办法自发布之日起施行。财政部 1986 年发布的《全国发票管理暂行办法》和原国家税务局 1991 年发布的《关于对外商投资企业和外国企业发票管理的暂行规定》同时废止。

附录 4

会计基础工作规范

（财会〔1996〕19 号）

第一章 总则

第一条 为了加强会计基础工作，建立规范的会计工作秩序，提高会计工作水平，根据《中华人民共和国会计法》的有关规定，制定本规范。

第二条 国家机关、社会团体、企业、事业单位、个体工商户和其他组织的会计基础工作，应当符合本规范的规定。

第三条 各单位应当依据有关法律、法规和本规范的规定，加强会计基础工作，严格执行会计法规制度，保证会计工作依法有序地进行。

第四条 单位领导人对本单位的会计基础工作负有领导责任。

第五条 各省、自治区、直辖市财政厅（局）要加强对会计基础工作的管理和指导，通过政策引导、经验交流、监督检查等措施，促进基层单位加强会计基础工作，不断提高会计工作水平。国务院各业务主管部门根据职责权限管理本部门的会计基础工作。

第二章 会计机构和会计人员

第一节 会计机构设置和会计人员配备

第六条 各单位应当根据会计业务的需要设置会计机构；不具备单独设置会计机构条件的，应当在有关机构中配人员。事业行政单位会计机构的设置和会计人员的配备，应当符合国家统一事业行政单位会计制度的规定。设置会计机构，应当配备会计机构负责人；在有关机构中配备专职会计人员，应当在专职会计人员中指定会计主管人员。会计机构负责人、会计主管人员的任免，应当符合《中华人民共和国会计法》和有关法律的规定。

第七条 会计机构负责人、会计主管人员应当具备下列基本条件：

（一）坚持原则，廉洁奉公；

（二）具有会计专业技术资格；

（三）主管一个单位或者单位内一个重要方面的财务会计工作时间不少于2年；

（四）熟悉国家财经法律、法规、规章和方针、政策，掌握本行业业务管理的有关知识；

（五）有较强的组织能力；

（六）身体状况能够适应本职工作的要求。

第八条 没有设置会计机构和配备会计人员的单位，应当根据《代理记账管理暂行办法》委托会计师事务所或者持有代理记账许可证书的其他代理记账机构进行代理记账。

第九条 大、中型企业、事业单位、业务主管部门应当根据法律和国家有关规定设置总会计师。总会计师由具有会计师以上专业技术资格的人员担任。总会计师行使《总会计师条例》规定的职责、权限。总会计师的任命（聘任）、免职（解聘）依照《总会计师条例》和有关法律的规定办理。

第十条 各单位应当根据会计业务需要配备持有会计证的会计人员。未取得会计证的人员，不得从事会计工作。

第十一条 各单位应当根据会计业务需要设置会计工作岗位。会计工作岗位一般可分为：会计机构负责人或者会计主管人员，出纳，财产物资核算，工资核算，成本费用核算；财务成果核算，资金核算，往来结算，总账报表，稽核，档案管理等。开展会计电算化和管理会计的单位，可以根据需要设置相应工作岗位，也可以与其他工作岗位相结合。

第十二条 会计工作岗位，可以一人一岗、一人多岗或者一岗多人。但出纳人员不得兼管审核、会计档案保管和收入、费用、债权债务账目的登记工作。

第十三条 会计人员的工作岗位应当有计划地进行轮换。

第十四条 会计人员应当具备必要的专业知识和专业技能，熟悉国家有关法律、法规，规章和国家统一会计制度，遵守职业道德。会计人员应当按照国家有关规定参加会计业务的培训。各单位应当合理安排会计人员的培训，保证会计人员每年有一定时间用于学习和参加培训。

第十五条 各单位领导人应当支持会计机构、会计人员依法行使职权；对忠于职守，坚持原则，做出显著成绩的会计机构、会计人员，应当给予精神的和物质的奖励。

第十六条 国家机关、国有企业、事业单位任用会计人员应当实行回避制度。单位领导人的直系亲属不得担任本单位的会计机构负责人、会计主管人员。会计机构负责人，会计主管人员的直系亲属不得在本单位会计机构中担任出纳工作。

需要回避的直系亲属为：夫妻关系、直系血亲关系、三代以内旁系血亲以及配偶亲关系。

第二节 会计人员职业道德

第十七条 会计人员在会计工作中应当遵守职业道德，树立良好的职业品质、严谨的工作作风，严守工作纪律，努力提高工作效率和工作质量。

第十八条 会计人员应当热爱本职工作，努力钻研业务，使自己的知识和技能适应所从事工作的要求。

第十九条 会计人员应当熟悉财经法律、法规、规章和国家统一会计制度，并结合会计工作进行广泛宣传。

第二十条 会计人员应当按照会计法律、法规和国家统一会计制度规定的程序和要求进行会计工作，保证所提供的会计信息合法、真实、准确、及时、完整。

第二十一条 会计人员办理会计事务应当实事求是、客观公正。

第二十二条 会计人员应当熟悉本单位的生产经营和业务管理情况，运用掌握的会计信息和会计方法，为改善单位内部管理、提高经济效益服务。

第二十三条 会计人员应当保守本单位的商业秘密。除法律规定和单位领导人同意外，不能私自向外界提供或者泄露单位的会计信息。

第二十四条 财政部门、业务主管部门和各单位应当定期检查会计人员遵守职业道德的情况，并作为会计人员晋升、晋级、聘任专业职务、表彰奖励的重要考核依据。会计人员违反职业道德的，由所在单位进行处罚；情节严重的，由会计证发证机关吊销其会计证。

第三节 会计工作交接

第二十五条 会计人员工作调动或者因故离职，必须将本人所经管的会计工作全部移交给接替人员。没有办清交接手续的，不得调动或者离职。

第二十六条 接替人员应当认真接管移交工作，并继续办理移交的未了事项。

第二十七条 会计人员办理移交手续前，必须及时做好以下工作：

（一）已经受理的经济业务尚未填制会计凭证的，应当填制完毕。

（二）尚未登记的账目，应当登记完毕，并在最后一笔余额后加盖经办人员印章。

（三）整理应该移交的各项资料，对未了事项写出书面材料。

（四）编制移交清册，列明应当移交的会计凭证、会计账簿、会计报表、印章、现金、有价证券、支票簿、发票、文件、其他会计资料和物品等内容；实行会计电算化的单位，从事该项工作的移交人员还应当在移交清册中列明会计软件及密码、会计软件数据磁盘（磁带等）及有关资料、实物等内容。

第二十八条 会计人员办理交接手续，必须有监交人负责监交。一般会计人员交接，由单位会计机构负责人、会计主管人员负责监交；会计机构负责人、会计主管人员交接，由单位领导人负责监交，必要时可由上级主管部门派人会同监交。

第二十九条 移交人员在办理移交时，要按移交清册逐项移交；接替人员要逐项核对点收。

（一）现金、有价证券要根据会计账簿有关记录进行点交。库存现金、有价证券必须与会计账簿记录保持一致。不一致时，移交人员必须限期查清。

（二）会计凭证、会计账簿、会计报表和其他会计资料必须完整无缺。如有短缺，必须查清原因，并在移交清册中注明，由移交人员负责。

（三）银行存款账户余额要与银行对账单核对，如不一致，应当编制银行存款余额调节表调节相符，各种财产物资和债权债务的明细账户余额要与总账有关账户余额核对相符；必要时，要抽查个别账户的余额，与实物核对相符，或者与往来单位、个人核对清楚。

（四）移交人员经管的票据、印章和其他实物等，必须交接清楚；移交人员从事会计电算化工作的，要对有关电子数据在实际操作状态下进行交接。

第三十条 会计机构负责人、会计主管人员移交时，还必须将全部财务会计工作、重大财务收支和会计人员的情况等，向接替人员详细介绍。对需要移交的遗留问题，应当写出书面材料。

第三十一条 交接完毕后，交接双方和监交人员要在移交注册上签名或者盖章，并应在移交注册上注明：单位名称，交接日期，交接双方和监交人员的职务、姓名，移交清册页数以及需要说明的问题和意见等。移交清册一般应当填制一式三份，交接双方各执一份，存档一份。

第三十二条 接替人员应当继续使用移交的会计账簿，不得自行另立新账，以保持会计记录的连续性。

第三十三条 会计人员临时离职或者因病不能工作且需要接替或者代理的，会计机构负责人、会计主管人员或者单位领导人必须指定有关人员接替或者代理，并办理交接手续。临时离职或者因病不能工作的会计人员恢复工作的，应当与接替或者代理人员办理交接手续。移交人员因病或者其他特殊原因不能亲自办理移交的，经单位领导人批准，可由移交人员委托他人代办移交，但委托人应当承担本规范第三十五条规定的责任。

第三十四条 单位撤销时，必须留有必要的会计人员，会同有关人员办理清理工作，编制决算。未移交前，不得离职。接收单位和移交日期由主管部门确定。单位合并、分立的，其会计工作交接手续比照上述有关规定办理。

第三十五条 移交人员对所移交的会计凭证、会计账簿、会计报表和其他有关资料的合法性、真实性承担法律责任。

第三章 会计核算

第一节 会计核算一般要求

第三十六条 各单位应当按照《中华人民共和国会计法》和国家统一会计制度的规定建立会计账册，进行会计核算，及时提供合法、真实、准确、完整的会计信息。

第三十七条 各单位发生的下列事项，应当及时办理会计手续、进行会计核算：

（一）款项和有价证券的收付；
（二）财物的收发、增减和使用；
（三）债权债务的发生和结算；
（四）资本、基金的增减；
（五）收入、支出、费用、成本的计算；
（六）财务成果的计算和处理；
（七）其他需要办理会计手续、进行会计核算的事项。

第三十八条 各单位的会计核算应当以实际发生的经济业务为依据，按照规定的会计处理方法进行，保证会计指标的口径一致、相互可比和会计处理方法的前后各期相一致。

第三十九条 会计年度自公历1月1日起至12月31日止。

第四十条 会计核算以人民币为记账本位币。收支业务以外国货币为主的单位，也可以选定某种外国货币作为记账本位币，但是编制的会计报表应当折算为人民币反映。境外单位向国内有关部门编报的会计报表,应当折算为人民币反映。

第四十一条 各单位根据国家统一会计制度的要求，在不影响会计核算要求、会计报表指标汇总和对外统一会计报表的前提下，可以根据实际情况自行设置和使用会计科目。事业行政单位会计科目的设置和使用，应当符合国家统一事业行政单位会计制度的规定。

第四十二条 会计凭证、会计账簿、会计报表和其他会计资料的内容和要求必须符合国家统一会计制度的规定,不得伪造、变造会计凭证和会计账簿,不得设置账外账,不得报送虚假会计报表。

第四十三条 各单位对外报送的会计报表格式由财政部统一规定。

第四十四条 实行会计电算化的单位,对使用的会计软件及其生成的会计凭证、会计账簿。会计报表和其他会计资料的要求,应当符合财政部关于会计电算化的有关规定。

第四十五条 各单位的会计凭证、会计账簿、会计报表和其他会计资料,应当建立档案,妥善保管。会计档案建档要求、保管期限、销毁办法等依据《会计档案管理办法》的规定进行。实行会计电算化的单位,有关电子数据、会计软件资料等应当作为会计档案进行管理。

第四十六条 会计记录的文字应当使用中文,少数民族自治地区可以同时使用少数民族文字。中国境内的外商投资企业、外国企业和其他外国经济组织也可以同时使用某种外国文字。

第二节 填制会计凭证

第四十七条 各单位办理本规范第三十七条规定的事项,必须取得或者填制原始凭证,并及时送交会计机构。

第四十八条 原始凭证的基本要求是:

(一)原始凭证的内容必须具备:凭证的名称;填制凭证的日期;填制凭证单位名称或者填制人姓名;经办人员的签名或者盖章;接受凭证单位名称;经济业务内容;数量、单价和金额。

(二)从外单位取得的原始凭证,必须盖有填制单位的公章;从个人取得的原始凭证,必须有填制人员的签名或者盖章。自制原始凭证必须有经办单位领导人或者其指定的人员签名或者盖章。对外开出的原始凭证,必须加盖本单位公章。

(三)凡填有大写和小写金额的原始凭证,大写与小写金额必须相符。购买实物的原始凭证,必须有验收证明。支付款项的原始凭证,必须有收款单位和收款人的收款证明。

(四)一式几联的原始凭证,应当注明各联的用途,只能以一联作为报销凭证。一式几联的发票和收据,必须用双面复写纸(发票和收据本身具备复写纸功能的除外)套写,并连续编号。作废时应当加盖作废戳记,连同存根一起保存,不得撕毁。

(五)发生销货退回的,除填制退货发票外,还必须有退货验收证明;退款时,必须取得对方的收款收据或者汇款银行的凭证，不得以退货发票代替收据。

（六）职工公出借款凭据，必须附在记账凭证之后。收回借款时，应当另开收据或者退还借据副本，不得退还原借款收据。

（七）经上级有关部门批准的经济业务，应当将批准文件作为原始凭证附件；如果批准文件需要单独归档的，应当在凭证上注明批准机关名称、日期和文件字号。

第四十九条　原始凭证不得涂改、挖补。发现原始凭证有错误的，应当由开出单位重开或者更正，更正处应当加盖开出单位的公章。

第五十条　会计机构、会计人员要根据审核无误的原始凭证填制记账凭证。记账凭证可以分为收款凭证、付款凭证和转账凭证，也可以使用通用记账凭证。

第五十一条　记账凭证的基本要求是：

（一）记账凭证的内容必须具备：填制凭证的日期；凭证编号；经济业务摘要；会计科目；金额；所附原始凭证张数；填制凭证人员、稽核人员、记账人员、会计机构负责人、会计主管人员签名或者盖章。收款和付款记账凭证还应当由出纳人员签名或者盖章。以自制的原始凭证或者原始凭证汇总表代替记账凭证的，也必须具备记账凭证应有的项目。

（二）填制记账凭证时，应当对记账凭证进行连续编号。一笔经济业务需要填制两张以上记账凭证的，可以采用分数编号法编号；

（三）记账凭证可以根据每一张原始凭证填制，或者根据若干张同类原始凭证汇总填制，也可以根据原始凭证汇总表填制。但不得将不同内容和类别的原始凭证汇总填制在一张记账凭证上。

（四）除结账和更正错误的记账凭证可以不附原始凭证外，其他记账凭证必须附有原始凭证。如果一张原始凭证涉及几张记账凭证，可以把原始凭证附在一张主要的记账凭证后面，并在其他记账凭证上注明附有该原始凭证的记账凭证的编号或者附原始凭证复印件。一张原始凭证所列支出需要几个单位共同负担的，应当将其他单位负担的部分，开给对方原始凭证分割单，进行结算。原始凭证分割单必须具备原始凭证的基本内容：凭证名称、填制凭证日期、填制凭证单位名称或者填制人姓名、经办人的签名或者盖章、接受凭证单位名称、经济业务内容、数量、单价、金额和费用分摊情况等。

（五）如果在填制记账凭证时发生错误，应当重新填制。已经登记入账的记账凭证，在当年内发现填写错误时，可以用红字填写一张与原内容相同的记账凭证，在摘要栏注明注销某月某日某号凭证字样，同时再用蓝字重新填制一张正确的记账凭证，注明订正某月某日某号凭证字样。如果会计科目没有错误，只是金额错误，也可以将正确数字与错误数字之间的差额，另编一张调整的记账凭证，调增金额用蓝字，调减金额用红字。发现以前年度记账凭证有错误的，应当用蓝字填制一张更正的记账凭证。

（六）记账凭证填制完经济业务事项后，如有空行，应当自金额栏最后一笔金额数字下的空行处至合计数上的空行处划线注销。

第五十二条　填制会计凭证，字迹必须清晰、工整，并符合下列要求：

（一）阿拉伯数字应当一个一个地写，不得连笔写。阿拉伯金额数字前面应当书写货币币种符号或者货币名称简写和币种符号。币种符号与阿拉伯金额数字之间不得留有空白。凡阿拉伯数字前写有币种符号的，数字后面不再写货币单位。

（二）所有以元为单位（其他货币种类为货币基本单位，下同）的阿拉伯数字，除表示单价等情况外，一律填写到角分；无角分的，角位和分位可写00，或者符号～；有角无分的，分位应当写0，不得用符号～代替。

（三）汉字大写数字金额如零、壹、贰、叁、肆、伍、陆、柒、捌、玖、拾、佰、仟、万、亿等，一律用正楷或者行书体书写，不得用〇、一、二、三、四、五、六、七、八、九、十等简化字代替，不得任意自造简化字。大写金额数字到元或者角为止的，在元或者角字之后应当写整字或者正字；大写金额数字有分的，分字后面不写整或者正字。

（四）大写金额数字前未印有货币名称的，应当加填货币名称，货币名称与金额数字之间不得留有空白。

（五）阿拉伯金额数字中间有"0"时，汉字大写金额要写"零"字；阿拉伯数字金额中间连续有几个"0"时，汉字大写金额中可以只写一个"零"字；阿拉伯金额数字元位是"0"，或者数字中间连续有几个"0"、元位也是"0"但角位不是"0"时，汉字大写金额可以只写一个"零"字，也可以不写零字。

第五十三条　实行会计电算化的单位，对于机制记账凭证，要认真审核，做到会计科目使用正确，数字准确无误。打印出的机制记账凭证要加盖制单人员、审核人员、记账人员及会计机构负责人、会计主管人员印章或者签字。

第五十四条　各单位会计凭证的传递程序应当科学、合理，具体办法由各单位根据会计业务需要自行规定。

第五十五条　会计机构、会计人员要妥善保管会计凭证。

（一）会计凭证应当及时传递，不得积压。

（二）会计凭证登记完毕后，应当按照分类和编号顺序保管，不得散乱丢失。

（三）记账凭证应当连同所附的原始凭证或者原始凭证汇总表，按照编号顺序，折叠整齐，按期装订成册，并加具封面，注明单位名称、年度、月份和起讫日期、凭证种类、起讫号码，由装订人在装订线封签外签名或者盖章。对于数量过多的原始凭证，可以单独装订保管，在封面上注明记账凭证日期、编号、种类，同时在记账凭证上注明附件另订和原始凭证名称及编号。各种经济合同、存出保证金收据以及涉外文件等重要原始凭证，应当另编目录，单独登记保管，并在有关的记账凭证和原始凭证上相互注明日期和编号。

（四）原始凭证不得外借，其他单位如因特殊原因需要使用原始凭证时，经本单位会计机构负责人、会计主管人员批准，可以复制。向外单位提供的原始凭证复制件，应当在专设的登记簿上登记，并由提供人员和收取人员共同签名或者盖章。

（五）从外单位取得的原始凭证如有遗失，应当取得原开出单位盖有公章的证明，并注明原来凭证的号码、金额和内容等，由经办单位会计机构负责人、会计主管人员和单位领导人批准后，才能代作原始凭证。如果确实无法取得证明的，如火车、轮船、飞机票等凭证，由当事人写出详细情况，由经办单位会计机构负责人、会计主管人员和单位领导人批准后，代作原始凭证。

第三节　登记会计账簿

第五十六条　各单位应当按照国家统一会计制度的规定和会计业务的需要设置会计账簿。会计账簿包括总账、明细账、日记账和其他辅助性账簿。

第五十七条　现金日记账和银行存款日记账必须采用订本式账簿。不得用银行对账单或者其他方法代替日记账。

第五十八条　实行会计电算化的单位，用计算机打印的会计账簿必须连续编号，经审核无误后装订成册，并由记账人员和会计机构负责人、会计主管人员签字或者盖章。

第五十九条　启用会计账簿时，应当在账簿封面上写明单位名称和账簿名称。在账簿扉页上应当附启用表，内容包括：启用日期、账簿页数、记账人员和会计机构负责人、会计主管人员姓名，并加盖名章和单位公章。记账人员或者会计机构负责人、会计主管人员调动工作时，应当注明交接日期、接办人员或者监交人员姓名，并由交接双方人员签名或者盖章。启用订本式账簿，应当从第一页到最后一页顺序编定页数，不得跳页、缺号。使用活页式账页，应当按账户顺序编号，并须定期装订成册。装订后再接实际使用的账页顺序编定页码。另加目录，记明每个账户的名称和页次。

第六十条　会计人员应当根据审核无误的会计凭证登记会计账簿。登记账簿的基本要求是：

（一）登记会计账簿时，应当将会计凭证日期、编号、业务内容摘要、金额和其他有关资料逐项记入账内；做到数字准确、摘要清楚、登记及时、字迹工整。

（二）登记完毕后，要在记账凭证上签名或者盖章，并注明已经登账的符号，表示已经记账。

（三）账簿中书写的文字和数字上面要留有适当空格，不要写满格；一般应占格距的二分之一。

（四）登记账簿要用蓝黑墨水或者碳素墨水书写，不得使用圆珠笔（银行的复写账簿除外）或者铅笔书写。

（五）下列情况，可以用红色墨水记账：

1. 按照红字冲账的记账凭证，冲销错误记录；

2. 在不设借贷等栏的多栏式账页中，登记减少数；

3. 在三栏式账户的余额栏前，如未印明余额方面的，在余额栏内登记负数余额；

4. 根据国家统一会计制度的规定可以用红字登记的其他会计记录。

（六）各种账簿按页次顺序连续登记，不得跳行、隔页。如果发生跳行、隔页，应当将空行、空页划线注销，或者注明此行空白、此页空白字样，并由记账人员签名或者盖章。

（七）凡需要结出余额的账户，结出余额后，应当在借或贷等栏内写明借或者贷等字样。没有余额的账户，应当在借或贷等栏内写平字，并在余额栏内用〇√表示。现金日记账和银行存款日记账必须逐日结出余额。

（八）每一账页登记完毕结转下页时，应当结出本页合计数及余额，写在本页最后一行和下页第一行有关栏内，并在摘要栏内注明过次页和承前页字样；也可以将本页合计数及金额只写在下页第一行有关栏内，并在摘要栏内注明承前页字样。对需要结计本月发生额的账户，结计过次页的本页合计数应当为自本月初起至本页末止的发生额合计数；对需要结计本年累计发生额的账户，结计过次页的本页合计数应当为自年初起至本页末止的累计数；对既不需要结计本月发生额也不需要结计本年累计发生额的账户，可以只将每页末的余额结转次页。

第六十一条　实行会计电算化的单位，总账和明细账应当定期打印。发生收款和付款业务的，在输入收款凭证和付款凭证的当天必须打印出现金日记账和银行存款日记账，并与库存现金核对无误。

第六十二条　账簿记录发生错误，不准涂改、挖补、刮擦或者用药水消除字迹，不准重新抄写，必须按照下列方法进行更正：

（一）登记账簿时发生错误，应当将错误的文字或者数字划红线注销，但必须使原有字迹仍可辨认；然后在划线上方填写正确的文字或者数字，并由记账人员在更正处盖章。对于错误的数字，应当全部划红线更正，不得只更正其中的错误数字。对于文字错误，可只划去错误的部分。

（二）由于记账凭证错误而使账簿记录发生错误，应当按更正的记账凭证登记账簿。

第六十三条 各单位应当定期对会计账簿记录的有关数字与库存实物、货币资金、有价证券、往来单位或者个人等进行相互核对，保证账证相符、账账相符、账实相符。对账工作每年至少进行一次。

（一）账证核对。核对会计账簿记录与原始凭证、记账凭证的时间、凭证字号、内容、金额是否一致，记账方向是否相符。

（二）账账核对。核对不同会计账簿之间的账簿记录是否相符，包括：总账有关账户的余额核对，总账与明细账核对，总账与日记账核对，会计部门的财产物资明细账与财产物资保管和使用部门的有关明细账核对等。

（三）账实核对。核对会计账簿记录与财产等实有数额是否相符。包括：现金日记账账面余额与现金实际库存数相核对；银行存款日记账账面余额定期与银行对账单相核对；各种财物明细账账面余额与财物实存数额相核对；各种应收、应付款明细账账面余额与有关债务、债权单位或者个人核对等。

第六十四条 各单位应当按照规定定期结账。

（一）结账前，必须将本期内所发生的各项经济业务全部登记入账。

（二）结账时，应当结出每个账户的期末余额。需要结出当月发生额的，应当在摘要栏内注明本月合计字样，并在下面通栏划单红线。需要结出本年累计发生额的，应当在摘要栏内注明本年累计字样，并在下面通栏划单红线；12月末的本年累计就是全年累计发生额。全年累计发生额下面应当通栏划双红线。年度终了结账时，所有总账账户都应当结出全年发生额和年末余额。

（三）年度终了，要把各账户的余额结转到下一会计年度，并在摘要栏注明结转下年字样；在下一会计年度新建有关会计账簿的第一行余额栏内填写上年结转的余额，并在摘要栏注明上年结转字样。

第四节 编制财务报告

第六十五条 各单位必须按照国家统一会计制度的规定，定期编制财务报告。财务报告包括会计报表及其说明。会计报表包括会计报表主表、会计报表附表、会计报表附注。

第六十六条 各单位对外报送的财务报告应当根据国家统一会计制度规定的格式和要求编制。单位内部使用的财务报告，其格式和要求由各单位自行规定。

第六十七条 会计报表应当根据登记完整、核对无误的会计账簿记录和其他有关资料编制，做到数字真实、计算准确、内容完整、说明清楚。任何人不得篡改或者授意、指使、强令他人篡改会计报表的有关数字。

第六十八条 会计报表之间、会计报表各项目之间，凡有对应关系的数字，应当相互一致。本期会计报表与上期会计报表之间有关的数字应当相互衔接。如果不同会计年度会计报表中各项目的内容和核算方法有变更的，应当在年度会计报表中加以说明。

第六十九条　各单位应当按照国家统一会计制度的规定认真编写会计报表附注及其说明，做到项目齐全，内容完整。

第七十条　各单位应当按照国家规定的期限对外报送财务报告。对外报送的财务报告，应当依次编定页码，加具封面，装订成册，加盖公章。封面上应当注明：单位名称，单位地址，财务报告所属年度、季度、月度，送出日期，并由单位领导人、总会计师、会计机构负责人、会计主管人员签名或者盖章。单位领导人对财务报告的合法性、真实性负法律责任。

第七十一条　根据法律和国家有关规定应当对财务报告进行审计的，则务报告编制单位应当先行委托注册会计师进行审计，并将注册会计师出具的审计报告随同财务报告按照规定的期限报送有关部门。

第七十二条　如果发现对外报送的财务报告有错误，应当及时办理更正手续。除更正本单位留存的财务报告外，并应同时通知接受财务报告的单位更正。错误较多的，应当重新编报。

第四章　会计监督

第七十三条　各单位的会计机构、会计人员对本单位的经济活动进行会计监督。

第七十四条　会计机构、会计人员进行会计监督的依据是：

（一）财经法律、法规、规章；

（二）会计法律、法规和国家统一会计制度；

（三）各省、自治区、直辖市财政厅（局）和国务院业务主管部门根据《中华人民共和国会计法》和国家统一会计制度制定的具体实施办法或者补充规定；

（四）各单位根据《中华人民共和国会计法》和国家统一会计制度制定的单位内部会计管理制度；

（五）各单位内部的预算、财务计划、经济计划、业务计划。

第七十五条　会计机构、会计人员应当对原始凭证进行审核和监督。对不真实、不合法的原始凭证，不予受理。对弄虚作假、严重违法的原始凭证，在不予受理的同时，应当予以扣留，并及时向单位领导人报告，请求查明原因，追究当事人的责任。对记载不明确、不完整的原始凭证，予以退回，要求经办人员更正、补充。

第七十六条　会计机构、会计人员对伪造、变造、故意毁灭会计账簿或者账外设账行为，应当制止和纠正；制止和纠正无效的，应当向上级主管单位报告，请求作出处理。

第七十七条　会计机构、会计人员应当对实物、款项进行监督，督促建立并严格执行财产清查制度。发现账簿记录与实物、款项不符时，应当按照国家有关规定进行处理。超出会计机构、会计人员职权范围的，应当立即向本单位领导报告，请求查明原因，作出处理。

第七十八条　会计机构、会计人员对指使、强令编造、篡改财务报告行为，应当制止和纠正；制止和纠正无效的，应当向上级主管单位报告，请求处理。

第七十九条　会计机构、会计人员应当对财务收支进行监督。

（一）对审批手续不全的财务收支，应当退回，要求补充、更正。

（二）对违反规定不纳入单位统一会计核算的财务收支，应当制止和纠正。

（三）对违反国家统一的财政、财务、会计制度规定的财务收支，不予办理。

（四）对认为是违反国家统一的财政、财务、会计制度规定的财务收支。应当制止和纠正；制止和纠正无效的，应当向单位领导人提出书面意见请求处理。单位领导人应当在接到书面意见起十日内作出书面决定，并对决定承担责任。

（五）对违反国家统一的财政、财务、会计制度规定的财务收支，不予制止和纠正，又不向单位领导人提出书面意见的，也应当承担责任。

（六）对严重违反国家利益和社会公众利益的财务收支，应当向主管单位或者财政、审计、税务机关报告。

第八十条　会计机构、会计人员对违反单位内部会计管理制度的经济活动，应当制止和纠正；制止和纠正无效的，向单位领导人报告，请求处理。

第八十一条　会计机构、会计人员应当对单位制定的预算、财务计划、经济计划、业务计划的执行情况进行监督。

第八十二条　各单位必须依照法律和国家有关规定接受财政、审计、税务等机关的监督，如实提供会计凭证、会计账簿、会计报表和其他会计资料以及有关情况，不得拒绝、隐匿、谎报。

第八十三条 按照法律规定应当委托注册会计师进行审计的单位，应当委托注册会计师进行审计，并配合注册会计师的工作，如实提供会计凭证、会计账簿、会计报表和其他会计资料以及有关情况，不得拒绝、隐匿、谎报；不得示意注册会计师出具不当的审计报告。

第五章 内部会计管理制度

第八十四条 各单位应当根据《中华人民共和国会计法》和国家统一会计制度的规定，结合单位类型和内容管理的需要，建立健全相应的内部会计管理制度。

第八十五条 各单位制定内部会计管理制度应当遵循下列原则：

（一）应当执行法律、法规和国家统一的财务会计制度。

（二）应当体现本单位的生产经营、业务管理的特点和要求。

（三）应当全面规范本单位的各项会计工作，建立健全会计基础，保证会计工作的有序进行。

（四）应当科学、合理，便于操作和执行。

（五）应当定期检查执行情况。

（六）应当根据管理需要和执行中的问题不断完善。

第八十六条 各单位应当建立内部会计管理体系。主要内容包括：单位领导人、总会计师对会计工作的领导职责；会计部门及其会计机构负责人、会计主管人员的职责、权限；会计部门与其他职能部门的关系；会计核算的组织形式等。

第八十七条 各单位应当建立会计人员岗位责任制度。主要内容包括：会计人员的工作岗位设置；各会计工作岗位的职责和标准；各会计工作岗位的人员和具体分工；会计工作岗位轮换办法；对各会计工作岗位的考核办法。

第八十八条 各单位应当建立账务处理程序制度。主要内容包括：会计科目及其明细科目的设置和使用；会计凭证的格式、审核要求和传递程序；会计核算方法；会计账簿的设置；编制会计报表的种类和要求；单位会计指标体系。

第八十九条 各单位应当建立内部牵制制度。主要内容包括：内部牵制制度的原则；组织分工；出纳岗位的职责和限制条件；有关岗位的职责和权限。

第九十条 各单位应当建立稽核制度。主要内容包括：稽核工作的组织形式和具体分工；稽核工作的职责、权限；审核会计凭证和复核会计账簿、会计报表的方法。

第九十一条 各单位应当建立原始记录管理制度。主要内容包括：原始记录的内容和填制方法；原始记录的格式；原始记录的审核；原始记录填制人的责任；原始记录签署；传递、汇集要求。

第九十二条 各单位应当建立定额管理制度。主要内容包括：定额管理的范围；制定和修订定额的依据、程序和方法；定额的执行；定额考核和奖惩办法等。

第九十三条 各单位应当建立计量验收制度。主要内容包括：计量检测手段和方法；计量验收管理的要求；计量验收人员的责任和奖惩办法。

第九十四条 各单位应当建立财产清查制度。主要内容包括：财产清查的范围；财产清查的组织；财产清查的期限和方法；对财产清查中发现问题的处理办法；对财产管理人员的奖惩办法。

第九十五条 各单位应当建立财务收支审批制度。主要内容包括：财务收支审批人员和审批权限；财务收支审批程序；财务收支审批人员的责任。

第九十六条 实行成本核算的单位应当建立成本核算制度。主要内容包括：成本核算的对象；成本核算的方法和程序；成本、分析等。

第九十七条 各单位应当建立财务会计分析制度。主要内容包括：财务会计分析的主要内容；财务会计分析的基本要求和组织程序；财务会计分析的具体方法；财务会计分析报告的编写要求等。

第六章 附则

第九十八条 本规范所称国家统一会计制度，是指由财政部制定、或者财政部与国务院有关部门联合制定、或者经财政部审核批准的在全国范围内统一执行的会计规章、准则、办法等规范性文件。本规范所称会计主管人员，是指不设置会计机构、只在其他机构中设置专职会计人员的单位行使会计机构负责人职权的人员。本规范第三章第二节和第三节关于填制会计凭证、登记会计账簿的规定，除特别指出外，一般适用于手工记账。实行会计电算化的单位，填制会计凭证和登记会计账簿的有关要求，应当符合财政部关于会计电算化的有关规定。

第九十九条 各省、自治区、直辖市财政厅（局）、国务院各业务主管部门可以根据本规范的原则，结合本地区、本部门的具体情况，制定具体实施办法，报财政部备案。

第一百条 本规范由财政部负责解释、修改。

第一百零一条 本规范自公布之日起实施。1984年4月24日财政部发布的《会计人员工作规则》同时废止。

附录 5

现金管理暂行条例

(中华人民共和国国务院令第 12 号　1988 年 9 月 8 日发布)

第一章　总则

第一条　为改善现金管理，促进商品生产和流通，加强对社会经济活动的监督，制定本条例。

第二条　凡在银行和其他金融机构（以下简称开户银行）开立账户的机关、团体、部队、企业、事业单位和其他单位（以下简称开户单位），必须依照本条例的规定收支和使用现金，接受开户银行的监督。

国家鼓励开户单位和个人在经济活动中，采取转账方式进行结算，减少使用现金。

第三条　开户单位之间的经济往来，除按本条例规定的范围可以使用现金外，应当通过开户银行进行转账结算。

第四条　各级人民银行应当严格履行金融主管机关的职责，负责对开户银行的现金管理进行监督和稽核。

开户银行依照本条例和中国人民银行的规定，负责现金管理的具体实施，对开户单位收支、使用现金进行监督管理。

第二章　现金管理和监督

第五条　开户单位可以在下列范围内使用现金：

（一）职工工资、津贴；

（二）个人劳务报酬；

（三）根据国家规定颁发给个人的科学技术、文化艺术、体育等各种奖金；

（四）各种劳保、福利费用以及国家规定的对个人的其他支出；

（五）向个人收购农副产品和其他物资的价款；

（六）出差人员必须随身携带差旅费；

（七）结算起点以下的零星支出；

（八）中国人民银行确定需要支付现金的其他支出。

前款结算起点定为一千元。结算起点的调整，由中国人民银行确定，报国务院备案。

第六条 除本条例第五条第（五）、（六）项外，开户单位支付给个人的款项，超过使用现金限额的部分，应当以支票或者银行本票支付；确需全额支付现金的，经开户银行审核后，予以支付现金。

前款使用现金限额，按本条例第五条第二款的规定执行。

第七条 转账结算凭证在经济往来中，具有同现金相同的支付能力。

开户单位在销售活动中，不得对现金结算给予比转账结算优惠待遇；不得拒收支票、银行汇票和银行本票。

第八条 机关、团体、部队、全民所有制和集体所有制企业事业单位购置国家规定的专项控制商品，必须采取转账结算方式，不得使用现金。

第九条 开户银行应当根据实际需要，核定开户单位3~5天的日常零星开支所需的库存现金限额。

边远地区和交通不便地区的开户单位的库存现金限额，可以多于五天，但不得超过十五天的日常零星开支。

第十条 经核定的库存现金限额，开户单位必须严格遵守。需要增加或者减少库存现金限额的，应当向开户银行提出申请，由开户银行核定。

第十一条 开户单位现金收支应当依照下列规定办理：

（一）开户单位现金收入应当于当日送存开户银行。当日送存确有困难的，由开户银行确定送存时间；

（二）开户单位支付现金，可以从本单位库存现金限额中支付或者从开户银行提取，不得从本单位的现金收入中直接支付（坐支）。因特殊情况需要坐支现金的，应当事先报经开户银行审查批准，由开户银行核定坐支范围和限额。坐支单位应当定期向开户银行报送坐支金额和使用情况；

（三）开户单位根据本条例第五条和第六条的规定，从开户银行提取现金，应当写明用途，由本单位财会部门负责人签字盖章，经开户银行审核后，予以支付现金；

（四）因采购地点不固定，交通不便，生产或者市场急需，抢险救灾以及其他特殊情况必须使用现金的，开户单位应当向开户银行提出申请，由本单位财会部门负责人签字盖章，经开户银行审核后，予以支付现金。

第十二条 开户单位应当建立健全现金账目，逐笔记载现金支付。账目应当日清月结，账款相符。

第十三条 对个体工商户、农村承包经营户发放的贷款，应当以转账方式支付。对确需在集市使用现金购买物资的，经开户银行审核后，可以在贷款金额内支付现金。

第十四条　在开户银行开户的个体工商户、农村承包经营户异地采购所需货款，应当通过银行汇兑方式支付。因采购地点不固定，交通不便必须携带现金的，由开户银行根据实际需要，予以支付现金。

未在开户银行开户的个体工商户、农村承包经营户异地采购所需货款，可以通过银行汇兑方式支付。凡加盖现金字样的结算凭证，汇入银行必须保证支付现金。

第十五条　具备条件的银行应当接受开户单位的委托，开展代发工资、转存储蓄业务。

第十六条　为保证开户单位的现金收入及时送存银行，开户银行必须按照规定做好现金收款工作，不得随意缩短收款时间。大中城市和商业比较集中的地区，应当建立非营业时间收款制度。

第十七条　开户银行应当加强柜台审查，定期和不定期地对开户单位现金收支情况进行检查，并按规定向当地人民银行报告现金管理情况。

第十八条　一个单位在几家银行开户的，由一家开户银行负责现金管理工作，核定开户单位库存现金限额。

各金融机构的现金管理分工，由中国人民银行确定。有关现金管理分工的争议，由当地人民银行协调、裁决。

第十九条　开户银行应当建立健全现金管理制度，配备专职人员，改进工作作风，改善服务设施。现金管理工作所需经费应当在开户银行业务费中解决。

第三章　法律责任

第二十条　开户单位有下列情形之一的，开户银行应当依照中国人民银行的规定，责令其停止违法活动，并可根据情节轻重处以罚款：

（一）超出规定范围、限额使用现金的；

（二）超出核定的库存现金限额留存现金的。

第二十一条　开户单位有下列情形之一的，开户银行应当依照中国人民银行的规定，予以警告或者罚款；情节严重的，可在一定期限内停止对该单位的贷款或者停止对该单位的现金支付：

（一）对现金结算给予比转账结算优惠待遇的；

（二）拒收支票、银行汇票和银行本票的；

（三）违反本条例第八条规定，不采取转账结算方式购置国家规定的专项控制商品的；

（四）用不符合财务会计制度规定的凭证顶替库存现金的；

（五）用转账凭证套换现金的；

（六）编造用途套取现金的；

（七）互相借用现金的；

（八）利用账户替其他单位和个人套取现金的；

（九）将单位的现金收入按个人储蓄方式存入银行的；

（十）保留账外公款的；

（十一）未经批准坐支或者未按开户银行核定的坐支范围和限额坐支现金的。

第二十二条　开户单位对开户银行作出的处罚决定不服的，必须首先按照处罚决定执行，然后可在十日内向开户银行的同级人民银行申请复议。同级人民银行应当在收到复议申请之日起三十日内作出复议决定。开户单位对复议决定不服的，可以在收到复议决定之日起三十日内向人民法院起诉。

第二十三条　银行工作人员违反本条例规定，徇私舞弊、贪污受贿、玩忽职守的违法行为的，应当根据情节轻重，给予行政处分和经济处罚；构成犯罪的，由司法机关依法追究刑事责任。

第四章　附则

第二十四条　本条例由中国人民银行负责解释；施行细则由中国人民银行制定。

第二十五条　本条例自1988年10月1日起施行。1977年11月28日发布的《国务院关于实行现金管理的决定》同时废止。

附录 6

现金管理暂行条例实施细则

(银发 [1988] 288 号)

第一条 为了更好地贯彻执行国务院 1988 年发布的《现金管理暂行条例》,特制定本细则。

第二条 凡在银行和其他金融机构(以下简称开户银行)开立账户的机关、团体、部队、企业、事业单位(以下简称开户单位),必须执行本细则,接受开户银行的监督。开户银行包括各专业银行,国内金融机构,经批准在中国境内经营人民币业务的外资、中外合资银行和金融机构。企业包括:国家企业、城乡集体企业(包括村办企业)、联营企业、私营企业(包括个体工商户、农村承包经营户)。

中外合资和合作经营企业原则上执行本细则,具体管理办法由人民银行各省、自治区、直辖市分行根据当地实际情况制定。

部队、公安系统所属的保密单位和其他保密单位的现金管理,原则上执行本细则。具体管理办法和其他单位可以有所区别(见第四条第二款)。

第三条 中国人民银行总行是现金管理的主管部门。各级人民银行要严格履行金融主管机关的职责,负责对开户银行的现金管理进行监督和稽核。

开户银行负责现金管理的具体执行,对开户单位的现金收支、使用进行监督管理。

一个单位在几家银行开户的,只能在一家银行开设现金结算户,支取现金,并由该家银行负责核定现金库存限额和进行现金管理检查。当地人民银行要协同各行开户银行,认真清理现金结算账户,负责将开户单位的现金结算户落实到一家开户银行。

第四条 各开户单位的库存现金都要核定限额。库存现金限额应当由开户单位提出计划,报开户银行审批。经核定的库存现金限额,开户单位必须严格遵守。

部队、公安系统的保密单位和其他保密单位的库存现金限额的核定和现金管理工作检查事宜,由其主管部门负责,并由主管部门将确定的库存现金限额和检查情况报开户银行。

各开户单位的库存现金限额,由于生产或业务变化,需要增加或减少时,应向开户银行提出申请，经批准后再行调整。

第五条　开户银行根据实际需要，原则上以开户单位 3~5 天的日常零星开支所需核定库存现金限额。边远地区和交通不发达地区的开户单位的库存现金限额，可以适当放宽，但最多不得超过 15 天的日常零星开支。

对没有在银行单独开立账户的附属单位也要实行现金管理，必须保留的现金，也要核定限额，其限额包括在开户单位的库存限额之内。

商业和服务行业的找零备用现金也要根据营业额核定定额，但不包括在开户单位的库存现金限额之内。

第六条　开户单位之间的经济往来，必须通过银行进行转账结算。根据国家有关规定，开户单位只可在下列范围内使用现金：

（一）职工工资、各种工资性津贴；

（二）个人劳动报酬，包括稿费和讲课费及其他专门工作报酬；

（三）支付给个人的各种奖金，包括根据国家规定颁发给个人的各种科学技术、文化艺术、体育等各种奖金；

（四）各种劳保、福利费用以及国家规定的对个人的其他现金支出；

（五）收购单位向个人收购农副产品和其他物资支付的价款；

（六）出差人员必须随身携带的差旅费；

（七）结算起点以下的零星支出；

（八）确实需要现金支付的其他支出（见第十一条第四项）。

第七条　结算起点为 1000 元，需要增加时由中国人民银行总行确定后，报国务院备案。

第八条　除本条例第六条第（五）、（六）项外、开户单位支付给个人的款项中，支付现金每人一次不得超过 1000 元，超过限额部分，

根据提款人的要求在指定的银行转为储蓄存款或以支票、银行本票支付。确需全额支付现金的，应经开户银行审查后予以支付。

第九条　转账结算凭证在经济往来中具有同现金相同的支付能力。开户单位在购销活动中，不得对现金结算给予比转账结算优惠的待遇；不得只收现金拒收支票、银行汇票、银行本票和其他转账结算凭证。

第十条　开户单位购置国家规定的社会集团专项控制商品，必须采取转账方式，不得使用现金，商业单位也不得收取现金。

第十一条　开户单位现金收支按下列规定管理：

（一）开户单位收入现金应于当日送存开户银行，当日送存确有困难的，由开户银行确定送存时间；

（二）开户单位支付现金，可从本单位现金库存中支付或者从开户银行提取，

不得从本单位的现金收入中直接支付（坐支）；

需要坐支现金的单位，要事先报经开户银行审查批准，由开户银行核定坐支范围和限额。坐支单位必须在现金账上如实反映坐支金额，并按月向开户银行报送坐支金额和使用情况。

（三）开户单位根据本细则第六条和第七条的规定，从开户银行提取现金的，应当如实写明用途，由本单位财会部门负责人签字盖章，并经开户银行审查批准，予以支付。

（四）因采购地点不确定、交通不便、抢险救灾以及其他特殊情况，办理转账结算不够方便、必须使用现金的开户单位，要向开户银行提出书面申请，由本单位财务部门负责人签字盖章，开户银行审查批准后，予以支付现金。

第十二条　开户单位必须建立健全现金账目，逐笔记载现金支付，账目要日清月结，做到账款相符。不准用不符合财务制度的凭证顶替库存现金；不准单位之间相互借用现金；不准谎报用途套取现金；不准利用银行账户代其他单位和个人存入或支取现金；不准将单位收入的现金以个人名义存入储蓄；不准保留账外公款（小金库）；禁止发行变相货币，不准以任何票券代替人民币在市场上流通。

第十三条　对个体工商户、农村承包户发放的贷款，应以转账方式支付；对于确需在集市使用现金购买物资的，由承贷人提出书面申请，经开户银行审查批准后，可以在贷款金额内支付现金。

第十四条　在银行开户的个体工商户、农村承包经营户异地采购的贷款，应当通过银行以转账方式进行结算。因采购地点不确定、交通不方便必须携带现金的，由客户提出申请，开户银行根据实际需要予以支付现金。

未在银行开户的个体工商户、农村承包经营户异地采购，可以通过银行以汇兑方式支付。凡加盖现金字样的结算凭证，汇入银行必须保证支付现金。

第十五条　具备条件的银行应当积极开展代发工资、转存储蓄业务。

第十六条　为保证开户单位的现金收入及时送存银行，开户银行必须按照规定做好现金收款工作，不得随意缩短收款时间。大中城市和商业比较集中的地区，要建立非营业时间收款制度。

第十七条　开户银行应当加强柜台审查，定期和不定期地检查开户单位执行国务院《现金管理暂行条例》和本细则的情况，并按规定向其上级单位和当地人民银行报告现金管理情况。

各级人民银行要定期不定期地对同级专业银行和其他金融机构（包括经营人民币业务的外资、中外合资银行和金融机构）的现金管理情况进行检查监督，并及时解决有关现金管理中的问题。

各开户单位要向银行派出检查人员提供有关资料，如实反映情况。

第十八条　各开户单位的主管部门要定期和不定期地检查所属单位执行国务院《现金管理暂行条例》和本细则的情况，发现问题及时纠正，并将检查情况书面通知开户银行。

第十九条　各级银行要支持敢于坚持原则、严格执行现金管理的财务人员，对模范遵守国务院《现金管理暂行条例》和本细则的单位和个人应给予表彰和奖励。

第二十条　开户单位如违犯《现金管理暂行条例》，开户银行有权责令其停止违法活动，并根据情节轻重给予警告或罚款。

有下列情况之一的，给予警告或处以罚款：

（一）超出规定范围和限额使用现金的，按超过额的 10～30%处罚；

（二）超出核定的库存现金限额留存现金的，按超出额的 10～30%处罚；

（三）用不符合财务制度规定的凭证顶替库存现金的，按凭证额 10～30%处罚；

（四）未经批准坐支或者未按开户银行核定坐支额度和使用范围坐支现金的，按坐支金额 10%～30%处罚；

（五）单位之间互相借用现金的，按借用金额 10%～30%处罚；

有下列情况之一的，一律处以罚款：

（六）保留账外公款的，按保留金额 10%～30%处罚；

（七）对现金结算给予比转账结算优惠待遇的，按交易额的 10%～50%处罚；

（八）只收现金拒收支票、银行汇票、本票的，按交易额的 10%～50%处罚；

（九）开户单位不采取转账结算方式购置国家规定的专项控制商品的，按购买金额 50%至全额对买卖双方处罚；

（十）用转账凭证套取现金的，按套取金额 30%～50%处罚；

（十一）编造用途套取现金的，按套取现金额 30%～50%处罚；

（十二）利用账户替其他单位和个人套取现金的，按套取金额 30%～50%处罚；

（十三）将单位的现金收入以个人储蓄方式存入银行的，按存入金额 30～50%处罚；

（十四）发行变相货币和以票券代替人民币在市场流通的，按发行额或流通额 30%～50%处罚；

第二十一条　中国人民银行各省、自治区、直辖市分行根据本细则第二十条的原则和当地实际情况制定具体处罚办法。所得的罚没款项一律上缴国库。

第二十二条　开户单位如对开户银行的处罚决定不服，必须首先按照处罚决定执行，然后在 10 日内向当地人民银行申请复议；各级人民银行应自收到复议申请之日起 30 日内作出复议决定。开户单位如对复议决定不服，应自收到复议决定之日起 30 日内向人民法院起诉。

第二十三条　开户银行不执行或违犯《现金管理暂行条例》及本细则，由当地人民银行负责查处；当地人民银行根据其情节轻重，可给予警告、追究行政领导责任直至停止其办理现金结算业务等处罚。

银行工作人员违犯《现金管理暂行条例》和本细则，徇私舞弊、贪污受贿、玩忽职守纵容违法行为的，根据情节轻重给予行政处分和经济处罚；构成犯罪的，由司法机关依法追究刑事责任。

第二十四条　各开户银行要建立健全现金管理制度；配备专职人员，改善服务设施，方便开户单位。现金管理工作所需经费应当在各开户银行业务费用中解决。

第二十五条　现金管理工作政策性强、涉及面广，各级银行要加强调查研究，根据实际情况，实事求是地解决各种问题，及时满足单位正常的、合理的现金需要。

第二十六条　本细则由中国人民银行总行负责解释。

本细则自 1988 年 10 月 1 日起施行，过去发布的各项规定同时废除，一律以《现金管理暂行条例》和本细则为准。

附录 7

会计从业资格管理办法

（2005 年 3 月 1 日起施行）

第一章　总则

第一条　为了加强会计从业资格管理，规范会计人员行为，根据《中华人民共和国会计法》（以下简称《会计法》）及相关法律的规定，制定本办法。

第二条　申请取得会计从业资格证书适用本办法。

在国家机关、社会团体、公司、企业、事业单位和其他组织（以下统称单位）从事下列会计工作的人员必须取得会计从业资格：

（一）会计机构负责人（会计主管人员）；

（二）出纳；

（三）稽核；

（四）资本、基金核算；

（五）收入、支出、债权债务核算；

（六）工资、成本费用、财务成果核算；

（七）财产物资的收发、增减核算；

（八）总账；

（九）财务会计报告编制；

（十）会计机构内会计档案管理。

第三条　各单位不得任用（聘用）不具备会计从业资格的人员从事会计工作。

不具备会计从业资格的人员，不得从事会计工作，不得参加会计专业技术资格考试或评审、会计专业职务的聘任，不得申请取得会计人员荣誉证书。

第四条　除本办法另有规定外，县级以上地方人民政府财政部门负责本行政区域内的会计从业资格管理。

第五条　财政部委托中共中央直属机关事务管理局、国务院机关事务管理局按照各自权限分别负责中央在京单位的会计从业资格的管理。

新疆生产建设兵团财务局负责所属单位的会计从业资格的管理。

财政部委托铁道部负责铁路系统的会计从业资格的管理。

第六条　财政部委托中国人民武装警察部队后勤部和中国人民解放军总后勤部分别负责中国人民武装警察部队、中国人民解放军系统的会计从业资格的管理。

第二章　会计从业资格的取得

第七条　国家实行会计从业资格考试制度。

第八条　申请参加会计从业资格考试的人员，应当符合下列基本条件：

（一）遵守会计和其他财经法律、法规；

（二）具备良好的道德品质；

（三）具备会计专业基础知识和技能。

因有《会计法》第四十二条、第四十三条、第四十四条所列违法情形，被依法吊销会计从业资格证书的人员，自被吊销之日起5年内（含5年）不得参加会计从业资格考试，不得重新取得会计从业资格证书。

因有提供虚假财务会计报告，做假账，隐匿或者故意销毁会计凭证、会计账簿、财务会计报告，贪污、挪用公款，职务侵占等与会计职务有关的违法行为，被依法追究刑事责任的人员，不得参加会计从业资格考试，不得取得或者重新取得会计从业资格证书。

第九条　会计从业资格考试科目为：财经法规与会计职业道德、会计基础、初级会计电算化（或者珠算五级）。

会计从业资格考试大纲由财政部统一制定并公布。

第十条　申请人符合本办法第八条规定且具备国家教育行政主管部门认可的中专以上（含中专，下同）会计类专业学历（或学位）的，自毕业之日起2年内（含2年），免试会计基础、初级会计电算化（或者珠算五级）。

前款所称会计类专业包括：

（一）会计学；

（二）会计电算化；

（三）注册会计师专门化；

（四）审计学；

（五）财务管理；

（六）理财学。

第十一条　省、自治区、直辖市、计划单列市财政厅（局），新疆生产建设兵团财务局，中共中央直属机关事务管理局、国务院机关事务管理局、铁道部、中国人民武装警察部队后勤部和中国人民解放军总后勤部（以下简称中央主管单位），按照本办法第四条、第五条、第六条规定的管理范围负责组织实施会计从业资格考试的下列事项：

（一）制定会计从业资格考试考务规则；

（二）组织会计从业资格考试命题；

（三）实施考试考务工作；

（四）监督检查会计从业资格考试考风、考纪。

省、自治区、直辖市、计划单列市财政厅（局），新疆生产建设兵团财务局和中央主管单位应当公布会计从业资格考试的报名条件、报考办法、考试科目、考务规则及考试相关要求，并将会计从业资格考试试题于考试结束后30日内报财政部备案。

第十二条 会计从业资格考试收费标准按照国家物价管理部门的有关规定执行。

第十三条 会计从业资格考试全科合格的申请人，可以向会计从业资格考试所在地的县级以上地方财政部门、新疆生产建设兵团财务局和中央主管单位（以下简称"会计从业资格管理机构"）申请会计从业资格证书。县级以上地方财政部门会计从业资格证书的颁发权限由各省、自治区、直辖市、计划单列市财政部门确定。

申请会计从业资格证书时，应当填写《会计从业资格证书申请表》，并持下列材料：

（一）考试成绩合格证明；

（二）有效身份证件原件；

（三）近期同一底片一寸免冠证件照两张。

符合本办法第十条规定条件，且财经法规与会计职业道德考试成绩合格的申请人，还需持学历或学位证书原件（香港特别行政区、澳门特别行政区、台湾地区居民及外国居民的学历或学位须经中华人民共和国教育行政主管部门认可）。

第十四条 申请人可以通过委托代理人申请会计从业资格证书。

申请人应当对其申请材料实质内容的真实性负责。

第十五条 申请人的申请材料齐全、符合规定形式的，会计从业资格管理机构应当当场受理；申请材料不齐全或者不符合规定形式的，会计从业资格管理机构应当当场或者5日内一次告知申请人需要补正的全部内容，逾期不告知的，自收到申请材料之日起即为受理。

会计从业资格管理机构受理或者不予受理会计从业资格证书申请，应当出具书面证明，同时注明日期，并加盖本机构专用印章。

第十六条 会计从业资格管理机构能够当场做出决定的，应当当场做出颁发会计从业资格证书的书面决定；不能当场做出决定的，应当自受理之日起20日内对申请人提交的申请材料进行审查，并做出是否颁发会计从业资格证书的决定；20日内不能做出决定的，经会计从业资格管理机构负责人批准，可以延长10日，并应当将延长期限的理由告知申请人。

第十七条　会计从业资格管理机构做出准予颁发会计从业资格证书的决定，应当自做出决定之日起10日内向申请人颁发会计从业资格证书。

会计从业资格管理机构做出不予颁发会计从业资格证书的决定，应当说明理由，并告知申请人享有依法申请行政复议或者提起行政诉讼的权利。

第十八条　财政部统一规定会计从业资格证书样式和编号规则。

省、自治区、直辖市、计划单列市财政厅（局）和新疆生产建设兵团财务局、中央主管单位负责会计从业资格证书的印制、编号和颁发，并于年度终了后30日内将上年度会计从业资格证书颁发情况报财政部备案。

第十九条　会计从业资格证书是具备会计从业资格的证明文件，在全国范围内有效。持有会计从业资格证书的人员（以下简称"持证人员"）不得涂改、转让会计从业资格证书。

第三章　会计从业资格管理

第二十条　持证人员应当接受继续教育，提高业务素质和会计职业道德水平。持证人员每年参加继续教育不得少于24小时。

第二十一条　财政部负责制定并公布持证人员继续教育大纲。

省、自治区、直辖市、计划单列市财政厅（局）和新疆生产建设兵团财务局、中央主管单位负责制定持证人员继续教育培训规划并组织实施。

第二十二条　会计从业资格管理机构应当加强对持证人员继续教育工作的监督、指导。

各单位应鼓励持证人员参加继续教育，保证学习时间，提供必要的学习条件。

第二十三条　会计从业资格证书实行注册登记制度。

持证人员从事会计工作，应当自从事会计工作之日起90日内，填写注册登记表，并持会计从业资格证书和所在单位出具的从事会计工作的证明，向单位所在地或所属部门、系统的会计从业资格管理机构办理注册登记。持证人员离开会计工作岗位超过6个月的，应当填写注册登记表，并持会计从业资格证书，向原注册登记的会计从业资格管理机构备案。

第二十四条　持证人员在同一会计从业资格管理机构管辖范围内调转工作单位，且继续从事会计工作的，应当自离开原工作单位之日起90日内，填写调转登记表，持会计从业资格证书及调入单位开具的从事会计工作的证明，办理调转登记。

持证人员在不同会计从业资格管理机构管辖范围调转工作单位，且继续从事会计工作的，应当填写调转登记表，持会计从业资格证书，及时向原注册登记的会计从业资格管理机构办理调出手续；并自办理调出手续之日起90日内，持会计从业资格证书、调转登记表和调入单位开具的从事会计工作证明，向调入单位所在地区的会计从业资格管理机构办理调入手续。

第二十五条 会计从业资格管理机构应当建立持证人员从业档案信息系统，及时记载、更新持证人员下列信息：

（一）持证人员相关基础信息和注册、变更、调转登记情况；

（二）持证人员从事会计工作情况；

（三）持证人员接受继续教育情况；

（四）持证人员受到表彰奖励情况；

（五）持证人员因违反会计法律、法规、规章和会计职业道德被处罚情况。

持证人员的学历或学位、会计专业技术职务资格以及前款第（一）至第（五）项内容发生变更的，可以持相关有效证明和会计从业资格证书，向所属会计从业资格管理机构办理从业档案信息变更。

第二十六条 会计从业资格管理机构应当将申请会计从业资格证书和办理会计从业资格证书注册、变更、调转登记的条件、程序、期限以及需要提交的材料和相关申请登记表格示范文本等在办公场所公示。相关申请登记表格应当置放于会计从业资格管理机构办公场所，免费提供。申请人也可以从会计从业资格管理机构指定网站下载。

第二十七条 会计从业资格管理机构应当对下列情况实施监督检查：

（一）从事会计工作的人员持有会计从业资格证书并注册登记情况；

（二）持证人员从事会计工作和执行国家统一的会计制度情况；

（三）持证人员遵守会计职业道德情况；

（四）持证人员接受继续教育情况。

会计从业资格管理机构在实施监督检查时，持证人员应当如实提供有关情况和材料，各有关单位应当予以配合。

第二十八条 会计从业资格管理机构应当对开展会计人员继续教育培训单位进行监督和指导，规范培训市场，确保培训质量。

第二十九条 单位和个人对违反本办法规定的行为有权检举，会计从业资格管理机构应当及时核实、处理，并为检举人保密。

第四章 法律责任

第三十条 参加会计从业资格考试舞弊的,由会计从业资格管理机构取消其该科目的考试成绩;情节严重的,取消其全部考试成绩。

第三十一条 用假学历、假证书等手段得以免试考试科目并取得会计从业资格证书的,由会计从业资格管理部门撤销其会计从业资格。

第三十二条 持证人员未按照本办法规定办理注册、调转登记的,会计从业资格管理机构责令其限期改正;逾期不改正的,予以公告。

第三十三条 持证人员有《会计法》第四十二条、第四十三条、第四十四条所列违法违纪情形之一,由会计从业资格管理机构按照《会计法》的规定予以处理并向社会公告。

第三十四条 会计从业资格管理机构发现单位任用(聘用)未经注册、调转登记的人员从事会计工作的,应责令其限期改正;逾期不改正的,予以公告。

单位任用(聘用)没有会计从业资格证书人员从事会计工作的,由会计从业资格管理机构依据《会计法》第四十二条的规定处理。

第三十五条 会计从业资格管理机构及其工作人员在实施会计从业资格管理中滥用职权、玩忽职守、徇私舞弊的,依法给予行政处分。

第三十六条 会计从业资格管理机构工作人员违反本办法第二十九条规定,将检举人姓名和检举材料转给被检举单位和被检举人个人的,由所在单位或者有关单位依法给予行政处分。

第五章 附则

第三十七条 省、自治区、直辖市、计划单列市财政厅(局)、新疆生产建设兵团财务局和中央主管单位可以根据本办法制定具体实施办法,报财政部备案。

第三十八条 香港特别行政区、澳门特别行政区、台湾地区居民及外国居民申请取得会计从业资格证书,适用本办法。

第三十九条 农村集体经济组织会计从业资格的管理可参照本办法执行。

第四十条 本办法自2005年3月1日起施行。财政部2000年5月8日发布的《会计从业资格管理办法》(财会字〔2000〕5号)、2000年9月13日发布的《〈会计从业资格管理办法〉若干问题解答(一)》(财会〔2000〕13号)、2002年7月25日发布的《〈会计从业资格管理办法〉若干问题解答(二)》(财办会〔2002〕28号)同时废止。

附录 8

企业财务通则

(财政部令 [第 41 号] 2006 年 12 月 4 日发布)

第一章 总则

第一条 为了加强企业财务管理,规范企业财务行为,保护企业及其相关方的合法权益,推进现代企业制度建设,根据有关法律、行政法规的规定,制定本通则。

第二条 在中华人民共和国境内依法设立的具备法人资格的国有及国有控股企业适用本通则。金融企业除外。

其他企业参照执行。

第三条 国有及国有控股企业(以下简称企业)应当确定内部财务管理体制,建立健全财务管理制度,控制财务风险。

企业财务管理应当按照制定的财务战略,合理筹集资金,有效营运资产,控制成本费用,规范收益分配及重组清算财务行为,加强财务监督和财务信息管理。

第四条 财政部负责制定企业财务规章制度。

各级财政部门(以下通称主管财政机关)应当加强对企业财务的指导、管理、监督,其主要职责包括:

(一)监督执行企业财务规章制度,按照财务关系指导企业建立健全内部财务制度。

(二)制定促进企业改革发展的财政财务政策,建立健全支持企业发展的财政资金管理制度。

(三)建立健全企业年度财务会计报告审计制度,检查企业财务会计报告质量。

(四)实施企业财务评价,监测企业财务运行状况。

(五)研究、拟订企业国有资本收益分配和国有资本经营预算的制度。

(六)参与审核属于本级人民政府及其有关部门、机构出资的企业重要改革、改制方案。

（七）根据企业财务管理的需要提供必要的帮助、服务。

第五条　各级人民政府及其部门、机构，企业法人、其他组织或者自然人等企业投资者（以下通称投资者），企业经理、厂长或者实际负责经营管理的其他领导成员（以下通称经营者），依照法律、法规、本通则和企业章程的规定，履行企业内部财务管理职责。

第六条　企业应当依法纳税。企业财务处理与税收法律、行政法规规定不一致的，纳税时应当依法进行调整。

第七条　各级人民政府及其部门、机构出资的企业，其财务关系隶属同级财政机关。

第二章　企业财务管理体制

第八条　企业实行资本权属清晰、财务关系明确、符合法人治理结构要求的财务管理体制。

企业应当按照国家有关规定建立有效的内部财务管理级次。企业集团公司自行决定集团内部财务管理体制。

第九条　企业应当建立财务决策制度，明确决策规则、程序、权限和责任等。法律、行政法规规定应当通过职工（代表）大会审议或者听取职工、相关组织意见的财务事项，依照其规定执行。

企业应当建立财务决策回避制度。对投资者、经营者个人与企业利益有冲突的财务决策事项，相关投资者、经营者应当回避。

第十条　企业应当建立财务风险管理制度，明确经营者、投资者及其他相关人员的管理权限和责任，按照风险与收益均衡、不相容职务分离等原则，控制财务风险。

第十一条　企业应当建立财务预算管理制度，以现金流为核心，按照实现企业价值最大化等财务目标的要求，对资金筹集、资产营运、成本控制、收益分配、重组清算等财务活动，实施全面预算管理。

第十二条　投资者的财务管理职责主要包括：

（一）审议批准企业内部财务管理制度、企业财务战略、财务规划和财务预算。

（二）决定企业的筹资、投资、担保、捐赠、重组、经营者报酬、利润分配等重大财务事项。

（三）决定企业聘请或者解聘会计师事务所、资产评估机构等中介机构事项。

（四）对经营者实施财务监督和财务考核。

（五）按照规定向全资或者控股企业委派或者推荐财务总监。

投资者应当通过股东（大）会、董事会或者其他形式的内部机构履行财务管理职责,可以通过企业章程、内部制度、合同约定等方式将部分财务管理职责授予经营者。

第十三条 经营者的财务管理职责主要包括:
(一)拟订企业内部财务管理制度、财务战略、财务规划,编制财务预算。
(二)组织实施企业筹资、投资、担保、捐赠、重组和利润分配等财务方案,诚信履行企业偿债义务。
(三)执行国家有关职工劳动报酬和劳动保护的规定,依法缴纳社会保险费、住房公积金等,保障职工合法权益。
(四)组织财务预测和财务分析,实施财务控制。
(五)编制并提供企业财务会计报告,如实反映财务信息和有关情况。
(六)配合有关机构依法进行审计、评估、财务监督等工作。

第三章 资金筹集

第十四条 企业可以接受投资者以货币资金、实物、无形资产、股权、特定债权等形式的出资。其中,特定债权是指企业依法发行的可转换债券、符合有关规定转作股权的债权等。

企业接受投资者非货币资产出资时,法律、行政法规对出资形式、程序和评估作价等有规定的,依照其规定执行。

企业接受投资者商标权、著作权、专利权及其他专有技术等无形资产出资的,应当符合法律、行政法规规定的比例。

第十五条 企业依法以吸收直接投资、发行股份等方式筹集权益资金的,应当拟订筹资方案,确定筹资规模,履行内部决策程序和必要的报批手续,控制筹资成本。

企业筹集的实收资本,应当依法委托法定验资机构验资并出具验资报告。

第十六条 企业应当执行国家有关资本管理制度,在获准工商登记后30日内,依据验资报告等向投资者出具出资证明书,确定投资者的合法权益。

企业筹集的实收资本,在持续经营期间可以由投资者依照法律、行政法规以及企业章程的规定转让或者减少,投资者不得抽逃或者变相抽回出资。

除《公司法》等有关法律、行政法规另有规定外,企业不得回购本企业发行的股份。企业依法回购股份,应当符合有关条件和财务处理办法,并经投资者决议。

第十七条 对投资者实际缴付的出资超出注册资本的差额(包括股票溢价),企业应当作为资本公积管理。

经投资者审议决定后,资本公积用于转增资本。国家另有规定的,从其规定。

第十八条 企业从税后利润中提取的盈余公积包括法定公积金和任意公积

金，可以用于弥补企业亏损或者转增资本。法定公积金转增资本后留存企业的部分，以不少于转增前注册资本的 25% 为限。

第十九条　企业增加实收资本或者以资本公积、盈余公积转增实收资本，由投资者履行财务决策程序后，办理相关财务事项和工商变更登记。

第二十条　企业取得的各类财政资金，区分以下情况处理：

（一）属于国家直接投资、资本注入的，按照国家有关规定增加国家资本或者国有资本公积。

（二）属于投资补助的，增加资本公积或者实收资本。国家拨款时对权属有规定的，按规定执行；没有规定的，由全体投资者共同享有。

（三）属于贷款贴息、专项经费补助的，作为企业收益处理。

（四）属于政府转贷、偿还性资助的，作为企业负债管理。

（五）属于弥补亏损、救助损失或者其他用途的，作为企业收益处理。

第二十一条　企业依法以借款、发行债券、融资租赁等方式筹集债务资金的，应当明确筹资目的，根据资金成本、债务风险和合理的资金需求，进行必要的资本结构决策，并签订书面合同。

企业筹集资金用于固定资产投资项目的，应当遵守国家产业政策、行业规划、自有资本比例及其他规定。

企业筹集资金，应当按规定核算和使用，并诚信履行合同，依法接受监督。

第四章　资产营运

第二十二条　企业应当根据风险与收益均衡等原则和经营需要，确定合理的资产结构，并实施资产结构动态管理。

第二十三条　企业应当建立内部资金调度控制制度，明确资金调度的条件、权限和程序，统一筹集、使用和管理资金。企业支付、调度资金，应当按照内部财务管理制度的规定，依据有效合同、合法凭证，办理相关手续。

企业向境外支付、调度资金应当符合国家有关外汇管理的规定。

企业集团可以实行内部资金集中统一管理，但应当符合国家有关金融管理等法律、行政法规规定，并不得损害成员企业的利益。

第二十四条　企业应当建立合同的财务审核制度，明确业务流程和审批权限，实行财务监控。

企业应当加强应收款项的管理，评估客户信用风险，跟踪客户履约情况，落实收账责任，减少坏账损失。

第二十五条　企业应当建立健全存货管理制度，规范存货采购审批、执行程序，根据合同的约定以及内部审批制度支付货款。

企业选择供货商以及实施大宗采购，可以采取招标等方式进行。

第二十六条　企业应当建立固定资产购建、使用、处置制度。

企业自行选择、确定固定资产折旧办法，可以征询中介机构、有关专家的意见，并由投资者审议批准。固定资产折旧办法一经选用，不得随意变更。确需变更的，应当说明理由，经投资者审议批准。

企业购建重要的固定资产、进行重大技术改造，应当经过可行性研究，按照内部审批制度履行财务决策程序，落实决策和执行责任。

企业在建工程项目交付使用后，应当在一个年度内办理竣工决算。

第二十七条　企业对外投资应当遵守法律、行政法规和国家有关政策的规定，符合企业发展战略的要求，进行可行性研究，按照内部审批制度履行批准程序，落实决策和执行的责任。

企业对外投资应当签订书面合同，明确企业投资权益，实施财务监管。依据合同支付投资款项，应当按照企业内部审批制度执行。

企业向境外投资的，还应当经投资者审议批准，并遵守国家境外投资项目核准和外汇管理等相关规定。

第二十八条　企业通过自创、购买、接受投资等方式取得的无形资产，应当依法明确权属，落实有关经营、管理的财务责任。

无形资产出现转让、租赁、质押、授权经营、连锁经营、对外投资等情形时，企业应当签订书面合同，明确双方的权利义务，合理确定交易价格。

第二十九条　企业对外担保应当符合法律、行政法规及有关规定，根据被担保单位的资信及偿债能力，按照内部审批制度采取相应的风险控制措施，并设立备查账簿登记，实行跟踪监督。

企业对外捐赠应当符合法律、行政法规及有关财务规定，制定实施方案，明确捐赠的范围和条件，落实执行责任，严格办理捐赠资产的交接手续。

第三十条　企业从事期货、期权、证券、外汇交易等业务或者委托其他机构理财，不得影响主营业务的正常开展，并应当签订书面合同，建立交易报告制度，定期对账，控制风险。

第三十一条　企业从事代理业务，应当严格履行合同，实行代理业务与自营业务分账管理，不得挪用客户资金、互相转嫁经营风险。

第三十二条　企业应当建立各项资产损失或者减值准备管理制度。各项资产损失或者减值准备的计提标准，一经选用，不得随意变更。企业在制定计提标准时可以征询中介机构、有关专家的意见。

对计提损失或者减值准备后的资产，企业应当落实监管责任。能够收回或者继续使用以及没有证据证明实际损失的资产，不得核销。

第三十三条　企业发生的资产损失，应当及时予以核实、查清责任，追偿损失，按照规定程序处理。

企业重组中清查出的资产损失，经批准后依次冲减未分配利润、盈余公积、资本公积和实收资本。

第三十四条　企业以出售、抵押、置换、报废等方式处理资产时，应当按照国家有关规定和企业内部财务管理制度规定的权限和程序进行。其中，处理主要固定资产涉及企业经营业务调整或者资产重组的，应当根据投资者审议通过的业务调整或者资产重组方案实施。

第三十五条　企业发生关联交易的，应当遵守国家有关规定，按照独立企业之间的交易计价结算。投资者或者经营者不得利用关联交易非法转移企业经济利益或者操纵关联企业的利润。

第五章　成本控制

第三十六条　企业应当建立成本控制系统，强化成本预算约束，推行质量成本控制办法，实行成本定额管理、全员管理和全过程控制。

第三十七条　企业实行费用归口、分级管理和预算控制，应当建立必要的费用开支范围、标准和报销审批制度。

第三十八条　企业技术研发和科技成果转化项目所需经费，可以通过建立研发准备金筹措，据实列入相关资产成本或者当期费用。

符合国家规定条件的企业集团，可以集中使用研发费用，用于企业主导产品和核心技术的自主研发。

第三十九条　企业依法实施安全生产、清洁生产、污染治理、地质灾害防治、生态恢复和环境保护等所需经费，按照国家有关标准列入相关资产成本或者当期费用。

第四十条　企业发生销售折扣、折让以及支付必要的佣金、回扣、手续费、劳务费、提成、返利、进场费、业务奖励等支出的，应当签订相关合同，履行内部审批手续。

企业开展进出口业务收取或者支付的佣金、保险费、运费，按照合同规定的价格条件处理。

企业向个人以及非经营单位支付费用的，应当严格履行内部审批及支付的手续。

第四十一条　企业可以根据法律、法规和国家有关规定，对经营者和核心技术人员实行与其他职工不同的薪酬办法，属于本级人民政府及其部门、机构出资的企业，应当将薪酬办法报主管财政机关备案。

第四十二条 企业应当按照劳动合同及国家有关规定支付职工报酬，并为从事高危作业的职工缴纳团体人身意外伤害保险费，所需费用直接作为成本（费用）列支。

经营者可以在工资计划中安排一定数额，对企业技术研发、降低能源消耗、治理"三废"、促进安全生产、开拓市场等作出突出贡献的职工给予奖励。

第四十三条 企业应当依法为职工支付基本医疗、基本养老、失业、工伤等社会保险费，所需费用直接作为成本（费用）列支。

已参加基本医疗、基本养老保险的企业，具有持续盈利能力和支付能力的，可以为职工建立补充医疗保险和补充养老保险，所需费用按照省级以上人民政府规定的比例从成本（费用）中提取。超出规定比例的部分，由职工个人负担。

第四十四条 企业为职工缴纳住房公积金以及职工住房货币化分配的财务处理，按照国家有关规定执行。

职工教育经费按照国家规定的比例提取，专项用于企业职工后续职业教育和职业培训。

工会经费按照国家规定比例提取并拨缴工会。

第四十五条 企业应当依法缴纳行政事业性收费、政府性基金以及使用或者占用国有资源的费用等。

企业对没有法律法规依据或者超过法律法规规定范围和标准的各种摊派、收费、集资，有权拒绝。

第四十六条 企业不得承担属于个人的下列支出：

（一）娱乐、健身、旅游、招待、购物、馈赠等支出。

（二）购买商业保险、证券、股权、收藏品等支出。

（三）个人行为导致的罚款、赔偿等支出。

（四）购买住房、支付物业管理费等支出。

（五）应由个人承担的其他支出。

第六章 收益分配

第四十七条 投资者、经营者及其他职工履行本企业职务或者以企业名义开展业务所得的收入，包括销售收入以及对方给予的销售折扣、折让、佣金、回扣、手续费、劳务费、提成、返利、进场费、业务奖励等收入，全部属于企业。

企业应当建立销售价格管理制度，明确产品或者劳务的定价和销售价格调整的权限、程序与方法，根据预期收益、资金周转、市场竞争、法律规范约束等要求，采取相应的价格策略，防范销售风险。

第四十八条 企业出售股权投资，应当按照规定的程序和方式进行。股权投资出售底价，参照资产评估结果确定，并按照合同约定收取所得价款。在履行交割时，对尚未收款部分的股权投资，应当按照合同的约定结算，取得受让方提供的有效担保。

上市公司国有股减持所得收益，按照国务院的规定处理。

第四十九条　企业发生的年度经营亏损，依照税法的规定弥补。税法规定年限内的税前利润不足弥补的，用以后年度的税后利润弥补，或者经投资者审议后用盈余公积弥补。

第五十条　企业年度净利润，除法律、行政法规另有规定外，按照以下顺序分配：

（一）弥补以前年度亏损。

（二）提取 10% 法定公积金。法定公积金累计额达到注册资本 50% 以后，可以不再提取。

（三）提取任意公积金。任意公积金提取比例由投资者决定。

（四）向投资者分配利润。企业以前年度未分配的利润，并入本年度利润，在充分考虑现金流量状况后，向投资者分配。属于各级人民政府及其部门、机构出资的企业，应当将应付国有利润上缴财政。

国有企业可以将任意公积金与法定公积金合并提取。股份有限公司依法回购后暂未转让或者注销的股份，不得参与利润分配；以回购股份对经营者及其他职工实施股权激励的，在拟订利润分配方案时，应当预留回购股份所需利润。

第五十一条　企业弥补以前年度亏损和提取盈余公积后，当年没有可供分配的利润时，不得向投资者分配利润，但法律、行政法规另有规定的除外。

第五十二条　企业经营者和其他职工以管理、技术等要素参与企业收益分配的，应当按照国家有关规定在企业章程或者有关合同中对分配办法作出规定，并区别情况处理：

（一）取得企业股权的，与其他投资者一同进行企业利润分配。

（二）没有取得企业股权的，在相关业务实现的利润限额和分配标准内，从当期费用中列支。

第七章　重组清算

第五十三条　企业通过改制、产权转让、合并、分立、托管等方式实施重组，对涉及资本权益的事项，应当由投资者或者授权机构进行可行性研究，履行内部财务决策程序，并组织开展以下工作：

（一）清查财产，核实债务，委托会计师事务所审计。

（二）制订职工安置方案，听取重组企业的职工、职工代表大会的意见或者提交职工代表大会审议。

（三）与债权人协商，制订债务处置或者承继方案。

（四）委托评估机构进行资产评估，并以评估价值作为净资产作价或者折股的参考依据。

（五）拟订股权设置方案和资本重组实施方案，经过审议后履行报批手续。

第五十四条　企业采取分立方式进行重组，应当明晰分立后的企业产权关系。

企业划分各项资产、债务以及经营业务，应当按照业务相关性或者资产相关性原则制订分割方案。对不能分割的整体资产，在评估机构评估价值的基础上，经分立各方协商，由拥有整体资产的一方给予他方适当经济补偿。

第五十五条　企业可以采取新设或者吸收方式进行合并重组。企业合并前的各项资产、债务以及经营业务，由合并后的企业承继，并应当明确合并后企业的产权关系以及各投资者的出资比例。

企业合并的资产税收处理应当符合国家有关税法的规定，合并后净资产超出注册资本的部分，作为资本公积；少于注册资本的部分，应当变更注册资本或者由投资者补足出资。

对资不抵债的企业以承担债务方式合并的，合并方应当制定企业重整措施，按照合并方案履行偿还债务责任，整合财务资源。

第五十六条　企业实行托管经营，应当由投资者决定，并签订托管协议，明确托管经营的资产负债状况、托管经营目标、托管资产处置权限以及收益分配办法等，并落实财务监管措施。

受托企业应当根据托管协议制订相关方案，重组托管企业的资产与债务。未经托管企业投资者同意，不得改组、改制托管企业，不得转让托管企业及转移托管资产、经营业务，不得以托管企业名义或者以托管资产对外担保。

第五十七条　企业进行重组时，对已占用的国有划拨土地应当按照有关规定进行评估，履行相关手续，并区别以下情况处理：

（一）继续采取划拨方式的，可以不纳入企业资产管理，但企业应当明确划拨土地使用权权益，并按规定用途使用，设立备查账簿登记。国家另有规定的除外。

（二）采取作价入股方式的，将应缴纳的土地出让金转作国家资本，形成的国有股权由企业重组前的国有资本持有单位或者主管财政机关确认的单位持有。

（三）采取出让方式的，由企业购买土地使用权，支付出让费用。

（四）采取租赁方式的，由企业租赁使用，租金水平参照银行同期贷款利率确定，并在租赁合同中约定。

企业进行重组时，对已占用的水域、探矿权、采矿权、特许经营权等国有资源，依法可以转让的，比照前款处理。

第五十八条　企业重组过程中，对拖欠职工的工资和医疗、伤残补助、抚恤费用以及欠缴的基本社会保险费、住房公积金，应当以企业现有资产优先清偿。

第五十九条　企业被责令关闭、依法破产、经营期限届满而终止经营的，或者经投资者决议解散的，应当按照法律、法规和企业章程的规定实施清算。清算财产变卖底价，参照资产评估结果确定。国家另有规定的，从其规定。

企业清算结束，应当编制清算报告，委托会计师事务所审计，报投资者或者人民法院确认后，向相关部门、债权人以及其他的利益相关人通告。其中，属于各级人民政府及其部门、机构出资的企业，其清算报告应当报送主管财政机关。

第六十条　企业解除职工劳动关系，按照国家有关规定支付的经济补偿金或者安置费，除正常经营期间发生的列入当期费用以外，应当区别以下情况处理：

（一）企业重组中发生的，依次从未分配利润、盈余公积、资本公积、实收资本中支付。

（二）企业清算时发生的，以企业扣除清算费用后的清算财产优先清偿。

第八章　信息管理

第六十一条　企业可以结合经营特点，优化业务流程，建立财务和业务一体化的信息处理系统，逐步实现财务、业务相关信息一次性处理和实时共享。

第六十二条　企业应当逐步创造条件，实行统筹企业资源计划，全面整合和规范财务、业务流程，对企业物流、资金流、信息流进行一体化管理和集成运作。

第六十三条　企业应当建立财务预警机制，自行确定财务危机警戒标准，重点监测经营性净现金流量与到期债务、企业资产与负债的适配性，及时沟通企业有关财务危机预警的信息，提出解决财务危机的措施和方案。

第六十四条　企业应当按照有关法律、行政法规和国家统一的会计制度的规定，按时编制财务会计报告，经营者或者投资者不得拖延、阻挠。

第六十五条　企业应当按照规定向主管财政机关报送月份、季度、年度财务会计报告等材料，不得在报送的财务会计报告等材料上作虚假记载或者隐瞒重要事实。主管财政机关应当根据企业的需要提供必要的培训和技术支持。

企业对外提供的年度财务会计报告，应当依法经过会计师事务所审计。国家另有规定的，从其规定。

第六十六条　企业应当在年度内定期向职工公开以下信息：

（一）职工劳动报酬、养老、医疗、工伤、住房、培训、休假等信息。

（二）经营者报酬实施方案。

（三）年度财务会计报告审计情况。

（四）企业重组涉及的资产评估及处置情况。

（五）其他依法应当公开的信息。

第六十七条　主管财政机关应当建立健全企业财务评价体系，主要评估企业内部财务控制的有效性，评价企业的偿债能力、盈利能力、资产营运能力、发展能力和社会贡献。评估和评价的结果可以通过适当方式向社会发布。

第六十八条　主管财政机关及其工作人员应当恰当使用所掌握的企业财务信息，并依法履行保密义务，不得利用企业的财务信息谋取私利或者损害企业利益。

第九章　财务监督

第六十九条　企业应当依法接受主管财政机关的财务监督和国家审计机关的财务审计。

第七十条　经营者在经营过程中违反本通则有关规定的，投资者可以依法追究经营者的责任。

第七十一条　企业应当建立、健全内部财务监督制度。

企业设立监事会或者监事人员的，监事会或者监事人员依照法律、行政法规、本通则和企业章程的规定，履行企业内部财务监督职责。

经营者应当实施内部财务控制，配合投资者或者企业监事会以及中介机构的检查、审计工作。

第七十二条　企业和企业负有直接责任的主管人员和其他人员有以下行为之一的，县级以上主管财政机关可以责令限期改正、予以警告，有违法所得的，没收违法所得，并处以不超过违法所得3倍、但最高不超过3万元的罚款；没有违法所得的，可以处以1万元以下的罚款。

（一）违反本通则第三十九条、第四十条、第四十二条第一款、第四十三条、第四十六条规定列支成本费用的。

（二）违反本通则第四十七条第一款规定截留、隐瞒、侵占企业收入的。

（三）违反本通则第五十条、第五十一条、第五十二条规定进行利润分配的。但依照《公司法》设立的企业不按本通则第五十条第一款第二项规定提取法定公积金的，依照《公司法》的规定予以处罚。

（四）违反本通则第五十七条规定处理国有资源的。

（五）不按本通则第五十八条规定清偿职工债务的。

第七十三条　企业和企业负有直接责任的主管人员和其他人员有以下行为之一的，县级以上主管财政机关可以责令限期改正、予以警告。

（一）未按本通则规定建立健全各项内部财务管理制度的。

（二）内部财务管理制度明显与法律、行政法规和通用的企业财务规章制度相抵触，且不按主管财政机关要求修正的。

第七十四条　企业和企业负有直接责任的主管人员和其他人员不按本通则第六十四条、第六十五条规定编制、报送财务会计报告等材料的，县级以上主管财政机关可以依照《公司法》、《企业财务会计报告条例》的规定予以处罚。

第七十五条　企业在财务活动中违反财政、税收等法律、行政法规的，依照《财政违法行为处罚处分条例》（国务院令第 427 号）及有关税收法律、行政法规的规定予以处理、处罚。

第七十六条　主管财政机关以及政府其他部门、机构有关工作人员，在企业财务管理中滥用职权、玩忽职守、徇私舞弊或者泄露国家机密、企业商业秘密的，依法进行处理。

第十章　附则

第七十七条　实行企业化管理的事业单位比照适用本通则。

第七十八条　本通则自 2007 年 1 月 1 日起施行。

附录 9

企业会计准则——基本准则（2006 年）

第一章 总则

第一条 为了规范企业会计确认、计量和报告行为，保证会计信息质量，根据《中华人民共和国会计法》和其他有关法律、行政法规，制定本准则。

第二条 本准则适用于在中华人民共和国境内设立的企业（包括公司，下同）。

第三条 企业会计准则包括基本准则和具体准则，具体准则的制定应当遵循本准则。

第四条 企业应当编制财务会计报告（又称财务报告，下同）。财务会计报告的目标是向财务会计报告使用者提供与企业财务状况、经营成果和现金流量等有关的会计信息，反映企业管理层受托责任履行情况，有助于财务会计报告使用者作出经济决策。

财务会计报告使用者包括投资者、债权人、政府及其有关部门和社会公众等。

第五条 企业应当对其本身发生的交易或者事项进行会计确认、计量和报告。

第六条 企业会计确认、计量和报告应当以持续经营为前提。

第七条 企业应当划分会计期间，分期结算账目和编制财务会计报告。

会计期间分为年度和中期。中期是指短于一个完整的会计年度的报告期间。

第八条 企业会计应当以货币计量。

第九条 企业应当以权责发生制为基础进行会计确认、计量和报告。

第十条 企业应当按照交易或者事项的经济特征确定会计要素。会计要素包括资产、负债、所有者权益、收入、费用和利润。

第十一条 企业应当采用借贷记账法记账。

第二章 会计信息质量要求

第十二条 企业应当以实际发生的交易或者事项为依据进行会计确认、计量和报告，如实反映符合确认和计量要求的各项会计要素及其他相关信息，保证会计信息真实可靠、内容完整。

第十三条　企业提供的会计信息应当与财务会计报告使用者的经济决策需要相关，有助于财务会计报告使用者对企业过去、现在或者未来的情况作出评价或者预测。

第十四条　企业提供的会计信息应当清晰明了，便于财务会计报告使用者理解和使用。

第十五条　企业提供的会计信息应当具有可比性。

同一企业不同时期发生的相同或者相似的交易或者事项，应当采用一致的会计政策，不得随意变更。确需变更的，应当在附注中说明。

不同企业发生的相同或者相似的交易或者事项，应当采用规定的会计政策，确保会计信息口径一致、相互可比。

第十六条　企业应当按照交易或者事项的经济实质进行会计确认、计量和报告，不应仅以交易或者事项的法律形式为依据。

第十七条　企业提供的会计信息应当反映与企业财务状况、经营成果和现金流量等有关的所有重要交易或者事项。

第十八条　企业对交易或者事项进行会计确认、计量和报告应当保持应有的谨慎，不应高估资产或者收益、低估负债或者费用。

第十九条　企业对于已经发生的交易或者事项，应当及时进行会计确认、计量和报告，不得提前或者延后。

第三章　资产

第二十条　资产是指企业过去的交易或者事项形成的、由企业拥有或者控制的、预期会给企业带来经济利益的资源。

前款所指的企业过去的交易或者事项包括购买、生产、建造行为或其他交易或者事项。预期在未来发生的交易或者事项不形成资产。

由企业拥有或者控制，是指企业享有某项资源的所有权，或者虽然不享有某项资源的所有权，但该资源能被企业所控制。

预期会给企业带来经济利益，是指直接或者间接导致现金和现金等价物流入企业的潜力。

第二十一条　符合本准则第二十条规定的资产定义的资源，在同时满足以下条件时，确认为资产：

（一）与该资源有关的经济利益很可能流入企业；

（二）该资源的成本或者价值能够可靠地计量。

第二十二条　符合资产定义和资产确认条件的项目，应当列入资产负债表；

符合资产定义、但不符合资产确认条件的项目，不应当列入资产负债表。

第四章 负债

第二十三条 负债是指企业过去的交易或者事项形成的、预期会导致经济利益流出企业的现时义务。

现时义务是指企业在现行条件下已承担的义务。未来发生的交易或者事项形成的义务，不属于现时义务，不应当确认为负债。

第二十四条 符合本准则第二十三条规定的负债定义的义务，在同时满足以下条件时，确认为负债：

（一）与该义务有关的经济利益很可能流出企业；

（二）未来流出的经济利益的金额能够可靠地计量。

第二十五条 符合负债定义和负债确认条件的项目，应当列入资产负债表；符合负债定义、但不符合负债确认条件的项目，不应当列入资产负债表。

第五章 所有者权益

第二十六条 所有者权益是指企业资产扣除负债后由所有者享有的剩余权益。

公司的所有者权益又称为股东权益。

第二十七条 所有者权益的来源包括所有者投入的资本、直接计入所有者权益的利得和损失、留存收益等。

直接计入所有者权益的利得和损失，是指不应计入当期损益、会导致所有者权益发生增减变动的、与所有者投入资本或者向所有者分配利润无关的利得或者损失。

利得是指由企业非日常活动所形成的、会导致所有者权益增加的、与所有者投入资本无关的经济利益的流入。

损失是指由企业非日常活动所发生的、会导致所有者权益减少的、与向所有者分配利润无关的经济利益的流出。

第二十八条 所有者权益金额取决于资产和负债的计量。

第二十九条 所有者权益项目应当列入资产负债表。

第六章 收入

第三十条 收入是指企业在日常活动中形成的、会导致所有者权益增加的、与所有者投入资本无关的经济利益的总流入。

第三十一条　收入只有在经济利益很可能流入从而导致企业资产增加或者负债减少、且经济利益的流入额能够可靠计量时才能予以确认。

第三十二条　符合收入定义和收入确认条件的项目，应当列入利润表。

第七章　费用

第三十三条　费用是指企业在日常活动中发生的、会导致所有者权益减少的、与向所有者分配利润无关的经济利益的总流出。

第三十四条　费用只有在经济利益很可能流出从而导致企业资产减少或者负债增加、且经济利益的流出额能够可靠计量时才能予以确认。

第三十五条　企业为生产产品、提供劳务等发生的可归属于产品成本、劳务成本等的费用，应当在确认产品销售收入、劳务收入等时，将已销售产品、已提供劳务的成本等计入当期损益。

企业发生的支出不产生经济利益的，或者即使能够产生经济利益但不符合或者不再符合资产确认条件的，应当在发生时确认为费用，计入当期损益。

企业发生的交易或者事项导致其承担了一项负债而又不确认为一项资产的，应当在发生时确认为费用，计入当期损益。

第三十六条　符合费用定义和费用确认条件的项目，应当列入利润表。

第八章　利润

第三十七条　利润是指企业在一定会计期间的经营成果。利润包括收入减去费用后的净额、直接计入当期利润的利得和损失等。

第三十八条　直接计入当期利润的利得和损失，是指应当计入当期损益、会导致所有者权益发生增减变动的、与所有者投入资本或者向所有者分配利润无关的利得或者损失。

第三十九条　利润金额取决于收入和费用、直接计入当期利润的利得和损失金额的计量。

第四十条　利润项目应当列入利润表。

第九章　会计计量

第四十一条　企业在将符合确认条件的会计要素登记入账并列报于会计报表

及其附注（又称财务报表，下同）时，应当按照规定的会计计量属性进行计量，确定其金额。

第四十二条　会计计量属性主要包括：

（一）历史成本。在历史成本计量下，资产按照购置时支付的现金或者现金等价物的金额，或者按照购置资产时所付出的对价的公允价值计量。负债按照因承担现时义务而实际收到的款项或者资产的金额，或者承担现时义务的合同金额，或者按照日常活动中为偿还负债预期需要支付的现金或者现金等价物的金额计量。

（二）重置成本。在重置成本计量下，资产按照现在购买相同或者相似资产所需支付的现金或者现金等价物的金额计量。负债按照现在偿付该项债务所需支付的现金或者现金等价物的金额计量。

（三）可变现净值。在可变现净值计量下，资产按照其正常对外销售所能收到现金或者现金等价物的金额扣减该资产至完工时估计将要发生的成本、估计的销售费用以及相关税费后的金额计量。

（四）现值。在现值计量下，资产按照预计从其持续使用和最终处置中所产生的未来净现金流入量的折现金额计量。负债按照预计期限内需要偿还的未来净现金流出量的折现金额计量。

（五）公允价值。在公允价值计量下，资产和负债按照在公平交易中，熟悉情况的交易双方自愿进行资产交换或者债务清偿的金额计量。

第四十三条　企业在对会计要素进行计量时，一般应当采用历史成本，采用重置成本、可变现净值、现值、公允价值计量的，应当保证所确定的会计要素金额能够取得并可靠计量。

第十章　财务会计报告

第四十四条　财务会计报告是指企业对外提供的反映企业某一特定日期的财务状况和某一会计期间的经营成果、现金流量等会计信息的文件。

财务会计报告包括会计报表及其附注和其他应当在财务会计报告中披露的相关信息和资料。会计报表至少应当包括资产负债表、利润表、现金流量表等报表。

小企业编制的会计报表可以不包括现金流量表。

第四十五条　资产负债表是指反映企业在某一特定日期的财务状况的会计报表。

第四十六条　利润表是指反映企业在一定会计期间的经营成果的会计报表。

第四十七条　现金流量表是指反映企业在一定会计期间的现金和现金等价物流入和流出的会计报表。

第四十八条　附注是指对在会计报表中列示项目所作的进一步说明，以及对未能在这些报表中列示项目的说明等。

第十一章　附则

第四十九条　本准则由财政部负责解释。

第五十条　本准则自 2007 年 1 月 1 日起施行。

附录 10

企业会计准则——应用指南
（会计科目和主要账务处理）

一、会计科目

会计科目和主要账务处理依据企业会计准则中确认和计量的规定制定，涵盖了各类企业的交易或者事项。企业在不违反会计准则中确认、计量和报告规定的前提下，可以根据本单位的实际情况自行增设、分拆、合并会计科目。企业不存在的交易或者事项，可不设置相关会计科目。对于明细科目，企业可以比照本附录中的规定自行设置。会计科目编号供企业填制会计凭证、登记会计账簿、查阅会计账目、采用会计软件系统参考，企业可结合实际情况自行确定会计科目编号。

顺　序　号	编　　号	会计科目名称
		一、资产类
1	1001	库存现金
2	1002	银行存款
3	1003	存放中央银行款项
4	1011	存放同业
5	1012	其他货币资金
6	1021	结算备付金
7	1031	存出保证金
8	1101	交易性金融资产
9	1111	买入返售金融资产
10	1121	应收票据
11	1122	应收账款
12	1123	预付账款
13	1131	应收股利
14	1132	应收利息
15	1201	应收代位追偿款

续表

顺 序 号	编 号	会计科目名称
16	1211	应收分保账款
17	1212	应收分保合同准备金
18	1221	其他应收款
19	1231	坏账准备
20	1301	贴现资产
21	1302	拆出资金
22	1303	贷款
23	1304	贷款损失准备
24	1311	代理兑付证券
25	1321	代理业务资产
26	1401	材料采购
27	1402	在途物资
28	1403	原材料
29	1404	材料成本差异
30	1405	库存商品
31	1406	发出商品
32	1407	商品进销差价
33	1408	委托加工物资
34	1411	周转材料
35	1421	消耗性生物资产
36	1431	贵金属
37	1441	抵债资产
38	1451	损余物资
39	1461	融资租赁资产
40	1471	存货跌价准备
41	1501	持有至到期投资
42	1502	持有至到期投资减值准备
43	1503	可供出售金融资产
44	1511	长期股权投资
45	1512	长期股权投资减值准备
46	1521	投资性房地产
47	1531	长期应收款
48	1532	未实现融资收益
49	1541	存出资本保证金
50	1601	固定资产
51	1602	累计折旧

续表

顺序号	编号	会计科目名称
52	1603	固定资产减值准备
53	1604	在建工程
54	1605	工程物资
55	1606	固定资产清理
56	1611	未担保余值
57	1621	生产性生物资产
58	1622	生产性生物资产累计折旧
59	1623	公益性生物资产
60	1631	油气资产
61	1632	累计折耗
62	1701	无形资产
63	1702	累计摊销
64	1703	无形资产减值准备
65	1711	商誉
66	1801	长期待摊费用
67	1811	递延所得税资产
68	1821	独立账户资产
69	1901	待处理财产损溢
		二、负债类
70	2001	短期借款
71	2002	存入保证金
72	2003	拆入资金
73	2004	向中央银行借款
74	2011	吸收存款
75	2012	同业存放
76	2021	贴现负债
77	2101	交易性金融负债
78	2111	卖出回购金融资产款
79	2201	应付票据
80	2202	应付账款
81	2203	预收账款
82	2211	应付职工薪酬
83	2221	应交税费
84	2231	应付利息
85	2232	应付股利
86	2241	其他应付款

续表

顺 序 号	编 号	会计科目名称
87	2251	应付保单红利
88	2261	应付分保账款
89	2311	代理买卖证券款
90	2312	代理承销证券款
91	2313	代理兑付证券款
92	2314	代理业务负债
93	2401	递延收益
94	2501	长期借款
95	2502	应付债券
96	2601	未到期责任准备金
97	2602	保险责任准备金
98	2611	保户储金
99	2621	独立账户负债
100	2701	长期应付款
101	2702	未确认融资费用
102	2711	专项应付款
103	2801	预计负债
104	2901	递延所得税负债
		三、共同类
105	3001	清算资金往来
106	3002	货币兑换
107	3101	衍生工具
108	3201	套期工具
109	3202	被套期项目
		四、所有者权益类
110	4001	实收资本
111	4002	资本公积
112	4101	盈余公积
113	4102	一般风险准备
114	4103	本年利润
115	4104	利润分配
116	4201	库存股
		五、成本类
117	5001	生产成本
118	5101	制造费用
119	5201	劳务成本

续表

顺 序 号	编 号	会计科目名称
120	5301	研发支出
121	5401	工程施工
122	5402	工程结算
123	5403	机械作业
		六、损益类
124	6001	主营业务收入
125	6011	利息收入
126	6021	手续费及佣金收入
127	6031	保费收入
128	6041	租赁收入
129	6051	其他业务收入
130	6061	汇兑损益
131	6101	公允价值变动损益
132	6111	投资收益
133	6201	摊回保险责任准备金
134	6202	摊回赔付支出
135	6203	摊回分保费用
136	6301	营业外收入
137	6401	主营业务成本
138	6402	其他业务成本
139	6403	营业税金及附加
140	6411	利息支出
141	6421	手续费及佣金支出
142	6501	提取未到期责任准备金
143	6502	提取保险责任准备金
144	6511	赔付支出
145	6521	保单红利支出
146	6531	退保金
147	6541	分出保费
148	6542	分保费用
149	6601	销售费用
150	6602	管理费用
151	6603	财务费用
152	6604	勘探费用
153	6701	资产减值损失
154	6711	营业外支出

续表

顺 序 号	编 号	会计科目名称
155	6801	所得税费用
156	6901	以前年度损益调整

二、主要账务处理

资 产 类

1001 库存现金

一、本科目核算企业的库存现金。

企业有内部周转使用备用金的,可以单独设置"备用金"科目。

二、企业增加库存现金,借记本科目,贷记"银行存款"等科目;减少库存现金做相反的会计分录。

三、企业应当设置"现金日记账",根据收付款凭证,按照业务发生顺序逐笔登记。每日终了,应当计算当日的现金收入合计额、现金支出合计额和结余额,将结余额与实际库存额核对,做到账款相符。

四、本科目期末借方余额,反映企业持有的库存现金。

1002 银行存款

一、本科目核算企业存入银行或其他金融机构的各种款项。

银行汇票存款、银行本票存款、信用卡存款、信用证保证金存款、存出投资款、外埠存款等,在"其他货币资金"科目核算。

二、企业增加银行存款,借记本科目,贷记"库存现金"、"应收账款"等科目;减少银行存款做相反的会计分录。

三、企业可按开户银行和其他金融机构、存款种类等设置"银行存款日记账",根据收付款凭证,按照业务的发生顺序逐笔登记。每日终了,应结出余额。"银行存款日记账"应定期与"银行对账单"核对,至少每月核对一次。企业银行存款账面余额与银行对账单余额之间如有差额,应编制"银行存款余额调节表"调节相符。

四、本科目期末借方余额,反映企业存在银行或其他金融机构的各种款项。

1003　存放中央银行款项

一、本科目核算企业（银行）存放于中国人民银行（以下简称"中央银行"）的各种款项，包括业务资金的调拨、办理同城票据交换和异地跨系统资金汇划、提取或缴存现金等。

企业（银行）按规定缴存的法定准备金和超额准备金存款，也通过本科目核算。

二、本科目可按存放款项的性质进行明细核算。

三、企业增加在中央银行的存款，借记本科目，贷记"吸收存款"、"清算资金往来"等科目；减少在中央银行的存款做相反的会计分录。

四、本科目期末借方余额，反映企业（银行）存放在中央银行的各种款项。

1011　存放同业

一、本科目核算企业（银行）存放于境内、境外银行和非银行金融机构的款项。

企业（银行）存放中央银行的款项，在"存放中央银行款项"科目核算。

二、本科目可按存放款项的性质和存放的金融机构进行明细核算。

三、企业增加在同业的存款，借记本科目，贷记"存放中央银行款项"等科目；减少在同业的存款做相反的会计分录。

四、本科目期末借方余额，反映企业（银行）存放在同业的各种款项。

1012　其他货币资金

一、本科目核算企业的银行汇票存款、银行本票存款、信用卡存款、信用证保证金存款、存出投资款、外埠存款等其他货币资金。

二、企业增加其他货币资金，借记本科目，贷记"银行存款"科目；减少其他货币资金，借记有关科目，贷记本科目。

三、本科目可按银行汇票或本票、信用证的收款单位，外埠存款的开户银行，分别"银行汇票"、"银行本票"、"信用卡"、"信用证保证金"、"存出投资款"、"外埠存款"等进行明细核算。

四、本科目期末借方余额，反映企业持有的其他货币资金。

1021　结算备付金

一、本科目核算企业（证券）为证券交易的资金清算与交收而存入指定清算代理机构的款项。

企业（证券）向客户收取的结算手续费、向证券交易所支付的结算手续费，也通过本科目核算。

企业（证券）因证券交易与清算代理机构办理资金清算的款项等，可以单独设置"证券清算款"科目。

二、本科目可按清算代理机构，分别"自有"、"客户"等进行明细核算。

三、结算备付金的主要账务处理。

（一）企业将款项存入清算代理机构，借记本科目，贷记"银行存款"等科目；从清算代理机构划回资金做相反的会计分录。

（二）接受客户委托，买入证券成交总额大于卖出证券成交总额的，应按买卖证券成交价的差额加上代扣代交的相关税费和应向客户收取的佣金等之和，借记"代理买卖证券款"等科目，贷记本科目（客户）、"银行存款"等科目。按企业应负担的交易费用，借记"手续费及佣金支出"科目，按应向客户收取的手续费及佣金，贷记"手续费及佣金收入"科目，按其差额，借记本科目（自有）、"银行存款"等科目。

接受客户委托，卖出证券成交总额大于买入证券成交总额的，应按买卖证券成交价的差额减去代扣代交的相关税费和应向客户收取的佣金等后的余额，借记本科目（客户）、"银行存款"等科目，贷记"代理买卖证券款"等科目。按企业应负担的交易费用，借记"手续费及佣金支出"科目，按应向客户收取的手续费及佣金，贷记"手续费及佣金收入"科目，按其差额，借记本科目（自有）、"银行存款"等科目。

（三）在证券交易所进行自营证券交易的，应在取得时根据持有证券的意图等对其进行分类，比照"交易性金融资产"、"持有至到期投资"、"可供出售金融资产"等科目的相关规定进行处理。

四、本科目期末借方余额，反映企业存在指定清算代理机构的款项。

1031　存出保证金

一、本科目核算企业（金融）因办理业务需要存出或交纳的各种保证金款项。

二、本科目可按保证金的类别以及存放单位或交易场所进行明细核算。

三、企业存出保证金，借记本科目，贷记"银行存款"、"存放中央银行款项"、"结算备付金"、"应收分保账款"等科目；减少或收回保证金时做相反的会计分录。

四、本科目期末借方余额，反映企业存出或交纳的各种保证金余额。

1101 交易性金融资产

一、本科目核算企业为交易目的所持有的债券投资、股票投资、基金投资等交易性金融资产的公允价值。

企业持有的直接指定为以公允价值计量且其变动计入当期损益的金融资产,也在本科目核算。

企业(金融)接受委托采用全额承购包销、余额承购包销方式承销的证券,应在收到证券时将其进行分类。划分为以公允价值计量且其变动计入当期损益的金融资产的,应在本科目核算;划分为可供出售金融资产的,应在"可供出售金融资产"科目核算。

衍生金融资产在"衍生工具"科目核算。

二、本科目可按交易性金融资产的类别和品种,分别"成本"、"公允价值变动"等进行明细核算。

三、交易性金融资产的主要账务处理。

(一)企业取得交易性金融资产,按其公允价值,借记本科目(成本),按发生的交易费用,借记"投资收益"科目,按已到付息期但尚未领取的利息或已宣告但尚未发放的现金股利,借记"应收利息"或"应收股利"科目,按实际支付的金额,贷记"银行存款"、"存放中央银行款项"、"结算备付金"等科目。

(二)交易性金融资产持有期间被投资单位宣告发放的现金股利,或在资产负债表日按分期付息、一次还本债券投资的票面利率计算的利息,借记"应收股利"或"应收利息"科目,贷记"投资收益"科目。

(三)资产负债表日,交易性金融资产的公允价值高于其账面余额的差额,借记本科目(公允价值变动),贷记"公允价值变动损益"科目;公允价值低于其账面余额的差额做相反的会计分录。

(四)出售交易性金融资产,应按实际收到的金额,借记"银行存款"、"存放中央银行款项"、"结算备付金"等科目,按该金融资产的账面余额,贷记本科目,按其差额,贷记或借记"投资收益"科目。同时,将原计入该金融资产的公允价值变动转出,借记或贷记"公允价值变动损益"科目,贷记或借记"投资收益"科目。

四、本科目期末借方余额,反映企业持有的交易性金融资产的公允价值。

1111 买入返售金融资产

一、本科目核算企业(金融)按照返售协议约定先买入再按固定价格返售的票据、证券、贷款等金融资产所融出的资金。

二、本科目可按买入返售金融资产的类别和融资方进行明细核算。

三、买入返售金融资产的主要账务处理。

（一）企业根据返售协议买入金融资产，应按实际支付的金额，借记本科目，贷记"存放中央银行款项"、"结算备付金"、"银行存款"等科目。

（二）资产负债表日，按照计算确定的买入返售金融资产的利息收入，借记"应收利息"科目，贷记"利息收入"科目。

（三）返售日，应按实际收到的金额，借记"存放中央银行款项"、"结算备付金"、"银行存款"等科目，按其账面余额，贷记本科目、"应收利息"科目，按其差额，贷记"利息收入"科目。

四、本科目期末借方余额，反映企业买入的尚未到期返售金融资产摊余成本。

1121　应收票据

一、本科目核算企业因销售商品、提供劳务等而收到的商业汇票，包括银行承兑汇票和商业承兑汇票。

二、本科目可按开出、承兑商业汇票的单位进行明细核算。

三、应收票据的主要账务处理。

（一）企业因销售商品、提供劳务等而收到开出、承兑的商业汇票，按商业汇票的票面金额，借记本科目，按确认的营业收入，贷记"主营业务收入"等科目。涉及增值税销项税额的，还应进行相应的处理。

（二）持未到期的商业汇票向银行贴现，应按实际收到的金额（即减去贴现息后的净额），借记"银行存款"等科目，按贴现息部分，借记"财务费用"等科目，按商业汇票的票面金额，贷记本科目或"短期借款"科目。

（三）将持有的商业汇票背书转让以取得所需物资，按应计入取得物资成本的金额，借记"材料采购"或"原材料"、"库存商品"等科目，按商业汇票的票面金额，贷记本科目，如有差额，借记或贷记"银行存款"等科目。涉及增值税进项税额的，还应进行相应的处理。

（四）商业汇票到期，应按实际收到的金额，借记"银行存款"科目，按商业汇票的票面金额，贷记本科目。

四、企业应当设置"应收票据备查簿"，逐笔登记商业汇票的种类、号数和出票日、票面金额、交易合同号和付款人、承兑人、背书人的姓名或单位名称、到期日、背书转让日、贴现日、贴现率和贴现净额以及收款日和收回金额、退票情况等资料。商业汇票到期结清票款或退票后，在备查簿中应予注销。

五、本科目期末借方余额，反映企业持有的商业汇票的票面金额。

1122 应收账款

一、本科目核算企业因销售商品、提供劳务等经营活动应收取的款项。

企业（保险）按照原保险合同约定应向投保人收取的保费，可将本科目改为"1122 应收保费"科目，并按照投保人进行明细核算。

企业（金融）应收取的手续费和佣金，可将本科目改为"1124 应收手续费及佣金"科目，并按照债务人进行明细核算。

因销售商品、提供劳务等，采用递延方式收取合同或协议价款、实质上具有融资性质的，在"长期应收款"科目核算。

二、本科目可按债务人进行明细核算。

三、企业发生应收账款，按应收金额，借记本科目，按确认的营业收入，贷记"主营业务收入"、"手续费及佣金收入"、"保费收入"等科目。收回应收账款时，借记"银行存款"等科目，贷记本科目。涉及增值税销项税额的，还应进行相应的处理。

代购货单位垫付的包装费、运杂费，借记本科目，贷记"银行存款"等科目。收回代垫费用时，借记"银行存款"科目，贷记本科目。

四、企业与债务人进行债务重组，应当分别债务重组的不同方式进行处理。

（一）收到债务人清偿债务的款项小于该项应收账款账面价值的，应按实际收到的金额，借记"银行存款"等科目，按重组债权已计提的坏账准备，借记"坏账准备"科目，按重组债权的账面余额，贷记本科目，按其差额，借记"营业外支出"科目。

收到债务人清偿债务的款项大于该项应收账款账面价值的，应按实际收到的金额，借记"银行存款"等科目，按重组债权已计提的坏账准备，借记"坏账准备"科目，按重组债权的账面余额，贷记本科目，按其差额，贷记"资产减值损失"科目。

以下债务重组涉及重组债权减值准备的，应当比照此规定进行处理。

（二）接受债务人用于清偿债务的非现金资产，应按该项非现金资产的公允价值，借记"原材料"、"库存商品"、"固定资产"、"无形资产"等科目，按重组债权的账面余额，贷记本科目，按应支付的相关税费和其他费用，贷记"银行存款"、"应交税费"等科目，按其差额，借记"营业外支出"科目。涉及增值税进项税额的，还应进行相应的处理。

（三）将债权转为投资，应按享有股份的公允价值，借记"长期股权投资"科目，按重组债权的账面余额，贷记本科目，按应支付的相关税费和其他费用，贷记"银行存款"、"应交税费"等科目，按其差额，借记"营业外支出"科目。

（四）以修改其他债务条件进行清偿的，应按修改其他债务条件后债权的公允价值，借记本科目，按重组债权的账面余额，贷记本科目，按其差额，借记"营业外支出"科目。

五、本科目期末借方余额，反映企业尚未收回的应收账款；期末如为贷方余额，反映企业预收的账款。

1123 预付账款

一、本科目核算企业按照合同规定预付的款项。

预付款项情况不多的，也可以不设置本科目，将预付的款项直接记入"应付账款"科目。

企业进行在建工程预付的工程价款，也在本科目核算。

企业（保险）从事保险业务预先支付的赔付款，可将本科目改为"1123 预付赔付款"科目，并按照保险人或受益人进行明细核算。

二、本科目可按供货单位进行明细核算。

三、预付账款的主要账务处理。

（一）企业因购货而预付的款项，借记本科目，贷记"银行存款"等科目。

收到所购物资，按应计入购入物资成本的金额，借记"材料采购"或"原材料"、"库存商品"等科目，按应支付的金额，贷记本科目。补付的款项，借记本科目，贷记"银行存款"等科目；退回多付的款项做相反的会计分录。涉及增值税进项税额的，还应进行相应的处理。

（二）企业进行在建工程预付的工程价款，借记本科目，贷记"银行存款"等科目。按工程进度结算工程价款，借记"在建工程"科目，贷记本科目、"银行存款"等科目。

（三）企业（保险）预付的赔付款，借记本科目，贷记"银行存款"等科目。转销预付的赔付款，借记"赔付支出"、"应付分保账款"等科目，贷记本科目。

四、本科目期末借方余额，反映企业预付的款项；期末如为贷方余额，反映企业尚未补付的款项。

1131 应收股利

一、本科目核算企业应收取的现金股利和应收取其他单位分配的利润。

二、本科目可按被投资单位进行明细核算。

三、应收股利的主要账务处理。

（一）企业取得交易性金融资产，按支付的价款中所包含的、已宣告但尚未发放的现金股利，借记本科目，按交易性金融资产的公允价值，借记"交易性金融资产——成本"科目，按发生的交易费用，借记"投资收益"科目，按实际支付的金额,贷记"银行存款"、"存放中央银行款项"、"结算备付金"等科目。

交易性金融资产持有期间被投资单位宣告发放的现金股利,按应享有的份额,借记本科目,贷记"投资收益"科目。

(二)取得长期股权投资,按支付的价款中所包含的、已宣告但尚未发放的现金股利,借记本科目,按确定的长期股权投资成本,借记"长期股权投资——成本"科目,按实际支付的金额,贷记"银行存款"等科目。

持有期间被投资单位宣告发放现金股利或利润的,按应享有的份额,借记本科目,贷记"投资收益"(成本法)或"长期股权投资——损益调整"科目(权益法)。

被投资单位宣告发放的现金股利或利润属于其在取得本企业投资前实现净利润的分配额,借记本科目,贷记"长期股权投资——成本"等科目。

(三)取得可供出售的金融资产,按支付的价款中所包含的、已宣告但尚未发放的现金股利,借记本科目,按可供出售金融资产的公允价值与交易费用之和,借记"可供出售金融资产——成本"科目,按实际支付的金额,贷记"银行存款"、"存放中央银行款项"、"结算备付金"等科目。

可供出售权益工具持有期间被投资单位宣告发放的现金股利,按应享有的份额,借记本科目,贷记"投资收益"科目。

(四)实际收到现金股利或利润,借记"银行存款"等科目,贷记本科目等。

四、本科目期末借方余额,反映企业尚未收回的现金股利或利润。

1132 应收利息

一、本科目核算企业交易性金融资产、持有至到期投资、可供出售金融资产、发放贷款、存放中央银行款项、拆出资金、买入返售金融资产等应收取的利息。

企业购入的一次还本付息的持有至到期投资持有期间取得的利息,在"持有至到期投资"科目核算。

二、本科目可按借款人或被投资单位进行明细核算。

三、应收利息的主要账务处理。

(一)企业取得的交易性金融资产,按支付的价款中所包含的、已到付息期但尚未领取的利息,借记本科目,按交易性金融资产的公允价值,借记"交易性金融资产——成本"科目,按发生的交易费用,借记"投资收益"科目,按实际支付的金额,贷记"银行存款"、"存放中央银行款项"、"结算备付金"等科目。

(二)取得的持有至到期投资,应按该投资的面值,借记"持有至到期投资——成本"科目,按支付的价款中包含的、已到付息期但尚未领取的利息,借记本科目,按实际支付的金额,贷记"银行存款"、"存放中央银行款项"、"结算备付金"等科目，按其差额，借记或贷记"持有至到期投资——利息调整"科目。

资产负债表日，持有至到期投资为分期付息、一次还本债券投资的，应按票面利率计算确定的应收未收利息，借记本科目，按持有至到期投资摊余成本和实际利率计算确定的利息收入，贷记"投资收益"科目，按其差额，借记或贷记"持有至到期投资——利息调整"科目。

持有至到期投资为一次还本付息债券投资的，应于资产负债表日按票面利率计算确定的应收未收利息，借记"持有至到期投资——应计利息"科目，按持有至到期投资摊余成本和实际利率计算确定的利息收入，贷记"投资收益"科目，按其差额，借记或贷记"持有至到期投资——利息调整"科目。

（三）取得的可供出售债券投资，比照（二）的相关规定进行处理。

（四）发生减值的持有至到期投资、可供出售债券投资的利息收入，应当比照"贷款"科目相关规定进行处理。

（五）企业发放的贷款，应于资产负债表日按贷款的合同本金和合同利率计算确定的应收未收利息，借记本科目，按贷款的摊余成本和实际利率计算确定的利息收入，贷记"利息收入"科目，按其差额，借记或贷记"贷款——利息调整"科目。

（六）应收利息实际收到时，借记"银行存款"、"存放中央银行款项"等科目，贷记本科目。

四、本科目期末借方余额，反映企业尚未收回的利息。

1201 应收代位追偿款

一、本科目核算企业（保险）按照原保险合同约定承担赔付保险金责任后确认的代位追偿款。

二、本科目可按被追偿单位（或个人）进行明细核算。

三、应收代位追偿款的主要账务处理。

（一）企业承担赔付保险金责任后确认的代位追偿款，借记本科目，贷记"赔付支出"科目。

（二）收回应收代位追偿款时，按实际收到的金额，借记"库存现金"、"银行存款"等科目，按其账面余额，贷记本科目，按其差额，借记或贷记"赔付支出"科目。已计提坏账准备的，还应同时结转坏账准备。

四、本科目期末借方余额，反映企业已确认尚未收回的代位追偿款。

1211 应收分保账款

一、本科目核算企业（保险）从事再保险业务应收取的款项。

二、本科目可按再保险分出人或再保险接受人和再保险合同进行明细核算。

三、再保险分出人应收分保账款的主要账务处理。

（一）企业在确认原保险合同保费收入的当期，按相关再保险合同约定计算确定的应向再保险接受人摊回的分保费用，借记本科目，贷记"摊回分保费用"科目。

（二）在确定支付赔付款项金额或实际发生理赔费用而冲减原保险合同相应未决赔款准备金、寿险责任准备金、长期健康险责任准备金余额的当期，按相关再保险合同约定计算确定的应向再保险接受人摊回的赔付成本金额，借记本科目，贷记"摊回赔付支出"科目。

（三）在因取得和处置损余物资、确认和收到应收代位追偿款等而调整原保险合同赔付成本的当期，按相关再保险合同约定计算确定的摊回赔付支出的调整金额，借记或贷记"摊回赔付支出"科目，贷记或借记本科目。

（四）计算确定应向再保险接受人收取纯益手续费的，按相关再保险合同约定计算确定的纯益手续费，借记本科目，贷记"摊回分保费用"科目。

（五）在原保险合同提前解除的当期，按相关再保险合同约定计算确定的摊回分保费用的调整金额，借记"摊回分保费用"科目，贷记本科目。

（六）对于超额赔款再保险等非比例再保险合同，在能够计算确定应向再保险接受人摊回的赔付成本时，按摊回的赔付成本金额，借记本科目，贷记"摊回赔付支出"科目。

四、再保险接受人应收分保账款的主要账务处理。

（一）企业确认再保险合同保费收入时，借记本科目，贷记"保费收入"科目。

（二）收到分保业务账单时，按账单标明的金额对分保费收入进行调整，按调整增加额，借记本科目，贷记"保费收入"科目；按调整减少额做相反的会计分录。

按照账单标明的再保险分出人扣存本期分保保证金，借记"存出保证金"科目，贷记本科目。按账单标明的再保险分出人返还上期扣存分保保证金，借记本科目，贷记"存出保证金"科目。

（三）计算存出分保保证金利息，借记本科目，贷记"利息收入"科目。

五、再保险分出人、再保险接受人结算分保账款时，按应付分保账款金额，借记"应付分保账款"科目，按应收分保账款金额，贷记本科目，按其差额，借记或贷记"银行存款"科目。

六、本科目期末借方余额，反映企业从事再保险业务应收取的款项。

1212　应收分保合同准备金

一、本科目核算企业（再保险分出人）从事再保险业务确认的应收分保未到期责任准备金，以及应向再保险接受人摊回的保险责任准备金。

企业（再保险分出人）可以单独设置"应收分保未到期责任准备金"、"应收分保未决赔款准备金"、"应收分保寿险责任准备金"、"应收分保长期健康险责任准备金"等科目。

二、本科目可按再保险接受人和再保险合同进行明细核算。

三、应收分保合同准备金的主要账务处理。

（一）企业在确认非寿险原保险合同保费收入的当期，按相关再保险合同约定计算确定的相关应收分保未到期责任准备金金额，借记本科目，贷记"提取未到期责任准备金"科目。

资产负债表日，调整原保险合同未到期责任准备金余额，按相关再保险合同约定计算确定的应收分保未到期责任准备金的调整金额，借记"提取未到期责任准备金"科目，贷记本科目。

（二）在提取原保险合同未决赔款准备金、寿险责任准备金、长期健康险责任准备金的当期，按相关再保险合同约定计算确定的应向再保险接受人摊回的保险责任准备金金额，借记本科目，贷记"摊回保险责任准备金"科目。

（三）在确定支付赔付款项金额或实际发生理赔费用而冲减原保险合同相应未决赔款准备金、寿险责任准备金、长期健康险责任准备金余额的当期，按相关应收分保保险责任准备金的相应冲减金额，借记"摊回保险责任准备金"科目，贷记本科目。

（四）在对原保险合同未决赔款准备金、寿险责任准备金、长期健康险责任准备金进行充足性测试补提保险责任准备金时，按相关再保险合同约定计算确定的应收分保保险责任准备金的相应增加额，借记本科目，贷记"摊回保险责任准备金"科目。

（五）在原保险合同提前解除而转销相关未到期责任准备金余额的当期，借记"提取未到期责任准备金"科目，贷记本科目。

在原保险合同提前解除而转销相关寿险责任准备金、长期健康险责任准备金余额的当期，按相关应收分保保险责任准备金余额，借记"摊回保险责任准备金"科目，贷记本科目。

四、本科目期末借方余额，反映企业从事再保险业务确认的应收分保合同准备金余额。

1221 其他应收款

一、本科目核算企业除存出保证金、买入返售金融资产、应收票据、应收账款、预付账款、应收股利、应收利息、应收代位追偿款、应收分保账款、应收分保合同准备金、长期应收款等以外的其他各种应收及暂付款项。

二、本科目可按对方单位（或个人）进行明细核算。

三、采用售后回购方式融出资金的，应按实际支付的金额，借记本科目，贷记"银行存款"科目。销售价格与原购买价格之间的差额，应在售后回购期间内按期计提利息费用，借记本科目，贷记"财务费用"科目。按合同约定返售商品时，应按实际收到的金额，借记"银行存款"科目，贷记本科目。

四、企业发生其他各种应收、暂付款项时，借记本科目，贷记"银行存款"、"固定资产清理"等科目；收回或转销各种款项时，借记"库存现金"、"银行存款"等科目，贷记本科目。

五、本科目期末借方余额，反映企业尚未收回的其他应收款项。

1231 坏账准备

一、本科目核算企业应收款项的坏账准备。

二、本科目可按应收款项的类别进行明细核算。

三、坏账准备的主要账务处理。

（一）资产负债表日，应收款项发生减值的，按应减记的金额，借记"资产减值损失"科目，贷记本科目。本期应计提的坏账准备大于其账面余额的，应按其差额计提；应计提的坏账准备小于其账面余额的差额做相反的会计分录。

（二）对于确实无法收回的应收款项，按管理权限报经批准后作为坏账，转销应收款项，借记本科目，贷记"应收票据"、"应收账款"、"预付账款"、"应收分保账款"、"其他应收款"、"长期应收款"等科目。

（三）已确认并转销的应收款项以后又收回的，应按实际收回的金额，借记"应收票据"、"应收账款"、"预付账款"、"应收分保账款"、"其他应收款"、"长期应收款"等科目，贷记本科目；同时，借记"银行存款"科目，贷记"应收票据"、"应收账款"、"预付账款"、"应收分保账款"、"其他应收款"、"长期应收款"等科目。

对于已确认并转销的应收款项以后又收回的，也可以按照实际收回的金额，借记"银行存款"科目，贷记本科目。

四、本科目期末贷方余额，反映企业已计提但尚未转销的坏账准备。

1301　贴现资产

一、本科目核算企业（银行）办理商业票据的贴现、转贴现等业务所融出的资金。

企业（银行）买入的即期外币票据，也通过本科目核算。

二、本科目可按贴现类别和贴现申请人进行明细核算。

三、贴现资产的主要账务处理。

（一）企业办理贴现时，按贴现票面金额，借记本科目（面值），按实际支付的金额，贷记"存放中央银行款项"、"吸收存款"等科目，按其差额，贷记本科目（利息调整）。

（二）资产负债表日，按计算确定的贴现利息收入，借记本科目（利息调整），贷记"利息收入"科目。

（三）贴现票据到期，应按实际收到的金额，借记"存放中央银行款项"、"吸收存款"等科目，按贴现的票面金额，贷记本科目（面值），按其差额，贷记"利息收入"科目。存在利息调整金额的，也应同时结转。

四、本科目期末借方余额，反映企业办理的贴现、转贴现等业务融出的资金。

1302　拆出资金

一、本科目核算企业（金融）拆借给境内、境外其他金融机构的款项。

二、本科目可按拆放的金融机构进行明细核算。

三、企业拆出的资金，借记本科目，贷记"存放中央银行款项"、"银行存款"等科目；收回资金时做相反的会计分录。

四、本科目期末借方余额，反映企业按规定拆放给其他金融机构的款项。

1303　贷款

一、本科目核算企业（银行）按规定发放的各种客户贷款，包括质押贷款、抵押贷款、保证贷款、信用贷款等。

企业（银行）按规定发放的具有贷款性质的银团贷款、贸易融资、协议透支、信用卡透支、转贷款以及垫款等，在本科目核算；也可以单独设置"银团贷款"、"贸易融资"、"协议透支"、"信用卡透支"、"转贷款"、"垫款"等科目。

企业（保险）的保户质押贷款，可将本科目改为"1303 保户质押贷款"科目。企业（典当）的质押贷款、抵押贷款，可将本科目改为"1303 质押贷款"、"1305 抵押贷款"科目。企业委托银行或其他金融机构向其他单位贷出的款项，可将本科目改为"1303 委托贷款"科目。

二、本科目可按贷款类别、客户，分别"本金"、"利息调整"、"已减值"等进行明细核算。

三、贷款的主要账务处理。

（一）企业发放的贷款，应按贷款的合同本金，借记本科目（本金），按实际支付的金额，贷记"吸收存款"、"存放中央银行款项"等科目，有差额的，借记或贷记本科目（利息调整）。

资产负债表日，应按贷款的合同本金和合同利率计算确定的应收未收利息，借记"应收利息"科目，按贷款的摊余成本和实际利率计算确定的利息收入，贷记"利息收入"科目，按其差额，借记或贷记本科目（利息调整）。合同利率与实际利率差异较小的，也可以采用合同利率计算确定利息收入。

收回贷款时，应按客户归还的金额，借记"吸收存款"、"存放中央银行款项"等科目，按收回的应收利息金额，贷记"应收利息"科目，按归还的贷款本金，贷记本科目（本金），按其差额，贷记"利息收入"科目。存在利息调整余额的，还应同时结转。

（二）资产负债表日，确定贷款发生减值的，按应减记的金额，借记"资产减值损失"科目，贷记"贷款损失准备"科目。同时，应将本科目（本金、利息调整）余额转入本科目（已减值），借记本科目（已减值），贷记本科目（本金、利息调整）。

资产负债表日，应按贷款的摊余成本和实际利率计算确定的利息收入，借记"贷款损失准备"科目，贷记"利息收入"科目。同时，将按合同本金和合同利率计算确定的应收利息金额进行表外登记。

收回减值贷款时，应按实际收到的金额，借记"吸收存款"、"存放中央银行款项"等科目，按相关贷款损失准备余额，借记"贷款损失准备"科目，按相关贷款余额，贷记本科目（已减值），按其差额，贷记"资产减值损失"科目。

对于确实无法收回的贷款，按管理权限报经批准后作为呆账予以转销，借记"贷款损失准备"科目，贷记本科目（已减值）。按管理权限报经批准后转销表外应收未收利息，减少表外"应收未收利息"科目金额。

已确认并转销的贷款以后又收回的，按原转销的已减值贷款余额，借记本科目（已减值），贷记"贷款损失准备"科目。按实际收到的金额，借记"吸收存款"、"存放中央银行款项"等科目，按原转销的已减值贷款余额，贷记本科目（已减值），按其差额，贷记"资产减值损失"科目。

四、本科目期末借方余额，反映企业按规定发放尚未收回贷款的摊余成本。

1304 贷款损失准备

一、本科目核算企业（银行）贷款的减值准备。计提贷款损失准备的资产包括贴现资产、拆出资金、客户贷款、银团贷款、贸易融资、协议透支、信用卡透支、转贷款和垫款等。企业（保险）的保户质押贷款计提的减值准备，也在本科目核算。企业（典当）的质押贷款、抵押贷款计提的减值准备，也在本科目核算。企业委托银行或其他金融机构向其他单位贷出的款项计提的减值准备，可将本科目改为"1304 委托贷款损失准备"科目。

二、本科目可按计提贷款损失准备的资产类别进行明细核算。

三、贷款损失准备的主要账务处理。

（一）资产负债表日，贷款发生减值的，按应减记的金额，借记"资产减值损失"科目，贷记本科目。

（二）对于确实无法收回的各项贷款，按管理权限报经批准后转销各项贷款，借记本科目，贷记"贷款"、"贴现资产"、"拆出资金"等科目。

（三）已计提贷款损失准备的贷款价值以后又得以恢复，应在原已计提的贷款损失准备金额内，按恢复增加的金额，借记本科目，贷记"资产减值损失"科目。

四、本科目期末贷方余额，反映企业已计提但尚未转销的贷款损失准备。

1311 代理兑付证券

一、本科目核算企业（证券、银行等）接受委托代理兑付到期的证券。

二、本科目可按委托单位和证券种类进行明细核算。

三、代理兑付证券的主要账务处理。

（一）委托单位尚未拨付兑付资金而由企业垫付的，在收到客户交来的证券时，应按兑付金额，借记本科目，贷记"银行存款"等科目。向委托单位交回已兑付的证券并收回垫付的资金时，借记"银行存款"等科目，贷记本科目。

（二）收到客户交来的无记名证券时，应按兑付金额，借记本科目，贷记"库存现金"、"银行存款"等科目。向委托单位交回已兑付证券时，借记"代理兑付证券款"科目，贷记本科目。

四、本科目期末借方余额，反映企业已兑付但尚未收到委托单位兑付资金的证券金额。

1321 代理业务资产

一、本科目核算企业不承担风险的代理业务形成的资产，包括受托理财业务进行的证券投资和受托贷款等。企业采用收取手续费方式受托代销的商品，可将本科目改为"1321 受托代销商品"科目。

二、本科目可按委托单位、资产管理类别（如定向、集合和专项资产管理业务）、贷款对象，分别"成本"、"已实现未结算损益"等进行明细核算。

三、代理业务资产的主要账务处理。

（一）企业收到委托人的资金，应按实际收到的金额，借记"存放中央银行款项"、"吸收存款"等科目，贷记"代理业务负债"科目。

（二）以代理业务资金购买证券等，借记本科目（成本），贷记"存放中央银行款项"、"结算备付金——客户"、"吸收存款"等科目。

将购买的证券售出，应按实际收到的金额，借记"存放中央银行款项"、"结算备付金——客户"、"吸收存款"等科目，按卖出证券应结转的成本，贷记本科目（成本），按其差额，借记或贷记本科目（已实现未结算损益）。

定期或在合同到期与委托客户进行结算，按合同约定比例计算代理业务资产收益，结转已实现未结算损益，借记本科目（已实现未结算损益），贷记"代理业务负债"（委托客户的收益）、"手续费及佣金收入"（本企业的收益）等科目。

（三）发放受托的贷款，应按实际发放的金额，借记本科目（本金），贷记"吸收存款"、"银行存款"等科目。

收回受托贷款，应按实际收到的金额，借记"吸收存款"、"银行存款"等科目，贷记本科目（本金），按其差额，贷记本科目（已实现未结算损益）等。

定期或在合同到期与委托单位结算，按合同规定比例计算受托贷款收益，结算已实现未结算的收益，借记本科目（已实现未结算损益），贷记"代理业务负债"（委托客户的收益）、"手续费及佣金收入"（本企业的收益）等科目。

（四）收到受托代销的商品，按约定的价格，借记"受托代销商品"科目，贷记"受托代销商品款"科目。

售出受托代销商品后，按实际收到或应收的金额，借记"银行存款"、"应收账款"等科目，贷记"受托代销商品"科目。计算代销手续费等收入，借记"受托代销商品款"科目，贷记"其他业务收入"科目。结清代销商品款时，借记"受托代销商品款"科目，贷记"银行存款"科目。

四、本科目期末借方余额，反映企业代理业务资产的价值。

1401 材料采购

一、本科目核算企业采用计划成本进行材料日常核算而购入材料的采购成本。采用实际成本进行材料日常核算的，购入材料的采购成本，在"在途物资"科目核算。委托外单位加工材料、商品的加工成本，在"委托加工物资"科目核算。

购入的工程用材料，在"工程物资"科目核算。

二、本科目可按供应单位和材料品种进行明细核算。

三、材料采购的主要账务处理。

（一）企业支付材料价款和运杂费等，按应计入材料采购成本的金额，借记本科目，按实际支付或应支付的金额，贷记"银行存款"、"库存现金"、"其他货币资金"、"应付账款"、"应付票据"、"预付账款"等科目。涉及增值税进项税额的，还应进行相应的处理。

（二）期末，企业应将仓库转来的外购收料凭证，分别下列不同情况进行处理：

1. 对于已经付款或已开出、承兑商业汇票的收料凭证，应按实际成本和计划成本分别汇总，按计划成本，借记"原材料"、"周转材料"等科目，贷记本科目；将实际成本大于计划成本的差异，借记"材料成本差异"科目，贷记本科目；实际成本小于计划成本的差异做相反的会计分录。

2. 对于尚未收到发票账单的收料凭证，应按计划成本暂估入账，借记"原材料"、"周转材料"等科目，贷记"应付账款——暂估应付账款"科目，下期初做相反分录予以冲回。下期收到发票账单的收料凭证，借记本科目，贷记"银行存款"、"应付账款"、"应付票据"等科目。涉及增值税进项税额的，还应进行相应的处理。

四、本科目期末借方余额，反映企业在途材料的采购成本。

1402 在途物资

一、本科目核算企业采用实际成本（或进价）进行材料、商品等物资的日常核算、货款已付尚未验收入库的在途物资的采购成本。

二、本科目可按供应单位和物资品种进行明细核算。

三、在途物资的主要账务处理。

（一）企业购入材料、商品，按应计入材料、商品采购成本的金额，借记本科目，按实际支付或应支付的金额，贷记"银行存款"、"应付账款"、"应付票据"等科目。涉及增值税进项税额的，还应进行相应的处理。

（二）所购材料、商品到达验收入库，借记"原材料"、"库存商品"等科目，贷记本科目。

库存商品采用售价核算的，按售价，借记"库存商品"科目，按进价，贷记本科目，进价与售价之间的差额，借记或贷记"商品进销差价"科目。

四、本科目期末借方余额，反映企业在途材料、商品等物资的采购成本。

1403 原材料

一、本科目核算企业库存的各种材料，包括原料及主要材料、辅助材料、外购半成品（外购件）、修理用备件（备品备件）、包装材料、燃料等的计划成本或实际成本。

收到来料加工装配业务的原料、零件等，应当设置备查簿进行登记。

二、本科目可按材料的保管地点（仓库）、材料的类别、品种和规格等进行明细核算。

三、原材料的主要账务处理。

（一）企业购入并已验收入库的材料，按计划成本或实际成本，借记本科目，按实际成本，贷记"材料采购"或"在途物资"科目，按计划成本与实际成本的差异，借记或贷记"材料成本差异"科目。

（二）自制并已验收入库的材料，按计划成本或实际成本，借记本科目，按实际成本，贷记"生产成本"科目，按计划成本与实际成本的差异，借记或贷记"材料成本差异"科目。

委托外单位加工完成并已验收入库的材料，按计划成本或实际成本，借记本科目，按实际成本，贷记"委托加工物资"科目，按计划成本与实际成本的差异，借记或贷记"材料成本差异"科目。

（三）生产经营领用材料，借记"生产成本"、"制造费用"、"销售费用"、"管理费用"等科目，贷记本科目。出售材料结转成本，借记"其他业务成本"科目，贷记本科目。发出委托外单位加工的材料，借记"委托加工物资"科目，贷记本科目。采用计划成本进行材料日常核算的，发出材料还应结转材料成本差异，将发出材料的计划成本调整为实际成本。采用实际成本进行材料日常核算的，发出材料的实际成本，可以采用先进先出法、加权平均法或个别认定法计算确定。

四、本科目期末借方余额，反映企业库存材料的计划成本或实际成本。

1404 材料成本差异

一、本科目核算企业采用计划成本进行日常核算的材料计划成本与实际成本的差额。企业也可以在"原材料"、"周转材料"等科目设置"成本差异"明细科目。

二、本科目可以分别"原材料"、"周转材料"等，按照类别或品种进行明细核算。

三、材料成本差异的主要账务处理。

（一）入库材料发生的材料成本差异，实际成本大于计划成本的差异，借记本科目，贷记"材料采购"科目；实际成本小于计划成本的差异做相反的会计分录。入库材料的计划成本应当尽可能接近实际成本。除特殊情况外，计划成本在年度内不得随意变更。

（二）结转发出材料应负担的材料成本差异，按实际成本大于计划成本的差异，借记"生产成本"、"管理费用"、"销售费用"、"委托加工物资"、"其他业务成本"等科目，贷记本科目；实际成本小于计划成本的差异做相反的会计分录。

发出材料应负担的成本差异应当按期（月）分摊，不得在季末或年末一次计算。发出材料应负担的成本差异，除委托外部加工发出材料可按期初成本差异率计算外，应使用当期的实际差异率；期初成本差异率与本期成本差异率相差不大的，也可按期初成本差异率计算。计算方法一经确定，不得随意变更。材料成本差异率的计算公式如下：

本期材料成本差异率＝（期初结存材料的成本差异＋本期验收入库材料的成本差异）÷（期初结存材料的计划成本＋本期验收入库材料的计划成本）×100%

期初材料成本差异率＝期初结存材料的成本差异÷期初结存材料的计划成本×100%

发出材料应负担的成本差异＝发出材料的计划成本×材料成本差异率

四、本科目期末借方余额，反映企业库存材料等的实际成本大于计划成本的差异；贷方余额反映企业库存材料等的实际成本小于计划成本的差异。

1405 库存商品

一、本科目核算企业库存的各种商品的实际成本（或进价）或计划成本（或售价），包括库存产成品、外购商品、存放在门市部准备出售的商品、发出展览的商品以及寄存在外的商品等。

接受来料加工制造的代制品和为外单位加工修理的代修品，在制造和修理完成验收入库后，视同企业的产成品，也通过本科目核算。

企业（房地产开发）的开发产品，可将本科目改为"1405 开发产品"科目。

企业（农业）收获的农产品，可将本科目改为"1405 农产品"科目。

二、本科目可按库存商品的种类、品种和规格等进行明细核算。

三、库存商品的主要账务处理。

（一）企业生产的产成品一般应按实际成本核算，产成品的入库和出库，平时只记数量不记金额，期（月）末计算入库产成品的实际成本。生产完成验收入库的产成品，按其实际成本，借记本科目、"农产品"等科目，贷记"生产成本"、"消耗性生物资产"、"农业生产成本"等科目。

产成品种类较多的，也可按计划成本进行日常核算，其实际成本与计划成本的差异，可以单独设置"产品成本差异"科目，比照"材料成本差异"科目核算。

采用实际成本进行产成品日常核算的，发出产成品的实际成本，可以采用先进先出法、加权平均法或个别认定法计算确定。

对外销售产成品（包括采用分期收款方式销售产成品），结转销售成本时，借记"主营业务成本"科目，贷记本科目。采用计划成本核算的，发出产成品还应结转产品成本差异，将发出产成品的计划成本调整为实际成本。

（二）购入商品采用进价核算的，在商品到达验收入库后，按商品进价，借记本科目，贷记"银行存款"、"在途物资"等科目。委托外单位加工收回的商品，按商品进价，借记本科目，贷记"委托加工物资"科目。

购入商品采用售价核算的，在商品到达验收入库后，按商品售价，借记本科目，按商品进价，贷记"银行存款"、"在途物资"等科目，按商品售价与进价的差额，贷记"商品进销差价"科目。委托外单位加工收回的商品，按商品售价，借记本科目，按委托加工商品的账面余额，贷记"委托加工物资"科目，按商品售价与进价的差额，贷记"商品进销差价"科目。

对外销售商品（包括采用分期收款方式销售商品），结转销售成本时，借记"主营业务成本"科目，贷记本科目。采用进价进行商品日常核算的，发出商品的实际成本，可以采用先进先出法、加权平均法或个别认定法计算确定。采用售价核算的，还应结转应分摊的商品进销差价。

（三）企业（房地产开发）开发的产品，达到预定可销售状态时，按实际成本，借记"开发产品"科目，贷记"开发成本"科目。期末，企业结转对外转让、销售和结算开发产品的实际成本，借记"主营业务成本"科目，贷记"开发产品"科目。

企业将开发的营业性配套设施用于本企业从事第三产业经营用房，应视同自用固定资产进行处理，并按营业性配套设施的实际成本，借记"固定资产"科目，贷记"开发产品"科目。

四、本科目期末借方余额，反映企业库存商品的实际成本（或进价）或计划成本（或售价）。

1406 发出商品

一、本科目核算企业未满足收入确认条件但已发出商品的实际成本（或进价）或计划成本（或售价）。采用支付手续费方式委托其他单位代销的商品，也可以单独设置"委托代销商品"科目。

二、本科目可按购货单位、商品类别和品种进行明细核算。

三、发出商品的主要账务处理。

（一）对于未满足收入确认条件的发出商品，应按发出商品的实际成本（或进价）或计划成本（或售价），借记本科目，贷记"库存商品"科目。

发出商品发生退回的，应按退回商品的实际成本（或进价）或计划成本（或售价），借记"库存商品"科目，贷记本科目。

（二）发出商品满足收入确认条件时，应结转销售成本，借记"主营业务成本"科目，贷记本科目。采用计划成本或售价核算的，还应结转应分摊的产品成本差异或商品进销差价。

四、本科目期末借方余额，反映企业发出商品的实际成本（或进价）或计划成本（或售价）。

1407　商品进销差价

一、本科目核算企业采用售价进行日常核算的商品售价与进价之间的差额。

二、本科目可按商品类别或实物管理负责人进行明细核算。

三、商品进销差价的主要账务处理。

（一）企业购入、加工收回以及销售退回等增加的库存商品，按商品售价，借记"库存商品"科目，按商品进价，贷记"银行存款"、"委托加工物资"等科目，按售价与进价之间的差额，贷记本科目。

（二）期（月）末分摊已销商品的进销差价，借记本科目，贷记"主营业务成本"科目。销售商品应分摊的商品进销差价，按以下公式计算：

商品进销差价率＝期末分摊前本科目余额÷（"库存商品"科目期末余额＋"委托代销商品"科目期末余额＋"发出商品"科目期末余额＋本期"主营业务收入"科目贷方发生额）×100%

本期销售商品应分摊的商品进销差价＝本期"主营业务收入"科目贷方发生额×商品进销差价率

企业的商品进销差价率各期之间比较均衡的，也可以采用上期商品进销差价率计算分摊本期的商品进销差价。年度终了，应对商品进销差价进行核实调整。

四、本科目的期末贷方余额，反映企业库存商品的商品进销差价。

1408　委托加工物资

一、本科目核算企业委托外单位加工的各种材料、商品等物资的实际成本。

二、本科目可按加工合同、受托加工单位以及加工物资的品种等进行明细核算。

三、委托加工物资的主要账务处理。

（一）企业发给外单位加工的物资，按实际成本，借记本科目，贷记"原材料"、"库存商品"等科目；按计划成本或售价核算的，还应同时结转材料成本差异或商品进销差价。

（二）支付加工费、运杂费等，借记本科目，贷记"银行存款"等科目；需要交纳消费税的委托加工物资，由受托方代收代交的消费税，借记本科目（收回后用于直接销售的）或"应交税费——应交消费税"科目（收回后用于继续加工的），贷记"应付账款"、"银行存款"等科目。

（三）加工完成验收入库的物资和剩余的物资，按加工收回物资的实际成本和剩余物资的实际成本，借记"原材料"、"库存商品"等科目，贷记本科目。

采用计划成本或售价核算的，按计划成本或售价，借记"原材料"或"库存商品"科目，按实际成本，贷记本科目，按实际成本与计划成本或售价之间的差额，借记或贷记"材料成本差异"或贷记"商品进销差价"科目。

采用计划成本或售价核算的，也可以采用上期材料成本差异率或商品进销差价率计算分摊本期应分摊的材料成本差异或商品进销差价。

四、本科目期末借方余额，反映企业委托外单位加工尚未完成物资的实际成本。

1411 周转材料

一、本科目核算企业周转材料的计划成本或实际成本，包括包装物、低值易耗品，以及企业（建造承包商）的钢模板、木模板、脚手架等。

企业的包装物、低值易耗品，也可以单独设置"包装物"、"低值易耗品"科目。

二、本科目可按周转材料的种类，分别"在库"、"在用"和"摊销"进行明细核算。

三、周转材料的主要账务处理。

（一）企业购入、自制、委托外单位加工完成并已验收入库的周转材料等，比照"原材料"科目的相关规定进行处理。

（二）采用一次转销法的，领用时应按其账面价值，借记"管理费用"、"生产成本"、"销售费用"、"工程施工"等科目，贷记本科目。

周转材料报废时，应按报废周转材料的残料价值，借记"原材料"等科目，贷记"管理费用"、"生产成本"、"销售费用"、"工程施工"等科目。

（三）采用其他摊销法的，领用时应按其账面价值，借记本科目（在用），贷记本科目（在库）；摊销时应按摊销额，借记"管理费用"、"生产成本"、"销售费用"、"工程施工"等科目，贷记本科目（摊销）。

周转材料报废时应补提摊销额，借记"管理费用"、"生产成本"、"销售费用"、"工程施工"等科目，贷记本科目（摊销）；同时，按报废周转材料的残料价值，借记"原材料"等科目，贷记"管理费用"、"生产成本"、"销售费用"、"工程施工"等科目；并转销全部已提摊销额，借记本科目（摊销），贷记本科目（在用）。

（四）周转材料采用计划成本进行日常核算的，领用等发出周转材料时，还应同时结转应分摊的成本差异。

四、本科目期末借方余额，反映企业在库周转材料的计划成本或实际成本以及在用周转材料的摊余价值。

1421　消耗性生物资产

一、本科目核算企业（农业）持有的消耗性生物资产的实际成本。消耗性生物资产发生减值的，可以单独设置"消耗性生物资产跌价准备"科目，比照"存货跌价准备"科目进行处理。

二、本科目可按消耗性生物资产的种类、群别等进行明细核算。

三、消耗性生物资产的主要账务处理。

（一）外购的消耗性生物资产，按应计入消耗性生物资产成本的金额，借记本科目，贷记"银行存款"、"应付账款"、"应付票据"等科目。

（二）自行栽培的大田作物和蔬菜，应按收获前发生的必要支出，借记本科目，贷记"银行存款"等科目。自行营造的林木类消耗性生物资产，应按郁闭前发生的必要支出，借记本科目，贷记"银行存款"等科目。自行繁殖的育肥畜、水产养殖的动植物，应按出售前发生的必要支出，借记本科目，贷记"银行存款"等科目。

（三）取得天然起源的消耗性生物资产，应按名义金额，借记本科目，贷记"营业外收入"科目。

（四）产畜或役畜淘汰转为育肥畜的，按转群时的账面价值，借记本科目，按已计提的累计折旧，借记"生产性生物资产累计折旧"科目，按其账面余额，贷记"生产性生物资产"科目。已计提减值准备的，还应同时结转减值准备。

育肥畜转为产畜或役畜的，应按其账面余额，借记"生产性生物资产"科目，贷记本科目。已计提跌价准备的，还应同时结转跌价准备。

（五）择伐、间伐或抚育更新性质采伐而补植林木类消耗性生物资产发生的后续支出，借记本科目，贷记"银行存款"等科目。林木类消耗性生物资产达到郁闭后发生的管护费用等后续支出，借记"管理费用"科目，贷记"银行存款"等科目。

（六）农业生产过程中发生的应归属于消耗性生物资产的费用，按应分配的金额，借记本科目，贷记"农业生产成本"科目。

（七）消耗性生物资产收获为农产品时，应按其账面余额，借记"农产品"科目，贷记本科目。已计提跌价准备的，还应同时结转跌价准备。

（八）出售消耗性生物资产，应按实际收到的金额，借记"银行存款"等科目，贷记"主营业务收入"等科目。按其账面余额，借记"主营业务成本"等科目，贷记本科目。已计提跌价准备的，还应同时结转跌价准备。

四、本科目期末借方余额，反映企业消耗性生物资产的实际成本。

1431 贵金属

一、本科目核算企业（金融）持有的黄金、白银等贵金属存货的成本。企业（金融）为上市交易而持有的贵金属，比照"交易性金融资产"科目进行处理。

二、本科目可按贵金属的类别进行明细核算。

三、贵金属的主要账务处理。

（一）企业购买的贵金属，借记本科目，贷记"存放中央银行款项"等科目。

（二）出售的贵金属，应按实际收到的金额，借记"存放中央银行款项"等科目，贷记"其他业务收入"科目。按其账面余额，借记"其他业务成本"科目，贷记本科目。

四、本科目期末借方余额，反映企业持有贵金属存货的成本。

1441 抵债资产

一、本科目核算企业（金融）依法取得并准备按有关规定进行处置的实物抵债资产的成本。企业（金融）依法取得并准备按有关规定进行处置的非实物抵债资产（不含股权投资），也通过本科目核算。

二、本科目可按抵债资产类别及借款人进行明细核算。抵债资产发生减值的，可以单独设置"抵债资产跌价准备"科目，比照"存货跌价准备"科目进行处理。

三、抵债资产的主要账务处理。

（一）企业取得的抵债资产，按抵债资产的公允价值，借记本科目，按相关资产已计提的减值准备，借记"贷款损失准备"、"坏账准备"等科目，按相关资产的账面余额，贷记"贷款"、"应收手续费及佣金"等科目，按应支付的相关税费，贷记"应交税费"科目，按其差额，借记"营业外支出"科目。如为贷方差额，应贷记"资产减值损失"科目。

（二）抵债资产保管期间取得的收入，借记"库存现金"、"银行存款"、"存放中央银行款项"等科目，贷记"其他业务收入"等科目。保管期间发生的直接费用，借记"其他业务成本"等科目，贷记"库存现金"、"银行存款"、"存放中央银行款项"等科目。

（三）处置抵债资产时，应按实际收到的金额，借记"库存现金"、"银行存款"、"存放中央银行款项"等科目，按应支付的相关税费，贷记"应交税费"科目，按其账面余额，贷记本科目，按其差额，贷记"营业外收入"科目或借记"营业外支出"科目。已计提抵债资产跌价准备的，还应同时结转跌价准备。

（四）取得抵债资产后转为自用的，应在相关手续办妥时，按转换日抵债资产的账面余额，借记"固定资产"等科目，贷记本科目。已计提抵债资产跌价准备的，还应同时结转跌价准备。

四、本科目期末借方余额，反映企业取得的尚未处置的实物抵债资产的成本。

1451 损余物资

一、本科目核算企业（保险）按照原保险合同约定承担赔偿保险金责任后取得的损余物资成本。

二、本科目可按损余物资种类进行明细核算。

损余物资发生减值的，可以单独设置"损余物资跌价准备"科目，比照"存货跌价准备"科目进行处理。

三、损余物资的主要账务处理。

（一）企业承担赔偿保险金责任后取得的损余物资，按同类或类似资产的市场价格计算确定的金额，借记本科目，贷记"赔付支出"科目。

（二）处置损余物资时，按实际收到的金额，借记"库存现金"、"银行存款"等科目，按其账面余额，贷记本科目，按其差额，借记或贷记"赔付支出"科目。已计提跌价准备的，还应同时结转跌价准备。

四、本科目期末借方余额，反映企业承担赔偿保险金责任后取得的损余物资成本。

1461 融资租赁资产

一、本科目核算企业（租赁）为开展融资租赁业务取得资产的成本。

二、本科目可按承租人、租赁资产类别和项目进行明细核算。

三、融资租赁资产的主要账务处理。

（一）企业购入和以其他方式取得的融资租赁资产，借记本科目，贷记"银行存款"等科目。

（二）在租赁期开始日，按租赁开始日最低租赁收款额与初始直接费用之和，借记"长期应收款"科目，按未担保余值，借记"未担保余值"科目，按融资租赁资产的公允价值（最低租赁收款额与未担保余值的现值之和），贷记本科目，按发生的初始直接费用，贷记"银行存款"等科目，按其差额，贷记"未实现融资收益"科目。融资租赁资产的公允价值与其账面价值有差额的，还应借记"营业外支出"科目或贷记"营业外收入"科目。

四、本科目期末借方余额，反映企业融资租赁资产的成本。

1471 存货跌价准备

一、本科目核算企业存货的跌价准备。

二、本科目可按存货项目或类别进行明细核算。

三、存货跌价准备的主要账务处理。

（一）资产负债表日，存货发生减值的，按存货可变现净值低于成本的差额，借记"资产减值损失"科目，贷记本科目。

已计提跌价准备的存货价值以后又得以恢复，应在原已计提的存货跌价准备金额内，按恢复增加的金额，借记本科目，贷记"资产减值损失"科目。

发出存货结转存货跌价准备的，借记本科目，贷记"主营业务成本"、"生产成本"等科目。

（二）企业（建造承包商）建造合同执行中预计总成本超过合同总收入的，应按其差额，借记"资产减值损失"科目，贷记本科目。合同完工时，借记本科目，贷记"主营业务成本"科目。

四、本科目期末贷方余额，反映企业已计提但尚未转销的存货跌价准备。

1501 持有至到期投资

一、本科目核算企业持有至到期投资的摊余成本。

二、本科目可按持有至到期投资的类别和品种，分别"成本"、"利息调整"、"应计利息"等进行明细核算。

三、持有至到期投资的主要账务处理。

（一）企业取得的持有至到期投资，应按该投资的面值，借记本科目（成本），按支付的价款中包含的已到付息期但尚未领取的利息，借记"应收利息"科目，按实际支付的金额，贷记"银行存款"、"存放中央银行款项"、"结算备付金"等科目，按其差额，借记或贷记本科目（利息调整）。

（二）资产负债表日，持有至到期投资为分期付息、一次还本债券投资的，应按票面利率计算确定的应收未收利息，借记"应收利息"科目，按持有至到期投资摊余成本和实际利率计算确定的利息收入，贷记"投资收益"科目，按其差额，借记或贷记本科目（利息调整）。

持有至到期投资为一次还本付息债券投资的，应于资产负债表日按票面利率计算确定的应收未收利息，借记本科目（应计利息），按持有至到期投资摊余成本和实际利率计算确定的利息收入，贷记"投资收益"科目，按其差额，借记或贷记本科目（利息调整）。

持有至到期投资发生减值后利息的处理，比照"贷款"科目相关规定。

（三）将持有至到期投资重分类为可供出售金融资产的，应在重分类日按其公允价值，借记"可供出售金融资产"科目，按其账面余额，贷记本科目（成本、利息调整、应计利息），按其差额，贷记或借记"资本公积——其他资本公积"科目。已计提减值准备的，还应同时结转减值准备。

（四）出售持有至到期投资，应按实际收到的金额，借记"银行存款"、"存放中央银行款项"、"结算备付金"等科目，按其账面余额，贷记本科目（成本、利息调整、应计利息），按其差额，贷记或借记"投资收益"科目。已计提减值准备的，还应同时结转减值准备。

四、本科目期末借方余额，反映企业持有至到期投资的摊余成本。

1502　持有至到期投资减值准备

一、本科目核算企业持有至到期投资的减值准备。

二、本科目可按持有至到期投资类别和品种进行明细核算。

三、资产负债表日，持有至到期投资发生减值的，按应减记的金额，借记"资产减值损失"科目，贷记本科目。

已计提减值准备的持有至到期投资价值以后又得以恢复，应在原已计提的减值准备金额内，按恢复增加的金额，借记本科目，贷记"资产减值损失"科目。

四、本科目期末贷方余额，反映企业已计提但尚未转销的持有至到期投资减值准备。

1503　可供出售金融资产

一、本科目核算企业持有的可供出售金融资产的公允价值，包括划分为可供出售的股票投资、债券投资等金融资产。

二、本科目按可供出售金融资产的类别和品种，分别"成本"、"利息调整"、"应计利息"、"公允价值变动"等进行明细核算。

可供出售金融资产发生减值的，可以单独设置"可供出售金融资产减值准备"科目。

三、可供出售金融资产的主要账务处理。

（一）企业取得可供出售的金融资产，应按其公允价值与交易费用之和，借记本科目（成本），按支付的价款中包含的已宣告但尚未发放的现金股利，借记"应收股利"科目，按实际支付的金额，贷记"银行存款"、"存放中央银行款项"、"结算备付金"等科目。

企业取得的可供出售金融资产为债券投资的，应按债券的面值，借记本科目（成本），按支付的价款中包含的已到付息期但尚未领取的利息，借记"应收利息"

科目，按实际支付的金额，贷记"银行存款"、"存放中央银行款项"、"结算备付金"等科目，按差额，借记或贷记本科目（利息调整）。

（二）资产负债表日，可供出售债券为分期付息、一次还本债券投资的，应按票面利率计算确定的应收未收利息，借记"应收利息"科目，按可供出售债券的摊余成本和实际利率计算确定的利息收入，贷记"投资收益"科目，按其差额，借记或贷记本科目（利息调整）。

可供出售债券为一次还本付息债券投资的，应于资产负债表日按票面利率计算确定的应收未收利息，借记本科目（应计利息），按可供出售债券的摊余成本和实际利率计算确定的利息收入，贷记"投资收益"科目，按其差额，借记或贷记本科目（利息调整）。

可供出售债券投资发生减值后利息的处理，比照"贷款"科目相关规定。

（三）资产负债表日，可供出售金融资产的公允价值高于其账面余额的差额，借记本科目（公允价值变动），贷记"资本公积——其他资本公积"科目；公允价值低于其账面余额的差额做相反的会计分录。

确定可供出售金融资产发生减值的，按应减记的金额，借记"资产减值损失"科目，按应从所有者权益中转出原计入资本公积的累计损失金额，贷记"资本公积——其他资本公积"科目，按其差额，贷记本科目（公允价值变动）。

对于已确认减值损失的可供出售金融资产，在随后会计期间内公允价值已上升且客观上与确认原减值损失事项有关的，应按原确认的减值损失，借记本科目（公允价值变动），贷记"资产减值损失"科目；但可供出售金融资产为股票等权益工具投资的（不含在活跃市场上没有报价、公允价值不能可靠计量的权益工具投资），借记本科目（公允价值变动），贷记"资本公积——其他资本公积"科目。

（四）将持有至到期投资重分类为可供出售金融资产的，应在重分类日按其公允价值，借记本科目，按其账面余额，贷记"持有至到期投资"科目，按其差额，贷记或借记"资本公积——其他资本公积"科目。已计提减值准备的，还应同时结转减值准备。

（五）出售可供出售的金融资产，应按实际收到的金额，借记"银行存款"、"存放中央银行款项"等科目，按其账面余额，贷记本科目（成本、公允价值变动、利息调整、应计利息），按应从所有者权益中转出的公允价值累计变动额，借记或贷记"资本公积——其他资本公积"科目，按其差额，贷记或借记"投资收益"科目。

四、本科目期末借方余额，反映企业可供出售金融资产的公允价值。

1511 长期股权投资

一、本科目核算企业持有的采用成本法和权益法核算的长期股权投资。

二、本科目可按被投资单位进行明细核算。

长期股权投资采用权益法核算的，还应当分别"成本"、"损益调整"、"其他权益变动"进行明细核算。

三、长期股权投资的主要账务处理。

（一）初始取得长期股权投资

同一控制下企业合并形成的长期股权投资，应在合并日按取得被合并方所有者权益账面价值的份额，借记本科目，按享有被投资单位已宣告但尚未发放的现金股利或利润，借记"应收股利"科目，按支付的合并对价的账面价值，贷记有关资产或借记有关负债科目，按其差额，贷记"资本公积——资本溢价或股本溢价"科目；为借方差额的，借记"资本公积——资本溢价或股本溢价"科目，资本公积（资本溢价或股本溢价）不足冲减的，借记"盈余公积"、"利润分配——未分配利润"科目。

非同一控制下企业合并形成的长期股权投资，应在购买日按企业合并成本（不含应自被投资单位收取的现金股利或利润），借记本科目，按享有被投资单位已宣告但尚未发放的现金股利或利润，借记"应收股利"科目，按支付合并对价的账面价值，贷记有关资产或借记有关负债科目，按发生的直接相关费用，贷记"银行存款"等科目，按其差额，贷记"营业外收入"或借记"营业外支出"等科目。非同一控制下企业合并涉及以库存商品等作为合并对价的，应按库存商品的公允价值，贷记"主营业务收入"科目，并同时结转相关的成本。涉及增值税的，还应进行相应的处理。

以支付现金、非现金资产等其他方式（非企业合并）形成的长期股权投资，比照非同一控制下企业合并形成的长期股权投资的相关规定进行处理。

投资者投入的长期股权投资，应按确定的长期股权投资成本，借记本科目，贷记"实收资本"或"股本"科目。

（二）采用成本法核算的长期股权投资

长期股权投资采用成本法核算的，应按被投资单位宣告发放的现金股利或利润中属于本企业的部分，借记"应收股利"科目，贷记"投资收益"科目；属于被投资单位在取得本企业投资前实现净利润的分配额，应作为投资成本的收回，借记"应收股利"科目，贷记本科目。

（三）采用权益法核算的长期股权投资

1. 长期股权投资的初始投资成本大于投资时应享有被投资单位可辨认净资产公允价值份额的，不调整已确认的初始投资成本。长期股权投资的初始投资成本小于投资时应享有被投资单位可辨认净资产公允价值份额的，应按其差额，借记本科目（成本），贷记"营业外收入"科目。

2. 根据被投资单位实现的净利润或经调整的净利润计算应享有的份额，借记本科目（损益调整），贷记"投资收益"科目。被投资单位发生净亏损做相反的会计分录，但以本科目的账面价值减记至零为限；还需承担的投资损失，应将其他实质上构成对被投资单位净投资的"长期应收款"等的账面价值减记至零为限；除按照以上步骤已确认的损失外，按照投资合同或协议约定将承担的损失，确认为预计负债。发生亏损的被投资单位以后实现净利润的，应按与上述相反的顺序进行处理。

被投资单位以后宣告发放现金股利或利润时，企业计算应分得的部分，借记"应收股利"科目，贷记本科目（损益调整）。收到被投资单位宣告发放的股票股利，不进行账务处理，但应在备查簿中登记。

3. 在持股比例不变的情况下，被投资单位除净损益以外所有者权益的其他变动，企业按持股比例计算应享有的份额，借记或贷记本科目（其他权益变动），贷记或借记"资本公积——其他资本公积"科目。

（四）长期股权投资核算方法的转换

将长期股权投资自成本法转按权益法核算的，应按转换时该项长期股权投资的账面价值作为权益法核算的初始投资成本，初始投资成本小于转换时占被投资单位可辨认净资产公允价值份额的差额，借记本科目（成本），贷记"营业外收入"科目。

长期股权投资自权益法转按成本法核算的，除构成企业合并的以外，应按中止采用权益法时长期股权投资的账面价值作为成本法核算的初始投资成本。

（五）处置长期股权投资

处置长期股权投资时，应按实际收到的金额，借记"银行存款"等科目，按其账面余额，贷记本科目，按尚未领取的现金股利或利润，贷记"应收股利"科目，按其差额，贷记或借记"投资收益"科目。已计提减值准备的，还应同时结转减值准备。

采用权益法核算长期股权投资的处置，除上述规定外，还应结转原记入资本公积的相关金额，借记或贷记"资本公积——其他资本公积"科目，贷记或借记"投资收益"科目。

四、本科目期末借方余额，反映企业长期股权投资的价值。

1512　长期股权投资减值准备

一、本科目核算企业长期股权投资的减值准备。

二、本科目可按被投资单位进行明细核算。

三、资产负债表日，长期股权投资发生减值的，按应减记的金额，借记"资产减值损失"科目，贷记本科目。

处置长期股权投资时，应同时结转已计提的长期股权投资减值准备。

四、本科目期末贷方余额，反映企业已计提但尚未转销的长期股权投资减值准备。

1521 投资性房地产

一、本科目核算企业采用成本模式计量的投资性房地产的成本。

企业采用公允价值模式计量投资性房地产的，也通过本科目核算。

采用成本模式计量的投资性房地产的累计折旧或累计摊销，可以单独设置"投资性房地产累计折旧（摊销）"科目，比照"累计折旧"等科目进行处理。

采用成本模式计量的投资性房地产发生减值的，可以单独设置"投资性房地产减值准备"科目，比照"固定资产减值准备"等科目进行处理。

二、本科目可按投资性房地产类别和项目进行明细核算。

采用公允价值模式计量的投资性房地产，还应当分别"成本"和"公允价值变动"进行明细核算。

三、采用成本模式计量投资性房地产的主要账务处理。

（一）企业外购、自行建造等取得的投资性房地产，按应计入投资性房地产成本的金额，借记本科目，贷记"银行存款"、"在建工程"等科目。

（二）将作为存货的房地产转换为投资性房地产的，应按其在转换日的账面余额，借记本科目，贷记"开发产品"等科目。已计提跌价准备的，还应同时结转跌价准备。

将自用的建筑物等转换为投资性房地产的，应按其在转换日的原价、累计折旧、减值准备等，分别转入本科目、"投资性房地产累计折旧（摊销）"、"投资性房地产减值准备"科目。

（三）按期（月）对投资性房地产计提折旧或进行摊销，借记"其他业务成本"科目，贷记"投资性房地产累计折旧（摊销）"科目。取得的租金收入，借记"银行存款"等科目，贷记"其他业务收入"科目。

（四）将投资性房地产转为自用时，应按其在转换日的账面余额、累计折旧、减值准备等，分别转入"固定资产"、"累计折旧"、"固定资产减值准备"等科目。

（五）处置投资性房地产时，应按实际收到的金额，借记"银行存款"等科目，贷记"其他业务收入"科目。按该项投资性房地产的累计折旧或累计摊销，借记"投资性房地产累计折旧（摊销）"科目，按该项投资性房地产的账面余额，贷记本科目,按其差额,借记"其他业务成本"科目。已计提减值准备的,还应同时结转减值准备。

四、采用公允价值模式计量投资性房地产的主要账务处理。

(一)企业外购、自行建造等取得的投资性房地产,按应计入投资性房地产成本的金额,借记本科目(成本),贷记"银行存款"、"在建工程"等科目。

(二)将作为存货的房地产转换为投资性房地产的,应按其在转换日的公允价值,借记本科目(成本),按其账面余额,贷记"开发产品"等科目,按其差额,贷记"资本公积——其他资本公积"科目或借记"公允价值变动损益"科目。已计提跌价准备的,还应同时结转跌价准备。

将自用的建筑物等转换为投资性房地产的,按其在转换日的公允价值,借记本科目(成本),按已计提的累计折旧等,借记"累计折旧"等科目,按其账面余额,贷记"固定资产"等科目,按其差额,贷记"资本公积——其他资本公积"科目或借记"公允价值变动损益"科目。已计提减值准备的,还应同时结转减值准备。

(三)资产负债表日,投资性房地产的公允价值高于其账面余额的差额,借记本科目(公允价值变动),贷记"公允价值变动损益"科目;公允价值低于其账面余额的差额做相反的会计分录。

取得的租金收入,借记"银行存款"等科目,贷记"其他业务收入"科目。

(四)将投资性房地产转为自用时,应按其在转换日的公允价值,借记"固定资产"等科目,按其账面余额,贷记本科目(成本、公允价值变动),按其差额,贷记或借记"公允价值变动损益"科目。

(五)处置投资性房地产时,应按实际收到的金额,借记"银行存款"等科目,贷记"其他业务收入"科目。按该项投资性房地产的账面余额,借记"其他业务成本"科目,贷记本科目(成本)、贷记或借记本科目(公允价值变动);同时,按该项投资性房地产的公允价值变动,借记或贷记"公允价值变动损益"科目,贷记或借记"其他业务收入"科目。按该项投资性房地产在转换日记入资本公积的金额,借记"资本公积——其他资本公积"科目,贷记"其他业务收入"科目。

五、投资性房地产作为企业主营业务的,应通过"主营业务收入"和"主营业务成本"科目核算相关的损益。

六、本科目期末借方余额,反映企业采用成本模式计量的投资性房地产成本。企业采用公允价值模式计量的投资性房地产,反映投资性房地产的公允价值。

1531　长期应收款

一、本科目核算企业的长期应收款项，包括融资租赁产生的应收款项、采用递延方式具有融资性质的销售商品和提供劳务等产生的应收款项等。

实质上构成对被投资单位净投资的长期权益，也通过本科目核算。

二、本科目可按债务人进行明细核算。

三、长期应收款的主要账务处理。

（一）出租人融资租赁产生的应收租赁款，在租赁期开始日，应按租赁开始日最低租赁收款额与初始直接费用之和，借记本科目，按未担保余值，借记"未担保余值"科目，按融资租赁资产的公允价值（最低租赁收款额和未担保余值的现值之和），贷记"融资租赁资产"科目，按融资租赁资产的公允价值与账面价值的差额，借记"营业外支出"科目或贷记"营业外收入"科目，按发生的初始直接费用，贷记"银行存款"等科目，按其差额，贷记"未实现融资收益"科目。

（二）采用递延方式分期收款销售商品或提供劳务等经营活动产生的长期应收款，满足收入确认条件的，按应收的合同或协议价款，借记本科目，按应收合同或协议价款的公允价值（折现值），贷记"主营业务收入"等科目，按其差额，贷记"未实现融资收益"科目。涉及增值税的，还应进行相应的处理。

（三）如有实质上构成对被投资单位净投资的长期权益，被投资单位发生的净亏损应由本企业承担的部分，在"长期股权投资"的账面价值减记至零以后，还需承担的投资损失，应以本科目中实质上构成了对被投资单位净投资的长期权益部分账面价值减记至零为限，继续确认投资损失，借记"投资收益"科目，贷记本科目。除上述已确认投资损失外，投资合同或协议中约定仍应承担的损失，确认为预计负债。

四、本科目的期末借方余额，反映企业尚未收回的长期应收款。

1532　未实现融资收益

一、本科目核算企业分期计入租赁收入或利息收入的未实现融资收益。

二、本科目可按未实现融资收益项目进行明细核算。

三、未实现融资收益的主要账务处理。

（一）出租人融资租赁产生的应收租赁款，在租赁期开始日，应按租赁开始日最低租赁收款额与初始直接费用之和，借记"长期应收款"科目，按未担保余值，借记"未担保余值"科目，按融资租赁资产的公允价值（最低租赁收款额的现值和未担保余值的现值之和），贷记"融资租赁资产"科目，按融资租赁资产的公允价值与账面价值的差额，借记"营业外支出"科目或贷记"营业外收入"科目，按发生的初始直接费用，贷记"银行存款"等科目，按其差额，贷记本科目。

采用实际利率法按期计算确定的融资收入,借记本科目,贷记"租赁收入"科目。

(二)采用递延方式分期收款、实质上具有融资性质的销售商品或提供劳务等经营活动产生的长期应收款,满足收入确认条件的,按应收的合同或协议价款,借记"长期应收款"科目,按应收的合同或协议价款的公允价值,贷记"主营业务收入"等科目,按其差额,贷记本科目。涉及增值税的,还应进行相应的处理。

采用实际利率法按期计算确定的利息收入,借记本科目,贷记"财务费用"科目。

四、本科目期末贷方余额,反映企业尚未转入当期收益的未实现融资收益。

1541 存出资本保证金

一、本科目核算企业(保险)按规定比例缴存的资本保证金。

二、企业存出的资本保证金,借记本科目,贷记"银行存款"等科目。

三、本科目期末借方余额,反映企业缴存的资本保证金。

1601 固定资产

一、本科目核算企业持有的固定资产原价。建造承包商的临时设施,以及企业购置计算机硬件所附带的、未单独计价的软件,也通过本科目核算。

二、本科目可按固定资产类别和项目进行明细核算。融资租入的固定资产,可在本科目设置"融资租入固定资产"明细科目。

三、固定资产的主要账务处理。

(一)企业购入不需要安装的固定资产,按应计入固定资产成本的金额,借记本科目,贷记"银行存款"等科目。购入需要安装的固定资产,先记入"在建工程"科目,达到预定可使用状态时再转入本科目。

购入固定资产超过正常信用条件延期支付价款、实质上具有融资性质的,按应付购买价款的现值,借记本科目或"在建工程"科目,按应支付的金额,贷记"长期应付款"科目,按其差额,借记"未确认融资费用"科目。

(二)自行建造达到预定可使用状态的固定资产,借记本科目,贷记"在建工程"科目。已达到预定可使用状态、但尚未办理竣工决算手续的固定资产,应按估计价值入账,待确定实际成本后再进行调整。

(三)融资租入的固定资产,在租赁期开始日,按应计入固定资产成本的金额(租赁开始日租赁资产公允价值与最低租赁付款额现值两者中较低者,加上初始直接费用),借记本科目或"在建工程"科目,按最低租赁付款额,贷记"长期应付款"科目,按发生的初始直接费用,贷记"银行存款"等科目,按其差额,借记"未确认融资费用"科目。

租赁期届满，企业取得该项固定资产所有权的，应将该项固定资产从"融资租入固定资产"明细科目转入有关明细科目。

（四）固定资产存在弃置义务的，应在取得固定资产时，按预计弃置费用的现值，借记本科目，贷记"预计负债"科目。在该项固定资产的使用寿命内，计算确定各期应负担的利息费用，借记"财务费用"科目，贷记"预计负债"科目。

（五）处置固定资产时，按该项固定资产账面价值，借记"固定资产清理"科目，按已提的累计折旧，借记"累计折旧"科目，按其账面原价，贷记本科目。已计提减值准备的，还应同时结转已计提的减值准备。

四、本科目期末借方余额，反映企业固定资产的原价。

1602　累计折旧

一、本科目核算企业固定资产的累计折旧。

二、本科目可按固定资产的类别或项目进行明细核算。

三、按期（月）计提固定资产的折旧，借记"制造费用"、"销售费用"、"管理费用"、"研发支出"、"其他业务成本"等科目，贷记本科目。处置固定资产还应同时结转累计折旧。

四、本科目期末贷方余额，反映企业固定资产的累计折旧额。

1603　固定资产减值准备

一、本科目核算企业固定资产的减值准备。

二、资产负债表日，固定资产发生减值的，按应减记的金额，借记"资产减值损失"科目，贷记本科目。处置固定资产还应同时结转减值准备。

三、本科目期末贷方余额，反映企业已计提但尚未转销的固定资产减值准备。

1604　在建工程

一、本科目核算企业基建、更新改造等在建工程发生的支出。

在建工程发生减值的，可以单独设置"在建工程减值准备"科目，比照"固定资产减值准备"科目进行处理。

企业（石油天然气开采）发生的油气勘探支出和油气开发支出，可以单独设置"油气勘探支出"、"油气开发支出"科目。

二、本科目可按"建筑工程"、"安装工程"、"在安装设备"、"待摊支出"以及单项工程等进行明细核算。

三、企业在建工程发生的管理费、征地费、可行性研究费、临时设施费、公证费、监理费及应负担的税费等,借记本科目(待摊支出),贷记"银行存款"等科目。

四、企业发包的在建工程,应按合理估计的发包工程进度和合同规定结算的进度款,借记本科目,贷记"银行存款"、"预付账款"等科目。将设备交付建造承包商建造安装时,借记本科目(在安装设备),贷记"工程物资"科目。

工程完成时,按合同规定补付的工程款,借记本科目,贷记"银行存款"科目。

五、企业自营在建工程的主要账务处理。

(一)自营的在建工程领用工程物资、原材料或库存商品的,借记本科目,贷记"工程物资"、"原材料"、"库存商品"等科目。采用计划成本核算的,应同时结转应分摊的成本差异。涉及增值税的,还应进行相应的处理。

在建工程应负担的职工薪酬,借记本科目,贷记"应付职工薪酬"科目。

辅助生产部门为工程提供的水、电、设备安装、修理、运输等劳务,借记本科目,贷记"生产成本——辅助生产成本"等科目。

在建工程发生的借款费用满足借款费用资本化条件的,借记本科目,贷记"长期借款"、"应付利息"等科目。

(二)在建工程进行负荷联合试车发生的费用,借记本科目(待摊支出),贷记"银行存款"、"原材料"等科目;试车形成的产品或副产品对外销售或转为库存商品的,借记"银行存款"、"库存商品"等科目,贷记本科目(待摊支出)。

(三)在建工程达到预定可使用状态时,应计算分配待摊支出,借记本科目(××工程),贷记本科目(待摊支出);结转在建工程成本,借记"固定资产"等科目,贷记本科目(××工程)。

在建工程完工已领出的剩余物资应办理退库手续,借记"工程物资"科目,贷记本科目。

(四)建设期间发生的工程物资盘亏、报废及毁损净损失,借记本科目,贷记"工程物资"科目;盘盈的工程物资或处置净收益做相反的会计分录。

由于自然灾害等原因造成的在建工程报废或毁损,减去残料价值和过失人或保险公司等赔款后的净损失,借记"营业外支出——非常损失"科目,贷记本科目(建筑工程、安装工程等)。

六、企业(石油天然气开采)在油气勘探过程中发生的各项钻井勘探支出,借记"油气勘探支出"科目,贷记"银行存款"、"应付职工薪酬"等科目。属于发现探明经济可采储量的钻井勘探支出,借记"油气资产"科目,贷记"油气勘探支出"科目;属于未发现探明经济可采储量的钻井勘探支出,借记"勘探费用"科目,贷记"油气勘探支出"科目。

企业(石油天然气开采)在油气开发过程中发生的各项相关支出,借记"油气开发支出"科目,贷记"银行存款"、"应付职工薪酬"等科目。开发工程项目达到预定可使用状态时,借记"油气资产"科目,贷记"油气开发支出"科目。

七、本科目的期末借方余额，反映企业尚未达到预定可使用状态的在建工程的成本。

1605　工程物资

一、本科目核算企业为在建工程准备的各种物资的成本，包括工程用材料、尚未安装的设备以及为生产准备的工器具等。

二、本科目可按"专用材料"、"专用设备"、"工器具"等进行明细核算。工程物资发生减值的，可以单独设置"工程物资减值准备"科目，比照"固定资产减值准备"科目进行处理。

三、工程物资的主要账务处理。

（一）购入为工程准备的物资，借记本科目，贷记"银行存款"、"其他应付款"等科目。

（二）领用工程物资，借记"在建工程"科目，贷记本科目。工程完工后将领出的剩余物资退库时做相反的会计分录。已计提减值准备的，还应同时结转减值准备。

（三）工程完工后剩余的工程物资转作本企业存货的，借记"原材料"等科目，贷记本科目。

四、本科目期末借方余额，反映企业为在建工程准备的各种物资的成本。

1606　固定资产清理

一、本科目核算企业因出售、报废、毁损、对外投资、非货币性资产交换、债务重组等原因转出的固定资产价值以及在清理过程中发生的费用等。

二、本科目可按被清理的固定资产项目进行明细核算。

三、固定资产清理的主要账务处理。

（一）企业因出售、报废、毁损、对外投资、非货币性资产交换、债务重组等转出的固定资产，按该项固定资产的账面价值，借记本科目，按已计提的累计折旧，借记"累计折旧"科目，按其账面原价，贷记"固定资产"科目。已计提减值准备的，还应同时结转减值准备。

（二）清理过程中应支付的相关税费及其他费用，借记本科目，贷记"银行存款"、"应交税费——应交营业税"等科目。收回出售固定资产的价款、残料价值和变价收入等，借记"银行存款"、"原材料"等科目，贷记本科目。应由保险公司或过失人赔偿的损失，借记"其他应收款"等科目，贷记本科目。

（三）固定资产清理完成后，属于生产经营期间正常的处理损失，借记"营业外支出——处置非流动资产损失"科目，贷记本科目；属于自然灾害等非正常原因造成的损失,借记"营业外支出——非常损失"科目,贷记本科目。如为贷方余额,借记本科目,贷记"营业外收入"科目。

四、本科目期末借方余额,反映企业尚未清理完毕的固定资产清理净损失。

1611 未担保余值

一、本科目核算企业(租赁)采用融资租赁方式租出资产的未担保余值。

二、本科目可按承租人、租赁资产类别和项目进行明细核算。

未担保余值发生减值的,可以单独设置"未担保余值减值准备"科目。

三、未担保余值的主要账务处理。

(一)出租人融资租赁产生的应收租赁款,在租赁期开始日,应按租赁开始日最低租赁收款额与初始直接费用之和,借记"长期应收款"科目,按未担保余值,借记本科目,按融资租赁资产的公允价值(最低租赁收款额和未担保余值的现值之和),贷记"融资租赁资产"科目,按发生的初始直接费用,贷记"银行存款"等科目,按其差额,贷记"未实现融资收益"科目。

(二)租赁期限届满,承租人行使了优惠购买选择权的,企业(租赁)按收到承租人支付的购买价款,借记"银行存款"等科目,贷记"长期应收款"科目。存在未担保余值的,按未担保余值,借记"租赁收入"科目,贷记本科目。

承租人未行使优惠购买选择权,企业(租赁)收到承租人交还租赁资产,存在未担保余值的,按未担保余值,借记"融资租赁资产"科目,贷记本科目;存在担保余值的,按担保余值,借记"融资租赁资产"科目,贷记"长期应收款"科目。

(三)资产负债表日,确定未担保余值发生减值的,按应减记的金额,借记"资产减值损失"科目,贷记"未担保余值减值准备"科目。未担保余值价值以后又得以恢复的,应在原已计提的未担保余值减值准备金额内,按恢复增加的金额,借记"未担保余值减值准备"科目,贷记"资产减值损失"科目。

四、本科目期末借方余额,反映企业融资租出资产的未担保余值。

1621 生产性生物资产

一、本科目核算企业(农业)持有的生产性生物资产原价。

二、本科目可按"未成熟生产性生物资产"和"成熟生产性生物资产",分别生物资产的种类、群别、所属部门等进行明细核算。

生产性生物资产发生减值的,可以单独设置"生产性生物资产减值准备"科目,比照"固定资产减值准备"科目进行处理。

三、生产性生物资产的主要账务处理。

（一）企业外购的生产性生物资产，按应计入生产性生物资产成本的金额，借记本科目，贷记"银行存款"等科目。

（二）自行营造的林木类生产性生物资产、自行繁殖的产畜和役畜，应按达到预定生产经营目的前发生的必要支出，借记本科目（未成熟生产性生物资产），贷记"银行存款"等科目。

（三）天然起源的生产性生物资产，应按名义金额，借记本科目，贷记"营业外收入"科目。

（四）育肥畜转为产畜或役畜，应按其账面余额，借记本科目，贷记"消耗性生物资产"科目。已计提跌价准备的，还应同时结转跌价准备。

产畜或役畜淘汰转为育肥畜，按转群时的账面价值，借记"消耗性生物资产"科目，按已计提的累计折旧，借记"生产性生物资产累计折旧"科目，按其账面余额，贷记本科目。已计提减值准备的，还应同时结转减值准备。

（五）未成熟生产性生物资产达到预定生产经营目的时，按其账面余额，借记本科目（成熟生产性生物资产），贷记本科目（未成熟生产性生物资产）。已计提减值准备的，还应同时结转减值准备。

（六）择伐、间伐或抚育更新等生产性采伐而补植林木类生产性生物资产发生的后续支出，借记本科目，贷记"银行存款"等科目。

生产性生物资产达到预定生产经营目的后发生的管护、饲养费用等后续支出，借记"管理费用"科目，贷记"银行存款"等科目。

（七）处置生产性生物资产，应按实际收到的金额，借记"银行存款"等科目，按已计提的累计折旧，借记"生产性生物资产累计折旧"科目，按其账面余额，贷记本科目，按其差额，借记"营业外支出——处置非流动资产损失"科目或贷记"营业外收入——处置非流动资产利得"科目。已计提减值准备的，还应同时结转减值准备。

四、本科目期末借方余额，反映企业生产性生物资产的原价。

1622　生产性生物资产累计折旧

一、本科目核算企业（农业）成熟生产性生物资产的累计折旧。

二、本科目可按生产性生物资产的种类、群别、所属部门等进行明细核算。

三、企业按期（月）计提成熟生产性生物资产的折旧，借记"农业生产成本"、"管理费用"等科目，贷记本科目。处置生产性生物资产还应同时结转生产性生物资产累计折旧。

四、本科目期末贷方余额，反映企业成熟生产性生物资产的累计折旧额。

1623 公益性生物资产

一、本科目核算企业（农业）持有的公益性生物资产的实际成本。

二、本科目可按公益性生物资产的种类或项目进行明细核算。

三、公益性生物资产的主要账务处理。

（一）企业外购的公益性生物资产，按应计入公益性生物资产成本的金额，借记本科目，贷记"银行存款"等科目。

（二）自行营造的公益性生物资产，应按郁闭前发生的必要支出，借记本科目，贷记"银行存款"等科目。

（三）天然起源的公益性生物资产，应按名义金额，借记本科目，贷记"营业外收入"科目。

（四）消耗性生物资产、生产性生物资产转为公益性生物资产的，应按其账面余额或账面价值，借记本科目，按已计提的生产性生物资产累计折旧，借记"生产性生物资产累计折旧"科目，按其账面余额，贷记"消耗性生物资产"、"生产性生物资产"等科目。已计提跌价准备或减值准备的，还应同时结转跌价准备或减值准备。

（五）择伐、间伐或抚育更新等生产性采伐而补植林木类公益性生物资产发生的后续支出，借记本科目，贷记"银行存款"等科目。林木类公益性生物资产郁闭后发生的管护费用等其他后续支出，借记"管理费用"科目，贷记"银行存款"等科目。

四、本科目期末借方余额，反映企业公益性生物资产的原价。

1631 油气资产

一、本科目核算企业（石油天然气开采）持有的矿区权益和油气井及相关设施的原价。企业（石油天然气开采）可以单独设置"油气资产清理"科目，比照"固定资产清理"科目进行处理。企业（石油天然气开采）与油气开采活动相关的辅助设备及设施在"固定资产"科目核算。

二、本科目可按油气资产的类别、不同矿区或油田等进行明细核算。

三、油气资产的主要账务处理。

（一）企业购入油气资产（含申请取得矿区权益）的成本，借记本科目，贷记"银行存款"、"应付票据"、"其他应付款"等科目。

（二）自行建造的油气资产，在油气勘探、开发工程达到预定可使用状态时，借记本科目，贷记"油气勘探支出"、"油气开发支出"等科目。

（三）油气资产存在弃置义务的，应在取得油气资产时，按预计弃置费用的现值，借记本科目，贷记"预计负债"科目。在油气资产的使用寿命内，计算确定各期应负担的利息费用，借记"财务费用"科目，贷记"预计负债"科目。

（四）处置油气资产，应按该项油气资产的账面价值，借记"油气资产清理"科目，按已计提的累计折耗，借记"累计折耗"科目，按其账面原价，贷记本科目。已计提减值准备的，还应同时结转减值准备。

四、本科目期末借方余额，反映企业油气资产的原价。

1632　累计折耗

一、本科目核算企业（石油天然气开采）油气资产的累计折耗。

二、本科目可按油气资产的类别、不同矿区或油田进行明细核算。

三、企业按期（月）计提油气资产的折耗，借记"生产成本"等科目，贷记本科目。处置油气资产时，还应同时结转油气资产累计折耗。

四、本科目期末贷方余额，反映企业油气资产的累计折耗额。

1701　无形资产

一、本科目核算企业持有的无形资产成本，包括专利权、非专利技术、商标权、著作权、土地使用权等。

二、本科目可按无形资产项目进行明细核算。

三、无形资产的主要账务处理。

（一）企业外购的无形资产，按应计入无形资产成本的金额，借记本科目，贷记"银行存款"等科目。

自行开发的无形资产，按应予资本化的支出，借记本科目，贷记"研发支出"科目。

（二）无形资产预期不能为企业带来经济利益的，应按已计提的累计摊销，借记"累计摊销"科目，按其账面余额，贷记本科目，按其差额，借记"营业外支出"科目。已计提减值准备的，还应同时结转减值准备。

（三）处置无形资产，应按实际收到的金额等，借记"银行存款"等科目，按已计提的累计摊销，借记"累计摊销"科目，按应支付的相关税费及其他费用，贷记"应交税费"、"银行存款"等科目，按其账面余额，贷记本科目，按其差额，贷记"营业外收入——处置非流动资产利得"科目或借记"营业外支出——处置非流动资产损失"科目。已计提减值准备的，还应同时结转减值准备。

四、本科目期末借方余额，反映企业无形资产的成本。

1702 累计摊销

一、本科目核算企业对使用寿命有限的无形资产计提的累计摊销。

二、本科目可按无形资产项目进行明细核算。

三、企业按期（月）计提无形资产的摊销，借记"管理费用"、"其他业务成本"等科目，贷记本科目。处置无形资产还应同时结转累计摊销。

四、本科目期末贷方余额，反映企业无形资产的累计摊销额。

1703 无形资产减值准备

一、本科目核算企业无形资产的减值准备。

二、本科目可按无形资产项目进行明细核算。

三、资产负债表日，无形资产发生减值的，按应减记的金额，借记"资产减值损失"科目，贷记本科目。处置无形资产还应同时结转减值准备。

四、本科目期末贷方余额，反映企业已计提但尚未转销的无形资产减值准备。

1711 商誉

一、本科目核算企业合并中形成的商誉价值。

商誉发生减值的，可以单独设置"商誉减值准备"科目，比照"无形资产减值准备"科目进行处理。

二、非同一控制下企业合并中确定的商誉价值，借记本科目，贷记有关科目。

三、本科目期末借方余额，反映企业商誉的价值。

1801 长期待摊费用

一、本科目核算企业已经发生但应由本期和以后各期负担的分摊期限在1年以上的各项费用，如以经营租赁方式租入的固定资产发生的改良支出等。

二、本科目可按费用项目进行明细核算。

三、企业发生的长期待摊费用，借记本科目，贷记"银行存款"、"原材料"等科目。摊销长期待摊费用，借记"管理费用"、"销售费用"等科目，贷记本科目。

四、本科目期末借方余额，反映企业尚未摊销完毕的长期待摊费用。

1811 递延所得税资产

一、本科目核算企业确认的可抵扣暂时性差异产生的递延所得税资产。

二、本科目应按可抵扣暂时性差异等项目进行明细核算。

根据税法规定可用以后年度税前利润弥补的亏损及税款抵减产生的所得税资

产，也在本科目核算。

三、递延所得税资产的主要账务处理。

（一）资产负债表日，企业确认的递延所得税资产，借记本科目，贷记"所得税费用——递延所得税费用"科目。资产负债表日递延所得税资产的应有余额大于其账面余额的，应按其差额确认，借记本科目，贷记"所得税费用——递延所得税费用"等科目；资产负债表日递延所得税资产的应有余额小于其账面余额的差额做相反的会计分录。

企业合并中取得资产、负债的入账价值与其计税基础不同形成可抵扣暂时性差异，应于购买日确认递延所得税资产，借记本科目，贷记"商誉"等科目。

与直接计入所有者权益的交易或事项相关的递延所得税资产，借记本科目，贷记"资本公积——其他资本公积"科目。

（二）资产负债表日，预计未来期间很可能无法获得足够的应纳税所得额用以抵扣可抵扣暂时性差异的，按原已确认的递延所得税资产中应减记的金额，借记"所得税费用——递延所得税费用"、"资本公积——其他资本公积"等科目，贷记本科目。

四、本科目期末借方余额，反映企业确认的递延所得税资产。

1821　独立账户资产

一、本科目核算企业（保险）对分拆核算的投资连结产品不属于风险保障部分确认的独立账户资产价值。

二、本科目可按资产类别进行明细核算。

三、独立账户资产的主要账务处理。

（一）向独立账户划入资金，借记本科目（银行存款及现金），贷记"独立账户负债"科目。

（二）独立账户进行投资，借记本科目（债券、股票等），贷记本科目（银行存款及现金）。对独立账户投资进行估值，按估值增值，借记本科目（估值），贷记"独立账户负债"科目；估值减值的做相反的会计分录。

（三）按照独立账户计提的保险费，借记"银行存款"科目，贷记"保费收入"科目。同时，借记"独立账户负债"科目，贷记本科目（银行存款及现金）。

对独立账户计提账户管理费，借记"银行存款"科目，贷记"手续费及佣金收入"科目。同时，借记"独立账户负债"科目，贷记本科目（银行存款及现金）。

（四）支付独立账户资产，借记"独立账户负债"科目，贷记本科目（银行存款及现金）。

四、本科目期末借方余额，反映企业确认的独立账户资产价值。

1901 待处理财产损溢

一、本科目核算企业在清查财产过程中查明的各种财产盘盈、盘亏和毁损的价值。物资在运输途中发生的非正常短缺与损耗，也通过本科目核算。企业如有盘盈固定资产的，应作为前期差错记入"以前年度损益调整"科目。

二、本科目可按盘盈、盘亏的资产种类和项目进行明细核算。

三、待处理财产损溢的主要账务处理。

（一）盘盈的各种材料、产成品、商品、生物资产等，借记"原材料"、"库存商品"、"消耗性生物资产"等科目，贷记本科目。

盘亏、毁损的各种材料、产成品、商品、生物资产等，盘亏的固定资产，借记本科目，贷记"原材料"、"库存商品"、"消耗性生物资产"、"固定资产"等科目。材料、产成品、商品采用计划成本（或售价）核算的，还应同时结转成本差异（或商品进销差价）。涉及增值税的，还应进行相应处理。

（二）盘亏、毁损的各项资产，按管理权限报经批准后处理时，按残料价值，借记"原材料"等科目，按可收回的保险赔偿或过失人赔偿，借记"其他应收款"科目，按本科目余额，贷记本科目，按其借方差额，借记"管理费用"、"营业外支出"等科目。

盘盈的除固定资产以外的其他财产，借记本科目，贷记"管理费用"、"营业外收入"等科目。

四、企业的财产损溢，应查明原因，在期末结账前处理完毕，处理后本科目应无余额。

负 债 类

2001 短期借款

一、本科目核算企业向银行或其他金融机构等借入的期限在1年以下（含1年）的各种借款。

二、本科目可按借款种类、贷款人和币种进行明细核算。

三、企业借入的各种短期借款，借记"银行存款"科目，贷记本科目；归还借款做相反的会计分录。资产负债表日，应按计算确定的短期借款利息费用，借记"财务费用"、"利息支出"等科目，贷记"银行存款"、"应付利息"等科目。

四、本科目期末贷方余额，反映企业尚未偿还的短期借款。

2002　存入保证金

一、本科目核算企业（金融）收到客户存入的各种保证金，如信用证保证金、承兑汇票保证金、保函保证金、担保保证金等。

二、本科目可按客户进行明细核算。

三、企业收到客户存入的保证金，借记"银行存款"、"存放中央银行款项"、"应付分保账款"等科目，贷记本科目；向客户归还保证金做相反的会计分录。

资产负债表日，应按计算确定的存入保证金利息费用，借记"财务费用"、"利息支出"等科目，贷记"银行存款"、"存放中央银行款项"等科目。

四、本科目期末贷方余额，反映企业接受存入但尚未返还的保证金。

2003　拆入资金

一、本科目核算企业（金融）从境内、境外金融机构拆入的款项。

二、本科目可按拆入资金的金融机构进行明细核算。

三、企业应按实际收到的金额，借记"存放中央银行款项"、"银行存款"等科目，贷记本科目；归还拆入资金做相反的会计分录。资产负债表日，应按计算确定的拆入资金的利息费用，借记"利息支出"科目，贷记"应付利息"科目。

四、本科目期末贷方余额，反映企业尚未归还的拆入资金余额。

2004　向中央银行借款

一、本科目核算企业（银行）向中央银行借入的款项。

二、本科目可按借款性质进行明细核算。

三、企业应按实际收到的金额，借记"存放中央银行款项"科目，贷记本科目；归还借款做相反的会计分录。资产负债表日，应按计算确定的向中央银行借款的利息费用，借记"利息支出"科目，贷记"应付利息"科目。

四、本科目期末贷方余额，反映企业尚未归还中央银行借款的余额。

2011　吸收存款

一、本科目核算企业（银行）吸收的除同业存放款项以外的其他各种存款，包括单位存款（企业、事业单位、机关、社会团体等）、个人存款、信用卡存款、特种存款、转贷款资金和财政性存款等。

二、本科目可按存款类别及存款单位，分别"本金"、"利息调整"等进行明细核算。

三、吸收存款的主要账务处理。

（一）企业收到客户存入的款项，应按实际收到的金额，借记"存放中央银行款项"等科目，贷记本科目（本金），如存在差额，借记或贷记本科目（利息调整）。

（二）资产负债表日，应按摊余成本和实际利率计算确定的存入资金的利息费用，借记"利息支出"科目，按合同利率计算确定的应付未付利息，贷记"应付利息"科目，按其差额，借记或贷记本科目（利息调整）。实际利率与合同利率差异较小的，也可以采用合同利率计算确定利息费用。

（三）支付的存入资金利息，借记"应付利息"科目，贷记本科目。

支付的存款本金，借记本科目（本金），贷记"存放中央银行款项"、"库存现金"等科目，按应转销的利息调整金额，贷记本科目（利息调整），按其差额，借记"利息支出"科目。

四、本科目期末贷方余额，反映企业吸收的除同业存放款项以外的其他各项存款。

2012 同业存放

一、本科目核算企业（银行）吸收的境内、境外金融机构的存款。

二、本科目可按存放金融机构进行明细核算。

三、企业增加存款，应按实际收到的金额，借记"存放中央银行款项"等科目，贷记本科目。减少存款做相反的会计分录。

四、本科目期末贷方余额，反映企业吸收的同业存放款项。

2021 贴现负债

一、本科目核算企业（银行）办理商业票据的转贴现等业务所融入的资金。

二、本科目可按贴现类别和贴现金融机构，分别"面值"、"利息调整"进行明细核算。

三、贴现负债的主要账务处理。

（一）企业持贴现票据向其他金融机构转贴现，应按实际收到的金额，借记"存放中央银行款项"等科目，按贴现票据的票面金额，贷记本科目（面值），按其差额，借记本科目（利息调整）。

（二）资产负债表日，按计算确定的利息费用，借记"利息支出"科目，贷记本科目（利息调整）。

（三）贴现票据到期，应按贴现票据的票面金额，借记本科目（面值），按实际支付的金额，贷记"存放中央银行款项"等科目，按其差额，借记"利息支出"科目。存在利息调整的，也应同时结转。

四、本科目期末贷方余额，反映企业办理的转贴现等业务融入的资金。

2101　交易性金融负债

一、本科目核算企业承担的交易性金融负债的公允价值。

企业持有的直接指定为以公允价值计量且其变动计入当期损益的金融负债，也在本科目核算。

衍生金融负债在"衍生工具"科目核算。

二、本科目可按交易性金融负债类别，分别"本金"、"公允价值变动"等进行明细核算。

三、交易性金融负债的主要账务处理。

（一）企业承担的交易性金融负债，应按实际收到的金额，借记"银行存款"、"存放中央银行款项"、"结算备付金"等科目，按发生的交易费用，借记"投资收益"科目，按交易性金融负债的公允价值，贷记本科目（本金）。

（二）资产负债表日，按交易性金融负债票面利率计算的利息，借记"投资收益"科目，贷记"应付利息"科目。

资产负债表日，交易性金融负债的公允价值高于其账面余额的差额，借记"公允价值变动损益"科目，贷记本科目（公允价值变动）；公允价值低于其账面余额的差额做相反的会计分录。

（三）处置交易性金融负债，应按该金融负债的账面余额，借记本科目，按实际支付的金额，贷记"银行存款"、"存放中央银行款项"、"结算备付金"等科目，按其差额，贷记或借记"投资收益"科目。同时，按该金融负债的公允价值变动，借记或贷记"公允价值变动损益"科目，贷记或借记"投资收益"科目。

四、本科目期末贷方余额，反映企业承担的交易性金融负债的公允价值。

2111　卖出回购金融资产款

一、本科目核算企业（金融）按照回购协议先卖出再按固定价格买入的票据、证券、贷款等金融资产所融入的资金。

二、本科目可按卖出回购金融资产的类别和融资方进行明细核算。

三、卖出回购金融资产款的主要账务处理。

（一）企业根据回购协议卖出票据、证券、贷款等金融资产，应按实际收到的金额，借记"存放中央银行款项"、"结算备付金"、"银行存款"等科目，贷记本科目。

（二）资产负债表日，按照计算确定的卖出回购金融资产的利息费用，借记"利息支出"科目，贷记"应付利息"科目。

（三）回购日，按其账面余额，借记本科目、"应付利息"科目，按实际支付的金额，贷记"存放中央银行款项"、"结算备付金"、"银行存款"等科目，按其差额，借记"利息支出"科目。

四、本科目期末贷方余额，反映企业尚未到期的卖出回购金融资产款。

2201 应付票据

一、本科目核算企业购买材料、商品和接受劳务供应等开出、承兑的商业汇票，包括银行承兑汇票和商业承兑汇票。

二、本科目可按债权人进行明细核算。

三、应付票据的主要账务处理。

（一）企业开出、承兑商业汇票或以承兑商业汇票抵付货款、应付账款等，借记"材料采购"、"库存商品"等科目，贷记本科目。涉及增值税进项税额的，还应进行相应的处理。

（二）支付银行承兑汇票的手续费，借记"财务费用"科目，贷记"银行存款"科目。支付票款，借记本科目，贷记"银行存款"科目。

（三）银行承兑汇票到期，企业无力支付票款的，按应付票据的票面金额，借记本科目，贷记"短期借款"科目。

四、企业应当设置"应付票据备查簿"，详细登记商业汇票的种类、号数和出票日期、到期日、票面金额、交易合同号和收款人姓名或单位名称以及付款日期和金额等资料。应付票据到期结清时，在备查簿中应予注销。

五、本科目期末贷方余额，反映企业尚未到期的商业汇票的票面金额。

2202 应付账款

一、本科目核算企业因购买材料、商品和接受劳务等经营活动应支付的款项。

企业（金融）应支付但尚未支付的手续费和佣金，可将本科目改为"2202 应付手续费及佣金"科目，并按照对方单位（或个人）进行明细核算。

企业（保险）应支付但尚未支付的赔付款项，可以单独设置"应付赔付款"科目。

二、本科目可按债权人进行明细核算。

三、企业购入材料、商品等验收入库，但货款尚未支付，根据有关凭证（发票账单、随货同行发票上记载的实际价款或暂估价值），借记"材料采购"、"在途物资"等科目，按应付的款项，贷记本科目。

接受供应单位提供劳务而发生的应付未付款项，根据供应单位的发票账单，借记"生产成本"、"管理费用"等科目，贷记本科目。支付时，借记本科目，贷记"银行存款"等科目。

上述交易涉及增值税进项税额的，还应进行相应的处理。

四、企业与债权人进行债务重组，应当分别债务重组的不同方式进行处理。

（一）以低于重组债务账面价值的款项清偿债务的，应按应付账款的账面余额，借记本科目，按实际支付的金额，贷记"银行存款"科目，按其差额，贷记"营业外收入——债务重组利得"科目。

（二）以非现金资产清偿债务的，应按应付账款的账面余额，借记本科目，按用于清偿债务的非现金资产的公允价值，贷记"主营业务收入"、"其他业务收入"、"固定资产清理"、"无形资产"、"长期股权投资"等科目，按应支付的相关税费和其他费用，贷记"应交税费"、"银行存款"等科目，按其差额，贷记"营业外收入——债务重组利得"科目。

抵债资产为存货的，还应同时结转成本，记入"主营业务成本"、"其他业务成本"等科目；抵债资产为固定资产、无形资产的，其公允价值和账面价值的差额，记入"营业外收入——处置非流动资产利得"或"营业外支出——处置非流动资产损失"科目；抵债资产为可供出售金融资产、持有至到期投资、长期股权投资等的，其公允价值和账面价值的差额，记入"投资收益"科目。

（三）以债务转为资本，应按应付账款的账面余额，借记本科目，按债权人因放弃债权而享有股权的公允价值，贷记"实收资本"或"股本"、"资本公积——资本溢价或股本溢价"科目，按其差额，贷记"营业外收入——债务重组利得"科目。

（四）以修改其他债务条件进行清偿的，应将重组债务的账面余额与重组后债务的公允价值的差额，借记本科目，贷记"营业外收入——债务重组利得"科目。

五、本科目期末贷方余额，反映企业尚未支付的应付账款余额。

2203 预收账款

一、本科目核算企业按照合同规定预收的款项。预收账款情况不多的，也可以不设本科目，将预收的款项直接记入"应收账款"科目。

企业（保险）收到未满足保费收入确认条件的保险费，可将本科目改为"2203 预收保费"科目，并按投保人进行明细核算；从事再保险分出业务预收的赔款，可以单独设置"预收赔付款"科目。

二、本科目可按购货单位进行明细核算。

三、预收账款的主要账务处理。

（一）企业向购货单位预收的款项，借记"银行存款"等科目，贷记本科目；销售实现时，按实现的收入，借记本科目，贷记"主营业务收入"科目。涉及增值税销项税额的,还应进行相应的处理。

(二)企业(保险)收到预收的保费,借记"银行存款"、"库存现金"等科目,贷记本科目。确认保费收入,借记本科目,贷记"保费收入"科目。

从事再保险业务转销预收的赔款,借记本科目,贷记"应收分保账款"科目。

四、本科目期末贷方余额,反映企业预收的款项;期末如为借方余额,反映企业尚未转销的款项。

2211 应付职工薪酬

一、本科目核算企业根据有关规定应付给职工的各种薪酬。企业(外商)按规定从净利润中提取的职工奖励及福利基金,也在本科目核算。

二、本科目可按"工资"、"职工福利"、"社会保险费"、"住房公积金"、"工会经费"、"职工教育经费"、"非货币性福利"、"辞退福利"、"股份支付"等进行明细核算。

三、企业发生应付职工薪酬的主要账务处理。

(一)生产部门人员的职工薪酬,借记"生产成本"、"制造费用"、"劳务成本"等科目,贷记本科目。应由在建工程、研发支出负担的职工薪酬,借记"在建工程"、"研发支出"等科目,贷记本科目。管理部门人员、销售人员的职工薪酬,借记"管理费用"或"销售费用"科目,贷记本科目。

(二)企业以其自产产品发放给职工作为职工薪酬的,借记"管理费用"、"生产成本"、"制造费用"等科目,贷记本科目。

无偿向职工提供住房等固定资产使用的,按应计提的折旧额,借记"管理费用"、"生产成本"、"制造费用"等科目,贷记本科目;同时,借记本科目,贷记"累计折旧"科目。

租赁住房等资产供职工无偿使用的,按每期应支付的租金,借记"管理费用"、"生产成本"、"制造费用"等科目,贷记本科目。

(三)因解除与职工的劳动关系给予的补偿,借记"管理费用"科目,贷记本科目。

(四)企业以现金与职工结算的股份支付,在等待期内每个资产负债表日,按当期应确认的成本费用金额,借记"管理费用"、"生产成本"、"制造费用"等科目,贷记本科目。在可行权日之后,以现金结算的股份支付当期公允价值的变动金额,借记或贷记"公允价值变动损益"科目,贷记或借记本科目。企业(外商)按规定从净利润中提取的职工奖励及福利基金,借记"利润分配——提取的职工奖励及福利基金"科目,贷记本科目。

四、企业发放职工薪酬的主要账务处理。

（一）向职工支付工资、奖金、津贴、福利费等，从应付职工薪酬中扣还的各种款项（代垫的家属药费、个人所得税等）等，借记本科目，贷记"银行存款"、"库存现金"、"其他应收款"、"应交税费——应交个人所得税"等科目。

（二）支付工会经费和职工教育经费用于工会活动和职工培训，借记本科目，贷记"银行存款"等科目。

（三）按照国家有关规定缴纳社会保险费和住房公积金，借记本科目，贷记"银行存款"科目。

（四）企业以其自产产品发放给职工的，借记本科目，贷记"主营业务收入"科目；同时，还应结转产成品的成本。涉及增值税销项税额的，还应进行相应的处理。

支付租赁住房等资产供职工无偿使用所发生的租金，借记本科目，贷记"银行存款"等科目。

（五）企业以现金与职工结算的股份支付，在行权日，借记本科目，贷记"银行存款"、"库存现金"等科目。

（六）企业因解除与职工的劳动关系给予职工的补偿，借记本科目，贷记"银行存款"、"库存现金"等科目。

五、本科目期末贷方余额，反映企业应付未付的职工薪酬。

2221　应交税费

一、本科目核算企业按照税法等规定计算应交纳的各种税费，包括增值税、消费税、营业税、所得税、资源税、土地增值税、城市维护建设税、房产税、土地使用税、车船使用税、教育费附加、矿产资源补偿费等。

企业代扣代交的个人所得税等，也通过本科目核算。

二、本科目可按应交的税费项目进行明细核算。应交增值税还应分别"进项税额"、"销项税额"、"出口退税"、"进项税额转出"、"已交税金"等设置专栏。

三、应交增值税的主要账务处理。

（一）企业采购物资等，按应计入采购成本的金额，借记"材料采购"、"在途物资"或"原材料"、"库存商品"等科目，按可抵扣的增值税额，借记本科目（应交增值税——进项税额），按应付或实际支付的金额，贷记"应付账款"、"应付票据"、"银行存款"等科目。购入物资发生退货做相反的会计分录。

（二）销售物资或提供应税劳务，按营业收入和应收取的增值税额，借记"应收账款"、"应收票据"、"银行存款"等科目，按专用发票上注明的增值税额，贷记本科目（应交增值税——销项税额），按确认的营业收入，贷记"主营业务收入"、"其他业务收入"等科目。发生销售退回做相反的会计分录。

（三）出口产品按规定退税的，借记"其他应收款"科目，贷记本科目（应交增值税——出口退税）。

（四）交纳的增值税，借记本科目（应交增值税——已交税金），贷记"银行存款"科目。

企业（小规模纳税人）以及购入材料不能抵扣增值税的，发生的增值税计入材料成本，借记"材料采购"、"在途物资"等科目，贷记本科目。

四、企业按规定计算应交的消费税、营业税、资源税、城市维护建设税、教育费附加等，借记"营业税金及附加"科目，贷记本科目。实际交纳时，借记本科目，贷记"银行存款"等科目。

出售不动产计算应交的营业税，借记"固定资产清理"等科目，贷记本科目（应交营业税）。

五、企业转让土地使用权应交的土地增值税，土地使用权与地上建筑物及其附着物一并在"固定资产"等科目核算的，借记"固定资产清理"等科目，贷记本科目（应交土地增值税）。土地使用权在"无形资产"科目核算的，按实际收到的金额，借记"银行存款"科目，按应交的土地增值税，贷记本科目（应交土地增值税），同时冲销土地使用权的账面价值，贷记"无形资产"科目，按其差额，借记"营业外支出"科目或贷记"营业外收入"科目。实际交纳土地增值税时，借记本科目，贷记"银行存款"等科目。

企业按规定计算应交的房产税、土地使用税、车船使用税、矿产资源补偿费，借记"管理费用"科目，贷记本科目。实际交纳时，借记本科目，贷记"银行存款"等科目。

六、企业按照税法规定计算应交的所得税，借记"所得税费用"等科目，贷记本科目（应交所得税）。交纳的所得税，借记本科目，贷记"银行存款"等科目。

七、本科目期末贷方余额，反映企业尚未交纳的税费；期末如为借方余额，反映企业多交或尚未抵扣的税费。

2231　应付利息

一、本科目核算企业按照合同约定应支付的利息，包括吸收存款、分期付息到期还本的长期借款、企业债券等应支付的利息。

二、本科目可按存款人或债权人进行明细核算。

三、资产负债表日，应按摊余成本和实际利率计算确定的利息费用，借记"利息支出"、"在建工程"、"财务费用"、"研发支出"等科目，按合同利率计算确定的应付未付利息，贷记本科目，按其差额，借记或贷记"长期借款——利息调整"、"吸收存款——利息调整"等科目。

合同利率与实际利率差异较小的，也可以采用合同利率计算确定利息费用。实际支付利息时，借记本科目，贷记"银行存款"等科目。

四、本科目期末贷方余额，反映企业应付未付的利息。

2232　应付股利

一、本科目核算企业分配的现金股利或利润。

二、本科目可按投资者进行明细核算。

三、企业根据股东大会或类似机构审议批准的利润分配方案，按应支付的现金股利或利润，借记"利润分配"科目，贷记本科目。实际支付现金股利或利润，借记本科目，贷记"银行存款"等科目。董事会或类似机构通过的利润分配方案中拟分配的现金股利或利润，不做账务处理，但应在附注中披露。

四、本科目期末贷方余额，反映企业应付未付的现金股利或利润。

2241　其他应付款

一、本科目核算企业除应付票据、应付账款、预收账款、应付职工薪酬、应付利息、应付股利、应交税费、长期应付款等以外的其他各项应付、暂收的款项。企业（保险）应交纳的保险保障基金，也通过本科目核算。

二、本科目可按其他应付款的项目和对方单位（或个人）进行明细核算。

三、企业采用售后回购方式融入资金的，应按实际收到的金额，借记"银行存款"科目，贷记本科目。回购价格与原销售价格之间的差额，应在售后回购期间内按期计提利息费用，借记"财务费用"科目，贷记本科目。按照合同约定购回该项商品等时，应按实际支付的金额，借记本科目，贷记"银行存款"科目。

四、企业发生的其他各种应付、暂收款项，借记"管理费用"等科目，贷记本科目；支付的其他各种应付、暂收款项，借记本科目，贷记"银行存款"等科目。

五、本科目期末贷方余额，反映企业应付未付的其他应付款项。

2251　应付保单红利

一、本科目核算企业（保险）按原保险合同约定应付未付投保人的红利。

二、本科目可按投保人进行明细核算。

三、企业按原保险合同约定计提应支付的保单红利，借记"保单红利支出"科目，贷记本科目。向投保人支付的保单红利，借记本科目，贷记"库存现金"、"银行存款"等科目。

四、本科目期末贷方余额，反映企业应付未付投保人的红利。

2261 应付分保账款

一、本科目核算企业（保险）从事再保险业务应付未付的款项。

二、本科目可按再保险分出人或再保险接受人和再保险合同进行明细核算。

三、再保险分出人应付分保账款的主要账务处理。

（一）企业在确认原保险合同保费收入的当期，按相关再保险合同约定计算确定的分出保费金额，借记"分出保费"科目，贷记本科目。

在原保险合同提前解除的当期，按相关再保险合同约定计算确定的分出保费的调整金额，借记本科目，贷记"分出保费"科目。对于超额赔款再保险等非比例再保险合同，按相关再保险合同约定计算确定的分出保费金额，借记"分出保费"科目，贷记本科目。

（二）发出分保业务账单时，按账单标明的扣存本期分保保证金，借记本科目，贷记"存入保证金"科目。按账单标明的返还上期扣存分保保证金，借记"存入保证金"科目，贷记本科目。

按期计算的存入分保保证金利息，借记"利息支出"科目，贷记本科目。

四、再保险接受人应付分保账款的主要账务处理。

（一）企业在确认分保费收入的当期，按相关再保险合同约定计算确定的分保费用金额，借记"分保费用"科目，贷记本科目。

收到分保业务账单时，按账单标明的金额对分保费用进行调整，按调整增加额，借记"分保费用"科目，贷记本科目；按调整减少额做相反的会计分录。

（二）计算确定应向再保险分出人支付纯益手续费的，按相关再保险合同约定计算确定的纯益手续费金额，借记"分保费用"科目，贷记本科目。

（三）收到分保业务账单的当期，按账单标明的分保赔付款项金额，借记"赔付支出"科目，贷记本科目。

五、再保险分出人、再保险接受人结算分保账款时，按应付分保账款金额，借记本科目，按应收分保账款金额，贷记"应收分保账款"科目，按其差额，借记或贷记"银行存款"科目。

六、本科目期末贷方余额，反映企业从事再保险业务应付未付的款项。

2311 代理买卖证券款

一、本科目核算企业（证券）接受客户委托，代理客户买卖股票、债券和基金等有价证券而收到的款项。

企业（证券）代理客户认购新股的款项、代理客户领取的现金股利和债券利息、代理客户向证券交易所支付的配股款等，也在本科目核算。

二、本科目可按客户类别等进行明细核算。

三、代理买卖证券款的主要账务处理。

（一）企业收到客户交来的款项，借记"银行存款——客户"等科目，贷记本科目；客户提取存款做相反的会计分录。

（二）接受客户委托，买入证券成交总额大于卖出证券成交总额的，应按买卖证券成交价的差额加上代扣代交的相关税费和应向客户收取的佣金等之和，借记本科目等，贷记"结算备付金——客户"、"银行存款"等科目。

接受客户委托，卖出证券成交总额大于买入证券成交总额的，应按买卖证券成交价的差额减去代扣代交的相关税费和应向客户收取的佣金等后的余额，借记"结算备付金——客户"、"银行存款"等科目，贷记本科目等。

（三）代理客户认购新股，收到客户交来的认购款项，借记"银行存款——客户"等科目，贷记本科目。将款项划付证券交易所，借记"结算备付金——客户"科目，贷记"银行存款——客户"科目。客户办理申购手续，按实际支付的金额，借记本科目，贷记"结算备付金——客户"科目。证券交易所完成中签认定工作，将未中签资金退给客户时，借记"结算备付金——客户"科目，贷记本科目。企业将未中签的款项划回，借记"银行存款——客户"科目，贷记"结算备付金——客户"科目。企业将未中签的款项退给客户，借记本科目，贷记"银行存款——客户"科目。

（四）代理客户办理配股业务，采用当日向证券交易所交纳配股款的，当客户提出配股要求时，借记本科目，贷记"结算备付金——客户"科目。采用定期向证券交易所交纳配股款的，在客户提出配股要求时，借记本科目，贷记"其他应付款——应付客户配股款"科目。与证券交易所清算配股款，按配股金额，借记"其他应付款——应付客户配股款"科目，贷记"结算备付金——客户"科目。

四、本科目期末贷方余额，反映企业接受客户存放的代理买卖证券资金。

2312　代理承销证券款

一、本科目核算企业（金融）接受委托，采用承购包销方式或代销方式承销证券所形成的、应付证券发行人的承销资金。

二、本科目可按委托单位和证券种类进行明细核算。

三、企业承销记名证券的主要账务处理。

（一）通过证券交易所上网发行的，在证券上网发行日根据承销合同确认的证券发行总额，按承销价款，在备查簿中记录承销证券的情况。

（二）与证券交易所交割清算，按实际收到的金额，借记"结算备付金"等科目,贷记本科目。

(三)承销期结束,将承销证券款项交付委托单位并收取承销手续费,按承销价款,借记本科目,按应收取的承销手续费,贷记"手续费及佣金收入"科目,按实际支付给委托单位的金额,贷记"银行存款"等科目。

(四)承销期结束有未售出证券、采用余额承购包销方式承销证券的,按合同规定由企业认购,应按承销价款,借记"交易性金融资产"、"可供出售金融资产"等科目,贷记本科目。承销期结束,应将未售出证券退还委托单位。

四、企业承销无记名证券,比照承销记名证券的相关规定进行处理。

五、本科目期末贷方余额,反映企业承销证券应付未付给委托单位的款项。

2313 代理兑付证券款

一、本科目核算企业(证券、银行等)接受委托代理兑付证券收到的兑付资金。

二、本科目可按委托单位和证券种类进行明细核算。

三、代理兑付证券款的主要账务处理。

(一)企业兑付记名证券,收到委托单位的兑付资金,借记"银行存款"等科目,贷记本科目。收到客户交来的证券,按兑付金额,借记本科目,贷记"库存现金"、"银行存款"等科目。兑付无记名证券的,还应通过"代理兑付证券"科目核算。

(二)收取代理兑付证券手续费收入,向委托单位单独收取的,按应收或已收取的手续费,借记"应收手续费及佣金"等科目,贷记"手续费及佣金收入"科目。

手续费与兑付款一并汇入的,在收到款项时,应按实际收到的金额,借记"结算备付金"等科目,按应兑付的金额,贷记本科目,按事先取得的手续费,贷记"其他应付款——预收代理兑付证券手续费"科目。兑付证券业务完成后确认手续费收入,借记"其他应付款——预收代理兑付证券手续费"科目,贷记"手续费及佣金收入"科目。

四、本科目期末贷方余额,反映企业已收到但尚未兑付的代理兑付证券款项。

2314 代理业务负债

一、本科目核算企业不承担风险的代理业务收到的款项,包括受托投资资金、受托贷款资金等。企业采用收取手续费方式收到的代销商品款,可将本科目改为"2314受托代销商品款"科目。

二、本科目可按委托单位、资产管理类别(如定向、集合和专项资产管理业务)等进行明细核算。

三、代理业务负债的主要账务处理。

（一）企业收到的代理业务款项，借记"银行存款"、"存放中央银行款项"、"吸收存款"等科目，贷记本科目。

定期或在合同到期与委托客户进行结算，按合同约定比例计算代理业务资产收益，结转已实现未结算损益，借记"代理业务资产——已实现未结算损益"科目，按属于委托客户的收益，贷记本科目，按属于企业的收益，贷记"手续费及佣金收入"科目。

按规定划转、核销或退还代理业务资金，借记本科目，贷记"银行存款"、"存放中央银行款项"、"吸收存款"等科目。

（二）收到受托代销的商品，按约定的价格，借记"受托代销商品"科目，贷记"受托代销商品款"科目。

售出受托代销商品后，按实际收到或应收的金额，借记"银行存款"、"应收账款"等科目，贷记"受托代销商品"科目。计算代销手续费等收入，借记"受托代销商品款"科目，贷记"其他业务收入"科目。结清代销商品款时，借记"受托代销商品款"科目，贷记"银行存款"科目。

四、本科目期末贷方余额，反映企业收到的代理业务资金。

2401　递延收益

一、本科目核算企业确认的应在以后期间计入当期损益的政府补助。

二、本科目可按政府补助的项目进行明细核算。

三、递延收益的主要账务处理。

（一）企业收到或应收的与资产相关的政府补助，借记"银行存款"、"其他应收款"等科目，贷记本科目。在相关资产使用寿命内分配递延收益，借记本科目，贷记"营业外收入"科目。

（二）与收益相关的政府补助，用于补偿企业以后期间相关费用或损失的，按收到或应收的金额，借记"银行存款"、"其他应收款"等科目，贷记本科目。在发生相关费用或损失的未来期间，按应补偿的金额，借记本科目，贷记"营业外收入"科目。用于补偿企业已发生的相关费用或损失的，按收到或应收的金额，借记"银行存款"、"其他应收款"等科目，贷记"营业外收入"科目。

四、本科目期末贷方余额，反映企业应在以后期间计入当期损益的政府补助。

2501　长期借款

一、本科目核算企业向银行或其他金融机构借入的期限在1年以上（不含1年）的各项借款。

二、本科目可按贷款单位和贷款种类，分别"本金"、"利息调整"等进行明细核算。

三、长期借款的主要账务处理。

（一）企业借入长期借款，应按实际收到的金额，借记"银行存款"科目，贷记本科目（本金）。如存在差额，还应借记本科目（利息调整）。

（二）资产负债表日，应按摊余成本和实际利率计算确定的长期借款的利息费用，借记"在建工程"、"制造费用"、"财务费用"、"研发支出"等科目，按合同利率计算确定的应付未付利息，贷记"应付利息"科目，按其差额，贷记本科目（利息调整）。

实际利率与合同利率差异较小的，也可以采用合同利率计算确定利息费用。

（三）归还的长期借款本金，借记本科目（本金），贷记"银行存款"科目。同时，存在利息调整余额的，借记或贷记"在建工程"、"制造费用"、"财务费用"、"研发支出"等科目，贷记或借记本科目（利息调整）。

四、本科目期末贷方余额，反映企业尚未偿还的长期借款。

2502 应付债券

一、本科目核算企业为筹集（长期）资金而发行债券的本金和利息。企业发行的可转换公司债券，应将负债和权益成份进行分拆，分拆后形成的负债成份在本科目核算。

二、本科目可按"面值"、"利息调整"、"应计利息"等进行明细核算。

三、应付债券的主要账务处理。

（一）企业发行债券，应按实际收到的金额，借记"银行存款"等科目，按债券票面金额，贷记本科目（面值）。存在差额的，还应借记或贷记本科目（利息调整）。发行的可转换公司债券，应按实际收到的金额，借记"银行存款"等科目，按该项可转换公司债券包含的负债成份的面值，贷记本科目（可转换公司债券——面值），按权益成份的公允价值，贷记"资本公积——其他资本公积"科目，按其差额，借记或贷记本科目（利息调整）。

（二）资产负债表日，对于分期付息、一次还本的债券，应按摊余成本和实际利率计算确定的债券利息费用，借记"在建工程"、"制造费用"、"财务费用"、"研发支出"等科目，按票面利率计算确定的应付未付利息，贷记"应付利息"科目，按其差额，借记或贷记本科目（利息调整）。对于一次还本付息的债券，应于资产负债表日按摊余成本和实际利率计算确定的债券利息费用，借记"在建工程"、"制造费用"、"财务费用"、"研发支出"等科目，按票面利率计算确定的应付未付利息，贷记本科目（应计利息），按其差额，借记或贷记本科目（利息调整）。

实际利率与票面利率差异较小的，也可以采用票面利率计算确定利息费用。

（三）长期债券到期，支付债券本息，借记本科目（面值、应计利息）、"应付利息"等科目，贷记"银行存款"等科目。同时，存在利息调整余额的，借记或贷记本科目（利息调整），贷记或借记"在建工程"、"制造费用"、"财务费用"、"研发支出"等科目。

（四）可转换公司债券持有人行使转换权利，将其持有的债券转换为股票，按可转换公司债券的余额，借记本科目（可转换公司债券——面值、利息调整），按其权益成份的金额，借记"资本公积——其他资本公积"科目，按股票面值和转换的股数计算的股票面值总额，贷记"股本"科目，按其差额，贷记"资本公积——股本溢价"科目。如用现金支付不可转换股票的部分，还应贷记"银行存款"等科目。

四、企业应当设置"企业债券备查簿"，详细登记企业债券的票面金额、债券票面利率、还本付息期限与方式、发行总额、发行日期和编号、委托代售单位、转换股份等资料。企业债券到期兑付，在备查簿中应予注销。

五、本科目期末贷方余额，反映企业尚未偿还的长期债券摊余成本。

2601 未到期责任准备金

一、本科目核算企业（保险）提取的非寿险原保险合同未到期责任准备金。再保险接受人提取的再保险合同分保未到期责任准备金，也在本科目核算。

二、本科目可按保险合同进行明细核算。

三、未到期责任准备金的主要账务处理。

（一）企业确认原保费收入、分保费收入的当期，应按保险精算确定的未到期责任准备金，借记"提取未到期责任准备金"科目，贷记本科目。

（二）资产负债表日，按保险精算重新计算确定的未到期责任准备金与已确认的未到期责任准备金的差额，借记本科目，贷记"提取未到期责任准备金"科目。

（三）原保险合同提前解除的，按相关未到期责任准备金余额，借记本科目，贷记"提取未到期责任准备金"科目。

四、本科目期末贷方余额，反映企业的未到期责任准备金。

2602 保险责任准备金

一、本科目核算企业（保险）提取的原保险合同保险责任准备金，包括未决赔款准备金、寿险责任准备金、长期健康险责任准备金。再保险接受人提取的再保险合同保险责任准备金，也在本科目核算。企业（保险）也可以单独设置"未决赔款准备金"、"寿险责任准备金"、"长期健康险责任准备金"等科目。

二、本科目可按保险责任准备金类别、保险合同进行明细核算。

三、保险责任准备金的主要账务处理。

（一）企业确认寿险保费收入，应按保险精算确定的寿险责任准备金、长期健康险责任准备金，借记"提取保险责任准备金"科目，贷记本科目。

投保人发生非寿险保险合同约定的保险事故当期，企业应按保险精算确定的未决赔款准备金，借记"提取保险责任准备金"科目，贷记本科目。

对保险责任准备金进行充足性测试，应按补提的保险责任准备金，借记"提取保险责任准备金"科目，贷记本科目。

（二）原保险合同保险人确定支付赔付款项金额或实际发生理赔费用的当期，应按冲减的相应保险责任准备金余额，借记本科目，贷记"提取保险责任准备金"科目。

再保险接受人收到分保业务账单的当期，应按分保保险责任准备金的相应冲减金额，借记本科目，贷记"提取保险责任准备金"科目。

（三）寿险原保险合同提前解除的，应按相关寿险责任准备金、长期健康险责任准备金余额，借记本科目，贷记"提取保险责任准备金"科目。

四、本科目期末贷方余额，反映企业的保险责任准备金。

2611 保户储金

一、本科目核算企业（保险）收到投保人以储金本金增值作为保费收入的储金。企业（保险）收到投保人投资型保险业务的投资款，可将本科目改为"2611 保户投资款"科目。企业（保险）应向投保人支付的储金或投资款增值，也在本科目核算。

二、本科目可按投保人进行明细核算。

三、企业收到投保人交纳的储金，借记"银行存款"、"库存现金"等科目，贷记本科目。向投保人支付储金做相反的会计分录。

四、本科目期末贷方余额，反映企业应付未付投保人储金。

2621 独立账户负债

一、本科目核算企业（保险）对分拆核算的投资连结产品不属于风险保障部分确认的独立账户负债。

二、本科目可按负债类别进行明细核算。

三、独立账户负债的主要账务处理。

（一）向独立账户划入资金，借记"独立账户资产——银行存款及现金"科目，贷记本科目。

（二）对独立账户投资进行估值，按估值增值，借记"独立账户资产"科目，贷记本科目；估值减值的做相反的会计分录。

（三）按照独立账户计提的保险费，借记"银行存款"科目，贷记"保费收入"科目；同时，借记本科目，贷记"独立账户资产"科目。对独立账户计提账户管理费，借记"银行存款"科目，贷记"手续费及佣金收入"科目；同时，借记本科目，贷记"独立账户资产"科目。

（四）支付独立账户资产，借记本科目，贷记"独立账户资产"科目。

四、本科目期末贷方余额，反映企业确认的独立账户负债。

2701　长期应付款

一、本科目核算企业除长期借款和应付债券以外的其他各种长期应付款项，包括应付融资租入固定资产的租赁费、以分期付款方式购入固定资产等发生的应付款项等。

二、本科目可按长期应付款的种类和债权人进行明细核算。

三、长期应付款的主要账务处理。

（一）企业融资租入的固定资产，在租赁期开始日，按应计入固定资产成本的金额（租赁开始日租赁资产公允价值与最低租赁付款额现值两者中较低者，加上初始直接费用），借记"在建工程"或"固定资产"科目，按最低租赁付款额，贷记本科目，按发生的初始直接费用，贷记"银行存款"等科目，按其差额，借记"未确认融资费用"科目。

按期支付的租金，借记本科目，贷记"银行存款"等科目。

（二）购入有关资产超过正常信用条件延期支付价款、实质上具有融资性质的，应按购买价款的现值，借记"固定资产"、"在建工程"等科目，按应支付的金额，贷记本科目，按其差额，借记"未确认融资费用"科目。

按期支付的价款，借记本科目，贷记"银行存款"科目。

四、本科目期末贷方余额，反映企业应付未付的长期应付款项。

2702　未确认融资费用

一、本科目核算企业应当分期计入利息费用的未确认融资费用。

二、本科目可按债权人和长期应付款项目进行明细核算。

三、未确认融资费用的主要账务处理。

（一）企业融资租入的固定资产，在租赁期开始日，按应计入固定资产成本的金额（租赁开始日租赁资产公允价值与最低租赁付款额现值两者中较低者，加上初始直接费用),借记"在建工程"或"固定资产"科目,按最低租赁付款额,贷记"长期应付款"科目,按发生的初始直接费用,贷记"银行存款"等科目,按其差额,借记本科目。

采用实际利率法分期摊销未确认融资费用,借记"财务费用"、"在建工程"等科目,贷记本科目。

(二)购入有关资产超过正常信用条件延期支付价款、实质上具有融资性质的,应按购买价款的现值,借记"固定资产"、"在建工程"等科目,按应支付的金额,贷记"长期应付款"科目,按其差额,借记本科目。

采用实际利率法分期摊销未确认融资费用,借记"在建工程"、"财务费用"等科目,贷记本科目。

四、本科目期末借方余额,反映企业未确认融资费用的摊余价值。

2711 专项应付款

一、本科目核算企业取得政府作为企业所有者投入的具有专项或特定用途的款项。

二、本科目可按资本性投资项目进行明细核算。

三、企业收到或应收的资本性拨款,借记"银行存款"等科目,贷记本科目。将专项或特定用途的拨款用于工程项目,借记"在建工程"等科目,贷记"银行存款"、"应付职工薪酬"等科目。

工程项目完工形成长期资产的部分,借记本科目,贷记"资本公积——资本溢价"科目;对未形成长期资产需要核销的部分,借记本科目,贷记"在建工程"等科目;拨款结余需要返还的,借记本科目,贷记"银行存款"科目。

上述资本溢价转增实收资本或股本,借记"资本公积——资本溢价或股本溢价"科目,贷记"实收资本"或"股本"科目。

四、本科目期末贷方余额,反映企业尚未转销的专项应付款。

2801 预计负债

一、本科目核算企业确认的对外提供担保、未决诉讼、产品质量保证、重组义务、亏损性合同等预计负债。

二、本科目可按形成预计负债的交易或事项进行明细核算。

三、预计负债的主要账务处理。

(一)企业由对外提供担保、未决诉讼、重组义务产生的预计负债,应按确定的金额,借记"营业外支出"等科目,贷记本科目。由产品质量保证产生的预计负债,应按确定的金额,借记"销售费用"科目,贷记本科目。

由资产弃置义务产生的预计负债，应按确定的金额，借记"固定资产"或"油气资产"科目，贷记本科目。在固定资产或油气资产的使用寿命内，按计算确定各期应负担的利息费用，借记"财务费用"科目，贷记本科目。

（二）实际清偿或冲减的预计负债，借记本科目，贷记"银行存款"等科目。

（三）根据确凿证据需要对已确认的预计负债进行调整的，调整增加的预计负债，借记有关科目，贷记本科目；调整减少的预计负债做相反的会计分录。

四、本科目期末贷方余额，反映企业已确认尚未支付的预计负债。

2901　递延所得税负债

一、本科目核算企业确认的应纳税暂时性差异产生的所得税负债。

二、本科目可按应纳税暂时性差异的项目进行明细核算。

三、递延所得税负债的主要账务处理。

（一）资产负债表日，企业确认的递延所得税负债，借记"所得税费用——递延所得税费用"科目，贷记本科目。资产负债表日递延所得税负债的应有余额大于其账面余额的，应按其差额确认，借记"所得税费用——递延所得税费用"科目，贷记本科目；资产负债表日递延所得税负债的应有余额小于其账面余额的做相反的会计分录。

与直接计入所有者权益的交易或事项相关的递延所得税负债，借记"资本公积——其他资本公积"科目，贷记本科目。

（二）企业合并中取得资产、负债的入账价值与其计税基础不同形成应纳税暂时性差异的，应于购买日确认递延所得税负债，同时调整商誉，借记"商誉"等科目，贷记本科目。

四、本科目期末贷方余额，反映企业已确认的递延所得税负债。

共　同　类

3001　清算资金往来

一、本科目核算企业（银行）间业务往来的资金清算款项。

二、本科目可按资金往来单位，分别"同城票据清算"、"信用卡清算"等进行明细核算。

三、同城票据清算业务的主要账务处理。

（一）提出借方凭证，借记本科目，贷记"其他应付款"科目。发生退票，借记"其他应付款"科目，贷记本科目。已过退票时间未发生退票，借记"其他应付款"科目,贷记"吸收存款"等科目。

提出贷方凭证,借记"吸收存款"等科目,贷记本科目;发生退票做相反的会计分录。

(二)提入借方凭证,提入凭证正确无误的,借记"吸收存款"等科目,贷记本科目。因误提他行凭证等原因不能入账的,借记"其他应收款"科目,贷记本科目。再提出时,借记本科目,贷记"其他应收款"科目。

提入贷方凭证,提入凭证正确无误的,借记本科目,贷记"吸收存款"等科目。因误提他行票据等原因不能入账的,借记本科目,贷记"其他应付款"科目。退票或再提出时,借记"其他应付款"科目,贷记本科目。

(三)将提出凭证和提入凭证计算轧差后为应收差额的,借记"存放中央银行款项"等科目,贷记本科目;如为应付差额做相反的会计分录。

四、发生的其他清算业务,收到的清算资金,借记"存放中央银行款项"等科目,贷记本科目;划付清算资金时做相反的会计分录。

五、本科目期末借方余额,反映企业应收的清算资金;本科目期末贷方余额,反映企业应付的清算资金。

3002 货币兑换

一、本科目核算企业(金融)采用分账制核算外币交易所产生的不同币种之间的兑换。

二、本科目按币种进行明细核算。

三、货币兑换的主要账务处理。

(一)企业发生的外币交易仅涉及货币性项目的,应按相同币种金额,借记或贷记有关货币性项目科目,贷记或借记本科目。

(二)发生的外币交易同时涉及货币性项目和非货币性项目的,按相同外币金额记入货币性项目和本科目(外币);同时,按交易发生日即期汇率折算为记账本位币的金额记入非货币性项目和本科目(记账本位币)。结算货币性项目产生的汇兑差额计入"汇兑损益"科目。

(三)期末,应将所有以外币表示的本科目余额按期末汇率折算为记账本位币金额,折算后的记账本位币金额与本科目(记账本位币)余额进行比较,为贷方差额的,借记本科目(记账本位币),贷记"汇兑损益"科目;为借方差额的做相反的会计分录。

四、本科目期末应无余额。

3101 衍生工具

一、本科目核算企业衍生工具的公允价值及其变动形成的衍生资产或衍生负债。

衍生工具作为套期工具的，在"套期工具"科目核算。

二、本科目可按衍生工具类别进行明细核算。

三、衍生工具的主要账务处理。

（一）企业取得衍生工具，按其公允价值，借记本科目，按发生的交易费用，借记"投资收益"科目，按实际支付的金额，贷记"银行存款"、"存放中央银行款项"等科目。

（二）资产负债表日，衍生工具的公允价值高于其账面余额的差额，借记本科目，贷记"公允价值变动损益"科目；公允价值低于其账面余额的差额做相反的会计分录。

（三）终止确认的衍生工具，应当比照"交易性金融资产"、"交易性金融负债"等科目的相关规定进行处理。

四、本科目期末借方余额，反映企业衍生工具形成资产的公允价值；本科目期末贷方余额，反映企业衍生工具形成负债的公允价值。

3201 套期工具

一、本科目核算企业开展套期保值业务（包括公允价值套期、现金流量套期和境外经营净投资套期）套期工具公允价值变动形成的资产或负债。

二、本科目可按套期工具类别进行明细核算。

三、套期工具的主要账务处理。

（一）企业将已确认的衍生工具等金融资产或金融负债指定为套期工具的，应按其账面价值，借记或贷记本科目，贷记或借记"衍生工具"等科目。

（二）资产负债表日，对于有效套期，应按套期工具产生的利得，借记本科目，贷记"公允价值变动损益"、"资本公积——其他资本公积"等科目；套期工具产生损失做相反的会计分录。

（三）金融资产或金融负债不再作为套期工具核算的，应按套期工具形成的资产或负债，借记或贷记有关科目，贷记或借记本科目。

四、本科目期末借方余额，反映企业套期工具形成资产的公允价值；本科目期末贷方余额，反映企业套期工具形成负债的公允价值。

3202 被套期项目

一、本科目核算企业开展套期保值业务被套期项目公允价值变动形成的资产或负债。

二、本科目可按被套期项目类别进行明细核算。

三、被套期项目的主要账务处理。

(一)企业将已确认的资产或负债指定为被套期项目,应按其账面价值,借记或贷记本科目,贷记或借记"库存商品"、"长期借款"、"持有至到期投资"等科目。已计提跌价准备或减值准备的,还应同时结转跌价准备或减值准备。

(二)资产负债表日,对于有效套期,应按被套期项目产生的利得,借记本科目,贷记"公允价值变动损益"、"资本公积——其他资本公积"等科目;被套期项目产生损失做相反的会计分录。

(三)资产或负债不再作为被套期项目核算的,应按被套期项目形成的资产或负债,借记或贷记有关科目,贷记或借记本科目。

四、本科目期末借方余额,反映企业被套期项目形成资产的公允价值;本科目期末贷方余额,反映企业被套期项目形成负债的公允价值。

所有者权益类

4001 实收资本

一、本科目核算企业接受投资者投入的实收资本。

股份有限公司应将本科目改为"4001 股本"科目。

企业收到投资者出资超过其在注册资本或股本中所占份额的部分,作为资本溢价或股本溢价,在"资本公积"科目核算。

二、本科目可按投资者进行明细核算。

企业(中外合作经营)在合作期间归还投资者的投资,应在本科目设置"已归还投资"明细科目进行核算。

三、实收资本的主要账务处理。

(一)企业接受投资者投入的资本,借记"银行存款"、"其他应收款"、"固定资产"、"无形资产"、"长期股权投资"等科目,按其在注册资本或股本中所占份额,贷记本科目,按其差额,贷记"资本公积——资本溢价或股本溢价"科目。

(二)股东大会批准的利润分配方案中分配的股票股利,应在办理增资手续后,借记"利润分配"科目,贷记本科目。

经股东大会或类似机构决议，用资本公积转增资本，借记"资本公积——资本溢价或股本溢价"科目，贷记本科目。

（三）可转换公司债券持有人行使转换权利，将其持有的债券转换为股票，按可转换公司债券的余额，借记"应付债券——可转换公司债券（面值、利息调整）"科目，按其权益成份的金额，借记"资本公积——其他资本公积"科目，按股票面值和转换的股数计算的股票面值总额，贷记本科目，按其差额，贷记"资本公积——股本溢价"科目。如有现金支付不可转换股票，还应贷记"银行存款"等科目。

企业将重组债务转为资本的，应按重组债务的账面余额，借记"应付账款"等科目，按债权人因放弃债权而享有本企业股份的面值总额，贷记本科目，按股份的公允价值总额与相应的实收资本或股本之间的差额，贷记或借记"资本公积——资本溢价或股本溢价"科目，按其差额，贷记"营业外收入——债务重组利得"科目。

（四）以权益结算的股份支付换取职工或其他方提供服务的，应在行权日，按根据实际行权情况确定的金额，借记"资本公积——其他资本公积"科目，按应计入实收资本或股本的金额，贷记本科目。

四、企业按法定程序报经批准减少注册资本的，借记本科目，贷记"库存现金"、"银行存款"等科目。

股份有限公司采用收购本公司股票方式减资的，按股票面值和注销股数计算的股票面值总额，借记本科目，按所注销库存股的账面余额，贷记"库存股"科目，按其差额，借记"资本公积——股本溢价"科目，股本溢价不足冲减的，应借记"盈余公积"、"利润分配——未分配利润"科目；购回股票支付的价款低于面值总额的，应按股票面值总额，借记本科目，按所注销库存股的账面余额，贷记"库存股"科目，按其差额，贷记"资本公积——股本溢价"科目。

五、企业（中外合作经营）根据合同规定在合作期间归还投资者的投资，借记本科目（已归还投资），贷记"银行存款"等科目；同时，借记"利润分配——利润归还投资"科目，贷记"盈余公积——利润归还投资"科目。

中外合作经营清算，借记本科目、"资本公积"、"盈余公积"、"利润分配——未分配利润"等科目，贷记本科目（已归还投资）、"银行存款"等科目。

六、本科目期末贷方余额，反映企业实收资本或股本总额。

4002 资本公积

一、本科目核算企业收到投资者出资额超出其在注册资本或股本中所占份额的部分。直接计入所有者权益的利得和损失，也通过本科目核算。

二、本科目应当分别"资本溢价（股本溢价）"、"其他资本公积"进行明细核算。

三、资本公积的主要账务处理。

（一）企业接受投资者投入的资本、可转换公司债券持有人行使转换权利、将债务转为资本等形成的资本公积，借记有关科目，贷记"实收资本"或"股本"科目、本科目（资本溢价或股本溢价）等。

与发行权益性证券直接相关的手续费、佣金等交易费用，借记本科目（股本溢价）等，贷记"银行存款"等科目。经股东大会或类似机构决议，用资本公积转增资本，借记本科目（资本溢价或股本溢价），贷记"实收资本"或"股本"科目。

（二）同一控制下控股合并形成的长期股权投资，应在合并日按取得被合并方所有者权益账面价值的份额，借记"长期股权投资"科目，按享有被投资单位已宣告但尚未发放的现金股利或利润，借记"应收股利"科目，按支付的合并对价的账面价值，贷记有关资产科目或借记有关负债科目，按其差额，贷记本科目（资本溢价或股本溢价）；为借方差额的，借记本科目（资本溢价或股本溢价），资本公积（资本溢价或股本溢价）不足冲减的，借记"盈余公积"、"利润分配——未分配利润"科目。

同一控制下吸收合并涉及的资本公积，比照上述原则进行处理。

（三）长期股权投资采用权益法核算的，在持股比例不变的情况下，被投资单位除净损益以外所有者权益的其他变动，企业按持股比例计算应享有的份额，借记或贷记"长期股权投资——其他权益变动"科目，贷记或借记本科目（其他资本公积）。

处置采用权益法核算的长期股权投资，还应结转原记入资本公积的相关金额，借记或贷记本科目（其他资本公积），贷记或借记"投资收益"科目。

（四）以权益结算的股份支付换取职工或其他方提供服务的，应按照确定的金额，借记"管理费用"等科目，贷记本科目（其他资本公积）。

在行权日，应按实际行权的权益工具数量计算确定的金额，借记本科目（其他资本公积），按计入实收资本或股本的金额，贷记"实收资本"或"股本"科目，按其差额，贷记本科目（资本溢价或股本溢价）。

（五）自用房地产或存货转换为采用公允价值模式计量的投资性房地产，按照"投资性房地产"科目的相关规定进行处理，相应调整资本公积。

（六）将持有至到期投资重分类为可供出售金融资产，或将可供出售金融资产重分类为持有至到期投资的，按照"持有至到期投资"、"可供出售金融资产"等科目的相关规定进行处理，相应调整资本公积。

将可供出售金融资产重分类为采用成本或摊余成本计量的金融资产的，对于原记入资本公积的相关金额，还应分别不同情况进行处理：有固定到期日的，应在该项金融资产的剩余期限内，在资产负债表日，按采用实际利率法计算确定的摊销金额，借记或贷记本科目（其他资本公积），贷记或借记"投资收益"科目；没有固定到期日的，应在处置该项金融资产时，借记或贷记本科目（其他资本公积），贷记或借记"投资收益"科目。

可供出售金融资产的后续计量，按照"可供出售金融资产"科目的相关规定进行处理，相应调整资本公积。

（七）股份有限公司采用收购本公司股票方式减资的，按股票面值和注销股数计算的股票面值总额，借记"股本"科目，按所注销的库存股的账面余额，贷记"库存股"科目，按其差额，借记本科目（股本溢价），股本溢价不足冲减的，应借记"盈余公积"、"利润分配——未分配利润"科目；购回股票支付的价款低于面值总额的，应按股票面值总额，借记"股本"科目，按所注销的库存股的账面余额，贷记"库存股"科目，按其差额，贷记本科目（股本溢价）。

（八）资产负债表日，满足运用套期会计方法条件的现金流量套期和境外经营净投资套期产生的利得或损失，属于有效套期的，借记或贷记有关科目，贷记或借记本科目（其他资本公积）；属于无效套期的，借记或贷记有关科目，贷记或借记"公允价值变动损益"科目。

四、本科目期末贷方余额，反映企业的资本公积。

4101　盈余公积

一、本科目核算企业从净利润中提取的盈余公积。

二、本科目应当分别"法定盈余公积"、"任意盈余公积"进行明细核算。

外商投资企业还应分别"储备基金"、"企业发展基金"进行明细核算。

中外合作经营在合作期间归还投资者的投资，应在本科目设置"利润归还投资"明细科目进行核算。

三、盈余公积的主要账务处理。

（一）企业按规定提取的盈余公积，借记"利润分配——提取法定盈余公积、提取任意盈余公积"科目，贷记本科目（法定盈余公积、任意盈余公积）。

外商投资企业按规定提取的储备基金、企业发展基金、职工奖励及福利基金，借记"利润分配——提取储备基金、提取企业发展基金、提取职工奖励及福利基金"科目，贷记本科目（储备基金、企业发展基金）、"应付职工薪酬"科目。

（二）经股东大会或类似机构决议，用盈余公积弥补亏损或转增资本，借记本科目，贷记"利润分配——盈余公积补亏"、"实收资本"或"股本"科目。

经股东大会决议，用盈余公积派送新股，按派送新股计算的金额，借记本科目，按股票面值和派送新股总数计算的股票面值总额，贷记"股本"科目。

中外合作经营根据合同规定在合作期间归还投资者的投资，应按实际归还投资的金额，借记"实收资本——已归还投资"科目，贷记"银行存款"等科目；同时，借记"利润分配——利润归还投资"科目，贷记本科目（利润归还投资）。

四、本科目期末贷方余额，反映企业的盈余公积。

4102 一般风险准备

一、本科目核算企业（金融）按规定从净利润中提取的一般风险准备。

二、企业提取的一般风险准备，借记"利润分配——提取一般风险准备"科目，贷记本科目。用一般风险准备弥补亏损，借记本科目，贷记"利润分配——一般风险准备补亏"科目。

三、本科目期末贷方余额，反映企业的一般风险准备。

4103 本年利润

一、本科目核算企业当期实现的净利润（或发生的净亏损）。

二、企业期（月）末结转利润时，应将各损益类科目的金额转入本科目，结平各损益类科目。结转后本科目的贷方余额为当期实现的净利润；借方余额为当期发生的净亏损。

三、年度终了，应将本年收入和支出相抵后结出的本年实现的净利润，转入"利润分配"科目，借记本科目，贷记"利润分配——未分配利润"科目；如为净亏损做相反的会计分录。结转后本科目应无余额。

4104 利润分配

一、本科目核算企业利润的分配（或亏损的弥补）和历年分配（或弥补）后的余额。

二、本科目应当分别"提取法定盈余公积"、"提取任意盈余公积"、"应付现金股利或利润"、"转作股本的股利"、"盈余公积补亏"和"未分配利润"等进行明细核算。

三、利润分配的主要账务处理。

（一）企业按规定提取的盈余公积，借记本科目（提取法定盈余公积、提取任意盈余公积），贷记"盈余公积——法定盈余公积、任意盈余公积"科目。

外商投资企业按规定提取的储备基金、企业发展基金、职工奖励及福利基金，借记本科目（提取储备基金、提取企业发展基金、提取职工奖励及福利基金），贷记"盈余公积——储备基金、企业发展基金"、"应付职工薪酬"等科目。

企业（金融）按规定提取的一般风险准备，借记本科目（提取一般风险准备），贷记"一般风险准备"科目。

（二）经股东大会或类似机构决议，分配给股东或投资者的现金股利或利润，借记本科目（应付现金股利或利润），贷记"应付股利"科目。

经股东大会或类似机构决议，分配给股东的股票股利，应在办理增资手续后，借记本科目（转作股本的股利），贷记"股本"科目。

用盈余公积弥补亏损，借记"盈余公积——法定盈余公积或任意盈余公积"科目，贷记本科目（盈余公积补亏）。

企业（金融）用一般风险准备弥补亏损，借记"一般风险准备"科目，贷记本科目（一般风险准备补亏）科目。

四、年度终了，企业应将本年实现的净利润，自"本年利润"科目转入本科目，借记"本年利润"科目，贷记本科目（未分配利润），为净亏损的做相反的会计分录；同时，将"利润分配"科目所属其他明细科目的余额转入本科目"未分配利润"明细科目。结转后，本科目除"未分配利润"明细科目外，其他明细科目应无余额。

五、本科目年末余额，反映企业的未分配利润（或未弥补亏损）。

4201 库存股

一、本科目核算企业收购、转让或注销的本公司股份金额。

二、库存股的主要账务处理。

（一）企业为减少注册资本而收购本公司股份的，应按实际支付的金额，借记本科目，贷记"银行存款"等科目。

（二）为奖励本公司职工而收购本公司股份的，应按实际支付的金额，借记本科目，贷记"银行存款"等科目，同时做备查登记。

将收购的股份奖励给本公司职工属于以权益结算的股份支付，如有实际收到的金额，借记"银行存款"科目，按根据职工获取奖励股份的实际情况确定的金额，借记"资本公积——其他资本公积"科目，按奖励库存股的账面余额，贷记本科目，按其差额，贷记或借记"资本公积——股本溢价"科目。

（三）股东因对股东大会作出的公司合并、分立决议持有异议而要求企业收购本公司股份的，企业应按实际支付的金额，借记本科目，贷记"银行存款"等科目。

（四）转让库存股，应按实际收到的金额，借记"银行存款"等科目，按转让库存股的账面余额，贷记本科目，按其差额，贷记"资本公积——股本溢价"

科目；为借方差额的，借记"资本公积——股本溢价"科目，股本溢价不足冲减的，应借记"盈余公积"、"利润分配——未分配利润"科目。

（五）注销库存股，应按股票面值和注销股数计算的股票面值总额，借记"股本"科目，按注销库存股的账面余额，贷记本科目，按其差额，借记"资本公积——股本溢价"科目，股本溢价不足冲减的，应借记"盈余公积"、"利润分配——未分配利润"科目。

三、本科目期末借方余额，反映企业持有尚未转让或注销的本公司股份金额。

成 本 类

5001 生产成本

一、本科目核算企业进行工业性生产发生的各项生产成本，包括生产各种产品（产成品、自制半成品等）、自制材料、自制工具、自制设备等。

企业（农业）进行农业生产发生的各项生产成本，可将本科目改为"5001 农业生产成本"科目，并分别种植业、畜牧养殖业、林业和水产业确定成本核算对象（消耗性生物资产、生产性生物资产、公益性生物资产和农产品）和成本项目，进行费用的归集和分配。

企业（房地产开发）可将本科目改为"5001 开发成本"科目。

二、本科目可按基本生产成本和辅助生产成本进行明细核算。

基本生产成本应当分别按照基本生产车间和成本核算对象（产品的品种、类别、订单、批别、生产阶段等）设置明细账（或成本计算单，下同），并按照规定的成本项目设置专栏。

三、生产成本的主要账务处理。

（一）企业发生的各项直接生产成本，借记本科目（基本生产成本、辅助生产成本），贷记"原材料"、"库存现金"、"银行存款"、"应付职工薪酬"等科目。

各生产车间应负担的制造费用，借记本科目（基本生产成本、辅助生产成本），贷记"制造费用"科目。

辅助生产车间为基本生产车间、企业管理部门和其他部门提供的劳务和产品，期（月）末按照一定的分配标准分配给各受益对象，借记本科目（基本生产成本）、"管理费用"、"销售费用"、"其他业务成本"、"在建工程"等科目，贷记本科目（辅助生产成本）。

企业已经生产完成并已验收入库的产成品以及入库的自制半成品，应于期（月）末，借记"库存商品"等科目，贷记本科目（基本生产成本）。

（二）生产性生物资产在产出农产品过程中发生的各项费用，借记"农业生产成本"科目，贷记"库存现金"、"银行存款"、"原材料"、"应付职工薪酬"、"生产性生物资产累计折旧"等科目。

农业生产过程中发生的应由农产品、消耗性生物资产、生产性生物资产和公益性生物资产共同负担的费用，借记"农业生产成本——共同费用"科目，贷记"库存现金"、"银行存款"、"原材料"、"应付职工薪酬"、"农业生产成本"等科目。

期（月）末，可按一定的分配标准对上述共同负担的费用进行分配，借记"农业生产成本——农产品"、"消耗性生物资产"、"生产性生物资产"、"公益性生物资产"等科目，贷记"农业生产成本——共同费用"科目。

应由生产性生物资产收获的农产品负担的费用，应当采用合理的方法在农产品各品种之间进行分配；如有尚未收获的农产品，还应当在已收获和尚未收获的农产品之间进行分配。

生产性生物资产收获的农产品验收入库时，按其实际成本，借记"农产品"科目，贷记本科目（农产品）。

四、本科目期末借方余额，反映企业尚未加工完成的在产品成本或尚未收获的农产品成本。

5101　制造费用

一、本科目核算企业生产车间（部门）为生产产品和提供劳务而发生的各项间接费用。企业行政管理部门为组织和管理生产经营活动而发生的管理费用，在"管理费用"科目核算。

二、本科目可按不同的生产车间、部门和费用项目进行明细核算。

三、制造费用的主要账务处理。

（一）生产车间发生的机物料消耗，借记本科目，贷记"原材料"等科目。

（二）发生的生产车间管理人员的工资等职工薪酬，借记本科目，贷记"应付职工薪酬"科目。

（三）生产车间计提的固定资产折旧，借记本科目，贷记"累计折旧"科目。

（四）生产车间支付的办公费、水电费等，借记本科目，贷记"银行存款"等科目。

（五）发生季节性的停工损失，借记本科目，贷记"原材料"、"应付职工薪酬"、"银行存款"等科目。

（六）将制造费用分配计入有关的成本核算对象，借记"生产成本（基本生产成本、辅助生产成本）"、"劳务成本"等科目，贷记本科目。

（七）季节性生产企业制造费用全年实际发生额与分配额的差额，除其中属于为下一年开工生产做准备的可留待下一年分配外,其余部分实际发生额大于分配额的差额,借记"生产成本——基本生产成本"科目,贷记本科目;实际发生额小于分配额的差额做相反的会计分录。

四、除季节性的生产性企业外,本科目期末应无余额。

5201 劳务成本

一、本科目核算企业对外提供劳务发生的成本。企业(证券)在为上市公司进行承销业务发生的各项相关支出,可将本科目改为"5201 待转承销费用"科目,并按照客户进行明细核算。

二、本科目可按提供劳务种类进行明细核算。

三、企业发生的各项劳务成本,借记本科目,贷记"银行存款"、"应付职工薪酬"、"原材料"等科目。建造承包商对外单位、专项工程等提供机械作业(包括运输设备)的成本,借记本科目,贷记"机械作业"科目。结转劳务的成本,借记"主营业务成本"、"其他业务成本"等科目,贷记本科目。

四、本科目期末借方余额,反映企业尚未完成或尚未结转的劳务成本。

5301 研发支出

一、本科目核算企业进行研究与开发无形资产过程中发生的各项支出。

二、本科目可按研究开发项目,分别"费用化支出"、"资本化支出"进行明细核算。

三、研发支出的主要账务处理。

(一)企业自行开发无形资产发生的研发支出,不满足资本化条件的,借记本科目(费用化支出),满足资本化条件的,借记本科目(资本化支出),贷记"原材料"、"银行存款"、"应付职工薪酬"等科目。

(二)研究开发项目达到预定用途形成无形资产的,应按本科目(资本化支出)的余额,借记"无形资产"科目,贷记本科目(资本化支出)。

期(月)末,应将本科目归集的费用化支出金额转入"管理费用"科目,借记"管理费用"科目,贷记本科目(费用化支出)。

四、本科目期末借方余额,反映企业正在进行无形资产研究开发项目满足资本化条件的支出。

5401 工程施工

一、本科目核算企业(建造承包商)实际发生的合同成本和合同毛利。

二、本科目可按建造合同,分别"合同成本"、"间接费用"、"合同毛利"进行明细核算。

三、工程施工的主要账务处理。

（一）企业进行合同建造时发生的人工费、材料费、机械使用费以及施工现场材料的二次搬运费、生产工具和用具使用费、检验试验费、临时设施折旧费等其他直接费用，借记本科目（合同成本），贷记"应付职工薪酬"、"原材料"等科目。发生的施工、生产单位管理人员职工薪酬、固定资产折旧费、财产保险费、工程保修费、排污费等间接费用，借记本科目（间接费用），贷记"累计折旧"、"银行存款"等科目。

期（月）末，将间接费用分配计入有关合同成本，借记本科目（合同成本），贷记本科目（间接费用）。

（二）确认合同收入、合同费用时，借记"主营业务成本"科目，贷记"主营业务收入"科目，按其差额，借记或贷记本科目（合同毛利）。

（三）合同完工时，应将本科目余额与相关工程施工合同的"工程结算"科目对冲，借记"工程结算"科目，贷记本科目。

四、本科目期末借方余额，反映企业尚未完工的建造合同成本和合同毛利。

5402　工程结算

一、本科目核算企业（建造承包商）根据建造合同约定向业主办理结算的累计金额。

二、本科目可按建造合同进行明细核算。

三、企业向业主办理工程价款结算，按应结算的金额，借记"应收账款"等科目，贷记本科目。

合同完工时，应将本科目余额与相关工程施工合同的"工程施工"科目对冲，借记本科目，贷记"工程施工"科目。

四、本科目期末贷方余额，反映企业尚未完工建造合同已办理结算的累计金额。

5403　机械作业

一、本科目核算企业（建造承包商）及其内部独立核算的施工单位、机械站和运输队使用自有施工机械和运输设备进行机械作业（包括机械化施工和运输作业等）所发生的各项费用。

企业及其内部独立核算的施工单位，从外单位或本企业其他内部独立核算的机械站租入施工机械发生的机械租赁费，在"工程施工"科目核算。

二、本科目可按施工机械或运输设备的种类等进行明细核算。

施工企业内部独立核算的机械施工、运输单位使用自有施工机械或运输设备进行机械作业所发生的各项费用,可按成本核算对象和成本项目进行归集。

成本项目一般分为:人工费、燃料及动力费、折旧及修理费、其他直接费用、间接费用(为组织和管理机械作业生产所发生的费用)。

三、机械作业的主要账务处理。

(一)企业发生的机械作业支出,借记本科目,贷记"原材料"、"应付职工薪酬"、"累计折旧"等科目。

(二)期(月)末,企业及其内部独立核算的施工单位、机械站和运输队为本单位承包的工程进行机械化施工和运输作业的成本,应转入承包工程的成本,借记"工程施工"科目,贷记本科目。对外单位、专项工程等提供机械作业(包括运输设备)的成本,借记"劳务成本"科目,贷记本科目。

四、本科目期末应无余额。

损 益 类

6001 主营业务收入

一、本科目核算企业确认的销售商品、提供劳务等主营业务的收入。

二、本科目可按主营业务的种类进行明细核算。

三、主营业务收入的主要账务处理。

(一)企业销售商品或提供劳务实现的收入,应按实际收到或应收的金额,借记"银行存款"、"应收账款"、"应收票据"等科目,按确认的营业收入,贷记本科目。

采用递延方式分期收款、具有融资性质的销售商品或提供劳务满足收入确认条件的,按应收合同或协议价款,借记"长期应收款"科目,按应收合同或协议价款的公允价值(折现值),贷记本科目,按其差额,贷记"未实现融资收益"科目。

以库存商品进行非货币性资产交换(非货币性资产交换具有商业实质且公允价值能够可靠计量)、债务重组的,应按该产成品、商品的公允价值,借记有关科目,贷记本科目。

本期(月)发生的销售退回或销售折让,按应冲减的营业收入,借记本科目,按实际支付或应退还的金额,贷记"银行存款"、"应收账款"等科目。

上述销售业务涉及增值税销项税额的,还应进行相应的处理。

(二)确认建造合同收入,按应确认的合同费用,借记"主营业务成本"科目,按应确认的合同收入，贷记本科目，按其差额，借记或贷记"工程施工——合同毛利"科目。

四、期末，应将本科目的余额转入"本年利润"科目，结转后本科目应无余额。

6011 利息收入

一、本科目核算企业（金融）确认的利息收入，包括发放的各类贷款（银团贷款、贸易融资、贴现和转贴现融出资金、协议透支、信用卡透支、转贷款、垫款等）、与其他金融机构（中央银行、同业等）之间发生资金往来业务、买入返售金融资产等实现的利息收入等。

二、本科目可按业务类别进行明细核算。

三、资产负债表日，企业应按合同利率计算确定的应收未收利息，借记"应收利息"等科目，按摊余成本和实际利率计算确定的利息收入，贷记本科目，按其差额，借记或贷记"贷款——利息调整"等科目。

实际利率与合同利率差异较小的，也可以采用合同利率计算确定利息收入。

四、期末，应将本科目余额转入"本年利润"科目，结转后本科目无余额。

6021 手续费及佣金收入

一、本科目核算企业（金融）确认的手续费及佣金收入，包括办理结算业务、咨询业务、担保业务、代保管等代理业务以及办理受托贷款及投资业务等取得的手续费及佣金，如结算手续费收入、佣金收入、业务代办手续费收入、基金托管收入、咨询服务收入、担保收入、受托贷款手续费收入、代保管收入、代理买卖证券、代理承销证券、代理兑付证券、代理保管证券、代理保险业务等代理业务以及其他相关服务实现的手续费及佣金收入等。

二、本科目可按手续费及佣金收入类别进行明细核算。

三、企业确认的手续费及佣金收入，按应收的金额，借记"应收手续费及佣金"、"代理承销证券款"等科目，贷记本科目。实际收到手续费及佣金，借记"存放中央银行款项"、"银行存款"、"结算备付金"、"吸收存款"等科目，贷记"应收手续费及佣金"等科目。

四、期末，应将本科目余额转入"本年利润"科目，结转后本科目无余额。

6031 保费收入

一、本科目核算企业（保险）确认的保费收入。

二、本科目可按保险合同和险种进行明细核算。

三、保费收入的主要账务处理。

（一）企业确认的原保险合同保费收入，借记"应收保费"、"预收保费"、"银行存款"、"库存现金"等科目，贷记本科目。

非寿险原保险合同提前解除的，按原保险合同约定计算确定的应退还投保人的金额，借记本科目，贷记"库存现金"、"银行存款"等科目。

（二）确认的再保险合同分保费收入，借记"应收分保账款"科目，贷记本科目。

收到分保业务账单，按账单标明的金额对分保费收入进行调整，按调整增加额，借记"应收分保账款"科目，贷记本科目；调整减少额做相反的会计分录。

四、期末，应将本科目余额转入"本年利润"科目，结转后本科目无余额。

6041　租赁收入

一、本科目核算企业（租赁）确认的租赁收入。

二、本科目可按租赁资产类别进行明细核算。

三、企业确认的租赁收入，借记"未实现融资收益"、"应收账款"等科目，贷记本科目。取得或有租金，借记"银行存款"等科目，贷记本科目。

四、期末，应将本科目余额转入"本年利润"科目，结转后本科目无余额。

6051　其他业务收入

一、本科目核算企业确认的除主营业务活动以外的其他经营活动实现的收入，包括出租固定资产、出租无形资产、出租包装物和商品、销售材料、用材料进行非货币性交换（非货币性资产交换具有商业实质且公允价值能够可靠计量）或债务重组等实现的收入。

企业（保险）经营受托管理业务收取的管理费收入，也通过本科目核算。

二、本科目可按其他业务收入种类进行明细核算。

三、企业确认的其他业务收入，借记"银行存款"、"其他应收款"等科目，贷记本科目等。

四、期末，应将本科目余额转入"本年利润"科目，结转后本科目应无余额。

6061　汇兑损益

一、本科目核算企业（金融）发生的外币交易因汇率变动而产生的汇兑损益。

二、采用统账制核算的，各外币货币性项目的外币期（月）末余额，应当按照期（月）末汇率折算为记账本位币金额。按照期（月）末汇率折算的记账本位币金额与原账面记账本位币金额之间的差额，如为汇兑收益，借记有关科目，贷记本科目；如为汇兑损失做相反的会计分录。

采用分账制核算的，期（月）末将所有以外币表示的"货币兑换"科目余额按期（月）末汇率折算为记账本位币金额，折算后的记账本位币金额与"货币兑换——记账本位币"科目余额进行比较，为贷方差额的，借记"货币兑换——记账本位币"科目，贷记"汇兑损益"科目；为借方差额的做相反的会计分录。

三、期末，应将本科目的余额转入"本年利润"科目，结转后本科目应无余额。

6101 公允价值变动损益

一、本科目核算企业交易性金融资产、交易性金融负债，以及采用公允价值模式计量的投资性房地产、衍生工具、套期保值业务等公允价值变动形成的应计入当期损益的利得或损失。

指定为以公允价值计量且其变动计入当期损益的金融资产或金融负债公允价值变动形成的应计入当期损益的利得或损失，也在本科目核算。

企业开展套期保值业务的，有效套期关系中套期工具或被套期项目的公允价值变动，也可以单独设置"6102 套期损益"科目核算。

二、本科目可按交易性金融资产、交易性金融负债、投资性房地产等进行明细核算。

三、公允价值变动损益的主要账务处理。

（一）资产负债表日，企业应按交易性金融资产的公允价值高于其账面余额的差额，借记"交易性金融资产——公允价值变动"科目，贷记本科目；公允价值低于其账面余额的差额做相反的会计分录。

出售交易性金融资产时，应按实际收到的金额，借记"银行存款"、"存放中央银行款项"等科目，按该金融资产的账面余额，贷记"交易性金融资产"科目，按其差额，借记或贷记"投资收益"科目。同时，将原计入该金融资产的公允价值变动转出，借记或贷记本科目，贷记或借记"投资收益"科目。

（二）资产负债表日，交易性金融负债的公允价值高于其账面余额的差额，借记本科目，贷记"交易性金融负债"等科目；公允价值低于其账面余额的差额做相反的会计分录。

处置交易性金融负债，应按该金融负债的账面余额，借记"交易性金融负债"科目，按实际支付的金额，贷记"银行存款"、"存放中央银行款项"、"结算备付金"等科目，按其差额，贷记或借记"投资收益"科目。同时，按该金融负债的公允价值变动，贷记或借记本科目，借记或贷记"投资收益"科目。

（三）采用公允价值模式计量的投资性房地产、衍生工具、套期工具、被套期项目等形成的公允价值变动，按照"投资性房地产"、"衍生工具"、"套期工具"、"被套期项目"等科目的相关规定进行处理。

四、期末，应将本科目余额转入"本年利润"科目，结转后本科目无余额。

6111 投资收益

一、本科目核算企业确认的投资收益或投资损失。

企业（金融）债券投资持有期间取得的利息收入，也可在"利息收入"科目核算。

二、本科目可按投资项目进行明细核算。

三、投资收益的主要账务处理。

（一）长期股权投资采用成本法核算的，企业应按被投资单位宣告发放的现金股利或利润中属于本企业的部分，借记"应收股利"科目，贷记本科目；属于被投资单位在取得本企业投资前实现净利润的分配额，应作为投资成本的收回，借记"应收股利"等科目，贷记"长期股权投资"科目。

长期股权投资采用权益法核算的，应按根据被投资单位实现的净利润或经调整的净利润计算应享有的份额，借记"长期股权投资——损益调整"科目，贷记本科目。被投资单位发生净亏损的，比照"长期股权投资"科目的相关规定进行处理。

处置长期股权投资时，应按实际收到的金额，借记"银行存款"等科目，按其账面余额，贷记"长期股权投资"科目，按尚未领取的现金股利或利润，贷记"应收股利"科目，按其差额，贷记或借记本科目。已计提减值准备的，还应同时结转减值准备。

处置采用权益法核算的长期股权投资，除上述规定外，还应结转原记入资本公积的相关金额，借记或贷记"资本公积——其他资本公积"科目，贷记或借记本科目。

（二）企业持有交易性金融资产、持有至到期投资、可供出售金融资产期间取得的投资收益以及处置交易性金融资产、交易性金融负债、指定为以公允价值计量且其变动计入当期损益的金融资产或金融负债、持有至到期投资、可供出售金融资产实现的损益，比照"交易性金融资产"、"持有至到期投资"、"可供出售金融资产"、"交易性金融负债"等科目的相关规定进行处理。

四、期末，应将本科目余额转入"本年利润"科目，本科目结转后应无余额。

6201 摊回保险责任准备金

一、本科目核算企业（再保险分出人）从事再保险业务应向再保险接受人摊回的保险责任准备金，包括未决赔款准备金、寿险责任准备金、长期健康险责任准备金。

企业（再保险分出人）也可以单独设置"摊回未决赔款准备金"、"摊回寿险责任准备金"、"摊回长期健康险责任准备金"等科目。

二、本科目可按保险责任准备金类别和险种进行明细核算。

三、摊回保险责任准备金的主要账务处理。

（一）企业在提取原保险合同保险责任准备金的当期，应按相关再保险合同约定计算确定的应向再保险接受人摊回的保险责任准备金，借记"应收分保合同准备金"科目，贷记本科目。

对原保险合同保险责任准备金进行充足性测试补提保险责任准备金，应按相关再保险合同约定计算确定的应收分保保险责任准备金的相应增加额，借记"应收分保合同准备金"科目，贷记本科目。

（二）在确定支付赔付款项金额或实际发生理赔费用而冲减原保险合同相应保险责任准备金余额的当期，应按相关应收分保保险责任准备金的相应冲减金额，借记本科目，贷记"应收分保合同准备金"科目。

（三）在寿险原保险合同提前解除而转销相关寿险责任准备金、长期健康险责任准备金余额的当期，应按相关应收分保保险责任准备金余额，借记本科目，贷记"应收分保合同准备金"科目。

四、期末，应将本科目余额转入"本年利润"科目，结转后本科目无余额。

6202 摊回赔付支出

一、本科目核算企业（再保险分出人）向再保险接受人摊回的赔付成本。企业（再保险分出人）也可以单独设置"摊回赔款支出"、"摊回年金给付"、"摊回满期给付"、"摊回死伤医疗给付"等科目。

二、本科目可按险种进行明细核算。

三、摊回赔付支出的主要账务处理。

（一）企业在确定支付赔付款项金额或实际发生理赔费用而确认原保险合同赔付成本的当期，应按相关再保险合同约定计算确定的应向再保险接受人摊回的赔付成本金额，借记"应收分保账款"科目，贷记本科目。

（二）在因取得和处置损余物资、确认和收到应收代位追偿款等而调整原保险合同赔付成本的当期，应按相关再保险合同约定计算确定的摊回赔付成本的调整金额，借记或贷记本科目，贷记或借记"应收分保账款"科目。

（三）对于超额赔款再保险等非比例再保险合同，计算确定应向再保险接受人摊回的赔付成本的，应按摊回的赔付成本金额，借记"应收分保账款"科目，贷记本科目。

四、期末，应将本科目余额转入"本年利润"科目，结转后本科目无余额。

6203 摊回分保费用

一、本科目核算企业（再保险分出人）向再保险接受人摊回的分保费用。

二、本科目可按险种进行明细核算。

三、摊回分保费用的主要账务处理。

（一）企业在确认原保险合同保费收入的当期，应按相关再保险合同约定计算确定的应向再保险接受人摊回的分保费用，借记"应收分保账款"科目，贷记本科目。

（二）计算确定应向再保险接受人收取的纯益手续费的，应按相关再保险合同约定计算确定的纯益手续费，借记"应收分保账款"科目，贷记本科目。

（三）在原保险合同提前解除的当期，应按相关再保险合同约定计算确定的摊回分保费用的调整金额，借记本科目，贷记"应收分保账款"科目。

四、期末，应将本科目余额转入"本年利润"科目，结转后本科目无余额。

6301 营业外收入

一、本科目核算企业发生的各项营业外收入，主要包括非流动资产处置利得、非货币性资产交换利得、债务重组利得、政府补助、盘盈利得、捐赠利得等。

二、本科目可按营业外收入项目进行明细核算。

三、企业确认处置非流动资产利得、非货币性资产交换利得、债务重组利得，比照"固定资产清理"、"无形资产"、"原材料"、"库存商品"、"应付账款"等科目的相关规定进行处理。

确认的政府补助利得，借记"银行存款"、"递延收益"等科目，贷记本科目。

四、期末，应将本科目余额转入"本年利润"科目，结转后本科目无余额。

6401 主营业务成本

一、本科目核算企业确认销售商品、提供劳务等主营业务收入时应结转的成本。

二、本科目可按主营业务的种类进行明细核算。

三、主营业务成本的主要账务处理。

（一）期（月）末，企业应根据本期（月）销售各种商品、提供各种劳务等实际成本，计算应结转的主营业务成本，借记本科目，贷记"库存商品"、"劳务成本"等科目。

采用计划成本或售价核算库存商品的，平时的营业成本按计划成本或售价结转，月末，还应结转本月销售商品应分摊的产品成本差异或商品进销差价。

本期（月）发生的销售退回，如已结转销售成本的，借记"库存商品"等科目，贷记本科目。

（二）确认建造合同收入，按应确认的合同费用，借记本科目，按应确认的合同收入，贷记"主营业务收入"科目，按其差额，借记或贷记"工程施工——合同毛利"科目。合同完工时，已计提存货跌价准备的，还应结转跌价准备。

四、期末，应将本科目的余额转入"本年利润"科目，结转后本科目无余额。

6402 其他业务成本

一、本科目核算企业确认的除主营业务活动以外的其他经营活动所发生的支出，包括销售材料的成本、出租固定资产的折旧额、出租无形资产的摊销额、出租包装物的成本或摊销额等。

除主营业务活动以外的其他经营活动发生的相关税费，在"营业税金及附加"科目核算。

采用成本模式计量投资性房地产的，其投资性房地产计提的折旧额或摊销额，也通过本科目核算。

二、本科目可按其他业务成本的种类进行明细核算。

三、企业发生的其他业务成本，借记本科目，贷记"原材料"、"周转材料"、"累计折旧"、"累计摊销"、"应付职工薪酬"、"银行存款"等科目。

四、期末，应将本科目余额转入"本年利润"科目，结转后本科目无余额。

6403 营业税金及附加

一、本科目核算企业经营活动发生的营业税、消费税、城市维护建设税、资源税和教育费附加等相关税费。房产税、车船使用税、土地使用税、印花税在"管理费用"科目核算，但与投资性房地产相关的房产税、土地使用税在本科目核算。

二、企业按规定计算确定的与经营活动相关的税费，借记本科目，贷记"应交税费"科目。

三、期末，应将本科目余额转入"本年利润"科目，结转后本科目无余额。

6411 利息支出

一、本科目核算企业（金融）发生的利息支出，包括吸收的各种存款（单位存款、个人存款、信用卡存款、特种存款、转贷款资金等）、与其他金融机构（中央银行、同业等）之间发生资金往来业务、卖出回购金融资产等产生的利息支出。

二、本科目可按利息支出项目进行明细核算。

三、资产负债表日，企业应按摊余成本和实际利率计算确定的利息费用金额，借记本科目，按合同利率计算确定的应付未付利息，贷记"应付利息"科目，按其差额，借记或贷记"吸收存款——利息调整"等科目。

实际利率与合同利率差异较小的，也可以采用合同利率计算确定利息费用。

四、期末，应将本科目余额转入"本年利润"科目，结转后本科目无余额。

6421　手续费及佣金支出

一、本科目核算企业（金融）发生的与其经营活动相关的各项手续费、佣金等支出。

二、本科目可按支出类别进行明细核算。

三、企业发生的与其经营活动相关的手续费、佣金等支出，借记本科目，贷记"银行存款"、"存放中央银行款项"、"存放同业"、"库存现金"、"应付手续费及佣金"等科目。

四、期末，应将本科目余额转入"本年利润"科目，结转后本科目无余额。

6501　提取未到期责任准备金

一、本科目核算企业（保险）提取的非寿险原保险合同未到期责任准备金和再保险合同分保未到期责任准备金。

二、本科目可按保险合同和险种进行明细核算。

三、提取未到期责任准备金的主要账务处理。

（一）企业在确认原保费收入、分保费收入的当期，应按保险精算确定的未到期责任准备金，借记本科目，贷记"未到期责任准备金"科目。

（二）资产负债表日，应按保险精算重新计算确定的未到期责任准备金与已确认的未到期责任准备金的差额，借记"未到期责任准备金"科目，贷记本科目。

（三）原保险合同提前解除的，应按相关未到期责任准备金余额，借记"未到期责任准备金"科目，贷记本科目。

（四）在确认非寿险原保险合同保费收入的当期，按相关再保险合同约定计算确定的相关应收分保未到期责任准备金金额，借记"应收分保合同准备金"科目，贷记本科目。

资产负债表日，调整原保险合同未到期责任准备金余额的，按相关再保险合同约定计算确定的应收分保未到期责任准备金的调整金额，借记本科目，贷记"应收分保合同准备金"科目。

四、期末，应将本科目余额转入"本年利润"科目，结转后本科目无余额。

6502 提取保险责任准备金

一、本科目核算企业（保险）提取的原保险合同保险责任准备金，包括提取的未决赔款准备金、提取的寿险责任准备金、提取的长期健康险责任准备金。

再保险接受人提取的再保险合同保险责任准备金，也在本科目核算。

企业（保险）也可以单独设置"提取未决赔款准备金"、"提取寿险责任准备金"、"提取长期健康险责任准备金"等科目。

二、本科目可按保险责任准备金类别、险种和保险合同进行明细核算。

三、提取保险责任准备金的主要账务处理。

（一）企业确认寿险保费收入，应按保险精算确定的寿险责任准备金、长期健康险责任准备金，借记本科目，贷记"保险责任准备金"科目。

投保人发生非寿险保险合同约定的保险事故当期，企业应按保险精算确定的未决赔款准备金，借记本科目，贷记"保险责任准备金"科目。对保险责任准备金进行充足性测试，应按补提的保险责任准备金，借记本科目，贷记"保险责任准备金"科目。

（二）原保险合同保险人确定支付赔付款项金额或实际发生理赔费用的当期，应按冲减的相应保险责任准备金余额，借记"保险责任准备金"科目，贷记本科目。

再保险接受人收到分保业务账单的当期，应按分保保险责任准备金的相应冲减金额，借记"保险责任准备金"科目，贷记本科目。

（三）寿险原保险合同提前解除的，应按相关寿险责任准备金、长期健康险责任准备金余额，借记"保险责任准备金"科目，贷记本科目。

四、期末，应将本科目余额转入"本年利润"科目，结转后本科目无余额。

6511 赔付支出

一、本科目核算企业（保险）支付的原保险合同赔付款项和再保险合同赔付款项。企业（保险）可以单独设置"赔款支出"、"满期给付"、"年金给付"、"死伤医疗给付"、"分保赔付支出"等科目。

二、本科目可按保险合同和险种进行明细核算。

三、赔付支出的主要账务处理。

（一）企业在确定支付赔付款项金额或实际发生理赔费用的当期，借记本科目，贷记"银行存款"、"库存现金"等科目。

（二）承担赔付保险金责任后应当确认的代位追偿款，借记"应收代位追偿款"科目，贷记本科目。

收到应收代位追偿款时，应按实际收到的金额，借记"库存现金"、"银行存款"等科目，按应收代位追偿款的账面余额，贷记"应收代位追偿款"科目，按其差额，借记或贷记本科目。已计提坏账准备的，还应同时结转坏账准备。

（三）承担赔偿保险金责任后取得的损余物资，应按同类或类似资产的市场价格计算确定的金额，借记"损余物资"科目，贷记本科目。

处置损余物资，应按实际收到的金额，借记"库存现金"、"银行存款"等科目，按损余物资的账面余额，贷记"损余物资"科目，按其差额，借记或贷记本科目。已计提跌价准备的，还应同时结转跌价准备。

（四）再保险接受人收到分保业务账单的当期，应按账单标明的分保赔付款项金额，借记本科目，贷记"应付分保账款"科目。

四、期末，应将本科目余额转入"本年利润"科目，结转后本科目无余额。

6521 保单红利支出

一、本科目核算企业（保险）按原保险合同约定支付给投保人的红利。

二、本科目可按保单红利来源进行明细核算。

三、企业按原保险合同约定计提应支付的保单红利，借记本科目，贷记"应付保单红利"科目。

四、期末，应将本科目余额转入"本年利润"科目，结转后本科目无余额。

6531 退保金

一、本科目核算企业（保险）寿险原保险合同提前解除时按照约定应当退还投保人的保单现金价值。

企业（保险）寿险原保险合同提前解除时应当退还投保人的不属于保单现金价值的款项，以及非寿险原保险合同提前解除时应当退还投保人的款项，在"保费收入"科目核算。

二、本科目可按险种进行明细核算。

三、企业寿险原保险合同提前解除的，应按原保险合同约定计算确定的应退还投保人的保单现金价值，借记本科目，贷记"库存现金"、"银行存款"等科目。

四、期末，应将本科目余额转入"本年利润"科目，结转后本科目无余额。

6541 分出保费

一、本科目核算企业（再保险分出人）向再保险接受人分出的保费。

二、本科目可按险种进行明细核算。

三、分出保费的主要账务处理。

（一）企业在确认原保险合同保费收入的当期，应按再保险合同约定计算确定的分出保费金额，借记本科目，贷记"应付分保账款"科目。

在原保险合同提前解除的当期，应按再保险合同约定计算确定的分出保费的调整金额，借记"应付分保账款"科目，贷记本科目。

（二）对于超额赔款再保险等非比例再保险合同，应按再保险合同约定计算确定的分出保费金额，借记本科目，贷记"应付分保账款"科目。调整分出保费时，借记或贷记本科目，贷记或借记"应付分保账款"科目。

四、期末，应将本科目余额转入"本年利润"科目，结转后本科目无余额。

6542　分保费用

一、本科目核算企业（再保险接受人）向再保险分出人支付的分保费用。

二、本科目可按险种进行明细核算。

三、分保费用的主要账务处理。

（一）企业在确认分保费收入的当期，应按再保险合同约定计算确定的分保费用金额，借记本科目，贷记"应付分保账款"科目。

收到分保业务账单，按账单标明的金额对分保费用进行调整，借记或贷记本科目，贷记或借记"应付分保账款"科目。

（二）计算确定应向再保险分出人支付的纯益手续费的，应按再保险合同约定计算确定的纯益手续费，借记本科目，贷记"应付分保账款"科目。

四、期末，应将本科目余额转入"本年利润"科目，结转后本科目无余额。

6601　销售费用

一、本科目核算企业销售商品和材料、提供劳务的过程中发生的各种费用，包括保险费、包装费、展览费和广告费、商品维修费、预计产品质量保证损失、运输费、装卸费等以及为销售本企业商品而专设的销售机构（含销售网点、售后服务网点等）的职工薪酬、业务费、折旧费等经营费用。

企业发生的与专设销售机构相关的固定资产修理费用等后续支出，也在本科目核算。

企业（金融）应将本科目改为"6601 业务及管理费"科目，核算企业（金融）在业务经营和管理过程中所发生的各项费用，包括折旧费、业务宣传费、业务招待费、电子设备运转费、钞币运送费、安全防范费、邮电费、劳动保护费、外事费、印刷费、低值易耗品摊销、职工工资及福利费、差旅费、水电费、职工教育经费、工会经费、会议费、诉讼费、公证费、咨询费、无形资产摊销、长期待摊费用摊销、取暖降温费、聘请中介机构费、技术转让费、绿化费、董事会费、财产保险费、劳动保险费、待业保险费、住房公积金、物业管理费、研究费用、提取保险保障基金等。

企业（金融）不应设置"管理费用"科目。

二、本科目可按费用项目进行明细核算。

三、销售费用的主要账务处理。

（一）企业在销售商品过程中发生的包装费、保险费、展览费和广告费、运输费、装卸费等费用，借记本科目，贷记"库存现金"、"银行存款"等科目。

（二）发生的为销售本企业商品而专设的销售机构的职工薪酬、业务费等经营费用，借记本科目，贷记"应付职工薪酬"、"银行存款"、"累计折旧"等科目。

四、期末，应将本科目余额转入"本年利润"科目，结转后本科目无余额。

6602　管理费用

一、本科目核算企业为组织和管理企业生产经营所发生的管理费用，包括企业在筹建期间内发生的开办费、董事会和行政管理部门在企业的经营管理中发生的或者应由企业统一负担的公司经费（包括行政管理部门职工工资及福利费、物料消耗、低值易耗品摊销、办公费和差旅费等）、工会经费、董事会费（包括董事会成员津贴、会议费和差旅费等）、聘请中介机构费、咨询费（含顾问费）、诉讼费、业务招待费、房产税、车船使用税、土地使用税、印花税、技术转让费、矿产资源补偿费、研究费用、排污费等。

企业（商品流通）管理费用不多的，可不设置本科目，本科目的核算内容可并入"销售费用"科目核算。企业生产车间（部门）和行政管理部门等发生的固定资产修理费用等后续支出，也在本科目核算。

二、本科目可按费用项目进行明细核算。

三、管理费用的主要账务处理。

（一）企业在筹建期间内发生的开办费，包括人员工资、办公费、培训费、差旅费、印刷费、注册登记费以及不计入固定资产成本的借款费用等在实际发生时，借记本科目（开办费），贷记"银行存款"等科目。

（二）行政管理部门人员的职工薪酬，借记本科目，贷记"应付职工薪酬"科目。

（三）行政管理部门计提的固定资产折旧，借记本科目，贷记"累计折旧"科目。

发生的办公费、水电费、业务招待费、聘请中介机构费、咨询费、诉讼费、技术转让费、研究费用，借记本科目，贷记"银行存款"、"研发支出"等科目。

按规定计算确定的应交矿产资源补偿费、房产税、车船使用税、土地使用税、印花税，借记本科目，贷记"应交税费"科目。

四、期末，应将本科目的余额转入"本年利润"科目，结转后本科目无余额。

6603 财务费用

一、本科目核算企业为筹集生产经营所需资金等而发生的筹资费用，包括利息支出（减利息收入）、汇兑损益以及相关的手续费、企业发生的现金折扣或收到的现金折扣等。

为购建或生产满足资本化条件的资产发生的应予资本化的借款费用，在"在建工程"、"制造费用"等科目核算。

二、本科目可按费用项目进行明细核算。

三、企业发生的财务费用，借记本科目，贷记"银行存款"、"未确认融资费用"等科目。发生的应冲减财务费用的利息收入、汇兑损益、现金折扣，借记"银行存款"、"应付账款"等科目，贷记本科目。

四、期末，应将本科目余额转入"本年利润"科目，结转后本科目无余额。

6604 勘探费用

一、本科目核算企业（石油天然气开采）在油气勘探过程中发生的地质调查、物理化学勘探各项支出和非成功探井等支出。

二、本科目可按勘探项目进行明细核算。

三、企业油气勘探过程中发生的各项非钻井勘探支出，借记本科目，贷记"银行存款"、"累计折旧"、"应付职工薪酬"等科目。油气勘探过程中发生的各项钻井勘探支出中属于未发现探明经济可采储量的钻井勘探支出，借记本科目，贷记"油气勘探支出"科目。

四、期末，应将本科目余额转入"本年利润"科目，结转后本科目无余额。

6701 资产减值损失

一、本科目核算企业计提各项资产减值准备所形成的损失。

二、本科目可按资产减值损失的项目进行明细核算。

三、企业的应收款项、存货、长期股权投资、持有至到期投资、固定资产、无形资产、贷款等资产发生减值的，按应减记的金额，借记本科目，贷记"坏账准备"、"存货跌价准备"、"长期股权投资减值准备"、"持有至到期投资减值准备"、"固定资产减值准备"、"无形资产减值准备"、"贷款损失准备"等科目。

在建工程、工程物资、生产性生物资产、商誉、抵债资产、损余物资、采用成本模式计量的投资性房地产等资产发生减值的，应当设置相应的减值准备科目，比照上述规定进行处理。

四、企业计提坏账准备、存货跌价准备、持有至到期投资减值准备、贷款损失准备等，相关资产的价值又得以恢复的，应在原已计提的减值准备金额内，按恢复增加的金额，借记"坏账准备"、"存货跌价准备"、"持有至到期投资减值准备"、"贷款损失准备"等科目，贷记本科目。

五、期末，应将本科目余额转入"本年利润"科目，结转后本科目无余额。

6711　营业外支出

一、本科目核算企业发生的各项营业外支出，包括非流动资产处置损失、非货币性资产交换损失、债务重组损失、公益性捐赠支出、非常损失、盘亏损失等。

二、本科目可按支出项目进行明细核算。

三、企业确认处置非流动资产损失、非货币性资产交换损失、债务重组损失，比照"固定资产清理"、"无形资产"、"原材料"、"库存商品"、"应付账款"等科目的相关规定进行处理。

盘亏、毁损的资产发生的净损失，按管理权限报经批准后，借记本科目，贷记"待处理财产损溢"科目。

四、期末，应将本科目余额转入"本年利润"科目，结转后本科目无余额。

6801　所得税费用

一、本科目核算企业确认的应从当期利润总额中扣除的所得税费用。

二、本科目可按"当期所得税费用"、"递延所得税费用"进行明细核算。

三、所得税费用的主要账务处理。

（一）资产负债表日，企业按照税法规定计算确定的当期应交所得税，借记本科目（当期所得税费用），贷记"应交税费——应交所得税"科目。

（二）资产负债表日，根据递延所得税资产的应有余额大于"递延所得税资产"科目余额的差额，借记"递延所得税资产"科目，贷记本科目（递延所得税费用）、"资本公积——其他资本公积"等科目；递延所得税资产的应有余额小于"递延所得税资产"科目余额的差额做相反的会计分录。

企业应予确认的递延所得税负债，应当比照上述原则调整本科目、"递延所得税负债"科目及有关科目。

四、期末，应将本科目的余额转入"本年利润"科目，结转后本科目无余额。

6901　以前年度损益调整

一、本科目核算企业本年度发生的调整以前年度损益的事项以及本年度发现的重要前期差错更正涉及调整以前年度损益的事项。企业在资产负债表日至财务报告批准报出日之间发生的需要调整报告年度损益的事项，也可以通过本科目核算。

二、以前年度损益调整的主要账务处理。

（一）企业调整增加以前年度利润或减少以前年度亏损，借记有关科目，贷记本科目；调整减少以前年度利润或增加以前年度亏损做相反的会计分录。

（二）由于以前年度损益调整增加的所得税费用，借记本科目，贷记"应交税费——应交所得税"等科目；由于以前年度损益调整减少的所得税费用做相反的会计分录。

（三）经上述调整后，应将本科目的余额转入"利润分配——未分配利润"科目。本科目如为贷方余额，借记本科目，贷记"利润分配——未分配利润"科目；如为借方余额做相反的会计分录。

三、本科目结转后应无余额。

附录 11

人民币银行结算账户管理办法

(中国人民银行令 [2003] 第 5 号)

第一章 总则

第一条 为规范人民币银行结算账户(以下简称银行结算账户)的开立和使用,加强银行结算账户管理,维护经济金融秩序稳定,根据《中华人民共和国中国人民银行法》和《中华人民共和国商业银行法》等法律法规,制定本办法。

第二条 存款人在中国境内的银行开立的银行结算账户适用本办法。

本办法所称存款人,是指在中国境内开立银行结算账户的机关、团体、部队、企业、事业单位、其他组织(以下统称单位)、个体工商户和自然人。

本办法所称银行,是指在中国境内经中国人民银行批准经营支付结算业务的政策性银行、商业银行(含外资独资银行、中外合资银行、外国银行分行)、城市信用合作社、农村信用合作社。

本办法所称银行结算账户,是指银行为存款人开立的办理资金收付结算的人民币活期存款账户。

第三条 银行结算账户按存款人分为单位银行结算账户和个人银行结算账户。

(一)存款人以单位名称开立的银行结算账户为单位银行结算账户。单位银行结算账户按用途分为基本存款账户、一般存款账户、专用存款账户、临时存款账户。

个体工商户凭营业执照以字号或经营者姓名开立的银行结算账户纳入单位银行结算账户管理。

(二)存款人凭个人身份证件以自然人名称开立的银行结算账户为个人银行结算账户。

邮政储蓄机构办理银行卡业务开立的账户纳入个人银行结算账户管理。

第四条 单位银行结算账户的存款人只能在银行开立一个基本存款账户。

第五条 存款人应在注册地或住所地开立银行结算账户。符合本办法规定可以在异地（跨省、市、县）开立银行结算账户的除外。

第六条 存款人开立基本存款账户、临时存款账户和预算单位开立专用存款账户实行核准制度，经中国人民银行核准后由开户银行核发开户登记证。但存款人因注册验资需要开立的临时存款账户除外。

第七条 存款人可以自主选择银行开立银行结算账户。除国家法律、行政法规和国务院规定外，任何单位和个人不得强令存款人到指定银行开立银行结算账户。

第八条 银行结算账户的开立和使用应当遵守法律、行政法规，不得利用银行结算账户进行偷逃税款、逃废债务、套取现金及其他违法犯罪活动。

第九条 银行应依法为存款人的银行结算账户信息保密。对单位银行结算账户的存款和有关资料，除国家法律、行政法规另有规定外，银行有权拒绝任何单位或个人查询。对个人银行结算账户的存款和有关资料，除国家法律另有规定外，银行有权拒绝任何单位或个人查询。

第十条 中国人民银行是银行结算账户的监督管理部门。

第二章 银行结算账户的开立

第十一条 基本存款账户是存款人因办理日常转账结算和现金收付需要开立的银行结算账户。下列存款人，可以申请开立基本存款账户：

（一）企业法人。

（二）非法人企业。

（三）机关、事业单位。

（四）团级（含）以上军队、武警部队及分散执勤的支（分）队。

（五）社会团体。

（六）民办非企业组织。

（七）异地常设机构。

（八）外国驻华机构。

（九）个体工商户。

（十）居民委员会、村民委员会、社区委员会。

（十一）单位设立的独立核算的附属机构。

（十二）其他组织。

第十二条 一般存款账户是存款人因借款或其他结算需要，在基本存款账户开户银行以外的银行营业机构开立的银行结算账户。

第十三条 专用存款账户是存款人按照法律、行政法规和规章，对其特定用途资金进行专项管理和使用而开立的银行结算账户。对下列资金的管理与使用，存款人可以申请开立专用存款账户：

（一）基本建设资金。

（二）更新改造资金。

（三）财政预算外资金。

（四）粮、棉、油收购资金。

（五）证券交易结算资金。

（六）期货交易保证金。

（七）信托基金。

（八）金融机构存放同业资金。

（九）政策性房地产开发资金。

（十）单位银行卡备用金。

（十一）住房基金。

（十二）社会保障基金。

（十三）收入汇缴资金和业务支出资金。

（十四）党、团、工会设在单位的组织机构经费。

（十五）其他需要专项管理和使用的资金。

收入汇缴资金和业务支出资金，是指基本存款账户存款人附属的非独立核算单位或派出机构发生的收入和支出的资金。

因收入汇缴资金和业务支出资金开立的专用存款账户，应使用隶属单位的名称。

第十四条 临时存款账户是存款人因临时需要并在规定期限内使用而开立的银行结算账户。有下列情况的，存款人可以申请开立临时存款账户：

（一）设立临时机构。

（二）异地临时经营活动。

（三）注册验资。

第十五条 个人银行结算账户是自然人因投资、消费、结算等而开立的可办理支付结算业务的存款账户。有下列情况的，可以申请开立个人银行结算账户：

（一）使用支票、信用卡等信用支付工具的。

（二）办理汇兑、定期借记、定期贷记、借记卡等结算业务的。

自然人可根据需要申请开立个人银行结算账户，也可以在已开立的储蓄账户中选择并向开户银行申请确认为个人银行结算账户。

第十六条 存款人有下列情形之一的，可以在异地开立有关银行结算账户：

（一）营业执照注册地与经营地不在同一行政区域（跨省、市、县）需要开立基本存款账户的。

（二）办理异地借款和其他结算需要开立一般存款账户的。

（三）存款人因附属的非独立核算单位或派出机构发生的收入汇缴或业务支出需要开立专用存款账户的。

（四）异地临时经营活动需要开立临时存款账户的。

（五）自然人根据需要在异地开立个人银行结算账户的。

第十七条 存款人申请开立基本存款账户，应向银行出具下列证明文件：

（一）企业法人，应出具企业法人营业执照正本。

（二）非法人企业，应出具企业营业执照正本。

（三）机关和实行预算管理的事业单位，应出具政府人事部门或编制委员会的批文或登记证书和财政部门同意其开户的证明；非预算管理的事业单位，应出具政府人事部门或编制委员会的批文或登记证书。

（四）军队、武警团级（含）以上单位以及分散执勤的支（分）队，应出具军队军级以上单位财务部门、武警总队财务部门的开户证明。

（五）社会团体，应出具社会团体登记证书，宗教组织还应出具宗教事务管理部门的批文或证明。

（六）民办非企业组织，应出具民办非企业登记证书。

（七）外地常设机构，应出具其驻在地政府主管部门的批文。

（八）外国驻华机构，应出具国家有关主管部门的批文或证明；外资企业驻华代表处、办事处应出具国家登记机关颁发的登记证。

（九）个体工商户，应出具个体工商户营业执照正本。

（十）居民委员会、村民委员会、社区委员会，应出具其主管部门的批文或证明。

（十一）独立核算的附属机构，应出具其主管部门的基本存款账户开户登记证和批文。

（十二）其他组织，应出具政府主管部门的批文或证明。

本条中的存款人为从事生产、经营活动纳税人的，还应出具税务部门颁发的税务登记证。

第十八条　存款人申请开立一般存款账户，应向银行出具其开立基本存款账户规定的证明文件、基本存款账户开户登记证和下列证明文件：

（一）存款人因向银行借款需要，应出具借款合同。

（二）存款人因其他结算需要，应出具有关证明。

第十九条　存款人申请开立专用存款账户，应向银行出具其开立基本存款账户规定的证明文件、基本存款账户开户登记证和下列证明文件：

（一）基本建设资金、更新改造资金、政策性房地产开发资金、住房基金、社会保障基金，应出具主管部门批文。

（二）财政预算外资金，应出具财政部门的证明。

（三）粮、棉、油收购资金，应出具主管部门批文。

（四）单位银行卡备用金，应按照中国人民银行批准的银行卡章程的规定出具有关证明和资料。

（五）证券交易结算资金，应出具证券公司或证券管理部门的证明。

（六）期货交易保证金，应出具期货公司或期货管理部门的证明。

（七）金融机构存放同业资金，应出具其证明。

（八）收入汇缴资金和业务支出资金，应出具基本存款账户存款人有关的证明。

（九）党、团、工会设在单位的组织机构经费，应出具该单位或有关部门的批文或证明。

（十）其他按规定需要专项管理和使用的资金，应出具有关法规、规章或政府部门的有关文件。

第二十条　合格境外机构投资者在境内从事证券投资开立的人民币特殊账户和人民币结算资金账户纳入专用存款账户管理。其开立人民币特殊账户时应出具国家外汇管理部门的批复文件，开立人民币结算资金账户时应出具证券管理部门的证券投资业务许可证。

第二十一条　存款人申请开立临时存款账户，应向银行出具下列证明文件：

（一）临时机构，应出具其驻在地主管部门同意设立临时机构的批文。

（二）异地建筑施工及安装单位，应出具其营业执照正本或其隶属单位的营业执照正本，以及施工及安装地建设主管部门核发的许可证或建筑施工及安装合同。

（三）异地从事临时经营活动的单位，应出具其营业执照正本以及临时经营地工商行政管理部门的批文。

（四）注册验资资金，应出具工商行政管理部门核发的企业名称预先核准通知书或有关部门的批文。

本条第二、三项还应出具其基本存款账户开户登记证。

第二十二条　存款人申请开立个人银行结算账户，应向银行出具下列证明文件：

（一）中国居民，应出具居民身份证或临时身份证。

（二）中国人民解放军军人，应出具军人身份证件。

（三）中国人民武装警察，应出具武警身份证件。

（四）香港、澳门居民，应出具港澳居民往来内地通行证；台湾居民，应出具台湾居民往来大陆通行证或者其他有效旅行证件。

（五）外国公民，应出具护照。

（六）法律、法规和国家有关文件规定的其他有效证件。

银行为个人开立银行结算账户时，根据需要还可要求申请人出具户口簿、驾驶执照、护照等有效证件。

第二十三条　存款人需要在异地开立单位银行结算账户，除出具本办法第十七条、第十八条、第十九条、第二十一条规定的有关证明文件外，应出具下列相应的证明文件：

（一）经营地与注册地不在同一行政区域的存款人，在异地开立基本存款账户的，应出具注册地中国人民银行分支行的未开立基本存款账户的证明。

（二）异地借款的存款人，在异地开立一般存款账户的，应出具在异地取得贷款的借款合同。

（三）因经营需要在异地办理收入汇缴和业务支出的存款人，在异地开立专用存款账户的，应出具其隶属单位的证明。

属本条第二、三项情况的，还应出具其基本存款账户开户登记证。

存款人需要在异地开立个人银行结算账户，应出具本办法第二十二条规定的证明文件。

第二十四条 单位开立银行结算账户的名称应与其提供的申请开户的证明文件的名称全称相一致。有字号的个体工商户开立银行结算账户的名称应与其营业执照的字号相一致；无字号的个体工商户开立银行结算账户的名称，由个体户字样和营业执照记载的经营者姓名组成。自然人开立银行结算账户的名称应与其提供的有效身份证件中的名称全称相一致。

第二十五条 银行为存款人开立一般存款账户、专用存款账户和临时存款账户的，应自开户之日起3个工作日内书面通知基本存款账户开户银行。

第二十六条 存款人申请开立单位银行结算账户时，可由法定代表人或单位负责人直接办理，也可授权他人办理。

由法定代表人或单位负责人直接办理的，除出具相应的证明文件外，还应出具法定代表人或单位负责人的身份证件；授权他人办理的，除出具相应的证明文件外，还应出具其法定代表人或单位负责人的授权书及其身份证件，以及被授权人的身份证件。

第二十七条 存款人申请开立银行结算账户时，应填制开户申请书。开户申请书按照中国人民银行的规定记载有关事项。

第二十八条 银行应对存款人的开户申请书填写的事项和证明文件的真实性、完整性、合规性进行认真审查。

开户申请书填写的事项齐全，符合开立基本存款账户、临时存款账户和预算单位专用存款账户条件的，银行应将存款人的开户申请书、相关的证明文件和银行审核意见等开户资料报送中国人民银行当地分支行，经其核准后办理开户手续；符合开立一般存款账户、其他专用存款账户和个人银行结算账户条件的，银行应办理开户手续，并于开户之日起5个工作日内向中国人民银行当地分支行备案。

第二十九条 中国人民银行应于2个工作日内对银行报送的基本存款账户、临时存款账户和预算单位专用存款账户的开户资料的合规性予以审核，符合开户条件的，予以核准；不符合开户条件的，应在开户申请书上签署意见，连同有关证明文件一并退回报送银行。

第三十条 银行为存款人开立银行结算账户，应与存款人签订银行结算账户管理协议，明确双方的权利与义务。除中国人民银行另有规定的以外，应建立存款人预留签章卡片，并将签章式样和有关证明文件的原件或复印件留存归档。

第三十一条 开户登记证是记载单位银行结算账户信息的有效证明，存款人应按本办法的规定使用，并妥善保管。

第三十二条　银行在为存款人开立一般存款账户、专用存款账户和临时存款账户时，应在其基本存款账户开户登记证上登记账户名称、账号、账户性质、开户银行、开户日期，并签章。但临时机构和注册验资需要开立的临时存款账户除外。

第三章　银行结算账户的使用

第三十三条　基本存款账户是存款人的主办账户。存款人日常经营活动的资金收付及其工资、奖金和现金的支取，应通过该账户办理。

第三十四条　一般存款账户用于办理存款人借款转存、借款归还和其他结算的资金收付。该账户可以办理现金缴存，但不得办理现金支取。

第三十五条　专用存款账户用于办理各项专用资金的收付。

单位银行卡账户的资金必须由其基本存款账户转账存入。该账户不得办理现金收付业务。

财政预算外资金、证券交易结算资金、期货交易保证金和信托基金专用存款账户不得支取现金。

基本建设资金、更新改造资金、政策性房地产开发资金、金融机构存放同业资金账户需要支取现金的，应在开户时报中国人民银行当地分支行批准。中国人民银行当地分支行应根据国家现金管理的规定审查批准。

粮、棉、油收购资金、社会保障基金、住房基金和党、团、工会经费等专用存款账户支取现金应按照国家现金管理的规定办理。

收入汇缴账户除向其基本存款账户或预算外资金财政专用存款户划缴款项外，只收不付，不得支取现金。业务支出账户除从其基本存款账户拨入款项外，只付不收，其现金支取必须按照国家现金管理的规定办理。

银行应按照本条的各项规定和国家对粮、棉、油收购资金使用管理规定加强监督，对不符合规定的资金收付和现金支取，不得办理。但对其他专用资金的使用不负监督责任。

第三十六条　临时存款账户用于办理临时机构以及存款人临时经营活动发生的资金收付。

临时存款账户应根据有关开户证明文件确定的期限或存款人的需要确定其有效期限。存款人在账户的使用中需要延长期限的，应在有效期限内向开户银行提出申请，并由开户银行报中国人民银行当地分支行核准后办理展期。临时存款账户的有效期最长不得超过2年。

临时存款账户支取现金，应按照国家现金管理的规定办理。

第三十七条 注册验资的临时存款账户在验资期间只收不付，注册验资资金的汇缴人应与出资人的名称一致。

第三十八条 存款人开立单位银行结算账户，自正式开立之日起 3 个工作日后，方可办理付款业务。但注册验资的临时存款账户转为基本存款账户和因借款转存开立的一般存款账户除外。

第三十九条 个人银行结算账户用于办理个人转账收付和现金存取。下列款项可以转入个人银行结算账户：

（一）工资、奖金收入。

（二）稿费、演出费等劳务收入。

（三）债券、期货、信托等投资的本金和收益。

（四）个人债权或产权转让收益。

（五）个人贷款转存。

（六）证券交易结算资金和期货交易保证金。

（七）继承、赠与款项。

（八）保险理赔、保费退还等款项。

（九）纳税退还。

（十）农、副、矿产品销售收入。

（十一）其他合法款项。

第四十条 单位从其银行结算账户支付给个人银行结算账户的款项，每笔超过 5 万元的，应向其开户银行提供下列付款依据：

（一）代发工资协议和收款人清单。

（二）奖励证明。

（三）新闻出版、演出主办等单位与收款人签订的劳务合同或支付给个人款项的证明。

（四）证券公司、期货公司、信托投资公司、奖券发行或承销部门支付或退还给自然人款项的证明。

（五）债权或产权转让协议。

（六）借款合同。

（七）保险公司的证明。

（八）税收征管部门的证明。

（九）农、副、矿产品购销合同。

（十）其他合法款项的证明。

从单位银行结算账户支付给个人银行结算账户的款项应纳税的，税收代扣单位付款时应向其开户银行提供完税证明。

第四十一条　有下列情形之一的，个人应出具本办法第四十条规定的有关收款依据。

（一）个人持出票人为单位的支票向开户银行委托收款，将款项转入其个人银行结算账户的。

（二）个人持申请人为单位的银行汇票和银行本票向开户银行提示付款，将款项转入其个人银行结算账户的。

第四十二条　单位银行结算账户支付给个人银行结算账户款项的，银行应按第四十条、第四十一条规定认真审查付款依据或收款依据的原件，并留存复印件，按会计档案保管。未提供相关依据或相关依据不符合规定的，银行应拒绝办理。

第四十三条　储蓄账户仅限于办理现金存取业务，不得办理转账结算。

第四十四条　银行应按规定与存款人核对账务。银行结算账户的存款人收到对账单或对账信息后，应及时核对账务并在规定期限内向银行发出对账回单或确认信息。

第四十五条　存款人应按照本办法的规定使用银行结算账户办理结算业务。

存款人不得出租、出借银行结算账户，不得利用银行结算账户套取银行信用。

第四章　银行结算账户的变更与撤销

第四十六条　存款人更改名称，但不改变开户银行及账号的，应于5个工作日内向开户银行提出银行结算账户的变更申请，并出具有关部门的证明文件。

第四十七条　单位的法定代表人或主要负责人、住址以及其他开户资料发生变更时，应于5个工作日内书面通知开户银行并提供有关证明。

第四十八条　银行接到存款人的变更通知后，应及时办理变更手续，并于2个工作日内向中国人民银行报告。

第四十九条　有下列情形之一的，存款人应向开户银行提出撤销银行结算账户的申请：

（一）被撤并、解散、宣告破产或关闭的。

（二）注销、被吊销营业执照的。

（三）因迁址需要变更开户银行的。

（四）其他原因需要撤销银行结算账户的。

存款人有本条第一、二项情形的，应于5个工作日内向开户银行提出撤销银行结算账户的申请。

本条所称撤销是指存款人因开户资格或其他原因终止银行结算账户使用的行为。

第五十条 存款人因本办法第四十九条第一、二项原因撤销基本存款账户的，存款人基本存款账户的开户银行应自撤销银行结算账户之日起2个工作日内将撤销该基本存款账户的情况书面通知该存款人其他银行结算账户的开户银行；存款人其他银行结算账户的开户银行，应自收到通知之日起2个工作日内通知存款人撤销有关银行结算账户；存款人应自收到通知之日起3个工作日内办理其他银行结算账户的撤销。

第五十一条 银行得知存款人有本办法第四十九条第一、二项情况，存款人超过规定期限未主动办理撤销银行结算账户手续的，银行有权停止其银行结算账户的对外支付。

第五十二条 未获得工商行政管理部门核准登记的单位，在验资期满后，应向银行申请撤销注册验资临时存款账户，其账户资金应退还给原汇款人账户。注册验资资金以现金方式存入，出资人需提取现金的，应出具缴存现金时的现金缴款单原件及其有效身份证件。

第五十三条 存款人尚未清偿其开户银行债务的，不得申请撤销该账户。

第五十四条 存款人撤销银行结算账户，必须与开户银行核对银行结算账户存款余额，交回各种重要空白票据及结算凭证和开户登记证，银行核对无误后方可办理销户手续。存款人未按规定交回各种重要空白票据及结算凭证的，应出具有关证明，造成损失的，由其自行承担。

第五十五条 银行撤销单位银行结算账户时应在其基本存款账户开户登记证上注明销户日期并签章，同时于撤销银行结算账户之日起2个工作日内，向中国人民银行报告。

第五十六条 银行对一年未发生收付活动且未欠开户银行债务的单位银行结算账户，应通知单位自发出通知之日起30日内办理销户手续，逾期视同自愿销户，未划转款项列入久悬未取专户管理。

第五章　银行结算账户的管理

第五十七条　中国人民银行负责监督、检查银行结算账户的开立和使用,对存款人、银行违反银行结算账户管理规定的行为予以处罚。

第五十八条　中国人民银行对银行结算账户的开立和使用实施监控和管理。

第五十九条　中国人民银行负责基本存款账户、临时存款账户和预算单位专用存款账户开户登记证的管理。

任何单位及个人不得伪造、变造及私自印制开户登记证。

第六十条　银行负责所属营业机构银行结算账户开立和使用的管理,监督和检查其执行本办法的情况,纠正违规开立和使用银行结算账户的行为。

第六十一条　银行应明确专人负责银行结算账户的开立、使用和撤销的审查和管理,负责对存款人开户申请资料的审查,并按照本办法的规定及时报送存款人开销户信息资料,建立健全开销户登记制度,建立银行结算账户管理档案,按会计档案进行管理。

银行结算账户管理档案的保管期限为银行结算账户撤销后 10 年。

第六十二条　银行应对已开立的单位银行结算账户实行年检制度,检查开立的银行结算账户的合规性,核实开户资料的真实性;对不符合本办法规定开立的单位银行结算账户,应予以撤销。对经核实的各类银行结算账户的资料变动情况,应及时报告中国人民银行当地分支行。

银行应对存款人使用银行结算账户的情况进行监督,对存款人的可疑支付应按照中国人民银行规定的程序及时报告。

第六十三条　存款人应加强对预留银行签章的管理。单位遗失预留公章或财务专用章的,应向开户银行出具书面申请、开户登记证、营业执照等相关证明文件;更换预留公章或财务专用章时,应向开户银行出具书面申请、原预留签章的式样等相关证明文件。个人遗失或更换预留个人印章或更换签字人时,应向开户银行出具经签名确认的书面申请,以及原预留印章或签字人的个人身份证件。银行应留存相应的复印件,并凭以办理预留银行签章的变更。

第六章　罚则

第六十四条　存款人开立、撤销银行结算账户,不得有下列行为:

(一)违反本办法规定开立银行结算账户。

（二）伪造、变造证明文件欺骗银行开立银行结算账户。

（三）违反本办法规定不及时撤销银行结算账户。

非经营性的存款人，有上述所列行为之一的，给予警告并处以 1000 元的罚款；经营性的存款人有上述所列行为之一的，给予警告并处以 1 万元以上 3 万元以下的罚款；构成犯罪的，移交司法机关依法追究刑事责任。

第六十五条　存款人使用银行结算账户，不得有下列行为：

（一）违反本办法规定将单位款项转入个人银行结算账户。

（二）违反本办法规定支取现金。

（三）利用开立银行结算账户逃废银行债务。

（四）出租、出借银行结算账户。

（五）从基本存款账户之外的银行结算账户转账存入、将销货收入存入或现金存入单位信用卡账户。

（六）法定代表人或主要负责人、存款人地址以及其他开户资料的变更事项未在规定期限内通知银行。

非经营性的存款人有上述所列一至五项行为的，给予警告并处以 1000 元罚款；经营性的存款人有上述所列一至五项行为的，给予警告并处以 5000 元以上 3 万元以下的罚款；存款人有上述所列第六项行为的，给予警告并处以 1000 元的罚款。

第六十六条　银行在银行结算账户的开立中，不得有下列行为：

（一）违反本办法规定为存款人多头开立银行结算账户。

（二）明知或应知是单位资金，而允许以自然人名称开立账户存储。

银行有上述所列行为之一的，给予警告，并处以 5 万元以上 30 万元以下的罚款；对该银行直接负责的高级管理人员、其他直接负责的主管人员、直接责任人员按规定给予纪律处分；情节严重的，中国人民银行有权停止对其开立基本存款账户的核准，责令该银行停业整顿或者吊销经营金融业务许可证；构成犯罪的，移交司法机关依法追究刑事责任。

第六十七条　银行在银行结算账户的使用中，不得有下列行为：

（一）提供虚假开户申请资料欺骗中国人民银行许可开立基本存款账户、临时存款账户、预算单位专用存款账户。

（二）开立或撤销单位银行结算账户，未按本办法规定在其基本存款账户开户登记证上予以登记、签章或通知相关开户银行。

（三）违反本办法第四十二条规定办理个人银行结算账户转账结算。

（四）为储蓄账户办理转账结算。

（五）违反规定为存款人支付现金或办理现金存入。

（六）超过期限或未向中国人民银行报送账户开立、变更、撤销等资料。

银行有上述所列行为之一的，给予警告，并处以 5000 元以上 3 万元以下的罚款；对该银行直接负责的高级管理人员、其他直接负责的主管人员、直接责任人员按规定给予纪律处分；情节严重的，中国人民银行有权停止对其开立基本存款账户的核准，构成犯罪的，移交司法机关依法追究刑事责任。

第六十八条 违反本办法规定，伪造、变造、私自印制开户登记证的存款人，属非经营性的处以 1000 元罚款；属经营性的处以 1 万元以上 3 万元以下的罚款；构成犯罪的，移交司法机关依法追究刑事责任。

第七章 附则

第六十九条 开户登记证由中国人民银行总行统一式样，中国人民银行各分行、营业管理部、省会（首府）城市中心支行负责监制。

第七十条 本办法由中国人民银行负责解释、修改。

第七十一条 本办法自 2003 年 9 月 1 日起施行。1994 年 10 月 9 日中国人民银行发布的《银行账户管理办法》同时废止。